纪　　念
马 克 思 诞 辰 2 0 0 周 年

马克思主义

简明读本

CONCISE READING
OF MARXISM

杨　河/主编

人民出版社

目 录

导　论　/ 1

第一章　物质与实践　/ 100

一、世界的物质性　/ 100

二、物质世界的辩证发展　/ 113

三、实践与世界　/ 124

四、实践观点是马克思主义哲学的核心观点　/ 136

第二章　劳动与人类历史　/ 144

一、劳动及其在历史发展中的作用　/ 144

二、历史过程时空结构的特点　/ 147

三、分工在历史发展中的作用　/ 154

四、交往在历史发展中的作用　/ 164

五、社会改革在历史发展中的作用　/ 168

六、无产阶级政党的群众观点和群众路线　/ 173

第三章　社会基本矛盾与社会形态　/ 178

一、社会结构和社会基本矛盾　/ 178

二、生产力和生产关系之间的矛盾　/ 184

三、经济基础和上层建筑之间的矛盾　　／190

四、社会形态的划分　　／196

五、社会形态的发展　　／203

六、历史进步及其评价尺度　　／214

第四章　认识与真理　／228

一、认识的基础与本质　　／228

二、认识的运动过程　　／235

三、真理及其检验标准　　／245

四、真理与价值　　／253

第五章　商品与劳动二重性　／259

一、商　品　　／260

二、商品的价值量　　／264

三、价值形式的发展　　／266

四、货币的本质和职能　　／269

五、价值规律　　／274

六、劳动二重性学说的理论地位及方法论意义　　／276

第六章　剩余价值与资本积累　／280

一、货币转化为资本　　／280

二、剩余价值的生产过程　　／284

三、生产剩余价值的两种办法　　／287

四、资本主义工资　　／290

五、资本主义再生产和资本积累　　／293

六、资本主义积累的一般规律　　／296

七、资本主义积累的历史趋势　　／301

八、剩余价值和资本积累学说的理论与现实意义　　／302

第七章 阶级与国家 / 305

一、无产阶级与资产阶级的斗争 / 307

二、国家与革命 / 315

三、无产阶级专政与国家消亡 / 328

第八章 无产阶级与人类解放 / 339

一、无产阶级解放全人类同时解放自己 / 339

二、资产阶级的灭亡和无产阶级的胜利同样不可避免 / 356

三、全世界无产者，联合起来! / 364

第九章 马克思主义中国化的历史与理论 / 377

一、马克思主义中国化的历史 / 377

二、马克思主义中国化的理论 / 398

主要参考文献（著作类） / 415

后 记 / 420

导　论

　　1848 年 2 月，《共产党宣言》首次以德文版发表，标志着马克思主义问世，从此以后，世界历史的发展就深深地打上了它的重大影响的印记。在人类即将进入 21 世纪的时候，英国广播公司（BBC）做的一次"千年思想家"网上评选活动中，马克思的名字赫然于首位，而这时马克思已经离开这个世界 117 年了，这使我们不禁想起了 1883 年 3 月 17 日恩格斯在马克思墓前的讲话——"这个人的逝世，对于欧美战斗的无产阶级，对于历史科学，都是不可估量的损失。这位巨人逝世以后所形成的空白，不久就会使人感觉到。"[①] 人们对马克思的深深怀念，在一定意义上，既是对马克思主义的尊重和敬畏，也是对这种"巨大空白"的遗憾和惋惜。

　　毫无疑问，只有为人类的进步和发展作出了重大贡献的人物才配得上留下历史性"空白"的这种评价。马克思身后留下的这种"空白"在历史科学上有着双重的含义：一是在马克思头脑中对社会历史问题的深邃思考随着马克思的离世而永远中断了，留给世人的著作和

----

① 《马克思恩格斯选集》第 3 卷，人民出版社 2012 年版，第 1002 页。

1

文章都是马克思思想的"未尽"的表述，需要我们回到马克思生活的那个时代，深入马克思的理论遗产，沿着马克思的思绪来阅读和理解，传承他的思想，对马克思主义作出"本来意义"的阐释；二是在新的人类实践发展中出现的新问题，将在没有马克思的情况下被认识和解答，需要我们从历史和现实的结合中面向未来，继续马克思的思考，发展他的思想，对新的问题作出马克思主义的新的回答。当人类进入 21 世纪的时候，马克思就是这样一如既往地与我们相伴而行。

一

对于马克思为人类的进步和发展所作出的重大思想贡献，恩格斯在马克思墓前总结道：

> 正像达尔文发现有机界的发展规律一样，马克思发现了人类历史的发展规律，即历来为繁芜丛杂的意识形态所掩盖着的一个简单事实：人们首先必须吃、喝、住、穿，然后才能从事政治、科学、艺术、宗教等等；所以，直接的物质的生活资料的生产，从而一个民族或一个时代的一定的经济发展阶段，便构成基础，人们的国家设施、法的观点、艺术以至宗教观念，就是从这个基础上发展起来的，因而，也必须由这个基础来解释，而不是像过去那样做得相反。
>
> 不仅如此。马克思还发现了现代资本主义生产方式和它所产生的资产阶级社会的特殊的运动规律。由于剩余价值的发现，这里就豁然开朗了，而先前无论资产阶级经济学家或者社会主义批评家所做的一切研究都只是在黑暗中摸索。①

在之前发表的《社会主义从空想到科学的发展》中，恩格斯写道：

---

① 《马克思恩格斯选集》第 3 卷，人民出版社 2012 年版，第 1002—1003 页。

"这两个伟大的发现——唯物主义历史观和通过剩余价值揭开资本主义生产的秘密，都应当归功于马克思。由于这两个发现，社会主义变成了科学"。①

根据恩格斯的论述，唯物史观、剩余价值学说以及建立在这两个伟大发现之上的科学社会主义，就是马克思对于人类文明的重大理论贡献，也是马克思主义的基本内容。

"一切划时代的体系的真正的内容都是由于产生这些体系的那个时期的需要而形成起来的。"② 马克思主义也是如此，它产生于 19 世纪 40 年代，有着深厚的社会根源、阶级基础和思想渊源，具有历史的和时代的必然性。

自 15 世纪末资本主义在西欧孕育形成以来，经过法国大革命和英国工业革命的推动，到 19 世纪 40 年代，资本主义生产方式已经巩固并有了相当的发展，一方面，劳动生产率大幅度提高，"资产阶级在它的不到一百年的阶级统治中所创造的生产力，比过去一切世代创造的全部生产力还要多，还要大。"③ 这就足以让旧制度退出历史舞台。另一方面，社会两极分化以新的形式展开，资本家财富的积累和工人贫困的增加形成了鲜明的对比，两大阶级的矛盾日益加剧。1825 年英国爆发了第一次全国性经济危机，此后这一现象便周期性地伴随着资本主义的发展，对社会造成了巨大的破坏。对封建专制的否定没有如资产阶级思想家们所预言的带来一个理性的自由平等博爱王国，反而引发了新的社会对立和无法控制的危机，迫使人们重新认识资本主义这个庞然"怪物"，以寻求人类未来的出路。

对资本主义制度的期待的失望促使了无产阶级的觉醒，在反抗资产阶级剥削和压迫的斗争中无产阶级逐步走向成熟。19 世纪 30 年代至 40 年代，欧洲先后爆发了法国里昂工人的起义、英国工人的"宪章运

① 《马克思恩格斯选集》第 3 卷，人民出版社 2012 年版，第 797 页。
② 《马克思恩格斯全集》第 3 卷，人民出版社 1960 年版，第 544 页。
③ 《马克思恩格斯选集》第 1 卷，人民出版社 2012 年版，第 405 页。

动"和德国西里西亚纺织工人的起义。工人运动的兴起，一方面说明了资本主义社会的基本矛盾不可克服，另一方面标志着无产阶级作为独立的政治力量登上了历史舞台。如何把握复杂的阶级斗争和自己的前途命运，无产阶级迫切需要科学的革命理论作为指导。

新思想的产生总是建立在继承以往思想资料的基础上，文艺复兴、宗教改革、启蒙运动之后，理性主义取代宗教神学成为解读自然和历史发展的主流，"宗教、自然观、社会、国家制度，一切都受到了最无情的批判；一切都必须在理性的法庭面前为自己的存在作辩护或者放弃存在的权利。思维着的知性成了衡量一切的唯一尺度。"① 到19世纪，理性主义在自然科学和社会科学两个方面都取得了重大的思想成果。

从自然科学方面看，人们通过理性对自然界的观察和分析，提出了能量守恒与转化定律、细胞学说和生物进化论，这三大科学发现进一步论证了自然界的自在存在以及各种现象之间的联系和发展，为马克思主义的产生提供了自然科学的前提。

从社会科学方面看，人们通过理性对历史的反思和研究，产生出了德国古典哲学的唯心辩证法思想、英国古典政治经济学的劳动价值论思想和英法空想社会主义者们对资本主义社会批判以及对未来社会展望的思想等等，这些新的思想资料，一方面比较集中地体现了自古希腊以来，西方文化与文明进步思想成果在资本主义历史条件下的继续和发展；另一方面也反映了资本主义社会基本矛盾在意识形态各个方面的表现和要求，为马克思主义的产生提供了直接的理论来源。

进一步解读资本主义的历史走向和人类的前途命运，需要深入社会结构的"底层"，探求阶级斗争和历史发展的真实动因，在资本主义这个"现存事物的肯定的理解中同时包含对现存事物的否定的理解，即对现存事物的必然灭亡的理解；⋯⋯从不断的运动中，因而也是从它的暂时性方面去理解"②，这正是马克思的工作。

---

① 《马克思恩格斯选集》第3卷，人民出版社2012年版，第391页。
② 《马克思恩格斯选集》第2卷，人民出版社2012年版，第94页。

二

马克思在《1848 年至 1850 年的法兰西阶级斗争》中曾经引用爱尔维修所说的，"每一个社会时代都需要有自己的大人物，如果没有这样的人物，它就要把他们创造出来。"① 马克思自己也是这样被时代创造出的伟大人物，恩格斯指出："马克思首先是一个革命家。他毕生的真正使命，就是以这种或那种方式参加推翻资本主义社会及其所建立的国家设施的事业，参加现代无产阶级的解放事业，正是他第一次使现代无产阶级意识到自身的地位和需要，意识到自身解放的条件。"②

正是在参加无产阶级的解放事业的过程中，马克思创立了马克思主义，这个过程也是马克思在实践中逐步摆脱旧传统观念的影响，实现世界观之立场、观点、方法的转变过程。

1818 年，马克思出生于普鲁士莱茵省的特利尔城，这一时期的普鲁士王国还是一个封建制的农业国，而英国和法国已经完成了资产阶级革命，但是由于莱茵省在 1794 年至 1815 年被法国占领期间曾经推行拿破仑法典和实行一系列社会改革，使得这一地区政治经济发展中的自由气息颇为浓厚，古典自由主义和空想社会主义影响广泛，特殊的社会文化环境决定了马克思最初的思想发展轨迹和政治态度：拒绝专制、诉诸平等、追求自由。他在中学毕业论文中写道，"在选择职业时，我们应该遵循的主要指针是人类的幸福和我们自身的完美"。③

19 世纪 30 年代，黑格尔主义在德国思想界"取得了独占的统治"④，正在大学学习的马克思从对康德、费希特哲学的兴趣转向了对黑格尔哲学的研究，希望在黑格尔的辩证理性中找到解决在康德、费希特哲学中存在的理想与现实、应有与现有之间矛盾的原则。1831 年黑格尔去世以

---

① 《马克思恩格斯选集》第 1 卷，人民出版社 2012 年版，第 502 页。
② 《马克思恩格斯选集》第 3 卷，人民出版社 2012 年版，第 1003 页。
③ 《马克思恩格斯全集》第 1 卷，人民出版社 1995 年版，第 459 页。
④ 《马克思恩格斯选集》第 4 卷，人民出版社 2012 年版，第 226 页。

后，围绕黑格尔关于哲学与宗教关系问题看法的争论导致了黑格尔学派的分裂，主要由一些青年知识分子组成的左派即青年黑格尔派注重黑格尔哲学的辩证法，通过宗教批判走向政治批判和社会批判。要求变革德国现实，体现了资产阶级民主主义的倾向，马克思在柏林大学学习期间参加了由青年黑格尔派激进分子组织的"博士俱乐部"，这与他受古典自由主义的影响有密切的关系。1841 年他写就博士论文《德谟克利特的自然哲学和伊壁鸠鲁的自然哲学的差别》，重视伊壁鸠鲁的原子自动偏斜理论，就意在肯定个人自由，他对青年黑格尔派的认同，认为其所推崇的自我意识"具有最高的神性。不应该有任何神同人的自我意识相并列"①，也是基于青年黑格尔派运动"试图使黑格尔的学说适合于自由主义"②。

　　然而黑格尔在哲学中所建构的理想与现实、应有与现有的统一并非是当下的历史真实情况，当马克思走出大学来到社会时，很快就感觉到了理论与现实之间的矛盾和冲突，对于这种矛盾和冲突，青年黑格尔派以布鲁诺·鲍威尔、埃德加·鲍威尔、麦克斯、施蒂纳等为代表的一些人在柏林组成的"自由人"团体，刻意回避现实斗争，蔑视群众，片面强调抽象的哲学批判，将青年黑格尔派运动引向了脱离实际的道路，这是马克思根本不同意的，在《莱茵报》工作期间，马克思批评了这种倾向。透过莱茵省议会关于出版自由和林木盗窃法的辩论以及关于摩塞尔地区农民状况的辩论，马克思深入到现实生活，看到了社会上不同集团不同等级的对立根源于物质利益的对立，意识到"在研究国家生活现象时，很容易走入歧途，即忽视各种关系的客观本性，而用当事人的意志来解释一切，但是存在着这样一些关系，这些关系决定私人和个别政权代表者的行动，而且就像呼吸一样地不以他们为转移"③。他当时虽然对这种"客观本性"是什么还不清楚，但是由此对自己所信仰的黑格尔的国家学说和法哲学产生了怀疑，陷入苦恼之中。

---

① 《马克思恩格斯全集》第 40 卷，人民出版社 1982 年版，第 190 页。

② 奥·科尔纽：《马克思恩格斯传》，三联书店 1963 年版，第 144 页。

③ 《马克思恩格斯全集》第 1 卷，人民出版社 1956 年版，第 216 页。

　　按照黑格尔的说法，历史发展的动因由世界理性和人类的热情构成，"这两者交织成为世界历史的经纬线"①，热情是指"从私人的利益，特殊的目的，或者简直可以说是利己的企图而产生的人类活动"，"假如没有热情，世界上一切伟大的事业都不会成功"。②尽管如此，历史发展的根本原因是世界理性，亦即绝对精神，"'观念'真正是各民族和世界的领袖；而'精神'……无论过去和现在都是世界各大事变的推动者"，"'理性'是世界的主宰，世界历史因此是一种合理的过程"，③历史的辩证法不过是一种"理性的狡计"④。黑格尔的国家学说和法哲学正是建立在这个历史观之上，如何解读黑格尔这套说法背后真实的历史现实？这一时期青年黑格尔派代表人物施特劳斯、鲍威尔等从不同方面对早期基督教史的批判性研究中揭示黑格尔哲学的不彻底性和保守性，将宗教批判引向政治批判的动向为马克思提供了重新认识黑格尔哲学的路径，而费尔巴哈通过对黑格尔哲学和基督教神学颠倒思维上存在关系的理论错误的分析而建立的人本学唯物主义，则为马克思提供了重新认识黑格尔哲学的重要思想武器。

　　"费尔巴哈的发展进程是一个黑格尔主义者走向唯物主义的发展进程，这一发展进程使他在一定阶段上同自己这位先驱者的唯心主义体系完全决裂了。"⑤费尔巴哈将"人连同作为人的基础的自然当作哲学唯一的、普遍的、最高的对象"⑥，视存在是主体，思维是宾词，认为"思维与存在的统一，只有在将人理解为这个统一的基础和主体的时候，才有意义，才是真理"⑦，宗教幻想所创造出来的那些最高创造物只是我们自己的本质的虚幻反映。因此，"他势所必然地终于认识到，黑格尔的'绝对观念'之先于世界的存在，在世界之前就有的'逻辑范畴的预先

① 黑格尔：《历史哲学》，世纪出版集团、上海书店出版社2001年版，第70页。
② 黑格尔：《历史哲学》，世纪出版集团、上海书店出版社2001年版，第70页。
③ 黑格尔：《历史哲学》，世纪出版集团、上海书店出版社2001年版，第55页。
④ 黑格尔：《历史哲学》，世纪出版集团、上海书店出版社2001年版，第80页。
⑤ 《马克思恩格斯选集》第4卷，人民出版社2012年版，第233页。
⑥ 《西方哲学原著选读》下卷，商务印书馆1982年版，第491页。
⑦ 《西方哲学原著选读》下卷，商务印书馆1982年版，第489页。

存在'，不外是对世界之外的造物主的信仰的虚幻残余；我们自己所属的物质的、可以感知的世界，是唯一现实的；而我们的意识和思维，不论它看起来是多么超感觉的，总是物质的、肉体的器官即人脑的产物。物质不是精神的产物，而精神本身只是物质的最高产物。这自然是纯粹的唯物主义。"①对于当时由黑格尔哲学和基督教神学一统天下的德国意识形态界来讲，这是一个巨大的冲击，其解放作用正如恩格斯所说，"只有亲身体验过的人才能想象得到，那时大家都很兴奋：我们一时都成为费尔巴哈派了。"②

1843 年 3 月，《莱茵报》被查封，马克思来到克罗茨纳赫，"从社会舞台退回书房"③，试图从对欧洲历史和法国大革命的研究来寻找现实问题的答案，写就了《克罗茨纳赫笔记》和《黑格尔法哲学批判》，批判的指向是黑格尔法哲学所维护的德国现实政治，因为"真理的彼岸世界消逝以后，历史的任务就是确立此岸世界的真理。人的自我异化的神圣形象被揭穿以后，揭露具有非神圣形象的自我异化，就成了为历史服务的哲学的迫切任务。于是，对天国的批判变成对尘世的批判，对宗教的批判变成对法的批判，对神学的批判变成对政治的批判"④。

在《法哲学原理》中，黑格尔将法确定为从意志出发的精神的东西，是"自由意志的定在"⑤。在"伦理"部分讨论国家（普遍利益体系）和市民社会（特殊利益体系）的关系时，他摈弃了古典自由主义的社会契约论假设，将国家规定为"精神为自己创造的世界"⑥，在唯心辩证法之正、反、合的逻辑框架中，历史地描述了社会发展从家庭经过市民社会到国家的形成过程，在黑格尔看来，作为普遍性和特殊性相统一的现实性存在，"国家是绝对自在自为的理性的东西"⑦，国家"把自己分为自

---

① 《马克思恩格斯选集》第 4 卷，人民出版社 2012 年版，第 233—234 页。
② 《马克思恩格斯选集》第 4 卷，人民出版社 2012 年版，第 228 页。
③ 《马克思恩格斯选集》第 2 卷，人民出版社 2012 年版，第 2 页。
④ 《马克思恩格斯选集》第 1 卷，人民出版社 2012 年版，第 2 页。
⑤ 黑格尔：《法哲学原理》，商务印书馆 2011 年版，第 29 页。
⑥ 黑格尔：《法哲学原理》，商务印书馆 2011 年版，第 324 页。
⑦ 黑格尔：《法哲学原理》，商务印书馆 2011 年版，第 288 页。

己概念的两个理想性的领域，分为家庭和市民社会，即分为自己的有限性的两个领域，目的是要超出这两个领域的理想性而成为自己的无限的现实精神，于是这种精神便把自己的这种有限的现实性的材料分配给上述两个领域"①，只有在国家中，伦理精神的自由本质才能够真正实现。

马克思指出："黑格尔觉得市民社会和政治社会的分离是一种矛盾，这是他的著作中比较深刻的地方。但是，错误在于：他满足于这种解决办法的表面现象，并把这种表面现象当作事情的本质"。②

在欧洲中世纪的封建社会，"旧的市民社会直接具有政治性质，就是说，市民生活的要素，例如，财产、家庭、劳动方式，已经以领主权、等级和同业公会的形式上升为国家生活的要素。"③商品经济的发展所导致的资产阶级政治革命特别是法国大革命否定了封建等级制，"打倒了这种统治者的权力，把国家的事务提升为人民事务，把政治国家组成为普遍事务，就是说，组成为现实的国家；这种革命必然要摧毁一切等级、同业公会、行帮和特权，因为这些是人民同自己的共同体相分离的众多表现。于是，政治革命消灭了市民社会的政治性质。它把市民社会分割为简单的组成部分：一方面是个体，另一方面是构成这些个体的生活内容和市民地位的物质要素和精神要素。它把似乎是被分散、分解、溶化在封建社会各个死巷里的政治精神激发出来，把政治精神从这种分散状态中汇集起来，把它从与市民生活相混合的状态中解放出来，并把它构成为共同体、人民的普遍事务的领域，在观念上不依赖于市民社会的上述特殊要素"④，从而"完成了从政治等级到社会等级的转变过程，或者说，使市民社会的等级差别完全变成了社会差别，即在政治生活中没有意义的私人生活的差别。这样就完成了政治生活同市民社会的分离"⑤。

黑格尔较早地意识到了这种时代性的变化，用客观精神的伦理原

① 黑格尔：《法哲学原理》，商务印书馆 2011 年版，第 300 页。
② 《马克思恩格斯全集》第 3 卷，人民出版社 2002 年版，第 94 页。
③ 《马克思恩格斯全集》第 3 卷，人民出版社 2002 年版，第 186 页。
④ 《马克思恩格斯全集》第 3 卷，人民出版社 2002 年版，第 187 页。
⑤ 《马克思恩格斯全集》第 3 卷，人民出版社 2002 年版，第 100 页。

则加以概括，赋予其必然性，这是深刻的。但是这种概括有着双重的错误，一是颠倒了现实和理念的关系，使历史服从逻辑，"观念变成了主体，而家庭和市民社会对国家的现实的关系被理解为观念的内在想像活动"；① 二是颠倒了市民社会和国家的关系，使市民社会的利益服从国家的目的，实际上，"政治国家没有家庭的自然基础和市民社会的人为基础就不可能存在。它们对国家来说是必要条件。"② 因而，"家庭和市民社会都是国家的前提，它们才是真正活动着的；而在思辨的思维中这一切却是颠倒的。"③

马克思在批评黑格尔法哲学这种"逻辑的、泛神论的神秘主义"④的同时也揭露了其国家学说的保守性质，黑格尔把一般资产阶级政治学的立法、司法、行政三权分立的原则改造成为王权、行政权、立法权相结合的制度设计，推崇君主立宪制，认为"国家人格只有作为一个人，作为君主才是现实的"，"如果没有自己的君主，没有那种正是同君主必然而直接地联系着的整体的划分，人民就是一群无定形的东西"。⑤ 因此，君主立宪制是现实社会中最合乎理性的国家形式，"国家成长为君主立宪制乃是现代的成就"。⑥ 在马克思看来，这是黑格尔的一个"混乱思想"，"正如同不是宗教创造人，而是人创造宗教一样，不是国家制度创造人民，而是人民创造国家制度"⑦，"人民主权不是凭借君王产生的，君王倒是凭借人民主权产生的。"⑧

依据市民社会是国家前提的认识，马克思否定了黑格尔试图用国家理念来消解市民社会与国家矛盾以证明现实国家合理性的努力，指出，克服国家同市民社会的异化的唯一途径就是对造成异化根源的市民

---

① 《马克思恩格斯全集》第 3 卷，人民出版社 2002 年版，第 10 页。
② 《马克思恩格斯全集》第 3 卷，人民出版社 2002 年版，第 12 页。
③ 《马克思恩格斯全集》第 3 卷，人民出版社 2002 年版，第 10 页。
④ 《马克思恩格斯全集》第 3 卷，人民出版社 2002 年版，第 10 页。
⑤ 黑格尔：《法哲学原理》，商务印书馆 1961 年版，第 296、298 页。
⑥ 黑格尔：《法哲学原理》，商务印书馆 1961 年版，第 287 页。
⑦ 《马克思恩格斯全集》第 3 卷，人民出版社 2002 年版，第 40 页。
⑧ 《马克思恩格斯全集》第 3 卷，人民出版社 2002 年版，第 37 页。

社会进行改造，"历史任务就是国家制度的回归，但各个特殊领域并没有意识到：它们的私人本质将随着国家制度或政治国家的彼岸本质的消除而消除"。① 这种政治国家，不可能是君主立宪制，只能是民主制，因为"在君主制中是国家制度的人民；在民主制中则是人民的国家制度"②。

　　写作《黑格尔法哲学批判》时，马克思还处在向唯物史观和共产主义的转变过程中，他对现实问题特别是市民社会和国家为什么分离以及如何扬弃这种分离的论述还很抽象，但是，批判对象的重要性决定了批判意义的重要性，"德国的国家哲学和法哲学在黑格尔的著作中得到了最系统、最丰富和最终的表述；对这种哲学的批判既是对现代国家和对同它相联系的现实所作的批判性分析，又是对迄今为止的德国政治意识和法意识的整个形式的坚决否定"。③ 对黑格尔法哲学的批判在马克思思想的进程中的意义也是双重的，一是借鉴费尔巴哈的唯物主义哲学，马克思辨析了黑格尔思辨哲学的实质——"黑格尔在任何地方都把观念当作主体，而把本来意义上的现实的主体……变成谓语。而发展却总是在谓语方面完成的。"④ "他不是从对象中发展自己的思想，而是按照自身已经形成了的并且是在抽象的逻辑领域中已经形成了的思想来发展自己的对象"⑤，这就为此后全面清理黑格尔的唯心主义开了先导。二是借鉴古典自由主义的政治学，马克思论证了市民社会和国家的真实关系——不是国家和法决定市民社会，而是市民社会决定国家和法，"家庭和市民社会是国家的构成部分，……是国家的存在的方式。家庭和市民社会使自身成为国家。它们是动力。"⑥ 这就为此后解剖市民社会，探求国家的起源和归宿，从根本上解决物质利益问题的"苦恼"做了准备。

　　对黑格尔法哲学的批判拉开了马克思对旧制度经济、政治和意识

---

① 《马克思恩格斯全集》第3卷，人民出版社2002年版，第42页。
② 《马克思恩格斯全集》第3卷，人民出版社2002年版，第39页。
③ 《马克思恩格斯全集》第3卷，人民出版社2002年版，第206—207页。
④ 《马克思恩格斯全集》第3卷，人民出版社2002年版，第14页。
⑤ 《马克思恩格斯全集》第3卷，人民出版社2002年版，第18—19页。
⑥ 《马克思恩格斯全集》第3卷，人民出版社2002年版，第11页。

形态进行全面批判的序幕，确定了马克思一生理论研究的路标——批判现存的一切。

1844 年 2 月马克思与卢格合办了《德法年鉴》，旨在解决由于德国专制制度的"强力的压制"而导致的在未来社会的发展方向上的"思想混乱"，马克思认为，"虽然对于'从何处来'这个问题没有什么疑问，但是对于'往何处去'这个问题却很模糊"①，为了搞清楚这个问题，马克思明确提出了"要对现存的一切进行无情的批判"，指出："新思潮的优点又恰恰在于我们不想教条地预期未来，而只是想通过批判旧世界发现新世界。"② 这种努力首先体现在《论犹太人问题》和《黑格尔法哲学批判导言》中，文章讨论了政治解放与人类解放的关系以及无产阶级与德国前途的关系问题。

犹太人"想从基督教国家解放出来"的问题在欧洲文化历史上是一个长期存在的问题，由于当时德国的特殊状况，这个问题具有新的经济政治意义，布鲁诺·鲍威尔看到了这一点，但是仍然从基督教和犹太教之间的宗教对立上去考虑问题，认为犹太人的解放首先在于"消灭宗教"，从犹太教中解放出来，才能在政治上得到解放。马克思指出，历史的事实是，"政治解放已经完成了的国家，宗教不仅仅存在，而且是生气勃勃的、富有生命力的存在"③，可见宗教的存在和政治国家的完备并不矛盾，"鲍威尔的错误在于他批判的只是'基督教国家'，而不是'国家本身'，他没有探讨政治解放对人的解放的关系，因此，他提供的条件只能表明他毫无批判地把政治解放和普遍的人的解放混为一谈。"④

什么是政治解放？马克思认为，包括犹太人和基督徒在内的一切宗教信徒的政治解放，就是国家不再维护任何宗教而仅仅维护自身，但是，"摆脱了宗教的政治解放，不是彻头彻尾、没有矛盾地摆脱了宗教

---

① 《马克思恩格斯全集》第 47 卷，人民出版社 2004 年版，第 64 页。
② 《马克思恩格斯全集》第 47 卷，人民出版社 2004 年版，第 64 页。
③ 《马克思恩格斯全集》第 3 卷，人民出版社 2002 年版，第 169 页。
④ 《马克思恩格斯全集》第 3 卷，人民出版社 2002 年版，第 167—168 页。

的解放，因为政治解放不是彻头彻尾、没有矛盾的人的解放方式。"① 即使人还没有真正摆脱某种限制而成为自由人，国家也可以摆脱这种限制而成为自由国家，例如在绝大多数人还在信教的情况下，国家也完全可以从宗教中解放出来。

因此，认识犹太人解放问题的出发点不应该是将世俗问题神学化，而是应该将神学问题世俗化，揭示宗教存在的社会历史根源，"我们并不宣称：他们必须消除他们的宗教局限性，才能消除他们的世俗限制。我们宣称：他们一旦消除了世俗限制，就能消除他们的宗教局限性。"② 犹太人的世俗基础是实际需要和利己主义，这正是市民社会的原则，资产阶级的政治革命消灭了市民社会的政治性质，使市民社会的个人得到了平等的权利，"犹太精神随着市民社会的完成而达到自己的顶点"。③

问题是，通过政治解放而确立的"所谓的人权，……无非是市民社会的成员的权利，就是说，无非是利己的人的权利、同其他人并同共同体分离开来的人的权利"。在马克思看来，这正是政治解放的重大缺陷，由于"自由这一人权的实际应用就是私有财产这一人权"，因而"平等无非是上述自由的平等，即每个人都同样被看做孤独的单子"。④

所以，"政治解放本身并不就是人的解放。"⑤ 它并没有克服市民社会同政治国家的相互异化，而是在人的二重化中完成了这种异化，在市民社会中，人作为私人进行活动，把他人视为工具，也把自身降格为工具；而在国家中，人作为抽象的类存在着，脱离了自己现实的个人生活，被赋予非现实的普遍性。

克服政治解放的不足即是人的解放的任务，这就是最终"使人的世界和人的关系回归于人自身"，"只有当现实的个人把抽象的公民复归

---

① 《马克思恩格斯全集》第 3 卷，人民出版社 2002 年版，第 170 页。
② 《马克思恩格斯全集》第 3 卷，人民出版社 2002 年版，第 169 页。
③ 《马克思恩格斯全集》第 3 卷，人民出版社 2002 年版，第 196 页。
④ 《马克思恩格斯全集》第 3 卷，人民出版社 2002 年版，第 182、183 页。
⑤ 《马克思恩格斯全集》第 3 卷，人民出版社 2002 年版，第 180 页。

于自身，并且作为个人，在自己的经验生活、自己的个人劳动、自己的个人关系中间，成为类存在物的时候，只有当人认识到自身'固有的力量'是社会力量，并把这种力量组织起来因而不再把社会力量的形式同自身分离的时候，只有到了那个时候，人的解放才能完成。"①

人类解放何以可能？马克思从德国的现实考虑了这个问题，他认为，近代德国由于政治经济相对落后，没有同英法等国一起经历资产阶级革命，封建制度和资本主义制度相互交织的特殊状况，决定了德国不可能再重复英法式的资产阶级革命，而是要进行"彻底需要的革命"即实现一个不但能把德国提高到现代各国的公认水平，而且提高到这些国家应该进一步达到的人的解放高度的革命。

造就这样的革命需要两个方面的条件，一是主动的因素即理论的条件，"批判的武器当然不能代替武器的批判，物质力量只能用物质力量来摧毁；但是理论一经掌握群众，也会变成物质力量。理论只要说服人〔ad hominem〕，就能掌握群众；而理论只要彻底，就能说服人〔ad hominem〕。所谓彻底，就是抓住事物的根本。但是人的根本就是人本身。"② 二是被动的因素即物质基础条件，因为"理论在一个国家实现的程度，总是决定于理论满足这个国家的需要的程度"③。这种革命的物质基础，"就在于形成一个被戴上彻底的锁链的阶级，一个并非市民社会阶级的市民社会阶级，形成一个表明一切等级解体的等级，形成一个由于自己遭受普遍苦难而具有普遍性质的领域，……一个若不从其他一切社会领域解放出来从而解放其他一切社会领域就不能解放自己的领域，总之，形成这样一个领域，它表明人的完全丧失，并因而只有通过人的完全回复才能回复自己本身。社会解体的这个结果，就是无产阶级这个特殊等级。"④

马克思相信，作为批判武器的"哲学把无产阶级当作自己的物质

---

① 《马克思恩格斯全集》第 3 卷，人民出版社 2002 年版，第 189 页。
② 《马克思恩格斯全集》第 3 卷，人民出版社 2002 年版，第 207 页。
③ 《马克思恩格斯全集》第 3 卷，人民出版社 2002 年版，第 209 页。
④ 《马克思恩格斯全集》第 3 卷，人民出版社 2002 年版，第 213 页。

武器，同样，无产阶级也把哲学当作自己的精神武器；思想的闪电一旦彻底击中这块素朴的人民园地，德国人就会解放成为人"①。

《德法年鉴》上的文章，是马克思对《莱茵报》工作期间物质利益问题研究的初步理论成果，这些文章中尽管带有费尔巴哈人本主义的影响，但是马克思一开始就不满意费尔巴哈"强调自然过多而强调政治太少"②，通过对黑格尔法哲学的批判，马克思将哲学批判和政治批判结合起来，深入到了"市民社会"这个现实基础，发现了无产阶级这个新的社会力量，从唯心主义转向了唯物主义，从革命民主主义转向了共产主义。

这个转向也同样发生在恩格斯的思想进程中，有所不同的是，由于特殊的工作经历，恩格斯较多地接触到了资本主义社会的底层民众，因而也更早地进入了社会经济问题的研究。早年受法国启蒙思想家卢梭自由思想和黑格尔辩证法思想的影响，恩格斯站在革命民主主义立场，赞扬法国大革命，谴责德国封建贵族的"条顿狂"，1841 年 12 月写作的《谢林论黑格尔》，以黑格尔的辩证法和费尔巴哈的无神论为武器，尖锐地批判了"为普鲁士国王效劳"③的谢林的启示哲学。尽管这时他仍然倾向于青年黑格尔派，但是却希望用费尔巴哈对基督教的批判来"补充"黑格尔的"宗教的思辨学说"④。

1942 年 11 月，恩格斯在前往英国曼彻斯特的途中去科隆初次拜访了马克思。在工人阶级占总人口 1/3、作为世界工厂和银行的英国，恩格斯有更多的机会走进工人阶级的生活，认识他们，了解资本主义社会及其工厂制度，通过对英国社会阶级对立状况的考察，恩格斯有了与马克思在《莱茵报》工作期间的同样发现——"物质利益"。他后来写道："我在曼彻斯特时异常清晰地观察到，迄今为止在历史著作中根本不起作用或者只起极小作用的经济事实，至少在现代世界中是一个决定性的历史力量；这些经济事实形成了产生现代阶级对立的基础；这些阶级对

---

① 《马克思恩格斯全集》第 3 卷，人民出版社 2002 年版，第 214 页。
② 《马克思恩格斯全集》第 47 卷，人民出版社 2004 年版，第 53 页。
③ 《马克思恩格斯全集》第 2 卷，人民出版社 2005 年版，第 342—343 页。
④ 《马克思恩格斯全集》第 2 卷，人民出版社 2005 年版，第 391 页。

立，在它们因大工业而得到充分发展的国家里，因而特别是在英国，又是政党形成的基础，党派斗争的基础，因而也是全部政治史的基础。"①恩格斯认为，围绕物质利益的斗争最终将导向社会革命，"这个革命的开始和进行将是为了利益，而不是为了原则，只有利益能够发展成为原则，就是说，革命将不是政治革命，而是社会革命。"②在1843年9月发表的《大陆上社会改革运动的进展》中，恩格斯向英国的读者介绍了巴贝夫、圣西门、傅里叶、蒲鲁东以及魏特林、赫斯、费尔巴哈、卢格、鲍威尔等法国和德国的社会主义和共产主义者，表述了自己对共产主义的看法——"共产主义不是英国或任何其他国家的特殊状况造成的结果，而是从现代文明社会的一般实际情况所具有的前提中不可避免地得出的必然结论。"③这些看法，与马克思"要对现存的一切进行无情的批判"的内在要求是一致的。

1844年2月，恩格斯在马克思主编的《德法年鉴》上发表了《政治经济学批判大纲》和《英国状况 评托马斯·卡莱尔的〈过去和现在〉》（这是恩格斯1843—1844年间写作的三篇研究英国状况文章的第一篇，第二篇是《英国状况 十八世纪》，第三篇是《英国状况 英国宪法》，第二、三篇发表于《前进报》），前者揭露了资产阶级经济学的阶级本质，被马克思称为"批判经济学范畴的天才大纲"④，"已经表述了科学社会主义的某些一般原则"⑤。后者批判了卡莱尔的神学历史观，揭示了历史的客观本质，认为历史不是"神"的启示，而是人的启示，"历史就是我们的一切"，进而对英国工人阶级的本色和历史地位作出了新的阐释——"只有大陆上的人们所不熟悉的那一部分英国人，只有工人、英国的贱民、穷人，才是真正值得尊敬的人，尽管他们粗野、尽管他们道德堕落。拯救英国要靠他们，他们身上还有可造之材；他们

---

① 《马克思恩格斯选集》第4卷，人民出版社2012年版，第202页。
② 《马克思恩格斯全集》第3卷，人民出版社2002年版，第411—412页。
③ 《马克思恩格斯全集》第3卷，人民出版社2002年版，第474页。
④ 《马克思恩格斯选集》第2卷，人民出版社2012年版，第592页。
⑤ 《马克思恩格斯选集》第3卷，人民出版社2012年版，第741页。

没有文化知识，但也没有偏见，他们还有力量从事伟大的民族事业，他们还有前途。"①1845 年 3 月，恩格斯将他在英国这个无产阶级的状况具有"典型的形式"、"表现得最完备"② 的国家所进行的 21 个月的调查研究材料总结成书——《英国工人阶级状况》，分析了工业革命引起市民社会全面变革的历史事实，论述了英国阶级关系的变化和工人运动的发展，指出："这种工业变革的最重要的产物是英国无产阶级"③，"他们构成了同一切有产阶级相对立的、有自己的利益和原则、有自己的世界观的独立的阶级，在他们身上蕴蓄着民族的力量和推进民族发展的才能。"④ 因此，"工人阶级的状况是当代一切社会运动的真正基础和出发点"。⑤ 工业革命中，无产阶级就开始了对资产阶级的斗争，在经历了最初的原始恐怖和暴力反对使用机器的方式之后，找到了工会和罢工这种新的斗争形式，为了使自己获得彻底的解放，英国无产阶级必须将社会主义和宪章运动结合起来，在新的理论指导下，从基础上推翻资产阶级的整个国家和社会的建筑物。

　　在马克思通过对市民社会的研究和对德国前途的分析发现了德国无产阶级的同时，恩格斯通过对社会主义、共产主义思潮的研究和对英国工业状况的分析发现了英国工人阶级，这种共同的认识，使得他们的思想几乎同时发生了深刻的转向。同年 8 月底，恩格斯在回国途中绕道巴黎会见了马克思，开始了二人的终身合作。

　　当然，思想的转向还并不意味着新思想的诞生，他们还处在思想转变的过程中，这不仅在于这一时期他们都还不同程度地受到黑格尔思辨哲学和费尔巴哈人本学的影响，更重要的是，对于马克思来讲，《德法年鉴》中从哲学、政治学、历史学的角度对国家和法的关系进行研究是必要的，但也还是不够的，打开市民社会大门的钥匙在政治经济学中，马

---

① 《马克思恩格斯全集》第 3 卷，人民出版社 2002 年版，第 497 页。
② 《马克思恩格斯选集》第 1 卷，人民出版社 2012 年版，第 84 页。
③ 《马克思恩格斯选集》第 1 卷，人民出版社 2012 年版，第 101 页。
④ 《马克思恩格斯选集》第 1 卷，人民出版社 2012 年版，第 132 页。
⑤ 《马克思恩格斯选集》第 1 卷，人民出版社 2012 年版，第 84 页。

克思很清楚这一点，他写道："为了解决使我苦恼的疑问，我写的第一部著作是对黑格尔法哲学的批判性的分析，这部著作的导言曾发表在1844年巴黎出版的《德法年鉴》上。我的研究得出这样一个结果：法的关系正像国家的形式一样，既不能从它们本身来理解，也不能从所谓人类精神的一般发展来理解，相反，它们根源于物质的生活关系，这种物质的生活关系的总和，黑格尔按照18世纪的英国人和法国人的先例，概括为'市民社会'，而对市民社会的解剖应该到政治经济学中去寻求。"①

1843年年底马克思在巴黎开始了这项工作，他研究了从布阿吉尔贝尔和魁奈到亚当·斯密和大卫·李嘉图，再到萨伊和穆勒等的政治经济学发展历史，阅读了当时活跃在欧洲经济学界弗·李斯特、约·雷·麦克库洛赫等人的著作，留下了著名的《巴黎笔记》和《1844年经济学哲学手稿》，从对"副本"的批判进入了对"原本"的批判。作为一种与以往研究相联系的过渡，马克思的经济学研究开始仍然具有较浓厚的哲学批判性质，主题是对国民经济学的前提——"私有财产"的社会历史根源进行追问。这个主题的形成，与莫泽斯·赫斯思想的影响有关，赫斯将青年黑格尔派正在进行的宗教批判和政治批判转化为社会批判，认为货币是人在交往活动中产生的存在本质的异化，在货币世界，人的自由自觉活动的类本质被贬低为受利己主义支配的个人生活的手段，只有通过废除私有制、消除利己主义的共产主义行动，才能消除异化，复归人的本质。这些观点，对于马克思在巴黎研究私有财产，理解共产主义有重要的启示作用。

资产阶级的国民经济学确认劳动是财富（价值）的来源，在马克思看来，这个结论的重要意义在于它揭示了"私有财产的主体本质，作为自为的活动、作为主体、作为个人的私有财产，就是劳动"②，从而指明了财产权本质上并非抽象意义上个人意志对物的支配权利而是现实生活中人与人之间的一种社会经济关系，即它"潜在地包含着作为劳动的私有财产

---

① 《马克思恩格斯选集》第2卷，人民出版社2012年版，第2页。
② 《马克思恩格斯全集》第42卷，人民出版社1979年版，第112页。

的关系和作为资本的私有财产的关系，以及这两种表现的相互关系"。①

但是国民经济学并没有深究这个问题，它虽然认识到劳动是价值的源泉，却没有考察工人同生产的关系，反而刻意掩盖了劳动在资本主义私有制下的异化状态，它从私有财产的事实出发，却并没有说明这个事实，"它把私有财产在现实中所经历的物质过程，放进一般的、抽象的公式，然后又把这些公式当作规律。它不理解这些规律，也就是说，它没有指明这些规律是怎样从私有财产的本质中产生出来的。"② 而对于马克思来讲，这却是最要紧的事情。

马克思之前，黑格尔对国民经济学的劳动价值学说有过深入的研读，确认劳动是人的本质，并通过对劳动促使"主奴关系"转化的分析，论证了劳动改变现实、创造历史的重大作用，马克思肯定了黑格尔的看法，认为"黑格尔的《现象学》及其最后成果——作为推动原则和创造原则的否定性的辩证法——的伟大之处首先在于，黑格尔把人的自我产生看作一个过程，把对象化看作失去对象，看作外化和这种外化的扬弃；因而，他抓住了劳动的本质，把对象性的人、现实的因而是真正的人理解为他自己的劳动的结果"③。

长期以来，在分工和私有制条件下的状态中，历史的真相被宗教的和政治的意识形态颠倒为一种虚假的现实图景，"人民"失去了独立的地位和自我意识，成为"靠别人恩典为生的人，把自己看成一个从属的存在物"④，因此，"创造是一个很难从人民意识中排除的观念。自然界的和人的通过自身的存在，对人民意识来说是不能理解的，因为这种存在是同实际生活的一个明显的事实相矛盾的"。⑤ 相比之下，黑格尔对奴隶在劳动中成为自为存在的肯定，的确有振聋发聩的意义。将人类的"解放"与历史的"创造"联系起来，从历史的创造来理解人类的解

① 《马克思恩格斯全集》第 42 卷，人民出版社 1979 年版，第 106 页。

② 《马克思恩格斯全集》第 42 卷，人民出版社 1979 年版，第 89 页。

③ 《马克思恩格斯全集》第 42 卷，人民出版社 1979 年版，第 163 页。

④ 《马克思恩格斯全集》第 3 卷，人民出版社 2002 年版，第 309 页。

⑤ 《马克思恩格斯全集》第 3 卷，人民出版社 2002 年版，第 309 页。

放，是马克思在黑格尔《精神现象学》中读出的重要思想。但是，黑格尔"只看到劳动的积极的方面，而没有看到它的消极的方面。劳动是人在外化范围内或者作为外化的人的自为的生成。黑格尔唯一知道并承认的劳动是抽象的精神的劳动"①。因为"人的本质，人，在黑格尔看来是和自我意识等同的。因此，人的本质的一切异化都不过是自我意识的异化"②。这样，"全部外化历史和外化的整个复归，不过是抽象的、绝对的思维的生产史，即逻辑的思辨的思维的生产史。"③

马克思将黑格尔哲学中的抽象的人还原为"现实的、有形体的、站在稳固的地球上呼吸着一切自然力的人"，劳动的真实意义便呈现了出来——"人通过自己的外化把自己现实的、对象性的本质力量设定为异己的对象时，这种设定并不是主体；它是对象性的本质力量的主体性，因而这些本质力量的活动也必须是对象性的活动。……它所以能创造或设定对象，只是因为它本身是被对象所设定的，因为它本来就是自然界。因此，并不是它在设定这一行动中从自己的'纯粹的活动'转而创造对象，而是它的对象性的产物仅仅证实了它的对象性活动，证实了它的活动是对象性的、自然存在物的活动。"④

然而，分工和私有制条件下的现实性劳动却并非本来意义上的劳动——人的自由自觉的活动，而是异化劳动，即在劳动中劳动的产品、活动、关系、人的类本质与劳动者相异化的行为。通过对异化劳动及其与工资、地租、利润三种收入形式之间关系的分析，马克思得出了"私有财产是外化劳动即工人同自然界和自身的外在关系的产物、结果和必然后果"⑤的判断，认为"私有财产只有发展到最后的、最高的阶段，它的这个秘密才重新暴露出来，私有财产一方面是外化劳动的产物，另一方面又是劳动借以外化的手段，是这一外化的实现"⑥。

① 《马克思恩格斯全集》第 42 卷，人民出版社 1979 年版，第 163 页。
② 《马克思恩格斯全集》第 42 卷，人民出版社 1979 年版，第 165 页。
③ 《马克思恩格斯全集》第 42 卷，人民出版社 1979 年版，第 161 页。
④ 《马克思恩格斯全集》第 42 卷，人民出版社 1979 年版，第 167 页。
⑤ 《马克思恩格斯全集》第 42 卷，人民出版社 1979 年版，第 100 页。
⑥ 《马克思恩格斯全集》第 42 卷，人民出版社 1979 年版，第 100 页。

对私有财产与异化劳动内在关系的揭示，是马克思对资产阶级国民经济学批判的第一个理论成果，其重要意义在于，"把私有财产的起源问题变为异化劳动同人类发展的关系问题，也就为解决这一任务得到了许多东西。因为当人们谈到私有财产时，认为他们谈的是人之外的东西。而当人们谈到劳动时，则认为是直接谈到人本身。"① 一旦从劳动来理解私有财产和整个社会结构，就会发现，"这种物质的、直接感性的私有财产，是异化了的、人的生命的物质的、感性的表现。私有财产的运动——生产和消费——是以往全部生产的运动的感性表现，也就是说，是人的实现和现实。宗教、家庭、国家、法、道德、科学、艺术等等，都不过是生产的一些特殊的方式，并且受生产的普遍规律的支配。因此，私有财产的积极的扬弃，作为对人的生命的占有，是一切异化的积极的扬弃，从而是人从宗教、家庭、国家等等向自己的人的即社会的存在的复归。"②

马克思在这里已经初步确立了唯物史观的基本构想，认识到了生产劳动的支配作用——"整个所谓世界历史不外是人通过人的劳动而诞生的过程，是自然界对人说来的生成过程。"③ 认识到了实践的重要意义——"理论的对立本身的解决，只有通过实践方式，只有借助于人的实践力量，才是可能的；因此，这种对立的解决不只是认识的任务，而是一个现实生活的任务"④，他确信，"整个革命运动必然在私有财产的运动中，即在经济中，为自己既找到经验的基础，也找到理论的基础。"⑤ 进一步的结论是："社会从私有财产等等的解放、从奴役制的解放，是通过工人解放这种政治形式表现出来的，而且这里不仅涉及工人的解放，因为工人的解放包含全人类的解放；其所以如此，是因为整个人类奴役制就包含在工人同生产的关系中，而一切奴役关系只不过是这种关

① 《马克思恩格斯全集》第 42 卷，人民出版社 1979 年版，第 102 页。
② 《马克思恩格斯全集》第 42 卷，人民出版社 1979 年版，第 121 页。
③ 《马克思恩格斯全集》第 42 卷，人民出版社 1979 年版，第 131 页。
④ 《马克思恩格斯全集》第 42 卷，人民出版社 1979 年版，第 127 页。
⑤ 《马克思恩格斯全集》第 42 卷，人民出版社 1979 年版，第 120—121 页。

系的变形和后果罢了。"①

基于这些新的认识，马克思在《德法年鉴》中关于人类解放的看法在广度和深度上得到了拓展，与对共产主义这种新的社会形态的理解结合了起来，马克思写道："共产主义是私有财产即人的自我异化的积极的扬弃，因而是通过人并且为了人而对人的本质的真正占有；……它是人和自然界之间、人和人之间的矛盾的真正解决，是存在和本质、对象化和自我确证、自由和必然、个体和类之间的斗争的真正解决。它是历史之谜的解答，而且知道自己就是这种解答。"②

这里讲的"历史之谜"即是走向自由的人类解放问题，解决这个问题的历史条件是对"私有财产即人的自我异化的积极的扬弃"，进入共产主义。何为"异化"？英语 alienation 和法语 aliénation 均源自拉丁文，词源为 alienatio，意为转让，财产的转让，引申义为分离。德语 Entfremdung 是从希腊文 allotriésis 转译过来，allotriésis 的词意为 estrangement，即疏远。后来人们将异化一般理解为主体在发展过程中，产生出了束缚自己发展的对立面。在欧洲思想史上，对异化现象的认识很早就开始了，古希腊柏拉图在《理想国》中的"洞穴隐喻"是一个较早的分析：人生活于由可知的理念世界所派生的可感的事物世界中，其灵魂原本居于理念世界，追随神，具备一切知识，后来灵魂附着于躯体便遗忘了一切。只有经过合适的训练，灵魂才能回忆起曾经见过的东西，在这之前，人在事物的世界被感觉的虚幻"影子"所误导，犹如生活在被自己的感觉所束缚的"洞穴"之中难以自拔，只能等待艰难的启蒙和引导。

被柏拉图"隐喻"的异化问题有着当时社会复杂的历史背景，这些问题的一些方面在中世纪基督教的教义中神学化了，教父哲学重要代表奥古斯丁认为，人类祖先在伊甸园犯下"原罪"而失去了上帝赋予人的最初的圣洁的神性，造成了人性的坠落，它源于人类意志的缺陷，是意志自由选择的结果，人类因此应该承担自己的责任。只有依靠上帝的

---

① 《马克思恩格斯全集》第 42 卷，人民出版社 1979 年版，第 101 页。
② 《马克思恩格斯全集》第 42 卷，人民出版社 1979 年版，第 120 页。

恩典，人的意志才能摆脱原罪的奴役，做出善的选择，为人类赎罪是上帝的恩典，上帝之子耶稣基督因此牺牲自己，换取了全人类的新生。

这些早期异化概念的萌芽在近代思想史上逐渐明晰了起来，17、18世纪的一些哲学家和政治学家，在用社会契约的观点讨论国家权力的起源时，将异化看作个人权利的转让、让渡，赋予了异化以现实内容，然而真正使异化具有重要历史和现实批判意义的思想家还是卢梭。

卢梭所处的时代，资本主义正在兴起，在文艺复兴、宗教改革和启蒙运动中逐渐形成的古典自由主义是这个新制度的意识形态，在马基雅维利、格劳秀斯初步提出的人性论假设、自然状态假设和社会契约论假设基础上，霍布斯、洛克进一步论证了新时代政治学的两个基本原则：第一，生命、自由和财产是人类维持自身存在的基本要求，符合人的自然本性，是每个人的自然权利，是否承认和尊重这些自然权利，是衡量社会公正与否的基本尺度；第二，一切政府的统治权力都是有限的，只有在得到被统治者广泛同意的情况下才具有存在的合法性，政治社会和法律存在的唯一目的是增进每个人的幸福。

这两个基本原则为资本主义制度的建立和发展奠定了重要的"合理性"基础，具有重要的历史进步意义，成为美国 1775 年的独立战争和法国 1789 年革命的重要精神力量。但是它们在现实社会的实践中却显露出深刻的矛盾：这就是自由与平等的对立。自由意味着人人都因为具有不可被剥夺的平等权利而独立自主，"人们既然都是平等和独立的，任何人就不得侵害他人的生命、健康、自由或者财产"。[①] 但是权利在事实上却是不平等的，根本的问题是私有财产，财产占有的多寡在很大程度上决定了人们的社会身份和地位，从而也在很大程度上决定着人们可以运用的权利的大小。

作为法国启蒙运动和古典自由主义的重要代表，卢梭较早地洞察到了这种对立，他认为，每个人自然或生理上的不平等是不可避免的，而制度的不平等则从政治上、精神上加深着自然或生理上的不平等，财

---

① 　洛克：《政府论》（下篇），商务印书馆 2005 年版，第 18 页。

富的占有者通过法律将不平等固定下来了，从历史上看，财产权是穷人和富人"这两个阶级的人之间的社会契约的条款，可以概括几句话：你需要我，因为我富而你穷"①，断定私有制是"人类不平等的起源和基础"，指责社会把这种不平等变成合法的权利实质上是保护富人损害穷人的利益。为此，卢梭提出"第二次契约"：推翻暴君的统治，订立新的契约，建立一个"既不许有富豪，也不许有赤贫"②的国家。新的社会契约是以保护每一个缔约者的生命、财产和自由为目的，以每一个缔约者的全部权利转让为条件，以"公意"基础上的主权在民为原则。在进入这种新的社会状态后，人类才可能获得真正的自由，这就是服从自己为自己规定的法律，遵循以良心这种自然情感为本体的道德的指引。国家的正义就在于，人们"把自己的强力转化为权利，把服从转化为义务"。③

卢梭的批判所指，直接针对的是封建专制，但是他对进步的质疑，又不可避免地指向了整个人类文明的历史，锋芒所指即是源于财产私有制的"异化"：文明是自然的异化，理性是本能的异化，"人是生而自由，却无往不在枷锁之中"④，这就是他的概括。这些看法，在欧洲思想史上产生了深远的影响，当孟德斯鸠、伏尔泰这些启蒙思想家还在大张旗鼓批判封建制度与宗教神学、为理性与资本主义鸣锣开道的时候，卢梭实际上已经在批判理性和资本主义了。列奥·施特劳斯说："现代性的第一次危机出现在让－雅克·卢梭的思想中。"⑤卢梭也因此被视为他所在的那个时代的早产儿。尽管他认为"人的苦难的真正根源就在于人的所谓进化"⑥，将人类的历史看作一场堕落的观点有失偏颇，但是其批判锋芒所指还是在客观上为人类走出异化预设了方向，成为马克思对历史之谜思考的重要借鉴。

---

① 卢梭：《论政治经济学》，商务印书馆 1962 年版，第 36 页。
② 卢梭：《社会契约论》，商务印书馆 2011 年版，第 66 页。
③ 卢梭：《社会契约论》，商务印书馆 1980 年版，第 12 页。
④ 卢梭：《社会契约论》，商务印书馆 2011 年版，第 4 页。
⑤ 列奥·施特劳斯：《自然权利与历史》，生活·读书·新知三联书店 2003 年版，第 257 页。
⑥ 卢梭：《忏悔录》第二部，商务印书馆 2011 年版，第 468 页。

卢梭去世 10 年之后，法国大革命爆发，社会契约论中的"主权在民"原则的思想，则成为了启动这场革命的重要思想旗帜，罗伯斯庇尔曾说，卢梭是法国大革命的前驱。革命的根本问题正是财产权问题，革命摧毁了法国的君主专制统治，传播了自由民主的思想，震撼了整个欧洲的君主专制制度，对世界历史的发展产生了重大的影响，但是革命中各个阶级之间的矛盾和冲突又暴露出了古典自由主义理论的历史局限性，它表明，否定了封建专制所带来的国家法律上对平等权利的肯定和维护还是不彻底的，从根本上解决人类解放的问题还需要走很长的路。

法国大革命强劲地冲击了保守的德国，正在兴起的德国古典哲学对此作出了思想回应，从康德、黑格尔到费尔巴哈，让人披上了各种哲学外衣，以不同的主体身份穿越历史，使唯心主义发展出历史辩证法，使唯物主义发展出人本学。

作为德国古典哲学的集大成者，黑格尔在康德哲学的基础上，继承启蒙运动精神，借鉴英国古典政治经济学，将费希特"自我设定非我"的主体能动性原则与卢梭"文明造就人类痛苦"的主体否定性原则结合起来，发展出主体自我否定的辩证法，把绝对精神的发展描述为自我异化和扬弃自我异化回到自身的否定之否定的辩证过程，将人理解为在对象化劳动中创造自己历史的过程，将世界历史理解为历经各种奴役走向自由的过程，赋予异化历史以新的思想逻辑。

费尔巴哈恢复和发展了法国唯物主义，将异化的主体还原为感性的人，将宗教理解为人的本质的异化，将唯心主义理解为宗教异化的哲学形式，赋予异化理论以新的感性内容。

源于古希腊哲学、形成于基督教神学、经卢梭重新解读、被德国古典哲学充分发展了的"异化"概念，具有独特而深厚的历史批判内涵，成为青年黑格尔派进行宗教、政治、社会批判的重要思想武器，在马克思早期思想发展中，具有重要的建构作用，《巴黎笔记》和《1844 年经济学哲学手稿》写作期间，马克思仍然在用"异化"概念表达自己正在形成的新思想。

但是，异化概念在现有形式上是不适合马克思正在形成的新思想的本质要求的，这主要在于，它的基本特征是设定一种"原始主体""逻辑上在先"的存在，因而解放总是被理解为一种"复归"，在卢梭那里，这个"原始主体"是自然人性、黑格尔那里是绝对精神，在费尔巴哈那里则是人的"类"本身。在《1844年经济学哲学手稿》中，马克思用费尔巴哈的"感性"的人（类）批判和取代了黑格尔的"抽象"的人（自我意识），但"主体"的"逻辑在先"性还没有受到根本的批判性审视，他认为，私有财产是异化的完成，从私有财产的束缚下解放出来，也就意味着人对异化的根本解脱，这将是"人以一种全面的方式，也就是说，作为一个完整的人，占有自己的全面的本质。人同世界的任何一种人的关系——视觉、听觉、嗅觉、味觉、触觉、思维、直观、情感、愿望、活动、爱，——总之，他的个体的一切器官，正像在形式上直接是社会的器官的那些器官一样，是通过自己的对象性关系，即通过自己同对象的关系而对对象的占有，对人的现实的占有；这些器官同对象的关系，是人的现实的实现，……是人的能动和人的受动，因为按人的方式来理解的受动，是人的一种自我享受"。① 这个看法，在费尔巴哈的著作中可以找到类似的表述。当费尔巴哈将"类"即"理性、意志、心情（爱）"② 作为人的本质对待时，也肯定了"类"的社会属性，指出："人是人的作品，是文化、历史的产物。"③ 从批判黑格尔法哲学开始，马克思对人类解放的理解主要是要扬弃市民社会中人作为利己者的个体性存在，回复到人作为"类"的社会性存在。在《1844年经济学哲学手稿》中，马克思仍然如此认为，他写道："首先应当避免重新把'社会'当做抽象的东西同个人对立起来。个人是社会存在物。因此，他的生命表现，即使不采取公共的、同他人一起完成的生命表现这种直接形式，也是社会生活的表现和确证。人的个体生活和类生活不是各不相同的，尽管个体生活的存在方式是——必然是——类生活的较为特殊的或者较为普遍的方式，而类生活是较为特殊的或者较为普遍的

① 《马克思恩格斯文集》第1卷，人民出版社2009年版，第189页。
② 《西方哲学原著选读》下卷，商务印书馆1982年版，第468页。
③ 《西方哲学原著选读》下卷，商务印书馆1982年版，第468页。

个体生活。"①

　　这意味着在写作《巴黎手稿》和《1844年经济学哲学手稿》时，他还没有完全走出旧哲学的藩篱，他仍然认为"费尔巴哈著作是继黑格尔的《现象学》和《逻辑学》以后包含着真正理论革命的唯一著作"②。当他将劳动确定为人的本质活动时，主要着眼的还是理想化的"自由自觉"活动，当他将人的本质确定为社会性时，主要着眼的还是"类"的社会性，现实的人及其异化劳动还"游离"在人的"类生活"之外，这就很难从根本上解释清楚为什么"工人的解放包含全人类的解放"。

　　马克思很快就开始意识到了自己思想中的矛盾，紧接着《巴黎手稿》和《1844年经济学哲学手稿》完成的《神圣家族》和《评弗里德里希·李斯特的著作〈政治经济学的国民体系〉》，通过对鲍威尔"自我意识哲学"和李斯特生产力理论的批判性研究，马克思一方面揭露了黑格尔思辨哲学"把现实的阐述看成是思辨的"③，"把实体了解为主体，了解为内在的过程，了解为绝对的人格"④，从一般概念中重新创造出个别具体事物的秘密，考察了17—18世纪的唯物主义，要求社会科学"同唯物主义的基础协调起来，并在这个基础上加以改造"⑤，指出："并不是'历史'把人当做手段来达到自己——仿佛历史是一个独具魅力的人——的目的。历史不过是追求着自己目的的人的活动而已。"⑥另一方面认识到生产力作为属人的力量所具有的重大历史观意义，它不仅是增加财富的因素，也是人的劳动存在于现实工业中的力量和为人创造生活条件的力量，还是无产阶级"炸毁资产者用以把它们同人分开并因此把它们从一种真正的社会联系变为（歪曲为）社会桎梏的那种锁链"⑦的力量。

　　据此，马克思对之前两个自己的看法做了"修正"，一是关于理想

---

① 《马克思恩格斯文集》第1卷，人民出版社2009年版，第188页。
② 《马克思恩格斯文集》第1卷，人民出版社2009年版，第112页。
③ 《马克思恩格斯文集》第1卷，人民出版社2009年版，第280页。
④ 《马克思恩格斯文集》第1卷，人民出版社2009年版，第280页。
⑤ 《马克思恩格斯文集》第4卷，人民出版社2009年版，第284页。
⑥ 《马克思恩格斯文集》第2卷，人民出版社2009年版，第295页。
⑦ 《马克思恩格斯全集》第42卷，人民出版社1979年版，第259页。

化劳动与现实化劳动的关系。在《1844年经济学哲学手稿》中，他虽然承认现实的异化劳动的历史作用，认为"工业的历史和工业的已经产生的对象性的存在，是一本打开了的关于人的本质力量的书"，"通过工业——尽管以异化的形式——形成的自然界，是真正的、人类学的自然界"，① 但是更强调真正推动历史发展的是非异化的亦即自由自觉状态中的劳动，而在《神圣家族》中，马克思转而更为明确地认识到不是理想化的生产而是"地上的粗糙的物质生产"才是真实的"历史的诞生地"，②"工人才创造了一切"③，从根本上看，"历史活动是群众的活动，随着历史活动的深入，必将是群众队伍的扩大"④。在《评李斯特〈政治经济学的国民体系〉》中马克思写到，在劳动物化为私有财产的历史阶段，"谈论自由的、人的、社会的劳动，谈论没有私有财产的劳动，是一种最大的误解。"⑤ 二是关于市民社会与政治国家的关系。在《黑格尔法哲学批判》和《论犹太人问题》中，马克思虽然得出了市民社会决定国家的重要结论，但是认为两者是处于对立和分离状态——"完成了的政治国家，按其本质来说，是人的同自己物质生活相对立的类生活。这种利己生活的一切前提继续存在于国家范围以外，存在于市民社会之中，然而是作为市民社会的特性存在的。"⑥ 而在《神圣家族》中，马克思所强调的不再是市民社会与政治国家的对立和分离，而是它们之间在利益上的统一和一致，针对鲍威尔关于市民社会的成员是利己主义的原子，应当由"普遍国家秩序"将其联合起来组成社会的看法，马克思批评道，连接市民社会成员的不是国家而是利益，"在今天，只有政治上的迷信还会妄想，市民生活必须由国家来维系，其实恰恰相反，国家是由市民生活来维系的。"⑦"资产阶级社会由资产阶级作为其正面的

① 《马克思恩格斯全集》第42卷，人民出版社1979年版，第127、128页。
② 《马克思恩格斯文集》第1卷，人民出版社2009年版，第351页。
③ 《马克思恩格斯全集》第2卷，人民出版社1957年版，第22页。
④ 《马克思恩格斯文集》第1卷，人民出版社2009年版，第287页。
⑤ 《马克思恩格斯全集》第42卷，人民出版社1979年版，第254页。
⑥ 《马克思恩格斯文集》第1卷，人民出版社2009年版，第30页。
⑦ 《马克思恩格斯文集》第1卷，人民出版社2009年版，第322页。

代表"①，国家被资产阶级"看做自己的独占权力的正式表现，看做对自己的特殊利益的政治上的承认"②。因此，正如"黑格尔曾经说过的'人权'不是天生就有的，而是历史地产生的"③，现代国家承认人权与古代国家承认奴隶制在性质上是一样的，因为"人权并不是使人摆脱财产，而是使人有占有财产的自由；人权并不是使人摆脱牟利的龌龊行为，反而是赋予人以经营的自由"④。

对于鲍威尔的"批判哲学"关于启蒙运动和法国革命等历史上的一切伟大活动由于迎合群众利益和热情、没有满足纯粹思想要求，因而一开始就是不成功的和没有成效看法，马克思指出："'思想'一旦离开'利益'，就一定会使自己出丑。"⑤ 事实上，"资产阶级在 1789 年革命中的利益决不是'不合时宜的'，它'赢得了'一切，并且有过'极有影响的成效'，……这种利益是如此强大有力，以至胜利地征服了马拉的笔、恐怖主义者的断头台、拿破仑的剑，以及钉在十字架上的耶稣受难像和波旁王朝的纯血统。这场革命只有对于那样一些群众来说才是'不合时宜的'，……他们获得解放的现实条件和资产阶级借以解放自身和社会的那些条件是根本不同的。……与资产阶级不同的那部分群众认为，在革命的原则中没有体现他们的现实利益，并没有体现他们自己的革命原则，而仅仅包含一种'思想'，也就仅仅包含一个激起暂时热情和掀起表面风潮的对象罢了。"⑥

《神圣家族》还没有完全摆脱从费尔巴哈的人的"类本质"的异化观念来批判资本主义的思路，正如后来恩格斯对《神圣家族》出版后不久，自己发表的《英国工人阶级状况》的评价那样，"本书在哲学、经济学和政治方面的总的理论观点，和我现在的观点决不是完全一致的。

---

①　《马克思恩格斯文集》第 1 卷，人民出版社 2009 年版，第 325 页。

②　《马克思恩格斯文集》第 1 卷，人民出版社 2009 年版，第 326 页。

③　《马克思恩格斯文集》第 1 卷，人民出版社 2009 年版，第 313 页。

④　《马克思恩格斯文集》第 1 卷，人民出版社 2009 年版，第 312 页。

⑤　《马克思恩格斯文集》第 1 卷，人民出版社 2009 年版，第 286 页。

⑥　《马克思恩格斯文集》第 1 卷，人民出版社 2009 年版，第 287 页。

1844 年还没有现代的国际社会主义。……我这本书只是体现了它的胚胎发展的一个阶段。正如人的胚胎在其发展的最初阶段还要再现出我们的祖先鱼类的鳃弧一样，在本书中到处都可以发现现代社会主义从它的祖先之一即德国古典哲学起源的痕迹。"① 这个评价也大体适用于《神圣家族》。但是第一，《神圣家族》对现实生产历史意义的肯定与随后《评弗里德里希·李斯特的〈政治经济学的国民体系〉》从经济学方面对生产力的考察，使马克思更为接近"生产的社会关系"这个他自己的整个"体系"的基本思想，得出了"对象作为为了人的存在，作为人的对象性存在，同时也就是人为了他人的定在，是他同他人的人的关系，是人同人的社会关系"② 这个重要结论。第二，《神圣家族》对现实社会中"思想"与"利益"、"群众"与"精神"关系的考察，再次深入到了资本主义私有制的阶级结构，分析了同样处在异化状态中的无产阶级和资产阶级的不同地位和前途，更为清晰地说明了私有制"在自己的国民经济运动中自己使自己走向瓦解"③ 是为客观事物的本性所制约的发展，提出了"思想本身根本不能实现什么东西。思想要得到实现，就要有使用实践力量的人"④，"无产阶级并不是白白地经受那种严酷的但能使人百炼成钢的劳动训练的"⑤，"它的目标和它的历史使命已经在它自己的生活状况和现代资产阶级社会的整个组织中明显地、无可更改地预示出来了"⑥ 等重要结论，这些结论已经不是费尔巴哈哲学所能够包含的了，"因为费尔巴哈不能找到从他自己所极端憎恶的抽象王国通向活生生的现实世界的道路。他紧紧抓住自然界和人；但是，在他那里，自然界和人都只是空话。无论关于现实的自然界或关于现实的人，他都不能对我们说出任何确定的东西。要从费尔巴哈的抽象的人转到现实的、活生生

---

① 《马克思恩格斯选集》第 1 卷，人民出版社 2012 年版，第 69 页。

② 《马克思恩格斯文集》第 1 卷，人民出版社 2009 年版，第 268 页。

③ 《马克思恩格斯文集》第 1 卷，人民出版社 2009 年版，第 261 页。

④ 《马克思恩格斯文集》第 1 卷，人民出版社 2009 年版，第 320 页。

⑤ 《马克思恩格斯文集》第 1 卷，人民出版社 2009 年版，第 262 页。

⑥ 《马克思恩格斯文集》第 1 卷，人民出版社 2009 年版，第 262 页。

的人，就必须把这些人作为在历史中行动的人去考察。而费尔巴哈反对这样做"。但是，"对抽象的人的崇拜，即费尔巴哈的新宗教的核心，必定会由关于现实的人及其历史发展的科学来代替。这个超出费尔巴哈而进一步发展费尔巴哈观点的工作，是由马克思于 1845 年在《神圣家族》中开始的。"①1867 年马克思在给恩格斯的信中，谈到他重读了《神圣家族》时也说："我愉快而惊异地发现，对于这本书我们是问心无愧的，虽然对费尔巴哈的迷信现在给人造成一种滑稽的印象。"②

1845—1846 年写作的《关于费尔巴哈的提纲》、《德意志意识形态》，1847 写作的《哲学的贫困》和次年发表的《共产党宣言》，是马克思主义的诞生之作，马克思写道："我们决定共同阐明我们的见解与德国哲学的意识形态的见解的对立，实际上是把我们从前的哲学信仰清算一下。这个心愿是以批判黑格尔以后的哲学的形式来实现的。"③这里讲的"黑格尔以后的哲学"，主要指的就是费尔巴哈哲学。通过对分工所导致的自然经济向一般商品经济特别是资本主义商品经济转化历史过程的分析，马克思揭示了历史规律赖以实现的基本条件——"人们为了能够'创造历史'，必须能够生活。但是为了生活，首先就需要吃喝住穿以及其他一些东西。因此第一个历史活动就是生产满足这些需要的资料，即生产物质生活本身，而且，这是人们从几千年前直到今天单是为了维持生活就必须每日每时从事的历史活动，是一切历史的基本条件。"④

因此，"我们开始要谈的前提不是任意提出的，不是教条，而是一些只有在臆想中才能撇开的现实前提。这是一些现实的个人，是他们的活动和他们的物质生活条件，包括他们已有的和由他们自己的活动创造出来的物质生活条件。因此，这些前提可以用纯粹经验的方法来确认。"⑤

根据对生产实践这个历史"基本条件"和在其中活动的"现实的

① 《马克思恩格斯选集》第 4 卷，人民出版社 2012 年版，第 247 页。
② 《马克思恩格斯全集》第 31 卷，人民出版社 1972 年版，第 293 页。
③ 《马克思恩格斯选集》第 2 卷，人民出版社 2012 年版，第 4 页。
④ 《马克思恩格斯选集》第 1 卷，人民出版社 2012 年版，第 158 页。
⑤ 《马克思恩格斯选集》第 1 卷，人民出版社 2012 年版，第 146 页。

个人"的研究，马克思、恩格斯提出了唯物主义的历史观，"这种历史观就在于：从直接生活的物质生产出发阐述现实的生产过程，把同这种生产方式相联系的、它所产生的交往形式即各个不同阶段上的市民社会理解为整个历史的基础，从市民社会作为国家的活动描述市民社会，同时从市民社会出发阐明意识的所有各种不同的理论产物和形式，如宗教、哲学、道德等等，而且追溯它们产生的过程。……这种历史观和唯心主义历史观不同，它不是在每个时代中寻找某种范畴，而是始终站在现实历史的基础上，不是从观念出发来解释实践，而是从物质实践出发来解释各种观念形态"。① 在 1859 年的《〈政治经济学批判〉序言》中，马克思更为完整也更为准确地表述了唯物史观的基本思想：

"我所得到的，并且一经得到就用于指导我的研究工作的总的结果，可以简要地表述如下：人们在自己生活的社会生产中发生一定的、必然的、不以他们的意志为转移的关系，即同他们的物质生产力的一定发展阶段相适合的生产关系。这些生产关系的总和构成社会的经济结构，即有法律的和政治的上层建筑竖立其上并有一定的社会意识形式与之相适应的现实基础。物质生活的生产方式制约着整个社会生活、政治生活和精神生活的过程。不是人们的意识决定人们的存在，相反，是人们的社会存在决定人们的意识。社会的物质生产力发展到一定阶段，便同它们一直在其中运动的现存生产关系或财产关系（这只是生产关系的法律用语）发生矛盾。于是这些关系便由生产力的发展形式变成生产力的桎梏。那时社会革命的时代就到来了。随着经济基础的变更，全部庞大的上层建筑也或慢或快地发生变革。在考察这些变革时，必须时刻把下面两者区别开来：一种是生产的经济条件方面所发生的物质的、可以用自然科学的精确性指明的变革，一种是人们借以意识到这个冲突并力求把它克服的那些法律的、政治的、宗教的、艺术的或哲学的，简言之，意识形态的形式。我们判断一个人不能以他对自己的看法为根据，同样，我们判断这样一个变革时代也不能以它的意识为根据；相反，这

---

① 《马克思恩格斯选集》第 1 卷，人民出版社 2012 年版，第 171—172 页。

个意识必须从物质生活的矛盾中，从社会生产力和生产关系之间的现存冲突中去解释。无论哪一个社会形态，在它所能容纳的全部生产力发挥出来以前，是决不会灭亡的；而新的更高的生产关系，在它的物质存在条件在旧社会的胎胞里成熟以前，是决不会出现的。所以人类始终只提出自己能够解决的任务，因为只要仔细考察就可以发现，任务本身，只有在解决它的物质条件已经存在或者至少是在生成过程中的时候，才会产生。大体说来，亚细亚的、古希腊罗马的、封建的和现代资产阶级的生产方式可以看做是经济的社会形态演进的几个时代。资产阶级的生产关系是社会生产过程的最后一个对抗形式，这里所说的对抗，不是指个人的对抗，而是指从个人的社会生活条件中生长出来的对抗；但是，在资产阶级社会的胎胞里发展的生产力，同时又创造着解决这种对抗的物质条件。因此，人类社会的史前时期就以这种社会形态而告终。"①

唯物史观的创立，揭示了人类社会发展的一般规律，是人类历史观的一个伟大变革，列宁指出："发现唯物主义历史观，或者更确切地说，把唯物主义贯彻和推广运用于社会现象领域，消除了以往的历史理论的两个主要缺点。第一，以往的历史理论至多只是考察了人们历史活动的思想动机，而没有研究产生这些动机的原因，没有探索社会关系体系发展的客观规律性，没有把物质生产的发展程度看做这些关系的根源；第二，以往的理论从来忽视居民群众的活动，只有历史唯物主义才第一次使我们能以自然科学的精确性去研究群众生活的社会条件以及这些条件的变更。"②

在唯物史观的视域中，黑格尔和费尔巴哈的影响得到了清理，一些重大的根本性的社会历史问题得到了重新诠释：

第一，在历史的本原问题上，马克思、恩格斯从复杂的社会生活中区分出物质生活条件和精神生活方面，指出，不是社会意识决定社会存在，而是社会存在决定社会意识。"人们是自己的观念、思想等等的

---

① 《马克思恩格斯选集》第 2 卷，人民出版社 2012 年版，第 1—3 页。
② 《列宁选集》第 2 卷，人民出版社 2012 年版，第 425 页。

生产者，但这里所说的人们是现实的、从事活动的人们，他们受自己的生产力和与之相适应的交往的一定发展——直到交往的最遥远的形态——所制约。意识在任何时候都只能是被意识到了的存在，而人们的存在就是他们的现实生活过程。"① "人们按照自己的物质生产率建立相应的社会关系，正是这些人又按照自己的社会关系创造了相应的原理、观念和范畴。所以，这些观念、范畴也同它们所表现的关系一样，不是永恒的。它们是历史的、暂时的产物。"②

以往的历史观都是以这样或那样的方式将这样或那样的精神的和思想的因素视为历史的本原，即使是费尔巴哈这样的唯物主义也是如此，其中的根本原因，并不是他们没有看到地理的自然环境和人口因素对于社会生活的重要作用，这些"自然基础"实际上早已进入了"历史记载"，③而是没有认识到"社会生活在本质上是实践的"④ 这个基本道理，因此，如同青年黑格尔派在关于"实体"和"自我意识"的争论中所表现出的错误那样，以往的历史观总是将自然和历史割裂开来，"好像这是两种互不相干的'事物'，好像人们面前始终不会有历史的自然和自然的历史"⑤，"这样，就把人对自然界的关系从历史中排除出去了，因而造成了自然界和历史之间的对立"⑥。这既是黑格尔思辨唯心主义的缺陷也是费尔巴哈人本学唯物主义的缺陷，当黑格尔提出人的劳动创造历史的思想时，这里的"人"只是自我意识，而"当费尔巴哈是一个唯物主义者的时候，历史在他的视野之外；当他去探讨历史的时候，他不是一个唯物主义者。在他那里，唯物主义和历史是彼此完全脱离的"。⑦

马克思、恩格斯肯定外部自然界相对于人类活动的"优先地位"⑧，

① 《马克思恩格斯选集》第 1 卷，人民出版社 2012 年版，第 152 页。
② 《马克思恩格斯选集》第 1 卷，人民出版社 2012 年版，第 222 页。
③ 《马克思恩格斯选集》第 1 卷，人民出版社 2012 年版，第 147 页。
④ 《马克思恩格斯选集》第 1 卷，人民出版社 2012 年版，第 139 页。
⑤ 《马克思恩格斯选集》第 1 卷，人民出版社 2012 年版，第 156 页。
⑥ 《马克思恩格斯选集》第 1 卷，人民出版社 2012 年版，第 173 页。
⑦ 《马克思恩格斯选集》第 1 卷，人民出版社 2012 年版，第 158 页。
⑧ 《马克思恩格斯选集》第 1 卷，人民出版社 2012 年版，第 157 页。

认为"人并没有创造物质本身。甚至人创造物质的这种或那种生产能力，也只是在物质本身预先存在的条件下才能进行"①，因此，"全部人类历史的第一个前提无疑是有生命的个人的存在。……第一个需要确认的事实就是这些个人的肉体组织以及由此产生的个人对其他自然的关系。"②但是他们没有停留于此，而是进一步论证了这种自然界通过什么"中介"构成了人类生存的预先条件，这就是生产实践。费尔巴哈不理解这点，包括他在内的从前的一切唯物主义的主要缺点是"对对象、现实、感性，只是从客体的或者直观的形式去理解，而不是把它们当做感性的人的活动，当做实践去理解，不是从主体方面去理解"③。因此，当费尔巴哈谈到自然界及其与人的关系时，常常陷入"感性"的困惑，"他没有看到，他周围的感性世界决不是某种开天辟地以来就直接存在的、始终如一的东西，而是工业和社会状况的产物，是历史的产物，是世世代代活动的结果"。④

正是在人的实践活动中，自然界和历史之间的对立得以消解，"人们在生产中不仅仅影响自然界，而且也互相影响。他们只有以一定的方式共同活动和互相交换其活动，才能进行生产。为了进行生产，人们相互之间便发生一定的联系和关系；只有在这些社会联系和社会关系的范围内，才会有他们对自然界的影响，才会有生产。"⑤因此，"历史可以从两个方面来考察，可以把它划分为自然史和人类史。但是这两方面是不可分割的；只要有人存在，自然史和人类史就彼此相互制约。"⑥

历史本原——社会存在的客观性的重要基础就存在于使自然史和人类史相互制约的人的现实性活动——生产实践中，通过对自然界的改造，人的生存需要得到了满足，"已经得到满足的第一个需要本身、满足需要

---

① 《马克思恩格斯全集》第2卷，人民出版社1957年版，第58页。
② 《马克思恩格斯选集》第1卷，人民出版社2012年版，第146页。
③ 《马克思恩格斯选集》第1卷，人民出版社2012年版，第133页。
④ 《马克思恩格斯选集》第1卷，人民出版社2012年版，第155页。
⑤ 《马克思恩格斯选集》第1卷，人民出版社2012年版，第340页。
⑥ 《马克思恩格斯选集》第1卷，人民出版社2012年版，第146页注①。

的活动和已经获得的为满足需要而用的工具又引起新的需要"①，由此推动生产力的发展，"随着新生产力的获得，人们改变自己的生产方式，随着生产方式即谋生的方式的改变，人们也就会改变自己的一切社会关系。手推磨产生的是封建主的社会，蒸汽磨产生的是工业资本家的社会。"②

因此，社会历史不是任何"普遍理性"的产物，"社会——不管其形式如何——是什么呢？是人们交互活动的产物。人们能否自由选择某一社会形式呢？决不能。在人们的生产力发展的一定状况下，就会有一定的交换和消费形式。在生产、交换和消费的一定阶段上，就会有相应的社会制度形式、相应的家庭、等级或阶级组织，一句话，就会有相应的市民社会。有一定的市民社会，就会有不过是市民社会的正式表现的相应的政治国家。……人们不能自由选择自己的生产力——这是他们的全部历史的基础，因为任何生产力都是一种既得的力量，是以往的活动的产物。可见，生产力是人们应用能力的结果，但是这种能力本身决定于人们所处的条件，决定于先前已经获得的生产力，决定于在他们以前已经存在、不是由他们创立而是由前一代人创立的社会形式。后来的每一代人都得到前一代人已经取得的生产力并当做原料来为自己新的生产服务，由于这一简单的事实，就形成人们的历史中的联系，就形成人类的历史，这个历史随着人们的生产力以及人们的社会关系的愈益发展而愈益成为人类的历史。由此就必然得出一个结论：人们的社会历史始终只是他们的个体发展的历史，而不管他们是否意识到这一点。他们的物质关系形成他们的一切关系的基础。这些物质关系不过是他们的物质的和个人的活动所借以实现的形式罢了。"③

第二，在历史的主体问题上，马克思、恩格斯从现实的人的活动出发，将历史的主体落实于实践的人，又将实践中的人的本质规定为"一切社会关系的总和"。

---

① 《马克思恩格斯选集》第 1 卷，人民出版社 2012 年版，第 159 页。

② 《马克思恩格斯选集》第 1 卷，人民出版社 2012 年版，第 222 页。

③ 《马克思恩格斯选集》第 4 卷，人民出版社 2012 年版，第 408—409 页。

　　以往的历史观并非没有看到人的社会性，但是或者将它归结为人在社会中趋利避害的自然本能；或者将它归结为人在社会中的自我意识和道德意识；或者将它归结为人在社会中的政治或文化习性等。费尔巴哈认识到人的一切活动都是"类"现象，人的本质就是"类本质"，即"一种内在的、无声的、把许多个人纯粹自然地联系起来的普遍性"①。

　　马克思不否认人的本质是一种"类"特征，但是不同意将"类"特征仅仅看作一种生物学意义上的共同性，而是要求从实践活动来理解人的"类"特征，指出："一个种的整体特性、种的类特性就在于生命活动的性质，而自由的有意识的活动恰恰就是人的类特性。"②这种自由的有意识的活动不是别的，就是生产劳动，"通过实践创造对象世界，改造无机界，人证明自己是有意识的类存在物"。③生产劳动之所以是自由的有意识的活动，是因为与动物相比较，"动物只生产自身，而人再生产整个自然界；动物的产品直接属于它的肉体，而人则自由地面对自己的产品。动物只是按照它所属的那个种的尺度和需要来构造，而人却懂得按照任何一个种的尺度来进行生产，并且懂得怎样处处都把固有的尺度运用于对象；因此，人也按照美的规律来构造。"④

　　从现实的生产劳动来认识人的本质，马克思指出："个人怎样表现自己的生命，他们自己就是怎样。因此，他们是什么样的，这同他们的生产是一致的——既和他们生产什么一致，又和他们怎样生产一致。因而，个人是什么样的，这取决于他们进行生产的物质条件。"⑤

　　因此，"人的本质不是单个人所固有的抽象物，在其现实性上，它是一切社会关系的总和。"⑥作为一切社会关系的总和，一方面，人的本质的形成具有历史的客观必然性，"不管个人在主观上怎样超脱各种关

①　《马克思恩格斯选集》第 1 卷，人民出版社 2012 年版，第 139 页。

②　《马克思恩格斯选集》第 1 卷，人民出版社 2012 年版，第 56 页。

③　《马克思恩格斯选集》第 1 卷，人民出版社 2012 年版，第 56 页。

④　《马克思恩格斯选集》第 1 卷，人民出版社 2012 年版，第 57 页。

⑤　《马克思恩格斯选集》第 1 卷，人民出版社 2012 年版，第 147 页。

⑥　《马克思恩格斯选集》第 1 卷，人民出版社 2012 年版，第 139 页。

系，他在社会意义上总是这些关系的产物。"① 另一方面，人的本质的变化又具有历史的客观可能性，因为人的人性及其本质虽然有着其"种"的固有生物学基础，但是其社会因素却不是万古不变的，"整个历史也无非是人类本性的不断改变而已"。②

第三，在历史的动力问题上，马克思、恩格斯根据生产的规律是社会发展的基本规律这个历史事实，确认经济的社会形态的发展是一种自然史过程，得出了"一切历史冲突都根源于生产力和交往形式之间的矛盾"③ 的重要结论。

以往的历史观也看到了历史冲突，但是大都从人性内在之善恶对立的两个方面在历史中的展开来加以理解，黑格尔进一步认识到这些对立斗争的背后有着绝对精神的支配，用"理性的狡计"加以解释。马克思、恩格斯肯定了黑格尔思想的深刻之处，但不是用纯粹思辨的方法而是"用纯粹经验的方法来确认"④ 历史的动因，指出："人们之间一开始就有一种物质的联系。这种联系是由需要和生产方式决定的，它和人本身有同样长久的历史"⑤，人们生活和生产的需要产生了分工，最初分工还只是基于人的性别、禀赋、需要等等的"自然分工"，随着需要的增长和人口的增多，分工得到了进一步发展，与此同时，生产力也发展起来，剩余产品出现了，私有制的生产关系开始形成，人类走到了进入文明社会的门槛。真正的社会分工——"文明产生的分工"即物质劳动与精神劳动的分工以及随之出现的城乡之间的对立开始取代自然分工和原始共同体，这是"随着野蛮向文明的过渡、部落制度向国家的过渡、地方局限性向民族的过渡而开始的，它贯穿着文明的全部历史直至现在。——随着城市的出现，必然要有行政机关、警察、赋税等等，一句话，必然要有公共机构，从而也就必然要有一般政治。在这里，居民第

---

① 《马克思恩格斯选集》第 2 卷，人民出版社 2012 年版，第 84 页。
② 《马克思恩格斯选集》第 1 卷，人民出版社 2012 年版，第 252 页。
③ 《马克思恩格斯选集》第 1 卷，人民出版社 2012 年版，第 196 页。
④ 《马克思恩格斯选集》第 1 卷，人民出版社 2012 年版，第 146 页。
⑤ 《马克思恩格斯选集》第 1 卷，人民出版社 2012 年版，第 160 页。

一次划分为两大阶级，这种划分直接以分工和生产工具为基础"①。随着人类进入阶级对抗的历史时代，"有生命的个人"转变为具有社会地位差异性的"个人"。"自由民和奴隶、贵族和平民、领主和农奴、行会师傅和帮工，一句话，压迫者和被压迫者，始终处于相互对立的地位，进行不断的、有时隐蔽有时公开的斗争，而每一次斗争的结局都是整个社会受到革命改造或者斗争的各阶级同归于尽。"②

资本主义将这种对抗推向了新的阶段，文明巨大进步在这里所呈现出的，一方面是人类总体力量的"成倍增长"，另一方面则是人类个体存在不断片面化；一方面是劳动者从封建社会的人身依附关系中解放出来，获得了更多的自由，另一方面则是资本的统治使得这种自由不断被雇佣劳动化。然而，历史总是在矛盾中为自己开辟道路，"当文明一开始的时候，生产就开始建立在级别、等级和阶级的对抗上，最后建立在积累的劳动和直接的劳动的对抗上，没有对抗就没有进步。这是文明直到今天所遵循的规律。到目前为止，生产力就是由于这种阶级对抗的规律而发展起来的。"③阶级对抗的最高表现形式是社会革命，这是社会基本矛盾发展的必然结果，一方面，旧的生产关系和上层建筑通过革命得以改变，社会生产力获得解放和发展；另一方面，"革命之所以必需，不仅是因为没有任何其他的办法能够推翻统治阶级，而且还因为推翻统治阶级的那个阶级，只有在革命中才能抛掉自己身上的一切陈旧的肮脏东西，才能胜任重建社会的工作。"④

肯定经济的因素特别是生产力的发展是历史的根本动力，并不否定上层建筑的重要作用，为了避免误解，恩格斯晚年多次提醒："根据唯物史观，历史过程中的决定性因素归根到底是现实生活的生产和再生产。无论马克思或我都从来没有肯定过比这更多的东西。如果有人在这里加以歪曲，说经济因素是唯一决定性的因素，那么他就是把这个命题

---

① 《马克思恩格斯选集》第 1 卷，人民出版社 2012 年版，第 184 页。
② 《马克思恩格斯选集》第 1 卷，人民出版社 2012 年版，第 400 页。
③ 《马克思恩格斯全集》第 4 卷，人民出版社 1958 年版，第 104 页。
④ 《马克思恩格斯选集》第 1 卷，人民出版社 2012 年版，第 171 页。

变成毫无内容的、抽象的、荒诞无稽的空话。经济状况是基础，但是对历史斗争的进程发生影响并在许多情况下主要是决定着这一斗争的形式的，还有上层建筑的各种因素：阶级斗争的各种政治形式及其成果——由胜利了的阶级在获胜以后确立的宪法等等，各种法的形式以及所有这些实际斗争在参加者头脑中的反映，政治的、法律的和哲学的理论，宗教的观点以及它们向教义体系的进一步发展。这里表现出这一切因素间的相互作用，而在这些相互作用中归根到底是经济运动作为必然的东西通过无穷无尽的偶然事件（即这样一些事物和事变，它们的内部联系是如此疏远或者是如此难于确定，以致我们可以认为这种联系并不存在，忘掉这种联系）向前发展。否则把理论应用于任何历史时期，就会比解一个简单的一次方程式更容易了。"①

在生产力和生产关系、经济基础和上层建筑的相互作用中，在历史必然性和偶然性的相互联系中，"历史是这样创造的：最终的结果总是从许多单个的意志的相互冲突中产生出来的，而其中每一个意志，又是由于许多特殊的生活条件，才成为它所成为的那样。这样就有无数互相交错的力量，有无数个力的平行四边形，由此就产生出一个合力，即历史结果，而这个结果又可以看做一个作为整体的、不自觉地和不自主地起着作用的力量的产物。因为任何一个人的愿望都会受到任何另一个人的妨碍，而最后出现的结果就是谁都没有希望过的事物。所以到目前为止的历史总是像一种自然过程一样地进行，而且实质上也是服从同一运动规律的。但是，各个人的意志——其中的每一个都希望得到他的体质和外部的、归根到底是经济的情况（或是他个人的，或是一般社会性的）使他向往的东西——虽然都达不到自己的愿望，而是融合为一个总的平均数，一个总的合力，然而从这一事实中决不应作出结论说，这些意志等于零。相反，每个意志都对合力有所贡献，因而是包括在这个合力里面的。"②

在这个过程中，"如果要去探究那些隐藏在——自觉地或不自觉地，

① 《马克思恩格斯选集》第4卷，人民出版社2012年版，第604页。
② 《马克思恩格斯选集》第4卷，人民出版社2012年版，第605—606页。

而且往往是不自觉地——历史人物的动机背后并且构成历史的真正的最后动力的动力，那么问题涉及的，与其说是个别人物，即使是非常杰出的人物的动机，不如说是使广大群众、使整个整个的民族，并且在每一民族中间又是使整个整个阶级行动起来的动机；而且也不是短暂的爆发和转瞬即逝的火光，而是持久的、引起重大历史变迁的行动。"① 正是在这些整个民族和阶级的行动中，"根源于生产力和交往形式之间的矛盾"的"历史冲突"得到了充分的展现，构成了社会特别是现代社会变革的巨大杠杆。

第四，在历史的趋势问题上，马克思、恩格斯着眼于世界历史的形成和发展，认为"每一个单个人的解放的程度是与历史完全转变为世界历史的程度一致的"②，得出了"无产阶级只有在世界历史意义上才能存在，就像共产主义——它的事业——只有作为'世界历史性的'存在才有可能实现一样"③ 的重要结论。

以往的历史观看到并考察了私有制和阶级的存在，却没有提出消灭私有制和阶级的问题，直到共产主义学说的出现。但是，早期主张平均主义地分配现有财产的共产主义学说，只是"对私有财产的最初的积极的扬弃，即粗陋的共产主义，不过是私有财产的卑鄙性的一种表现形式，这种私有财产力图把自己设定为积极的共同体"，"不过是私有财产关系的普遍化和完成"，其实质，是"对整个文化和文明的世界的抽象否定，向贫穷的、需要不高的人——他不仅没有超越私有财产的水平，甚至从来没有达到私有财产的水平——的非自然的简单状态的倒退，恰恰证明对私有财产的这种扬弃决不是真正的占有"④。

真实的面向"整个文化和文明"发展的共产主义，"是私有财产即人的自我异化的积极的扬弃"⑤，它既要从根本上消除私有制赖以产生的一切旧的社会条件，又要利用私有制长期发展中的一切文明成果，在推

---

① 《马克思恩格斯选集》第 4 卷，人民出版社 2012 年版，第 255—256 页。
② 《马克思恩格斯选集》第 1 卷，人民出版社 2012 年版，第 169 页。
③ 《马克思恩格斯选集》第 1 卷，人民出版社 2012 年版，第 166—167 页。
④ 《马克思恩格斯文集》第 1 卷，人民出版社 2009 年版，第 185、183、184 页。
⑤ 《马克思恩格斯文集》第 1 卷，人民出版社 2009 年版，第 185 页。

动生产力不断发展中为人的自由全面发展创造新的社会条件。

马克思、恩格斯指出，实现共产主义的社会历史条件孕育生成于历史向世界历史的转变过程中，开启这个转变的是资本主义。冲破封建制度束缚的生产力的巨大发展促使人类交往活动日益扩大，"过去那种地方的和民族的自给自足和闭关自守状态，被各民族的各方面的互相往来和各方面的互相依赖所代替了"①，"各个相互影响的活动范围在这个发展进程中越是扩大，各民族的原始封闭状态由于日益完善的生产方式、交往以及因交往而自然形成的不同民族之间的分工消灭得越是彻底，历史也就越是成为世界历史。"②

康德较早地意识到了历史向"世界历史"转变的存在并对此作了理性的审视，他认为，"大自然的历史是从善开始的；因为它是上帝的创作；自由的历史则是由恶开始的，因为它是人的创作"。③ 一部世界历史就是这种矛盾的展开，一方面，人作为自然的最终目的，其历史不过是大自然隐蔽计划的实现，人类必然会从原始混沌状态、野蛮状态进入文明状态，实现"永久和平"，建立理性的公民社会；另一方面，历史实现大自然隐蔽计划的演化，又是合乎规律的，这种合规律的发展表现为大自然利用人的非社会性倾向与虚荣和贪欲，驱使人类在"对抗性"和艰辛的劳作中去发展自己的自然禀赋，使得恶成为人类超越原始自我，走向善的进步的动力。

康德在这里表达的，是他对资本主义所带来的世界历史整体面貌和发展趋势的理解和期待，这些思想深刻地影响了黑格尔对"世界历史"的认识。在《历史哲学》一书中，黑格尔对"世界历史"问题进行了系统的论述。他认为，历史是绝对精神的外化，理性是世界的主宰，历史因此是一种合理的过程，各种看似偶然的历史现象本质上都有机地联系在一起，在时空中受制于理性发展不可抗拒的必然性和规律性。精神的实体或本质是自由，精神之自由本质从潜在到实现的过程一方面表

---

① 《马克思恩格斯选集》第1卷，人民出版社2012年版，第404页。

② 《马克思恩格斯选集》第1卷，人民出版社2012年版，第168页。

③ 康德：《历史理性批判文集》，何兆武译，商务印书馆1990年版，第68页。

现为不断地将地域性的"民族精神"提升为纵贯历史的"世界精神"，另一方面又表现为历史的发展走出狭窄的民族和地域的局限，汇成浩瀚广阔的世界历史，其结果是，各个民族的发展作为"个体"有机地融入世界历史这个"伦理整体"之中。

马克思肯定了德国古典哲学中的这些历史辩证法思想，但批评了其中的思辨唯心主义，指出，这个转变不是如唯心主义思想家所描述的是"'自我意识'、世界精神或者某个形而上学幽灵的某种纯粹的抽象行动，而是完全物质的、可以通过经验证明的行动，每一个过着实际生活的、需要吃、喝、穿的个人都可以证明这种行动"[①]。

相对于过去时代，世界历史的形成更有力地推进了人类从必然走向自由、实现自身解放的进程，资本主义开启了这个进程但却不能完成这个进程。在资本主义时代，世界历史的展开一方面使"地域性的个人为世界历史性的、经验上普遍的个人所代替"[②]；另一方面又使得"单个人随着自己的活动扩大为世界历史性的活动，越来越受到对他们来说是异己的力量的支配，受到日益扩大的、归根结底表现为世界市场的力量的支配"[③]。因此，资本主义仅仅是世界历史发展中的一个过渡时期，"在资本对雇佣劳动的关系中，劳动即生产活动对它本身的条件和对它本身的产品的关系所表现出来的极端的异化形式，是一个必然的过渡点，因此，它已经自在地、但还只是以歪曲的头脚倒置的形式，包含着一切狭隘的生产前提的解体，而且它还创造和建立无条件的生产前提，从而为个人生产力的全面的、普遍的发展创造和建立充分的物质条件。"[④] 如果以消除异化作为人类真正掌握自己命运的历史坐标，那么，人类社会的"史前时期"就将以社会生产过程的最后一个对抗形式——资产阶级社会这种社会形态而告终。

将会继之产生的"共产主义和所有过去的运动不同的地方在于：它

① 《马克思恩格斯选集》第 1 卷，人民出版社 2012 年版，第 169 页。

② 《马克思恩格斯选集》第 1 卷，人民出版社 2012 年版，第 166 页。

③ 《马克思恩格斯选集》第 1 卷，人民出版社 2012 年版，第 169 页。

④ 《马克思恩格斯全集》第 30 卷，人民出版社 1995 年版，第 511—512 页。

推翻一切旧的生产关系和交往关系的基础，并且第一次自觉地把一切自发形成的前提看做是前人的创造，消除这些前提的自发性，使这些前提受联合起来的个人的支配"①。

历史向世界历史的转变不仅孕育了人类发展的未来，还造就了一个属于自己未来的阶级——无产阶级。"这个阶级在所有的民族中都具有同样的利益，在它那里民族独特性已经消灭，这是一个真正同整个旧世界脱离而同时又与之对立的阶级。"② 作为世界历史意义上的存在，无产阶级最终将实现世界历史发展所指向的新世界：取代阶级和阶级对立的资产阶级旧社会的自由人的"联合体"——共产主义。③

与无产阶级和共产主义是世界历史的产物一样，马克思主义也是世界历史的产物。过去的历史观陷入唯心主义，有着复杂的思想认识原因和社会历史原因，其中重要的一条，就是生产规模的狭小，限制了人们的眼界，使得人们难以从过分"茂密"的特殊和多样的历史表象中"透视"到历史深处的本质和规律。资本主义世界市场的形成、历史向世界历史的转变，大大扩展了人们的历史视域，使人们得以认识到支配着历史表象的"普照的光"④，而"在以前的各个时期，对历史的这些动因的探究几乎是不可能的，因为它们和自己的结果的联系是混乱而隐蔽的，在我们今天这个时期，这种联系已经简化了，以致人们有可能揭开这个谜"⑤。大工业的发展将全部政治斗争的"纯粹经济的原因"⑥ 一再暴露在人们的面前，"新的事实迫使人们对以往的全部历史作一番新的研究，结果发现：以往的全部历史，都是阶级斗争的历史；这些互相斗争的社会阶级在任何时候都是生产关系和交换关系的产物，一句话，都是自己时代的经济关系的产物"⑦。

① 《马克思恩格斯选集》第 1 卷，人民出版社 2012 年版，第 202 页。

② 《马克思恩格斯选集》第 1 卷，人民出版社 2012 年版，第 195 页。

③ 参见《马克思恩格斯选集》第 1 卷，人民出版社 2012 年版，第 422 页。

④ 《马克思恩格斯文集》第 8 卷，人民出版社 2009 年版，第 31 页。

⑤ 《马克思恩格斯选集》第 4 卷，人民出版社 2012 年版，第 256 页。

⑥ 《马克思恩格斯选集》第 4 卷，人民出版社 2012 年版，第 257 页。

⑦ 《马克思恩格斯选集》第 3 卷，人民出版社 2012 年版，第 401 页。

　　在唯物史观的形成过程中，马克思对分工这个"迄今为止历史的主要力量之一"①的认识起了重要的建构作用。历史上，分工问题很早就引起了西方思想家的关注，古希腊时期的色诺芬和柏拉图曾经专门研究了这个问题，近代以来对分工问题较早进行理论分析的重要思想家之一是亚当·斯密。斯密认为，分工源于人的才能具有自然差异，起因于人类独有的交换与易货倾向，在利己动机的支配下，专业化的分工一方面提高了生产力，促使个人财富增加；另一方面经由剩余产品的交换，扩大社会生产，促进社会繁荣，达到私利与公益的调和。

　　马克思较早讨论分工问题的文章正是在初步研究国民经济学之后写作的《1844年经济学哲学手稿》，马克思一开始就提出了与国民经济学家不同的意见："分工提高劳动的生产力，增进社会的财富，促使社会日益精致，同时却使工人陷于贫困并变为机器。"②在分工、私有制和异化这三个关于资本主义弊端的基本因素的讨论中，马克思在《1844年经济学哲学手稿》的关注度比较集中在私有制和异化的关系上，认为"私有财产一方面是外化劳动的产物，另一方面又是劳动借以外化的手段，是这一外化的实现"③，分工的问题还没有得到深入的讨论，但是问题已经提出：如果私有财产和异化是互为因果，那么支配这种关系的更深层原因是什么？在《德意志意识形态》写作时期的著作中，马克思认识到，这个更深层次的原因就是分工，一方面，分工是生产力形成和发展的重要基础。一切生产本身都是以个人之间的交往为前提，而在个人的交往和相互联系中将分散的力量联合起来的纽带就是分工，"受分工制约的不同个人的共同活动产生了一种社会力量，即成倍增长的生产力。"④"一个民族的生产力发展的水平，最明显地表现于该民族分工的发展程度。任何新的生产力，只要它不是迄今已知的生产力单纯的量的扩大（例如，开垦土地），都会引起分工的进一步发展。"⑤在工场手工

---

① 《马克思恩格斯选集》第1卷，人民出版社2012年版，第179页。
② 《马克思恩格斯全集》第42卷，人民出版社1979年版，第55页。
③ 《马克思恩格斯全集》第42卷，人民出版社1979年版，第100页。
④ 《马克思恩格斯选集》第1卷，人民出版社2012年版，第165页。
⑤ 《马克思恩格斯选集》第1卷，人民出版社2012年版，第147页。

业向机器生产的过渡中，"机械方面的每一次重大发明都使分工加剧，而每一次分工的加剧也同样引起机械方面的新发明。"① 另一方面，分工又是生产关系形成和发展的重要基础，"分工的各个不同发展阶段，同时也就是所有制的各个不同形式。这就是说，分工的每一个阶段还决定个人在劳动材料、劳动工具和劳动产品方面的相互关系。"② 在马克思看来，"部落所有制"、"古典古代的公社所有制和国家所有制"和"封建的或等级的所有制"就是分工的不同发展所形成的不同社会形态，它证明了"分工和私有制是相等的表达形式，对同一件事情，一个是就活动而言，另一个是就活动的产品而言"。③ "在分工的范围内，私人关系必然地、不可避免地会发展为阶级关系，并作为这样的关系固定下来"④。"随着分工的发展也产生了单个人的利益或单个家庭的利益与所有交往的个人的共同利益之间的矛盾；⋯⋯正是由于特殊利益和共同利益之间的这种矛盾，共同利益才采取国家这种与实际的单个利益和全体利益相脱离的独立形式，同时采取虚幻的共同体的形式"。⑤

列宁后来在谈到唯物史观的科学性时曾经指出："只有把社会关系归结于生产关系，把生产关系归结于生产力的水平，才能有可靠的根据把社会形态的发展看做自然历史过程。"⑥《德意志意识形态》写作时期马克思对分工地位和作用的研究，正是着力于对生产力与生产关系的矛盾运动这个社会发展根本动力的认识。

基于这个认识，马克思看到了造成人的异化的根本原因并不是之前所认为的是个体与类的矛盾，而是旧的自发的分工，"只要分工还不是出于自愿，而是自然形成的，那么人本身的活动对人来说就成为一种异己的、同他对立的力量，这种力量压迫着人，而不是人驾驭着这

① 《马克思恩格斯选集》第 1 卷，人民出版社 2012 年版，第 168 页。
② 《马克思恩格斯选集》第 1 卷，人民出版社 2012 年版，第 148 页。
③ 《马克思恩格斯选集》第 1 卷，人民出版社 2012 年版，第 163 页。
④ 《马克思恩格斯全集》第 3 卷，人民出版社 1960 年版，第 518 页。
⑤ 《马克思恩格斯选集》第 1 卷，人民出版社 2012 年版，第 163—164 页。
⑥ 《列宁选集》第 1 卷，人民出版社 2012 年版，第 8—9 页。

种力量。"① 以往思想家所"塑造"的那种"本真"意义上的具有"类本质"的人，实际上是"哲学家们在不再屈从于分工的个人身上看到了他们名之为'人'的那种理想，他们把我们所阐述的整个发展过程看做'人'的发展过程，从而把'人'强加于迄今每一个历史阶段中所存在的个人，并把'人'描述成历史的动力。这样，整个历史过程就被看成是'人'的自我异化过程，实质上这是因为，他们总是把后来阶段的一般化的个人强加于先前阶段的个人，并且把后来的意识强加于先前的个人"②。因此，"个人力量（关系）由于分工而转化为物的力量这一现象，不能靠人们从头脑里抛开关于这一现象的一般观念的办法来消灭，而只能靠个人重新驾驭这些物的力量，靠消灭分工的办法来消灭。没有共同体，这是不可能实现的。只有在共同体中，个人才能获得全面发展其才能的手段，也就是说，只有在共同体中才可能有个人自由。在过去的种种冒充的共同体中，如在国家等等中，个人自由只是对那些在统治阶级范围内发展的个人来说是存在的，……由于这种共同体是一个阶级反对另一个阶级的联合，因此对于被统治的阶级来说，它不仅是完全虚幻的共同体，而且是新的桎梏。"③ 马克思后来对"异化"概念的使用，正是基于这一新的认识之上。

资本主义制度的暂时性就在于，随着大工业的发展和无产阶级反对资产阶级的阶级斗争的发展，分工所表现和推动的"生产力已经强大到这种关系所不能适应的地步，它已经受到这种关系的阻碍"④，于是，"资产阶级用来推翻封建制度的武器，现在却对准资产阶级自己了。……资产阶级不仅锻造了置自身于死地的武器；它还产生了将要运用这种武器的人——现代的工人，即无产者"。⑤ "在一切生产工具中，最强大的一种生产力就是革命阶级本身。"⑥ 这样，"随着大工业的发展，资产阶

---

① 《马克思恩格斯选集》第 1 卷，人民出版社 2012 年版，第 165 页。
② 《马克思恩格斯选集》第 1 卷，人民出版社 2012 年版，第 210—211 页。
③ 《马克思恩格斯选集》第 1 卷，人民出版社 2012 年版，第 199 页。
④ 《马克思恩格斯选集》第 1 卷，人民出版社 2012 年版，第 406 页。
⑤ 《马克思恩格斯选集》第 1 卷，人民出版社 2012 年版，第 406 页。
⑥ 《马克思恩格斯全集》第 4 卷，人民出版社 1958 年版，第 197 页。

级赖以生产和占有产品的基础本身也就从它的脚下被挖掉了。它首先生产的是它自身的掘墓人。资产阶级的灭亡和无产阶级的胜利是同样不可避免的。"①

三

唯物史观的形成，离不开对经济学的研究，正是对社会经济现象和资产阶级政治经济学的一定认识和批判，马克思确立了"物质利益"的历史地位，形成了对历史的唯物主义阐释，但是这并不意味着从唯物史观中可以逻辑地推导出新的经济学结论来，它只是为进一步揭示资本主义社会特殊运动规律提供了科学的方法论原则，还不能代替这种研究，"对市民社会的解剖应该到政治经济学中去寻求"，在经济学的解剖完成之前，"社会学中这种唯物主义思想本身已经是天才的思想。当然，这在那时暂且还只是一个假设"②。只有在经济学的研究完成之后，唯物史观才能充分得到经验的证实并获得自己鲜活的现实性内容。"马克思在 40 年代提出这个假设后，就着手实际地（请注意这点）研究材料。他从各个社会经济形态中取出一个形态（即商品经济体系）加以研究，并根据大量材料（他花了不下 25 年的工夫来研究这些材料）对这个形态的活动规律和发展规律作了极其详尽的分析。"③

经济学的研究直接针对的是"原本"即资本主义现实，早在对黑格尔法哲学的批判时期，马克思就认识到了对市民社会进行经济学解剖的必要性，但是由于最初的探讨"是从德国开始的"，而德国当时仅仅在法哲学上并不是在现实上保持着与当代的"同等水平"，因此，"首先不是联系原本，而是联系副本即联系德国的国家哲学和法哲学来进行的。"④

1843 年年底来到巴黎后，马克思才开始了系统的政治经济学研究，

---

① 《马克思恩格斯选集》第 1 卷，人民出版社 2012 年版，第 412—413 页。
② 《列宁选集》第 1 卷，人民出版社 2012 年版，第 6、7 页。
③ 《列宁选集》第 1 卷，人民出版社 2012 年版，第 9 页。
④ 《马克思恩格斯选集》第 1 卷，人民出版社 2012 年版，第 2 页。

主题即是资本与雇佣劳动的本质关系，在研究的进程上，是从劳动价值问题的研究走向剩余价值问题的研究。马克思的劳动价值论是在批判继承英国古典政治经济学劳动价值论的基础上形成的，这一时期，西方经济学中占主流的价值论正处于从劳动价值论向生产成本价值论的转变时期，生产成本价值论在 19 世纪初由法国经济学家让·巴蒂斯特·萨伊提出，英国经济学家约翰·穆勒后来对其作了系统的表述，认为价值即效用，创造价值就是创造效用，作为效用的价值是由劳动、资本、自然（土地）三要素共同创造的。马克思在批判继承英国古典政治经济学的过程中，对这种生产成本价值论予以了深刻的批判，确认价值是人与人之间的社会历史关系，而不是人与物之间的效用关系。[①] 这其中，有一个对劳动价值论的逐步认识过程。

最初的《巴黎手稿》，由于对劳动异化和私有财产的批判是以"人"的"类本质"为坐标，人道主义诉求的因素较重，马克思还未能区分开英国古典政治经济学斯密—李嘉图劳动价值论中科学的方面和庸俗的方面，认为异化劳动和私有财产才是反映资本主义经济事实的一般的、内在本质规定的经济范畴，对劳动价值论是基本否定的，在恩格斯当时提出的"价值是生产费用对效用的关系"观点的影响下，马克思也认为供给关系和竞争决定价值的形成，忽视了以竞争为基础的价格现象背后存在着价值这一本质规定性。[②]

从《神圣家族》到《德意志意识形态》和《哲学的贫困》，随着对经济现象实事求是研究的深入，马克思开始从否定、怀疑劳动价值论逐步转变为肯定、拥护劳动价值论。

《神圣家族》中，马克思基本否定了效用决定价值的观点。尽管还把价值看成是偶然因素确定的产物，但是看到了"在直接的物质生产领域，确定某物品是否应当生产，即确定这种物品的价值，这主要取决于

---

① 参见刘伟主编：《经济学教程》，北京大学出版社 2012 年版。
② 参见张雷声、顾海良：《马克思劳动价值论研究的历史整体性》，《河海大学学报》（哲学社会科学版）2015 年第 1 期。

生产该物品所需要的劳动时间"①，开始接近劳动价值论。

《德意志意识形态》确立了从直接生活的物质生产出发的唯物史观原则，马克思在深入研究经验的生产过程中，认识到商品的价值由生产成本即生产该商品所耗费的劳动来决定并通过竞争的作用实现，基本承认了劳动价值论。

《哲学的贫困》将唯物史观与政治经济学研究结合起来，批评了蒲鲁东把经济范畴看成"原始的原因"，认为实在的社会经济关系不过是这些抽象经济范畴的化身和体现的错误观点，指出："经济范畴只不过是生产的社会关系的理论表现，即其抽象"。② 在对资本主义生产和交换关系的进一步研究中，马克思肯定了李嘉图的劳动价值论"是对现代经济生活的科学解释"，"给我们指出资产阶级生产的实际运动，即构成价值的运动"。③

在吸取李嘉图劳动价值论基本思想的同时，马克思进一步提出和研究了商品二因素以及劳动时间决定价值与供求之间的关系，这些"在该书中还处于萌芽状态的东西，经过 20 年的研究后，变成了理论，在《资本论》中得到了发挥"④。

随后深入展开的经济学研究，马克思先后写作了《1857—1858 年经济学手稿》和《1861—1863 年经济学手稿》，1863 年 7 月以后正式以《资本论》为标题进行写作。在继承英国古典政治经济学劳动创造价值的理论的同时，马克思创立了劳动二重性这个"理解政治经济学的枢纽"⑤的理论，阐明了具体劳动和抽象劳动在商品价值形成中的不同作用，完成了劳动价值论的科学革命，为揭示剩余价值的真正来源奠定了基础。

在对资本主义生产的考察和研究中，马克思指出，"作为劳动过程和价值形成过程的统一，生产过程是商品生产过程；作为劳动过程和价

---

① 《马克思恩格斯文集》第 1 卷，人民出版社 2009 年版，第 270 页。

② 《马克思恩格斯文集》第 1 卷，人民出版社 2009 年版，第 602 页。

③ 《马克思恩格斯全集》第 4 卷，人民出版社 1958 年版，第 93、92 页。

④ 《马克思恩格斯全集》第 19 卷，人民出版社 1963 年版，第 248 页。

⑤ 《马克思恩格斯选集》第 2 卷，人民出版社 2012 年版，第 101 页。

值增殖过程的统一，生产过程是资本主义生产过程，是商品生产的资本主义形式。"① 从商品生产过程过渡到资本主义生产过程的前提条件是劳动者与劳动资料相分离以及劳动力和货币相交换。"劳动者对他的生产资料的私有权"② 从统一逐步过渡到分离是商品生产自身发展的结果，资本的原始积累加速了这种分离，"一旦这一转化过程使旧社会在深度和广度上充分瓦解，一旦劳动者转化为无产者，他们的劳动条件转化为资本"③，分离即成为必然，其结果是劳动力成为商品和货币转化为资本，前者是后者的决定性条件，后者则是剩余价值生产的起点。

作为能够带来剩余价值的价值，资本只有在市场上买到工人的活劳动才有可能增殖，表面上看，这是资本和劳动力之间权利平等的"契约"关系，这种"流通中发展起来的交换价值的过程，不但尊重自由和平等，而且自由和平等是它的产物；它是自由和平等的现实基础。作为纯粹观念，自由和平等是交换价值过程的各种要素的一种理想化的表现；作为在法律的、政治的和社会的关系上发展了的东西，自由和平等不过是另一次方上的再生产物而已"④。

然而，一旦进入到生产领域，被流通中的"自由"和"平等"所掩盖着的剥削关系便真实地显露了出来，"劳动力的不断买卖是形式。其内容则是，资本家用他总是不付等价物而占有的他人的已经对象化的劳动的一部分，来不断再换取更大量的他人的活劳动。"⑤ 在这里，内容和形式的矛盾在于：劳动过程创造的价值和劳动力的价值"是两个完全不同的量"⑥，资本家支付的工资小于劳动创造的价值。这其中所形成的剩余价值，既不是由全部资本创造的，也不是由不变资本创造的，而是由可变资本雇佣的劳动者创造的，因此，商品的价值就是不变资本 c、

---

① 《马克思恩格斯选集》第 2 卷，人民出版社 2012 年版，第 180 页。
② 《马克思恩格斯选集》第 2 卷，人民出版社 2012 年版，第 298 页。
③ 《马克思恩格斯选集》第 2 卷，人民出版社 2012 年版，第 299 页。
④ 《马克思恩格斯全集》第 31 卷，人民出版社 1998 年版，第 362 页。
⑤ 《马克思恩格斯选集》第 2 卷，人民出版社 2012 年版，第 264 页。
⑥ 《马克思恩格斯选集》第 2 卷，人民出版社 2012 年版，第 437 页。

可变资本 v 和剩余价值 m 三部分之和，即 w = c + v + m。

　　"生产剩余价值或赚钱，是这个生产方式的绝对规律"①，其运动过程是剩余价值的资本化即资本积累，这是资本规模扩大、社会财富集中和资本有机构成不断提高的过程。"社会的财富即执行职能的资本越大，它的增长的规模和能力越大，从而无产阶级的绝对数量和他们的劳动生产力越大，产业后备军也就越大。可供支配的劳动力同资本的膨胀力一样，是由同一些原因发展起来的。因此，产业后备军的相对量和财富的力量一同增长。但是同现役劳动军相比，这种后备军越大，常备的过剩人口也就越多，他们的贫困同他们所受的劳动折磨成反比。最后，工人阶级中贫苦阶层和产业后备军越大，官方认为需要救济的贫民也就越多。这就是资本主义积累的绝对的、一般的规律。"②

　　资本积累的发展，一方面导致了资产阶级和无产阶级的对立，另一方面导致了个别企业生产的有组织性和整个社会生产无政府状态的对立，造成了激烈的阶级斗争和周期性的经济危机，暴露了生产的社会化和生产资料的资本家私人占有之间的矛盾是资本主义不可克服的内在矛盾，其历史趋势是资本主义制度必然要被比它更先进的社会制度所取代，"生产资料的集中和劳动的社会化，达到了同它们的资本主义外壳不能相容的地步。这个外壳就要炸毁了。资本主义私有制的丧钟就要敲响了。剥夺者就要被剥夺了。"③ 其结果，将是生产资料由全体劳动者共同占有基础之上的劳动者自由地与劳动的客观条件相结合。"从资本主义生产方式产生的资本主义占有方式，从而资本主义的私有制，是对个人的、以自己劳动为基础的私有制的第一个否定。但资本主义生产由于自然过程的必然性，造成了对自身的否定。这是否定的否定。这种否定不是重新建立私有制，而是在资本主义时代的成就的基础上，也就是说，在协作和对土地及靠劳动本身生产的生产资料的共同占有的基础

---

①　《马克思恩格斯选集》第 2 卷，人民出版社 2012 年版，第 276 页。

②　《马克思恩格斯选集》第 2 卷，人民出版社 2012 年版，第 288—289 页。

③　《马克思恩格斯选集》第 2 卷，人民出版社 2012 年版，第 299 页。

上，重新建立个人所有制。"①

　　与此相统一的是社会形态在历史中的辩证递进：——"人的依赖关系（起初完全是自然发生的），是最初的社会形式，在这种形式下，人的生产能力只是在狭小的范围内和孤立的地点上发展着。以物的依赖性为基础的人的独立性，是第二大形式，在这种状态下，才形成普遍的社会物质变换、全面的关系、多方面的需要以及全面的能力的体系。建立在个人全面发展和他们共同的、社会的生产能力成为从属于他们的社会财富这一基础上的自由个性，是第三个阶段。第二个阶段为第三个阶段创造条件。"②

　　这是生产力的解放和发展与人的解放和发展相统一的历史过程，"全面发展的个人——他们的社会关系作为他们自己的共同的关系，也是服从于他们自己的共同的控制的——不是自然的产物，而是历史的产物。要使这种个性成为可能，能力的发展就要达到一定的程度和全面性，这正是以建立在交换价值基础上的生产为前提的，这种生产才在产生出个人同自己和同别人相异化的普遍性的同时，也产生出个人关系和个人能力的普遍性和全面性。在发展的早期阶段，单个人显得比较全面，那正是因为他还没有造成自己丰富的关系，并且还没有使这种关系作为独立于他自身之外的社会权力和社会关系同他自己相对立。留恋那种原始的丰富，是可笑的，相信必须停留在那种完全空虚化之中，也是可笑的。"③

　　在这个过程中，历史进步是在曲折中实现的，马克思在批评法国经济学家西斯蒙第针对李嘉图为生产而生产的主张而表达出的伤感主义时指出："这种议论，就是不理解：人类的才能的这种发展，虽然在开始时要靠牺牲多数的个人，甚至靠牺牲整个阶级，但最终会克服这种对抗，而同每个个人的发展相一致；因此，个性的比较高度的发展，只有以牺牲个人的历史过程为代价。……因为在人类，也像在动植物界一样，

―――――――
①　《马克思恩格斯选集》第2卷，人民出版社2012年版，第299—300页。
②　《马克思恩格斯文集》第8卷，人民出版社2009年版，第52页。
③　《马克思恩格斯文集》第8卷，人民出版社2009年版，第56—57页。

种族的利益总是要靠牺牲个体的利益来为自己开辟道路的"。①

　　制约这个历史过程的,无疑是生产力与生产关系之间的矛盾运动规律,在马克思的经济学研究视域中,这也是时间节约规律的作用使然。《1857—1858年经济学研究手稿》和《1861—1863年经济学研究手稿》中,马克思对劳动价值和剩余价值问题研究的一个重大理论成果,就是提出了生产力发展的劳动时间节约规律,对唯物史观关于生产关系一定要适合生产力状况规律的原理作了重要补充和丰富。

　　一般而论,劳动时间节约规律是指人类历史发展过程中存在着生产单位产品耗费的劳动时间不断降低、劳动生产率不断提高、社会总劳动时间在不同生产部门之间有计划按比例分配的必然趋势,马克思指出:"在一切社会状态下,人们对生产生活资料所耗费的劳动时间必然是关心的,虽然在不同的发展阶段上关心的程度不同"②,同样,"这种按一定比例分配社会劳动的必要性,决不可能被社会生产的一定形式所取消,而可能改变的只是它的表现方式,这是不言而喻的。自然规律是根本不能取消的。在不同的历史条件下能够发生变化的,只是这些规律借以实现的形式。而在社会劳动的联系体现为个人劳动产品的私人交换的社会制度下,这种按比例分配劳动所借以实现的形式,正是这些产品的交换价值。"③ 劳动时间节约规律所具有的这种必然趋势既是生产力发展也是人类自身发展的内在要求。

　　从生产力发展的内在要求上讲,"生产力当然始终是有用的、具体的劳动的生产力,它事实上只决定有目的的生产活动在一定时间内的效率。"④ 因此,"真正的财富在于用尽可能少的价值创造出尽可能多的使用价值,换句话说,就是在尽可能少的劳动时间里创造出尽可能丰富的物质财富。"⑤ "真正的经济——节约——是劳动时间的节约(生产费用

① 《马克思恩格斯全集》第34卷,人民出版社2008年版,第127页。
② 《马克思恩格斯选集》第2卷,人民出版社2012年版,第122页。
③ 《马克思恩格斯选集》第4卷,人民出版社2012年版,第473页。
④ 《马克思恩格斯选集》第2卷,人民出版2012年版,第105页。
⑤ 《马克思恩格斯全集》第35卷,人民出版社2013年版,第230页。

的最低限度——和降到最低限度)。而这种节约就等于发展生产力。"①

从人类自身发展的内在要求上讲,与自然界的时空结构不同,社会历史的"时间实际上是人的积极存在。它不仅是人的生命的尺度,而且是人的发展的空间",②正是生产劳动这种人所特有的生命活动,赋予时间以主体性的能动的"积极存在"意义,随着生产力在时间中的发展,人的交往活动空间必然不断扩大:从需要产生分工,从分工的发展中形成新社会关系。生产力在一定时间中的发展越是充分,人们交往活动的空间就越是扩展,因此,"社会发展、社会享用和社会活动的全面性,都取决于时间的节省。一切节约归根到底都是时间的节约。"③

这两个方面的要求是有机统一的,"节约劳动时间等于增加自由时间,即增加使个人得到充分发展的时间,而个人的充分发展又作为最大的生产力反作用于劳动生产力。从直接生产过程的角度来看,节约劳动时间可以看做生产固定资本,这种固定资本就是人本身。"④在这个意义上,马克思指出:"时间的节约,以及劳动时间在不同的生产部门之间有计划的分配,在共同生产的基础上仍然是首要的经济规律。这甚至在更加高得多的程度上成为规律。"⑤

在马克思看来,从生产劳动来考察作为人的生命尺度的时间,包括必要劳动时间、剩余劳动时间和自由时间。在商品生产的历史条件下,必要劳动时间是指在现有的社会正常的生产条件下,在社会平均的劳动熟练程度和劳动强度下制造某种使用价值所需要的劳动时间以及社会总劳动按比例应分给该种商品生产的劳动时间,它主要解决的是社会当前物质生活资料需要的满足问题,其重要性在于,"任何一个民族,如果停止劳动,不用说一年,就是几个星期,也要灭亡,这是每一个小孩都知道的。"⑥剩余劳动时间是指"超过一定的需要量"的劳动时间,

①　《马克思恩格斯选集》第 2 卷,人民出版社 2012 年版,第 790 页。
②　《马克思恩格斯全集》第 47 卷,人民出版社 1979 年版,第 532 页。
③　《马克思恩格斯文集》第 8 卷,人民出版社 2009 年版,第 67 页。
④　《马克思恩格斯文集》第 8 卷,人民出版社 2009 年版,第 203 页。
⑤　《马克思恩格斯文集》第 8 卷,人民出版社 2009 年版,第 67 页。
⑥　《马克思恩格斯选集》第 4 卷,人民出版社 2012 年版,第 473 页。

它主要解决的是社会新产生的物质生活资料需要的满足问题，其必要性在于，社会存在和发展中的"剩余劳动一般作为超过一定的需要量的劳动，应当始终存在"①。自由时间是指"个人的自由活动，脑力活动和社会活动的时间"②。"从整个社会来说，创造可以自由支配的时间，也就是创造产生科学、艺术等等的时间。"③它主要解决的是"超出人的自然存在所直接需要的发展"问题，其历史意义在于，"整个人类的发展，就其超出人的自然存在所直接需要的发展来说，无非是对这种自由时间的运用，并且整个人类发展的前提就是把这种自由时间作为必要的基础。"④

在必要劳动时间、剩余劳动时间和自由时间的相互关系中，剩余劳动时间的多少取决于必要劳动时间长短，而自由发展的时间又取决于可以占用的剩余劳动时间多少、并最终取决于全部劳动时间的节约。通过提高劳动生产率，尽可能节约全部劳动时间，延长自由时间，为人的发展拓展更为广阔的空间，这就是时间节约规律的基本要求。

原始社会早期，劳动生产率极其低下，社会全体成员把几乎全部可以支配的时间都用于谋取物质生活资料的生产活动还不足于维持每个人的生存，必要劳动和剩余劳动的分化还没有形成，尽管这样，时间节约的规律仍然在起作用。生产某种生活必需品的单位劳动时间的节省实际是等于延长了可支配的全部劳动时间的长度，从而在数量上可以生产出更多的生活必需品，社会就是在这种以时间不断节省而表现出的生产力的增长中缓慢地发展着。原始社会末期，生产力的发展达到了这样的程度：社会劳动在满足人类生存最基本需要之外有了剩余，时间节约规律开始真正地发生作用，因为剩余劳动的出现，正是社会必要劳动时间缩短的结果。"剩余劳动一方面是社会的自由时间的基础，从而另一方面是整个社会发展和全部文化的物质基础"⑤。时间节约规律在这里的一

---

① 《马克思恩格斯文集》第 7 卷，人民出版社 2009 年版，第 927 页。
② 《马克思恩格斯文集》第 5 卷，人民出版社 2009 年版，第 605 页。
③ 《马克思恩格斯文集》第 8 卷，人民出版社 2009 年版，第 86 页。
④ 《马克思恩格斯全集》第 32 卷，人民出版社 1998 年版，第 215 页。
⑤ 《马克思恩格斯全集》第 32 卷，人民出版社 1998 年版，第 220—221 页。

个重大作用，就是它促进了脑体分工和阶级对立，"只要社会总劳动所提供的产品除了满足社会全体成员最起码的生活需要以外只有少量剩余，就是说，只要劳动还占去社会大多数成员的全部或几乎全部时间，这个社会就必然划分为阶级。"① 剩余劳动时间生产的剩余产品是"除劳动阶级外的一切阶级存在的物质基础，是社会整个上层建筑存在的物质基础"②。

　　于是，由分工和私有制带来的对立在这里表现为：自由时间与劳动时间的对立。"社会的自由时间的产生是靠非自由时间的产生，是靠工人超出维持他们本身的生存所需要的劳动时间而延长的劳动时间的产生。同一方的自由时间相应的是另一方的被奴役的时间。"③ "不劳动的社会部分的自由时间是以剩余劳动或过度劳动为基础的，是以劳动的那部分人的剩余劳动时间为基础的；一方的自由发展是以工人必须把他们的全部时间，从而他们发展的空间完全用于生产一定的使用价值为基础的；一方的人的能力的发展是以另一方的发展受到限制为基础的。迄今为止的一切文明和社会发展都是以这种对抗为基础的。"④

　　这正是时间节约规律在私有制社会基本矛盾的运行中自己发生作用、为自己开辟道路的表现，资本主义是这种"自发性"运行的最高阶段也是最后阶段，"资本的趋势始终是：一方面创造可以自由支配的时间，另一方面把这些可以自由支配的时间变为剩余劳动"⑤，"在资本主义社会里，一个阶级享有自由时间，是由于群众的全部生活时间都转化为劳动时间了。"⑥ 由于商品经济的高度发展和剩余价值规律的主导，劳动时间节约的趋势在这里主要通过两种矛盾对立的形式曲折地表现出来：

　　一是由于工业革命激发了科技进步，自动化机器体系进入生产过程，资本有机构成呈现不断提高的趋势，在提高劳动生产率的同时也导

---

① 《马克思恩格斯选集》第 3 卷，人民出版社 2012 年版，第 669 页。
② 《马克思恩格斯全集》第 32 卷，人民出版社 1998 年版，第 215 页。
③ 《马克思恩格斯全集》第 32 卷，人民出版社 1998 年版，第 215 页。
④ 《马克思恩格斯全集》第 32 卷，人民出版社 1998 年版，第 214 页。
⑤ 《马克思恩格斯文集》第 8 卷，人民出版社 2009 年版，第 199 页。
⑥ 《马克思恩格斯全集》第 44 卷，人民出版社 2001 年版，第 605—606 页。

致了"已耗费的劳动时间和劳动产品之间惊人的不成比例"①。"随着大工业的发展，现实财富的创造较少地取决于劳动时间和已耗费的劳动量，较多地取决于在劳动时间内所运用的作用物的力量，而这种作用物自身——它们的巨大效率——又和生产它们所花费的直接劳动时间不成比例，而是取决于科学的一般水平和技术水平，或者说取决于这种科学在生产上的应用。"② 这表明，"资本本身是处于过程中的矛盾，因为它竭力把劳动时间缩减到最低限度，另一方面又使劳动时间成为财富的唯一尺度和源泉。……一方面，资本唤起科学和自然界的一切力量，同样也唤起社会结合和社会交往的一切力量，以便使财富的创造不取决于（相对地）耗费在这种创造上的劳动时间。另一方面，资本想用劳动时间去衡量这样造出来的巨大的社会力量，并把这些力量限制在为了把已经创造的价值作为价值来保存所需要的限度之内。"③

二是由于资产阶级革命建立了资本主义生产方式，自由竞争在市场经济中的机制和结构得以确立，人们之间的交往活动呈现不断扩大的趋势，在促进社会化大生产的同时也导致了劳动时间在个别企业的节约和全社会的浪费之间的巨大反差。"资本主义生产方式迫使每一个企业实行节约，但是它的无政府状态的竞争制度却造成社会生产资料和劳动力的最大的浪费"④，"在这里，像在其他各处一样，必须把社会生产过程的发展所造成的较大的生产率同这个过程的资本主义剥削所造成的较大的生产率区别开来。"⑤

资本主义在推进这种对立的同时也为解决这种对立创造了充分的可能性条件，"资本的伟大的历史方面就是创造这种剩余劳动，即从单纯使用价值的观点，从单纯生存的观点来看的多余劳动，而一旦到了那样的时候，即一方面，需要发展到这种程度，以致超过必要劳动的剩余

---

① 《马克思恩格斯选集》第2卷，人民出版社2012年版，第783页。
② 《马克思恩格斯选集》第2卷，人民出版社2012年版，第782—783页。
③ 《马克思恩格斯选集》第2卷，人民出版社2012年版，第784页。
④ 《马克思恩格斯全集》第44卷，人民出版社2001年版，第605页。
⑤ 《马克思恩格斯全集》第44卷，人民出版社2001年版，第486页。

劳动本身成为普遍需要，成为从个人需要本身产生的东西，另一方面，普遍的勤劳，由于世世代代所经历的资本的严格纪律，发展成为新的一代的普遍财产，最后，这种普遍的勤劳，由于资本的无止境的致富欲望及其唯一能实现这种欲望的条件不断地驱使劳动生产力向前发展，而达到这样的程度，以致一方面整个社会只需用较少的劳动时间就能占有并保持普遍财富，另一方面劳动的社会将科学地对待自己的不断发展的再生产过程，对待自己的越来越丰富的再生产过程，从而，人不再从事那种可以让物来替人从事的劳动，——一旦到了那样的时候，资本的历史使命就完成了。"[①] 这样一来，"资本就违背自己的意志，成了为社会可以自由支配的时间创造条件的工具，使整个社会的劳动时间缩减到不断下降的最低限度，从而为全体［社会成员］本身的发展腾出时间。"[②]

在旧的分工和私有制已经消灭、阶级不再存在、商品经济退出历史舞台的共产主义社会，劳动时间节约规律将在"更加高得多的程度上"发挥其"首要的经济规律"的作用，一是必要劳动时间、剩余劳动时间和自由时间之间分割的对立形式将不复存在，剩余劳动将统一于必要劳动，"那时，一方面，社会的个人的需要将成为必要劳动时间的尺度，另一方面，社会生产力的发展将如此迅速，以致尽管生产将以所有的人富裕为目的，所有的人的可以自由支配的时间还是会增加。因为真正的财富就是所有个人的发达的生产力。那时，财富的尺度决不再是劳动时间，而是可以自由支配的时间"。[③] 二是时间的节约不再通过价值规律间接表现出来，而是通过社会总劳动时间在不同生产部门之间有计划的分配被人们自觉掌握和运用，商品、货币、交换价值这些过去作为异己力量对人的支配将不复存在，"社会化的人，联合起来的生产者，将合理地调节他们和自然之间的物质变换，把它置于他们的共同控制之下，而不让它作为一种盲目的力量来统治自己；靠消耗最小的力量，在

---

① 《马克思恩格斯文集》第 8 卷，人民出版社 2009 年版，第 69 页。
② 《马克思恩格斯文集》第 8 卷，人民出版社 2009 年版，第 199 页。
③ 《马克思恩格斯文集》第 8 卷，人民出版社 2009 年版，第 200 页。

最无愧于和最适合于他们的人类本性的条件下来进行这种物质变换。但是，这个领域始终是一个必然王国。在这个必然王国的彼岸，作为目的本身的人类能力的发挥，真正的自由王国，就开始了。但是，这个自由王国只有建立在必然王国的基础上，才能繁荣起来。工作日的缩短是根本条件。"①

马克思对时间节约规律的认识主要是在经济学的研究中形成的，贯穿在从《1844年经济学哲学手稿》到《资本论》的写作和从劳动价值论的研究到剩余价值论的研究中，《德意志意识形态》之后，这个研究与对分工规律的认识结合了起来，成为剩余价值学说的重要历史依据，也深化了唯物史观。就其内容而言，时间节约规律理论是唯物史观和剩余价值学说的重要组成部分，就其形成而言，时间节约规律理论是唯物史观和剩余价值学说相结合的产物。

"自从《资本论》问世以来，唯物主义历史观已经不是假设，而是科学地证明了的原理。"② 剩余价值学说的创立，揭示了现代资本主义生产方式和它所产生的资产阶级社会的特殊的运动规律，揭露了资本主义剥削的秘密以及无产阶级和资产阶级之间不可调和的阶级斗争的经济根源，为唯物史观的经济必然性原理提供了重要的经济学论证，也因此为科学社会主义提供了坚实的经济学基础，使社会主义最终完成了从空想到科学的转化。

四

空想社会主义产生于16世纪的西欧，最初是作为正在形成的资本主义制度的批评者出现的。相对于封建制度，资本主义在两个方面显示了历史的进步性，一是以新的生产关系解放和发展了被旧制度束缚的生产力，建立了世界市场，形成了社会化大生产；二是将广大劳动群

---

① 《马克思恩格斯文集》第7卷，人民出版社2009年版，第928—929页。
② 《列宁选集》第1卷，人民出版社2012年版，第10页。

众从封建社会的人身依附关系中解放了出来，赋予每个人以法权上的平等和自由，形成了新的文明形态。但是，资本主义并没有根本改变人的奴役和被奴役状态，只是"用公开的、无耻的、直接的、露骨的剥削代替了由宗教幻想和政治幻想掩盖着的剥削"①，"用血和火的文字载入人类编年史"②、延续了三百多年的资本原始积累，说明了"资本来到世间，从头到脚，每个毛孔都滴着血和肮脏的东西"③。随着资本主义制度的建立和巩固，无产阶级反对资产阶级斗争也在逐渐展开，空想社会主义就是适应早期无产阶级的抗争和渴望改变现状的要求而产生的，"不成熟的理论，是同不成熟的资本主义生产状况、不成熟的阶级状况相适应的。解决社会问题的办法还隐藏在不发达的经济关系中，所以只有从头脑中产生出来。"④

16世纪初17世纪末早期空想社会主义者托马斯·莫尔托、托马斯·闵采尔、托马斯·康帕内拉等人从古希腊哲学、中世纪基督教神学、近代启蒙运动汲取了大量的思想资料，借助于早期地理大发现的新知识，批判了资本主义带来的各种灾难和罪恶，构想了一个没有剥削压迫、人人平等的理想社会。经过三百多年的发展，空想社会主义在19世纪初达到了发展的高峰，出现了法国的圣西门、傅立叶和英国的欧文三大著名空想社会主义者，整理、综合和系统化了空想社会主义的思想理论。⑤

空想社会主义者在批判资本主义制度的同时描述了未来社会的若干特征：废除私有制和雇佣劳动，实行按劳分配和按需分配；消灭城乡、脑体和阶级之间的差别，取消商品交换，实行有计划的组织生产；改变国家职能，以对物的管理代替对人的管理，直至最后消灭国家等等。这些设想为科学社会主义的诞生提供了宝贵的资料和启示，恩格斯指出：

---

① 《马克思恩格斯选集》第1卷，人民出版社2012年版，第402—403页。
② 《马克思恩格斯选集》第2卷，人民出版社2012年版，第291页。
③ 《马克思恩格斯选集》第2卷，人民出版社2012年版，第297页。
④ 《马克思恩格斯选集》第3卷，人民出版社2012年版，第780—781页。
⑤ 参见中共中央宣传部理论局：《世界社会主义五百年》，学习出版社、党建读物出版社2014年版。

"德国的理论上的社会主义永远不会忘记，它是站在圣西门、傅立叶和欧文这三个人的肩上的。虽然这三个人的学说中含有十分虚幻和空想的性质，但他们终究是属于一切时代最伟大的智士之列的，他们天才地预示了我们现在已经科学地证明了其正确性的无数真理。"① 但是由于受唯心史观和时代条件特别是无产阶级发展阶段的局限，空想社会主义最终既没有真实地把握社会发展规律和资本主义的本质，也没有找到消灭资本主义和建立新社会的真正阶级力量和正确途径。他们反对阶级斗争，主张阶级调和，希望通过宣传和示范进行道德教育，改善人们的理性，在有钱人和社会名流的支持下实现变革社会的计划。"他们都不是作为当时已经历史地产生的无产阶级的利益的代表出现的。他们和启蒙学者一样，并不是想首先解放某一个阶级，而是想立即解放全人类。他们和启蒙学者一样，想建立理性和永恒正义的王国"②，尽管他们的王国与启蒙学者的王国有所不同。随着历史的发展，这些主张越来越成为"过去式"的思想。

科学社会主义在未来社会的构想上吸取了空想社会主义一些合理的看法，加以改造以后提出了以完全废除私有制及其产生条件为核心的一系列原则：在生产资料公有制的基础上组织生产，以满足全社会成员的需要；有计划地对社会生产进行指导和调节，实行等量劳动领取等量产品的按劳分配原则；遵循自然规律要求改造和利用自然，保持人与自然的和谐关系；通过无产阶级革命建立由无产阶级政党领导的无产阶级国家，通过无产阶级专政和社会主义经济政治文化的高度发展，为向消灭阶级、消灭剥削，实现人的全面而自由发展的共产主义社会过渡准备条件。③ 这些看法与空想社会主义的区别在于，它们不是"从头脑中产生出来"，而"完全是从现代社会的经济的运动规律得出的"。④

① 《马克思恩格斯选集》第3卷，人民出版社2012年版，第37页。
② 《马克思恩格斯选集》第3卷，人民出版社2012年版，第778页。
③ 参见中共中央宣传部理论局：《世界社会主义五百年》，党建读物出版社、学习出版社2014年版。
④ 《列宁选集》第2卷，人民出版社2012年版，第439页。

　　创立科学社会主义的过程是马克思、恩格斯对以往理论进行批判性继承和改造的过程，同时也是他们参与和指导无产阶级反对资产阶级阶级斗争实践的过程。

　　早在 1847 年，马克思和恩格斯就参与了共产主义同盟的活动，为同盟起草了国际共产主义运动第一个纲领性文献——《共产党宣言》。19 世纪 50 年代末 60 年代初，欧洲工人运动和民主运动出现了新的高潮，阶级斗争的现实使各国无产阶级认识到，必须团结起来以对抗资产阶级的国际联合。1864 年国际工人联合组织——第一国际成立，马克思是创始人之一和实际上的领袖。通过第一国际，马克思、恩格斯把科学社会主义思想传播到各国工人中去，促进了科学社会主义同各国工人运动相结合的历史进程，同时也在实践中进一步补充和丰富了科学社会主义理论。

　　1848 年的欧洲革命是一场广泛而深刻的资产阶级民主革命，封建残余势力遭到了沉重打击，反动的神圣同盟和维也纳体系被摧毁，资产阶级巩固了自己的政治统治，无产阶级作为独立的政治力量登上了历史舞台。

　　"革命是历史的火车头"①，但是与早期资产阶级革命不同，由于历史条件的变化，1848 年的革命具有新的历史特点。1789 年的革命是沿着上升的路线行进，资产阶级各个派别都表现得很激进，而在 1848 年期间，各种矛盾的复杂混合，欧洲资产阶级为了保持自己的既得利益，革命性已经衰退，在领导这次革命中顾虑无产阶级夺取政权，不惜背叛革命，甚至与封建势力联盟来对付无产阶级，"革命就这样沿着下降的路线行进。二月革命的最后街垒还没有拆除，第一个革命政权还没有建立，革命就已经这样开起倒车来了。"②

　　通过对二月革命和六月革命的过程和性质进行深入的分析，马克思作出了一系列重要的论断，核心的就是"马克思主义在国家问题上一个最卓越最重要的思想即'无产阶级专政'这个思想的表述"③。马克思

---

① 《马克思恩格斯选集》第 1 卷，人民出版社 2012 年版，第 527 页。
② 《马克思恩格斯选集》第 1 卷，人民出版社 2012 年版，第 692 页。
③ 《列宁选集》第 3 卷，人民出版社 2012 年版，第 129—130 页。

认为，在整个法国近代政治的发展中，一个基本的线索就是：行政权作为国家机器的核心随着阶级斗争的日趋尖锐而不断膨胀，最后演变成为社会无法控制的"利维坦"，而资产阶级的"一切变革都是使这个机器更加完备，而不是把它摧毁。那些相继争夺统治权的政党，都把这个庞大国家建筑物的夺得视为胜利者的主要战利品"①。因此，对于肩负着人类解放使命的无产阶级来讲，只能是"不断革命"，实现整个社会制度的根本变革，"推翻资产阶级！工人阶级专政！"②"这种专政是达到消灭一切阶级差别，达到消灭这些差别所由产生的一切生产关系，达到消灭和这些生产关系相适应的一切社会关系，达到改变由这些社会关系产生出来的一切观念的必然的过渡阶段。"③

1848 年革命失败以后，欧洲的封建统治秩序根本动摇，资本主义经济进入了一个相对稳定的长期发展阶段，根据这个新的情况，马克思分析了革命的客观条件和主观条件，认识到欧洲大陆的经济政治发展状况还没有成熟到可以铲除资本主义制度的程度，无产阶级也没有成熟到可以夺取政权的程度，因此，他修改了先前作出的无产阶级革命即将来临的判断，宣告"革命时期的第一阶段已告结束"④。

但是，这不意味着放弃无产阶级革命，1852 年马克思在致约瑟夫·魏德迈的信中写道："无论是发现现代社会中有阶级存在或发现各阶级间的斗争，都不是我的功劳。在我以前很久，资产阶级历史编纂学家就已经叙述过阶级斗争的历史发展，资产阶级经济学家也已经对各个阶级作过经济上的分析。我所加上的新内容就是证明了下列几点：（1）阶级的存在仅仅同生产发展的一定历史阶段相联系；（2）阶级斗争必然要导致无产阶级专政；（3）这个专政不过是达到消灭一切阶级和进入无阶级社会的过渡……"⑤马克思在这里深刻地阐述了阶级的起源和

---

① 《马克思恩格斯选集》第 1 卷，人民出版社 2012 年版，第 761 页。
② 《马克思恩格斯选集》第 1 卷，人民出版社 2012 年版，第 469 页。
③ 《马克思恩格斯选集》第 1 卷，人民出版社 2012 年版，第 532 页。
④ 《马克思恩格斯选集》第 4 卷，人民出版社 2012 年版，第 382 页。
⑤ 《马克思恩格斯选集》第 4 卷，人民出版社 2012 年版，第 425—426 页。

发展依赖于社会生产的历史唯物主义观点，揭示了阶级斗争的历史趋势和无产阶级专政的历史使命，阐明了消灭阶级和国家消亡的途径，是对1848 年革命最重要的经验总结。

1871 年 3 月 18 日巴黎工人发动武装起义，推翻了资产阶级统治，建立了人类历史上第一个无产阶级的政权。马克思、恩格斯于 3 月 19 日得悉巴黎爆发起义，尽管他们认为革命的时机并不成熟，还是满腔热情地赞扬巴黎无产者的革命创举。公社革命期间，第一国际总委员会多次举行会议讨论公社问题，马克思还与公社委员弗兰克尔·莱奥、瓦尔兰建立了通信联系。公社失败后，第一国际及其各国支部强烈抗议反动派镇压公社，谴责梯也尔政府暴行，发动营救、支援和救济公社流亡者的活动。仅仅存在了 72 天的巴黎公社，为马克思的阶级斗争和无产阶级专政学说提供了宝贵的实践经验。

首先，公社对旧的国家政权的否定表明，"这是社会把国家政权重新收回，把它从统治社会、压制社会的力量变成社会本身的充满生气的力量；这是人民群众把国家政权重新收回，他们组成自己的力量去代替压迫他们的有组织的力量；这是人民群众获得社会解放的政治形式"。①

其次，公社在否定旧的国家政权过程中所遭遇到的旧势力剧烈反抗表明，"工人阶级不能简单地掌握现成的国家机器，并运用它来达到自己的目的。"② 必须通过暴力手段打碎资产阶级国家机器，代之于人民的政权。

最后，公社以人民武装取代旧的常备军、以国家机关的民主化取代旧的国家机器的官僚化、以社会公仆的国家公职人员取代自以为是社会主人的特权阶层等首创精神和行动表明，"公社的真正秘密就在于：它实质上是工人阶级的政府，是生产者阶级同占有者阶级斗争的产物，是终于发现的可以使劳动在经济上获得解放的政治形式。"③

---

① 《马克思恩格斯选集》第 3 卷，人民出版社 2012 年版，第 140 页。
② 《马克思恩格斯选集》第 3 卷，人民出版社 2012 年版，第 163 页。
③ 《马克思恩格斯选集》第 3 卷，人民出版社 2012 年版，第 102 页。

巴黎公社虽然失败了，但公社的原则是永存的，"工人阶级反对资产阶级及其国家的斗争，由于巴黎的斗争而进入了一个新阶段。不管这件事情的直接结果怎样，具有世界历史意义的新起点毕竟是已经取得了。"① 巴黎公社失败4年以后，马克思写下了著名的《哥达纲领批判》，指出："在资本主义社会和共产主义社会之间，有一个从前者变为后者的革命转变时期。同这个时期相适应的也有一个政治上的过渡时期，这个时期的国家只能是无产阶级的革命专政"，这个过渡时期"在经济、道德和精神方面都还带着它脱胎出来的那个旧社会的痕迹。所以，每一个生产者，在作了各项扣除以后，从社会领回的，正好是他给予社会的。他给予社会的，就是他个人的劳动量。……显然，这里通行的是调节商品交换（就它是等价的交换而言）的同一原则。内容和形式都改变了，因为在改变了的情况下，除了自己的劳动，谁都不能提供其他任何东西，另一方面，除了个人的消费资料，没有任何东西可以转为个人的财产。……在这里平等的权利按照原则仍然是资产阶级权利，虽然原则和实践在这里已不再互相矛盾"，"这些弊病，在经过长久阵痛刚刚从资本主义社会产生出来的共产主义社会第一阶段，是不可避免的。权利决不能超出社会的经济结构以及由经济结构所制约的社会的文化发展"。只有"在共产主义社会高级阶段，在迫使个人奴隶般地服从分工的情形已经消失，从而脑力劳动和体力劳动的对立也随之消失之后；在劳动已经不仅仅是谋生的手段，而且本身成了生活的第一需要之后；在随着个人的全面发展，他们的生产力也增长起来，而集体财富的一切源泉都充分涌流之后，——只有在那个时候，才能完全超出资产阶级权利的狭隘眼界，社会才能在自己的旗帜上写上：各尽所能，按需分配"。② 这是马克思晚年对共产主义社会基本特征和实现条件作出的重要概括。

---

① 《马克思恩格斯文集》第10卷，人民出版社2009年版，第354页。
② 《马克思恩格斯选集》第3卷，人民出版社2012年版，第373、363—364、364、365页。

五

　　巴黎公社失败的原因，仍然是当时实现革命的主客观条件不成熟，关于这个问题，马克思在总结 1848 年革命的经验教训时已经认识到，1859 年写的《政治经济学批判》"序言"中又提出了"两个决不会"的论断，强调任何历史任务只有在解决它的物质条件已经存在或者至少是在生成过程中的时候才会产生，巴黎公社的失败再次证明了马克思对形势的判断。恩格斯 1895 年在《卡·马克思〈1848 年至 1850 年的法兰西阶级斗争〉一书导言》中对 1848 年革命重新进行了反思，指出：不断发展着的、"走得更远"的历史，已经改变而且还在继续改变"无产阶级进行斗争的条件"。①

　　巴黎公社以后，西方资本主义相对稳定的发展使资本积累和生产集中的过程加速，相继出现了各种形式的垄断组织，一方面使得其内在固有矛盾在发展中孕育着更加普遍持久的危机；另一方面又使得其在向世界范围的扩张中孕育着更加深层尖锐的东西方文明冲突。

　　资本主义发展的新态势和科学社会主义在欧洲工人运动实践中所遇到的新情况使得对于历史发展规律进一步研究的重要性凸显出来，《资本论》写作中，前资本主义的各种社会经济形态的问题也需要深入探究，搞清楚资本和雇佣劳动这两个资本主义生产的前提在历史上是怎样形成亦即劳动者最初是怎样从其"天然实验场"（土地）脱离出来的。由于这些理论和实践的需要，马克思在晚年对人类历史发展再次进行了回溯性的研究，写下了重要的人类学笔记，它包括五本笔记摘录，即对格·马·柯瓦列夫斯基的《公社土地占有制，其解体的原因、进程和结果》摘要（1879 年 10 月和 1880 年 10 月之间）、对路·亨·摩尔根的《古代社会》摘要（1880 年年底至 1881 年 3 月初）、对亨·萨·梅恩的《古代法制史讲演录》摘要（1881 年 4 月—6 月）、对约·拉伯克的《文

---

① 《马克思恩格斯选集》第 4 卷，人民出版社 2012 年版，第 382 页。

明的起源和人的原始状态》（1881 年 3 月—6 月），对约·布·菲尔的《印度和锡兰的雅利安人村社》摘要（1881 年 8 月—9 月）。此外，19世纪 80 年代的文献应该还包括马克思 1877 年 11 月给《祖国纪事》杂志的信和 1881 年致俄国社会主义革命家查苏里奇的信，可以将它们放在马克思《人类学笔记》的总体思考中加以讨论。

写作《人类学笔记》时，马克思已经进入他生命最后十多年时间，暮年体衰，健康状况日益恶化，但他仍然保持着青年时代对知识的浓厚兴趣，高度关注自然科学和社会科学的新成果、新发现，三万多页厚重的笔记资料显示，在马克思的思想深处，正在进入他尚未深入探究的历史重大领域和重大问题的思考，其中，对原始社会和东方农村公社问题的研究占有重要的地位。

对原始社会的研究，关系到解开私有制来龙去脉的"身世"之谜，按照唯物史观和剩余价值学说，包括资本主义所有制在内的私有制都是历史的暂时的产物，不是从来就有的，那么私有制从何而来？从 19 世纪 50 年代开始，马克思在对东方社会特别是印度社会历史的考察研究中，就确信在人类历史的初始时期，曾经存在过非土地私有制的公有经济，《1859—1861 年经济学手稿》中，针对当时一些人认为原始公有制仅仅是斯拉夫人甚至只是俄罗斯的特有形式的偏见，他写道，"仔细研究一下亚细亚的、尤其是印度的公有制形式，就会证明，从原始的公有制的不同形式中，怎样产生出它的解体的各种形式。例如，罗马和日耳曼的私有制的各种原型，就可以从印度的公有制的各种形式中推出来。"[1] 但是对于这种"原始的公有制"的具体组织形式、形成过程和历史地位的认识，由于缺乏史料的充分支撑，还并不清楚，仅仅是一种"假设"。恩格斯曾经指出："这个'太古时代'在一切情况下，对一切未来的世代来说，总还是一个极有趣的历史时期，因为它建立了全部以后的更高的发展的基础，因为它以人从动物界分离出来为出发点，并且以克服将来联合起来的人们永远不会再遇到的那些困难为内容。"[2] 然

---

[1] 《马克思恩格斯全集》第 31 卷，人民出版社 1998 年版，第 426 页。
[2] 《马克思恩格斯选集》第 3 卷，人民出版社 2012 年版，第 493 页。

而，在写作《共产党宣言》的时候，"在 1847 年，社会的史前史、成文史以前的社会组织，几乎还没有人知道"①，很多人认为摩西五经中描述的家长制家庭形式就是最古的形式。

19 世纪中叶后尤其是 70 年代后，原始社会研究有了新进展，一大批原始社会史研究方面的重大成果相继出版，特别是 1877 年美国人类学家摩尔根发表的《古代社会》，出现了重大突破。作者根据对古代习俗首先是北美部落的习俗的多年研究，揭示了氏族在原始社会中的地位。从历史事实的分析中证明在原始氏族组织中，不存在着阶级、私有制和国家，恩格斯高度评价《古代社会》，认为"确定原始的母权制氏族是文明民族的父权制氏族以前的阶段的这个重新发现，对于原始历史所具有的意义，正如达尔文的进化理论对于生物学和马克思的剩余价值理论对于政治经济学的意义一样。……在原始历史的研究方面开始了一个新时代"。②

马克思在 1881 年至 1882 年期间研读了《古代社会》，并对该书作了详细的摘要和批语，在此基础上，恩格斯进行了进一步的研究，撰写了《家庭、私有制和国家的起源》，以实现马克思打算联系"唯物主义的历史研究所得出的结论来阐述摩尔根的研究成果，并且只是这样来阐明这些成果的全部意义"的"遗愿"。③

按照摩尔根划分，史前社会历史包括蒙昧时代和野蛮时代，分别区分为低级、中级、高级三个阶段。"最古是：过着杂交的原始群的生活；没有家庭；在这里只有母权能够起某种作用。"④"一旦原始群为了生存必须分成较小的集团，它就从杂交转变为血缘家庭；血缘家庭是第一个'有组织的社会形式'。"⑤实行共同劳动，平均分配，是"原始共产制的共同的家户经济"。⑥

---

① 《马克思恩格斯选集》第 1 卷，人民出版社 2012 年版，第 400 页注 ②。
② 《马克思恩格斯选集》第 4 卷，人民出版社 2012 年版，第 25—26 页。
③ 《马克思恩格斯选集》第 4 卷，人民出版社 2012 年版，第 12 页。
④ 《马克思恩格斯全集》第 45 卷，人民出版社 1985 年版，第 337—338 页。
⑤ 《马克思恩格斯全集》第 45 卷，人民出版社 1985 年版，第 348 页。
⑥ 《马克思恩格斯选集》第 4 卷，人民出版社 2012 年版，第 46 页。

　　血缘家庭经过若干世代，受"家庭公社的最大限度的规模"①制约，不断扩大又不断发生分裂，逐渐排除了父母与子女之间以及兄弟姐妹之间的性关系，发展出了普那路亚家庭：若干同胞的、旁系的或血统较远的一群姐妹，与其他类似亲属关系的一群男子互相集体通婚，这是"最高的、典型的群婚形式"。②原先的血缘家庭转化为氏族。从血缘家庭发展到普那路亚家庭，"按照摩尔根的看法，这一进步可以作为'自然选择原则在发生作用的最好说明'"，③它所带来的一个重要结果是"没有血缘亲属关系的氏族之间的婚姻，生育出在体质上和智力上都更强健的人种；两个正在进步的部落混合在一起了，新生代的颅骨和脑髓便自然地扩大到综合了两个部落的才能的程度"④。因而，"氏族不仅是必然地，而且简直是自然而然地从普那路亚家庭发展起来的"。⑤这些互相通婚的氏族构成早期的部落，形成了"大多数野蛮民族的社会制度的基础"⑥，从蒙昧时代中级阶段发生，在野蛮时代的低级阶段达到全盛，直到野蛮人进入文明时代为止。⑦

　　"氏族的任何成员都不得在氏族内部通婚。这是氏族的根本规则，维系氏族的纽带；……摩尔根由于发现了这个简单的事实，就第一次揭示了氏族的本质"⑧，"民族，直到野蛮人进入文明的时代为止，甚至再往后一点，是一切野蛮人所共有的制度……。摩尔根证明了这一切以后，便一下子说明了希腊、罗马上古史中最困难的地方，同时，出乎意料地给我们阐明了原始时代——国家产生以前社会制度的基本特征"⑨，为人们提供了一把理解人类原始史的钥匙。⑩

---

① 《马克思恩格斯选集》第4卷，人民出版社2012年版，第46页。

② 《马克思恩格斯选集》第4卷，人民出版社2012年版，第51页。

③ 《马克思恩格斯选集》第4卷，人民出版社2012年版，第46页。

④ 《马克思恩格斯选集》第4卷，人民出版社2012年版，第55页。

⑤ 《马克思恩格斯选集》第4卷，人民出版社2012年版，第50页。

⑥ 《马克思恩格斯选集》第4卷，人民出版社2012年版，第46页。

⑦ 参见《马克思恩格斯选集》第4卷，人民出版社2012年版，第174、95页。

⑧ 《马克思恩格斯选集》第4卷，人民出版社2012年版，第97—98页。

⑨ 《马克思恩格斯选集》第4卷，人民出版社2012年版，第95—96页。

⑩ 参见《马克思恩格斯选集》第3卷，人民出版社2012年版，第385页。

氏族经历了母系氏族和父系氏族两个时期。"父权的萌芽是与对偶制家庭一同产生的，随着新家庭日益具有专偶婚制的性质而发展起来。当财产开始大量产生和传财产于子女的愿望把世系由女系改变为男系时，便第一次奠定了父权的真正基础。"① 由于母权制的倾覆、父权制的实行，对偶婚制逐步过渡到了专偶制即一夫一妻制。专偶制家庭是在野蛮时代的中级阶段和高级阶段交替的时期从对偶制家庭中产生的，它的最后胜利乃是文明时代开始的标志之一。②

摩尔根在考察原始社会家庭形式的演变过程时注意到了两方面的情况：一方面，这与人类向自然界谋取食物的方式的变化密切相关，"人类在地球上的获得统治地位的问题完全取决于他们（即人们）在这方面——生存的技术方面——的巧拙。"③ 从"以果实和块根为天然食物"，经过"鱼类食物"、"由种植而获得的淀粉食物"、"肉类和乳类食物"到"通过田野农业获得的无限量的食物"，"假如不扩大生活资料的基础，人类就不可能繁殖到那些不出产原有食物的外地去，更不可能最后繁殖遍全球；归根到底，假如人类对食物的品种和数量不能绝对掌握，就不可能繁衍为许多人口稠密的民族。因此，人类进步过程中每一个重要的新纪元大概多少都与生活资源的扩大有着相应一致的关系"。④ 另一方面，这也与社会财产关系的变化密切相关。"我们越向前追溯到普那路亚家庭和血缘家庭，则共同生活的集体越大，挤住在同一个住宅里的人数也就越多"⑤，其原因正如马·科瓦列夫斯基在《公社土地占有制》中所指出的，"财产的最古老形式是财产共有制，因为他们在同自然界的斗争中没有协作是不行的；他们只有靠联合起来的力量才能向自然界争得他们生存所必需的东西（产品本身作为共同产品都是群的财产）。"⑥

---

① 《马克思恩格斯全集》第45卷，人民出版社1985年版，第366—367页。

② 参见《马克思恩格斯选集》第4卷，人民出版社2012年版，第71页。

③ 《马克思恩格斯全集》第45卷，人民出版社1985年版，第331—332页。

④ 摩尔根：《古代社会》（上册），商务印书馆2011年版，第24页。

⑤ 《马克思恩格斯全集》第45卷，人民出版社1985年版，第344页。

⑥ 《马克思恩格斯全集》第45卷，人民出版社1985年版，第210页。

摩尔根看到了"'对财产的最早观念'是和获得生活资料这种基本需要紧密相联的。财产的对象，在每一个'顺序相承的文化时期'自然都随着生活资料所依赖的生存技术的增进而增加起来；因此，财产的增长是与发明和发现的进展齐头并进的"①。当财产关系成为人们之间关系的主导性因素的时候，史前社会就走到了自己的尽头。在这个意义上，马克思指出："无论怎样高度估计财产对人类文明的影响，都不为过甚。财产曾经是把雅利安人和闪米特人从野蛮时代带进文明时代的力量。管理机关和法律建立起来，主要就是为了创造、保护和享有财产。财产产生了人类的奴隶制作为生产财产的工具……随着财产所有者的子女继承财产这一制度的建立，严格的专偶制家庭才第一次有可能出现。……这种家庭作为一种充分发展了的形式，确认了子女与父亲的关系，用动产和不动产的个人所有权代替了共同所有权，以子女的绝对继承权代替了父方亲属的继承权。现代社会就是以专偶制家庭为基础的。"②

摩尔根就是这样，"以他自己的方式，重新发现了40年前马克思所发现的唯物主义历史观"③，这个"重新发现"的重大意义在于：

首先，它证明了土地公有制"真正是全部历史出发点"④。摩尔根的研究表明，"氏族制度是从那种没有任何内部对立的社会中生长出来的，而且只适合于这种社会。除了舆论以外，它没有任何强制手段。"⑤通过对国家在"民族制度的废墟上兴起的三种主要形式"的考察，恩格斯指出，"国家是直接地和主要地从氏族社会本身内部发展起来的阶级对立中产生的"⑥。"国家决不是从外部强加于社会的一种力量。国家也不像黑格尔所断言的是'伦理观念的现实'，'理性的形象和现实'。确切地说，国家是社会在一定发展阶段上的产物；国家是承认：这个社会陷入

---

① 《马克思恩格斯全集》第45卷，人民出版社1985年版，第378页。
② 《马克思恩格斯全集》第45卷，人民出版社1985年版，第377页。
③ 《马克思恩格斯选集》第4卷，人民出版社2012年版，第12页。
④ 《马克思恩格斯选集》第3卷，人民出版社2012年版，第641页。
⑤ 《马克思恩格斯选集》第4卷，人民出版社2012年版，第185页。
⑥ 《马克思恩格斯选集》第4卷，人民出版社2012年版，第186页。

了不可解决的自我矛盾，分裂为不可调和的对立面而又无力摆脱这些对立面。而为了使这些对立面，这些经济利益互相冲突的阶级，不致在无谓的斗争中把自己和社会消灭，就需要有一种表面上凌驾于社会之上的力量，这种力量应当缓和冲突，把冲突保持在'秩序'的范围以内；这种从社会中产生但又自居于社会之上并且日益同社会相异化的力量，就是国家。"①

1848 年发表的《共产党宣言》中曾说："至今一切社会的历史都是阶级斗争的历史。"② 从《共产党宣言》1883 年德文版"序言"开始，恩格斯对它进行了修改。在 1888 年英文版"序言"中，这一思想被表述为"人类的全部历史（从土地公有的原始氏族社会解体以来）都是阶级斗争的历史"③。由于这个历史事实的确认，土地所有制历史演化的"谱系"得以揭示，生产力和分工的发展所导致的私有制的产生、阶级的出现、国家的形成及其历史命运进一步得到了说明，唯物史观关于"人类历史发展规律"的理论和剩余价值学说关于"资产阶级社会特殊运动规律"的理论在新的史学资料基础上更为有机地融合在一起了。

其次，它深化了对"两种生产"和分工的认识。早在《德意志意识形态》中谈到人类历史的前提时，马克思、恩格斯就指出，物质资料的生产（通过劳动）、人自身的生产（通过家庭、性关系）和由此而形成的人与人之间的关系，"从历史的最初时期起，从第一批人出现以来，这三个方面就同时存在着，而且现在也还在历史上起着作用。"④ 当摩尔根通过对氏族的研究发现了"我们成文史的这种史前的基础，并且在北美印第安人的血族团体中找到一把解开希腊、罗马和德意志上古史上那些极为重要而至今尚未解决的哑谜的钥匙"⑤ 的时候，恩格斯根据唯物史观对此作出的进一步结论是："一定历史时代和一定地区的人们生活

① 《马克思恩格斯选集》第 4 卷，人民出版社 2012 年版，第 186—187 页。
② 《马克思恩格斯选集》第 2 卷，人民出版社 2012 年版，第 400 页。
③ 《马克思恩格斯选集》第 1 卷，人民出版社 2012 年版，第 385 页。
④ 《马克思恩格斯选集》第 1 卷，人民出版社 2012 年版，第 160 页。
⑤ 《马克思恩格斯选集》第 1 卷，人民出版社 2012 年版，第 13—14 页。

于其下的社会制度，受着两种生产的制约：一方面受劳动的发展阶段的制约，另一方面受家庭的发展阶段的制约。劳动越不发展，劳动产品的数量，从而社会的财富越受制约，社会制度就越在较大程度上受血族关系的支配。然而，在以血族关系为基础的这种社会结构中，劳动生产率日益发展起来；与此同时，私有制和交换、财产差别、使用他人劳动力的可能性，从而阶级对立的基础等等新的社会成分，也日益发展起来；这些新的社会成分在几个世代中竭力使旧的社会制度适应新的条件，直到两者的不相容性最后导致一个彻底的变革为止。以血族团体为基础的旧社会，由于新形成的各社会阶级的冲突而被炸毁；代之而起的是组成为国家的新社会，而国家的基层单位已经不是血族团体，而是地区团体了。在这种社会中，家庭制度完全受所有制的支配，阶级对立和阶级斗争从此自由开展起来，这种阶级对立和阶级斗争构成了直到今日的全部成文史的内容。"① 所有这些变化，"是由分工方面的一个新的进步开始的。在野蛮时代低级阶段，人们只是直接为了自身的消费而生产；间或发生的交换行为也是个别的，只限于偶然的剩余物。"② 随着生产的发展，在野蛮时代的中级阶段，有了"游牧民族和没有畜群的落后部落之间的分工，从而看到了两个并存的不同的生产阶段，也就是看到了经常交换的条件。在野蛮时代高级阶段，又进一步发生了农业和手工业之间的分工，于是劳动产品中日益增加的一部分是直接为了交换而生产的，这就把单个生产者之间的交换提升为社会的生活必需。文明时代巩固并加强了所有这些已经发生的各次分工，特别是通过加剧城市和乡村的对立而使之巩固和加强，此外它又加上了一个第三次的、它所特有的、有决定意义的重要分工：它创造了一个不再从事生产而只从事产品交换的阶级——商人。在此以前，阶级的形成的一切萌芽，还都只是与生产相联系的；……一个寄生阶级，真正的社会寄生虫阶级形成了，……它在文明时期便取得了越来越荣誉的地位和对生产的越来越大的统治权，直

---

① 《马克思恩格斯选集》第 4 卷，人民出版社 2012 年版，第 13 页。
② 《马克思恩格斯选集》第 4 卷，人民出版社 2012 年版，第 181—182 页。

到最后它自己也生产出自己的产品——周期性的商业危机为止"①。

这样，唯物史观关于生产和分工的理论通过史前社会的研究获得了进一步的论证和丰富：正是由于分工慢慢地侵入最初共产制共同体内部的共同生产过程，破坏了生产和占有的共同性，使"个人占有成为占优势的规则，从而产生了个人之间的交换"，使人类由野蛮进入了文明。"文明时代是社会发展的这样一个阶段，在这个阶段上，分工、由分工而产生的个人之间的交换，以及把这两者结合起来的商品生产，得到了充分的发展，完全改变了先前的整个社会。"②

最后，它修正了对"亚细亚生产方式"的认识。继《德意志意识形态》提出"部落所有制"之后，马克思在19世纪50年代进一步将人类历史初始时期的生产方式概括为"亚细亚的"，对应于"人的依赖关系"的历史时期和社会形态。依据当时有限的史料和"人体解剖对于猴体解剖是一把钥匙"、"资产阶级经济为古代经济等等提供了钥匙"的方法论原则③，马克思对这种生产方式的最初解读是：自古以来存在于亚洲的一种独立的地域性的社会形态，具有"原始共同体"、土地公有制下的个人占有、"凌驾于各小公社之上的专制政府"等特征④，进一步的研究，马克思认识到亚细亚公社与日耳曼公社以及古代希腊、罗马的氏族演化而来的农村公社大体处于同一发展阶段，因而将"亚细亚的生产方式"这一具有地域性的概念提升到了具有普遍性的人类社会的原生形态的高度。然而，摩尔根和其他人类学家对人类原始史研究的成果却表明，每隔一定时间，把公社土地平均分配，在古代社会的历史上已经处于"野蛮时代高级阶段"⑤，在这个阶段，"个人财产显著增加，个人对土地的关系也发生了一些变化。土地仍然是部落公有，但此时已划出一部分作为维持管理机构之用，另一部分则用于宗教方面，还有更重要的

---

① 《马克思恩格斯选集》第4卷，人民出版社2012年版，第182页。
② 《马克思恩格斯选集》第4卷，人民出版社2012年版，第191、190页。
③ 参见《马克思恩格斯选集》第2卷，人民出版社2012年版，第705页。
④ 参见《马克思恩格斯选集》第2卷，人民出版社2012年版，第725、726、727—728页。
⑤ 《马克思恩格斯全集》第45卷，人民出版社1985年版，第387页。

一部分，即人民皆以为生的部分，则在各氏族之间或住在同一村落的各公社之间分配。没有人对土地或房屋拥有个人所有权，任何人都无权把它们当作自由财产任意出卖和出让。土地为氏族或公社共有、共同住宅以及各个有亲属关系的家庭聚居的方式，都不容许个人占有房屋和土地。"① 而在进一步发展的"野蛮时代晚期，由于人的个性的发展以及当时个别人拥有的大量财富的增长，便产生了贵族；使一部分居民永远处于卑贱地位的奴隶制，促使形成以前各文化时期所不知道的对立状态；这种情况，再加上财富和官职，产生了贵族精神，这种贵族精神是和氏族制度所培植起来的民主原则相对抗的"②。这些历史史料表明，"亚细亚生产方式"是"一个由群婚中产生的母权制家庭和现代世界的个体家庭之间的过渡阶段"，"这种家长制家庭公社也是实行个体耕作以及起初是定期的而后来是永久的分配耕地和草地的农村公社或马尔克公社从中发展起来的过渡阶段"。③ 马克思也因此得以将"亚细亚生产方式"重新确认为原始社会的后期阶段，把尚存的"亚细亚生产方式"看作是原始社会的"历史遗迹"，指出："农业公社既然是原生的社会形态的最后阶段，所以它同时也是向次生的形态过渡的阶段，即以公有制为基础的社会向以私有制为基础的社会的过渡。不言而喻，次生的形态包括建立在奴隶制上和农奴制上的一系列社会。"④ 从而对人类历史的客观发展演进过程作出了新的梳理和判断，使唯物史观在史前社会这段历史的认识中也摆脱了假说状态，成为完整的科学理论。

对东方农村公社的研究，关系到对历史规律表现形式多样性和社会主义革命道路多种可能性问题的认识。19 世纪 40 年代中期，马克思提出了通过资本主义阶段向社会主义和共产主义发展的共同趋势和无产阶级的社会主义革命"共同胜利论"的看法，认为社会主义和共产主义是"世界历史性事业"，因此，社会主义革命不能单独在一个国家取

---

① 《马克思恩格斯全集》第 45 卷，人民出版社 1985 年版，第 387 页。
② 《马克思恩格斯全集》第 45 卷，人民出版社 1985 年版，第 397 页。
③ 《马克思恩格斯选集》第 4 卷，人民出版社 2012 年版，第 69—70 页。
④ 《马克思恩格斯全集》第 25 卷，人民出版社 2001 年版，第 478 页。

得胜利，而是至少要在几个主要资本主义国家共同胜利的条件下才有可能。在《德意志意识形态》中他写道："交往的任何扩大都会消灭地域性的共产主义。共产主义只有作为占统治地位的各民族'一下子'同时发生的行动，在经验上才是可能的，而这是以生产力的普遍发展和与此相联系的世界交往为前提的。"①然而，历史的具体发展过程却呈现出超出马克思预料的复杂性。

1848年的欧洲革命和1871年的巴黎工人武装起义先后失败以后，马克思修改了先前作出的无产阶级革命即将来临并获得成功的判断，在他重新考虑欧洲社会主义革命的可能性和现实性的过程中，东方开始酝酿新的危机和革命，俄国最为突出。1861年俄国农奴制改革和1877—1878年的俄土战争，推动着俄国革命形势的发展，马克思密切关注俄国社会的动向和俄国革命问题的争论，从世界历史发展的视域对东方社会存在的农村公社进行了深入的考察研究。他写道，"为了能够对当代俄国的经济发展作出准确的判断，我学习了俄文，后来又在许多年内研究了和这个问题有关的官方发表的和其他方面发表的资料。"②

1881年2月16日，俄国的革命民主主义者查苏利奇致信马克思，希望马克思能说明"对我国农村公社可能有的命运以及世界各国由于历史必然性都应经过资本主义生产各阶段的理论的看法"③，在经过反复慎重考虑、四易其稿之后，马克思给查苏利奇复信，指出：《资本论》对资本主义生产的起源分析所阐述的"这一运动的'历史必然性'明确地限于西欧各国。……在这种西方的运动中，问题是把一种私有制形式变为另一种私有制形式。相反地，在俄国农民中，则是要把他们的公有制变为私有制。由此可见，在《资本论》中所作的分析，既没有提供肯定俄国农村公社有生命力的论据，也没有提供否定农村公社有生命力的论据，但是，我根据自己找到的原始材料对此进行的专门研究使我深信：

---

① 《马克思恩格斯选集》第1卷，人民出版社2012年版，第166页。
② 《马克思恩格斯选集》第3卷，人民出版社2012年版，第728页。
③ 《马克思恩格斯选集》第3卷，人民出版社1995年版，第857页。

这种农村公社是俄国社会新生的支点；可是要使它能发挥这种作用，首先必须排除从各方面向它袭来的破坏性影响，然后保证它具备自然发展的正常条件"①。

这封复信前的三封草稿中，马克思在分析俄国农村公社二重性的基础上提出了"不通过资本主义制度的卡夫丁峡谷"的论断，他指出："地球的太古结构或原生结构是由一系列不同年代的叠复的地层组成的。古代社会形态也是这样，表现为一系列不同的、标志着依次更迭的时代的阶段。俄国农村公社属于这一链条中最新的类型"，② 是原生的社会形态的最后阶段，同时也是向"包括建立在奴隶制上和农奴制上的一系列社会"③ 的次生的形态过渡的阶段。

不同于古代公社，农村公社耕地虽属公社所有，但定期在公社中进行重新分配，产品留为己有，房屋及其附属物——园地有些也已经是农民的私有财产，这使得它内在的具有公有制和私有制二重性，由此决定农村公社有两种可能结局，"或者是它所包含的私有制因素战胜集体因素，或者是后者战胜前者。先验地说，两种结局都是可能的，但是，对于其中任何一种，显然都必须有完全不同的历史环境。一切都取决于它所处的历史环境。"④ 从集体所有制因素战胜私有制因素的可能性上看，"一方面，土地公有制使它有可能直接地、逐步地把小地块个体耕作变为集体耕作，并且俄国农民已经在没有进行分配的草地上实行着集体耕作。俄国土地的天然地势适合于大规模地使用机器。农民习惯于劳动组合关系，这有助于他们从小地块劳动向合作劳动过渡；……另一方面，和控制着世界市场的西方生产同时存在，使俄国可以不通过资本主义制度的卡夫丁峡谷，而把资本主义制度所创造的一切积极的成果用到公社中来。"⑤ 马克思认为，"威胁着俄国公社生命的不是历史的必然性，

① 《马克思恩格斯全集》第25卷，人民出版社2001年版，第482—483页。
② 《马克思恩格斯全集》第25卷，人民出版社2001年版，第472—473页。
③ 《马克思恩格斯全集》第25卷，人民出版社2001年版，第478页。
④ 《马克思恩格斯全集》第25卷，人民出版社2001年版，第461页。
⑤ 《马克思恩格斯全集》第25卷，人民出版社2001年版，第461—462页。

不是理论，而是国家的压迫，以及侵入公社的，也是由国家靠牺牲农民扶植壮大起来的资本家的剥削"，① 因此，"要挽救俄国公社，就必须有俄国革命。"②1882年，马克思、恩格斯在《共产党宣言》俄文第二版序言中进一步明确指出："假如俄国革命将成为西方无产阶级革命的信号而双方互相补充的话，那么现今的俄国土地公有制便能成为共产主义发展的起点。"③

马克思对俄国农村公社前途命运问题的研究是他从世界历史发展的高度分析落后国家革命的前途、探索无产阶级解放即人类解放的道路这个总体问题的一个有机部分，早在19世纪40年代初期，马克思就对德国这样一个经济政治落后的国家应该发生"往何处去"的革命问题进行了深入的思考，鉴于德国资产阶级的软弱和德国无产阶级队伍不断壮大，马克思在《〈黑格尔法哲学批判〉导言》中提出了无产阶级革命的现实可能性。近四十年后，马克思对社会历史条件与德国有很大不同的俄国再次进行了"往何处去"问题的研究，尽管较之以前更为谨慎，马克思仍然得出了农村公社是俄国社会新生的支点，在条件具备的情况下可以有特殊发展的"理论上的可能性"的结论，这一方面表明了马克思对"两个必然"的坚信不疑；另一方面也表明了马克思对之前将资本主义所开创的世界历史的发展趋势看作是"使未开化和半开化的国家从属于文明的国家，使农民的民族从属于资产阶级的民族，使东方从属于西方"④ 的一种修正，认识到西方无产阶级和东方农民阶级的联合、西方社会主义革命和东方民族革命的"互相补充"对于世界历史发展的重要意义。尽管马克思作出的俄国农村公社"成为共产主义发展的起点"的"理论上的可能性"后来没有变为现实，但是这其中所蕴涵的处在资本主义以前发展阶段的落后国家有可能在具备一定条件时利用"当时历史所能提供给一个民族的最好的机会"，避免"遭受资本主义制度所带来

---

① 《马克思恩格斯全集》第25卷，人民出版社2001年版，第472页。
② 《马克思恩格斯全集》第25卷，人民出版社2001年版，第466页。
③ 《马克思恩格斯选集》第1卷，人民出版社2012年版，第379页。
④ 《马克思恩格斯选集》第1卷，人民出版社2012年版，第405页。

的一切灾难性的波折"。① 缩短自己向社会主义社会发展的过程的思想仍然具有极其重要的意义。

"历史是不能靠公式来创造的"②，这是马克思1847年在《哲学的贫困》中批评蒲鲁东得出的重要结论，30年后，针对俄国自由民粹派思想家尼·康·米海洛夫斯基在《祖国纪事》杂志1877年第10期发表的曲解《资本论》思想的文章，马克思于这年11月给该杂志编辑部的信中严肃指出："他一定要把我关于西欧资本主义起源的历史概述彻底变成一般发展道路的历史哲学理论，一切民族，不管它们所处的历史环境如何，都注定要走这条道路，——以便最后都达到在保证社会劳动生产力极高度发展的同时又保证每个生产者个人最全面的发展的这样一种经济形态。但是我要请他原谅。（他这样做，会给我过多的荣誉，同时也会给我过多的侮辱。）"③

1883年3月14日马克思逝世以后，恩格斯继续承担起了指导国际工人运动的重任，作为马克思的挚友和马克思主义创立过程的"第二小提琴手"，恩格斯与马克思共同经历了新世界观的理论探索。《德法年鉴》的写作之后，1845年他与马克思合写了《神圣家族》，同年11月到次年5月他们又合写了《德意志意识形态》。1846年春，恩格斯和马克思在布鲁塞尔创建共产主义通讯委员会，1848年2月受共产主义者同盟第二次代表大会的委托，马克思和恩格斯共同起草出版了《共产党宣言》。在后来的岁月中，恩格斯一直与马克思并肩斗争在争取无产阶级解放事业的前列并在生活上长期资助马克思。在马克思生前，恩格斯撰写了《反杜林论》、《自然辩证法》和《社会主义从空想到科学的发展》等名著，系统地阐发了马克思主义的三个主要组成部分——哲学、政治经济学和科学社会主义理论，马克思逝世以后，恩格斯整理出版了马克思的《资本论》第二、三卷，写作了《家庭、私有制和国家的起

---

① 《马克思恩格斯全集》第25卷，人民出版社2001年版，第143页。

② 《马克思恩格斯选集》第1卷，人民出版社2012年版，第244页。

③ 《马克思恩格斯全集》第25卷，人民出版社2001年版，第145页。

源》、《费尔巴哈和德国古典哲学的终结》和关于唯物史观的若干书信，一方面继续推进了马克思生前"未尽"的理论研究，再现了马克思晚年的思想活动，使马克思晚年的一些重要研究成果较为清晰和完整地呈现于世；另一方面全面解读了马克思的学说，澄清了种种误读和曲解，揭示了马克思主义内在的丰富性和生动性。同时，恩格斯还真实地论述了马克思创立马克思主义的历史过程，特别是如实地说明了黑格尔和费尔巴哈等思想家在马克思主义形成中的地位和作用，奠定了马克思主义形成史的研究基础。

六

马克思主义是马克思和恩格斯毕生实践活动和理论研究的结晶，它的产生是人类思想史上的一次伟大的革命性变革，其所以如此，是因为它的全部理论都是建立在"社会生活在本质上是实践的"这个基石上，因此，它对于世界的要求，不"只是用不同的方式解释世界，问题在于改变世界"。[①] 列宁指出，马克思主义"对世界各国社会主义者所具有的不可遏止的吸引力，就在于它把严格的和高度的科学性（它是社会科学的最新成就）同革命性结合起来，并且不仅仅是因为学说的创始人兼有学者和革命家的品质而偶然地结合起来，而是把二者内在地和不可分割地结合在这个理论本身中"。[②] 这种在实践基础上的科学性与革命性的统一，是马克思主义的鲜明特征。

马克思主义的科学性在于，它是对客观物质世界特别是人类社会一般本质和规律的正确反映，这种正确反映是基于对人类实践活动历史经验的实事求是地概况和总结，因而也必然随着人类实践活动的发展而不断补充、丰富和完善，因此，辩证唯物主义与历史唯物主义相统一的"马克思的整个世界观不是教义，而是方法。它提供的不是现成的教条，

---

① 《马克思恩格斯选集》第 1 卷，人民出版社 2012 年版，第 136 页。

② 《列宁选集》第 1 卷，人民出版社 2012 年版，第 83 页。

而是进一步研究的出发点和供这种研究使用的方法。"①"历史唯物主义也从来没有企求说明一切，而只企求指出'唯一科学的'（用马克思在《资本论》中的话来说）说明历史的方法。"②

马克思主义的革命性在于，它是无产阶级和广大人民群众认识世界和改造世界、实现自身解放的理论武器，它在对客观物质世界特别是人类社会辩证发展规律的揭示中阐明了无产阶级和广大人民群众创造历史的重大作用，"科学越是毫无顾忌和大公无私，它就越符合工人的利益和愿望。在劳动发展史中找到了理解全部社会史的钥匙的新派别，一开始就主要是面向工人阶级的，并且从工人阶级那里得到了同情，这种同情是它在官方科学那里既没有寻找也没有期望过的。"③马克思主义"把伟大的认识工具给了人类，特别是给了工人阶级"④。

1895年8月恩格斯逝世以后，世界历史的演进出现了新的态势，科学技术的进步进一步推动了生产规模的扩大，资本主义从自由竞争阶段逐步进入了垄断阶段，发展出了帝国主义，导致了第一次世界大战的爆发。战争加剧了帝国主义国家的内外矛盾，客观上形成了社会主义革命可能发生的形势，正在从封建农奴制向资本主义快速发展中的俄国由于各种社会矛盾的交织和集中，成为帝国主义体系中的薄弱环节，为无产阶级革命首先在俄国发生并取得胜利准备了有利条件。

面对时代发展的新特点和新情况，列宁以马克思主义实事求是的态度分析了帝国主义的经济基础和内在矛盾，指出了经济政治发展的不平衡已经成为资本主义发展的绝对规律，提出了社会主义可能首先在少数甚至在单独一个资本主义国家获得胜利的论断，带领布尔什维克党抓住第一次世界大战激化俄国社会矛盾、引发经济政治危机的时机，领导俄国工人阶级和人民群众取得了十月革命的胜利，使科学社会主义从理论、运动转变为制度，开创了世界历史的新纪元。十月革命胜利以后，

① 《马克思恩格斯选集》第4卷，人民出版社2012年版，第664页。
② 《列宁选集》第1卷，人民出版社2012年版，第13—14页。
③ 《马克思恩格斯选集》第4卷，人民出版社2012年版，第265页。
④ 《列宁选集》第2卷，人民出版社2012年版，第311页。

对于在经济文化相对落后的国家如何建设社会主义的问题，列宁和布尔什维克党又进行了有益的探索。马克思主义与俄国实际的结合，产生了列宁主义，把马克思主义的发展推进到新的历史阶段。

第二次世界大战以后，东欧一些国家和亚洲国家先后建立了社会主义制度，形成了社会主义阵营，实现了科学社会主义从一国到多国的胜利。中国也是在十月革命的影响下走上社会主义道路的，1840 年鸦片战争以后，中国陷入了半殖民地半封建的状况，民族复兴成为中国近代史的开篇主题，在实现民族复兴道路的选择上，先进的中国人上下求索，历经艰难，在多次向西方学习的努力失败以后，"十月革命一声炮响，给我们送来了马克思列宁主义。十月革命帮助了全世界的也帮助了中国的先进分子，用无产阶级的宇宙观作为观察国家命运的工具，重新考虑自己的问题。走俄国人的路——这就是结论"。[①] 中国共产党将马克思列宁主义同中国实际相结合，领导全国各族人民取得了革命、建设、改革的伟大胜利，在实践中形成了马克思主义中国化的两大理论成果——毛泽东思想和中国特色社会主义理论体系，深刻地回答了在中国这样一个经济文化落后的东方大国，如何实现新民主主义革命和社会主义革命，如何建设社会主义的一系列重大问题，开拓了马克思主义发展的新境界。

正如一切事物发展过程都是在矛盾中曲折进行一样，社会主义在 20 世纪以来的发展也是如此。进入社会主义不容易，建设社会主义更不容易，这是一项经济政治文化各方面的系统工程，经济建设尤为重要，这不仅因为它的基础性地位，还在于进入社会主义的大多数国家之前都处于经济文化相对落后的状态，如何"尽可能快地增加生产力的总量"[②]，关系到社会主义制度的巩固和发展，列宁因此强调"劳动生产率，归根到底是使新社会制度取得胜利的最重要最主要的东西"[③]。

---

① 《毛泽东选集》第四卷，人民出版社 1991 年版，第 1471 页。

② 《马克思恩格斯选集》第 1 卷，人民出版社 2012 年版，第 421 页。

③ 《列宁选集》第 4 卷，人民出版社 2012 年版，第 16 页。

　　提高劳动生产率，要遵循生产发展的客观规律，找到资源配置的最优方式，使各种生产要素最大可能地发挥作用。按照马克思最初的设想，当社会主义革命首先在社会化大生产相对发展、资本主义生产关系已经成为严重桎梏的资本主义国家取得成功以后，将废除私有制及其商品经济，实行计划经济，形成"自由人联合体"。其基本特征，《资本论》中做了具体的描述："设想有一个自由人联合体，他们用公共的生产资料进行劳动，并且自觉地把他们许多个人劳动力当做一个社会劳动力来使用。[……] 这个联合体的总产品是一个社会产品。这个产品的一部分重新用做生产资料。这一部分依旧是社会的。而另一部分则作为生活资料由联合体成员消费。因此，这一部分要在他们之间进行分配。这种分配的方式会随着社会生产有机体本身的特殊方式和随着生产者的相应的历史发展程度而改变。仅仅为了同商品生产进行对比，我们假定，每个生产者在生活资料中得到的份额是由他的劳动时间决定的。这样，劳动时间就会起双重的作用。劳动时间的社会的有计划的分配，调节着各种劳动职能同各种需要的适当的比例。另一方面，劳动时间又是计量生产者在共同劳动中个人所占份额的尺度，因而也是计量生产者在共同产品的个人可消费部分所占份额的尺度。在那里，人们同他们的劳动和劳动产品的社会关系，无论在生产上还是在分配上，都是简单明了的。"①

　　为什么必须由计划经济取代商品经济？在马克思的思想中，有两个方面的主要原因：其一，这是时间的节约在"更加高得多的程度上成为规律"的必然要求；其二，这也是与消灭旧的分工和私有制这个"异化"的根源，实现人类解放密切相关的事情。

　　从时间节约规律的必然要求上看，在马克思看来，时间的节约与劳动时间在不同的生产部门之间有计划的分配是内在统一的，自发的商品经济不能充分实现这种统一，在资本主义商品经济的历史条件下，由于社会化大生产与资本主义私人占有之间不可克服的矛盾，时间节约规律是通过周期性生产过剩的经济危机来为自己开辟道路的，只有建立以

---

① 《马克思恩格斯选集》第 2 卷，人民出版社 2012 年版，第 126—127 页。

公有制为基础的计划经济，才能消除整个社会生产的无政府状态。解决资本主义对时间的"制度性"浪费，使作为人的生命尺度的发展空间的时间最大可能性地得到节约。因此，马克思指出，在共同生产的基础上的时间节约，同"用劳动时间计量交换价值（劳动或劳动产品）有本质区别"①。

从消灭旧的分工和私有制这个"异化"的根源，实现人类解放的事情上看，马克思认为，正是分工条件下的私有制导致了私人劳动和社会劳动的分裂，使得私人劳动向社会劳动的转化只能通过商品货币交换来实现，"以交换价值为基础的劳动的前提恰好是：不论是单个人的劳动还是他的产品，都不直接具有一般性；他的产品只有通过对象的中介作用，通过与它不同的货币，才能获得这种形式。"②在市场盲目的自发势力作用之下，人们之间的社会关系被这种物的关系所掩盖，它成为了一种人本身不能控制的异化形式，个人与社会、人与自然的统一被割裂开来。要克服这种对商品货币的"物的依赖"的异化，根本在于消灭旧的分工和私有制，一切与旧的分工和私有制相联系的经济形式都是对人类正常经济关系的"扭曲"或"颠倒"，应该在未来公有制经济中被根本消灭，而与此相联系的商品拜物教，也"只有当社会生活过程即物质生产过程的形态，作为自由联合的人的产物，处于人的有意识有计划的控制之下的时候，它才会把自己的神秘的纱幕揭掉"③。

马克思在这里谈的计划经济显然是"共产主义制度下的生产"④，首先意识到当下实现这种生产设想的现实困难的是列宁，面对在国内战争结束以后继续实施"战时共产主义"所带来的一系列问题，列宁认识到，"我们计划用无产阶级国家直接下命令的办法在一个小农国家里按共产主义原则来调整国家的产品生产和分配。现实生活说明我们

---

① 《马克思恩格斯文集》第 8 卷，人民出版社 2009 年版，第 67 页。
② 《马克思恩格斯文集》第 8 卷，人民出版社 2009 年版，第 67 页。
③ 《马克思恩格斯选集》第 2 卷，人民出版社 2012 年版，第 127 页。
④ 《马克思恩格斯选集》第 46 卷上，人民出版社 1979 年版，第 112 页。

错了。"①"我们在经济进攻中前进得太远了……向纯社会主义形式和纯社会主义分配直接过渡,是我们力所不及的"②,"现在一切都在于实践,现在已经到了这样一个历史关头:理论在变为实践,理论由实践赋予活力,由实践来修正,由实践来检验"③,"对俄国来说,根据书本来争论社会主义纲领的时代已经过去了,我深信已经一去不复返了,今天只能根据经验来谈论社会主义"④。在列宁的主导下,1921年3月,布尔什维克党的第十次代表大会通过了由战时共产主义过渡到新经济政策的决议:以粮食税代替余粮征收制,允许自由贸易、允许私人经营一些小工厂,还准备把一些企业租给外国资本家等等。尽管这一政策开始遭到一些人的反对,但是新经济政策的实施使工业与农业之间正常的经济联系得以重建,工农联盟得以巩固,促进了生产力的发展,克服了1921年的危机,苏维埃政权站住了阵脚。

"新经济政策"是列宁对建立社会主义市场经济的最初探索,他的这些看法,是对"什么是社会主义,怎样建设社会主义"这一历史性课题的最初思考,意义深远。列宁逝世以后,斯大林在领导苏联推进社会主义工业化和农业集体化的过程中,出于发展战略的考虑,中止了"新经济政策",建立了高度集中统一的计划经济体制,以解决一国建成社会主义的问题。这种"苏联模式"在历史上为苏联工业化的快速实现、为反法西斯战争的胜利、为宏观调控经济经验的积累等都发挥了重要的作用,曾经有效地巩固了社会主义制度。但是,随着苏联经济粗放式发展方式不可持续的问题日渐突出,与此相适合的计划经济体制"统得过死"的弊端也一再暴露出来并日益全面化,主要表现为:经济上不顾社会生产力的发展水平,盲目追求单一公有制,限制多种经济成分的发展,忽视经济规律和市场的作用,片面强调发展重工业,忽视农业和轻工业;政治上以党代政,夸大阶级斗争,混淆敌我矛盾和人民内部矛

① 《列宁选集》第4卷,人民出版社2012年版,第570页。

② 《列宁选集》第4卷,人民出版社2012年版,第720页。

③ 《列宁选集》第3卷,人民出版社2012年版,第381页。

④ 《列宁专题文集 论社会主义》,人民出版社2009年版,第399页。

盾，损害社会主义民主法治建设，容易滋生官僚主义和特权阶层；文化上以行政命令的方法管理思想文化建设，搞教条主义和主观主义，泛化意识形态斗争，混淆学术问题和政治问题的界限等等，严重地影响了社会主义制度内在优越性的发挥。

第二次世界大战以后，世界经济进一步的发展催生了新的科技革命，20世纪中叶以后，先后发生了以原子能、电子计算机、航天技术、分子生物学和遗传工程等为标志的第三次科技革命和以新能源、新材料、新生物、新环境等绿色工业革命为特征的第四次科技革命，人类已经进入和正在进入知识经济时代和信息经济时代，能不能适应新的科技革命的要求成为各国经济能否实现进一步发展的关键。在这个过程中，市场经济由于对科技革命的要求反应和吸纳较快，显示出了明显的优势，西方发达资本主义国家据此保持住了在世界经济中的领先地位，主导了新一轮的经济全球化。相反，由于没有实行有效的改革，体制"僵化"的问题迟迟没有得到解决，在经济全球化迅速扩展的浪潮中，"苏联模式"受到严峻挑战并逐渐转化为全局性危机，最终在内外矛盾的作用下解体。

中国共产党对"苏联模式"的问题有较早的认识，毛泽东1956年在《论十大关系》中就提出要以苏为鉴，走自己的发展道路。1957年在《关于正确处理人民内部矛盾的问题》中，毛泽东指出，推动社会主义社会发展的基本矛盾仍然是生产关系和生产力之间的矛盾，上层建筑和经济基础之间的矛盾，但同阶级对抗社会的矛盾根本不同，它是一种又相适应又相矛盾的情况，不具有对抗性，可以经过社会主义制度本身不断地得到解决，提出要把正确区分和处理敌我矛盾和人民内部矛盾作为社会主义国家政治生活的主要内容等。根据这些总的考虑，1958年，毛泽东提出要分清社会主义商品生产和资本主义商品生产的区别，批评了一些人试图消灭商品生产的主张，认为这是"不懂得在社会主义条件下利用商品生产的作用的重要性。这是不承认客观法则的表现，是不认识五亿农民的问题"[①]。"商品生产，要看它是同什么经济制度相联

----

① 《毛泽东文集》第七卷，人民出版社1999年版，第437页。

系，同资本主义制度相联系就是资本主义的商品生产，同社会主义制度相联系就是社会主义的商品生产。"①"文化大革命"结束以后，中国共产党总结经验教训，实行改革开放，在实践中不断深化对市场经济地位和作用的认识，1992年邓小平南方谈话中明确地讲："计划多一点还是市场多一点，不是社会主义与资本主义的本质区别。计划经济不等于社会主义，资本主义也有计划；市场经济不等于资本主义，社会主义也有市场。计划和市场都是经济手段。"② 在苏东剧变发生、西方一些学者认为历史将终结于西方"民主制度"最后胜利的喧嚣中，中国在坚定不移地推进改革开放中开辟了独具特色的社会主义道路，取得了举世瞩目的成就，跃升为世界第二大经济体，成为"成功地融入全球市场而拒绝华盛顿共识传统理论的国家的榜样"③，对世界历史的发展注入了新的理念和动力，而2007年开始的资本主义全球性金融危机则使得一些"坚定"的资产阶级思想家也开始质疑资本主义的国家能力，追问"我们是谁"？

20世纪中叶以来的这些历史性的变化，社会主义和资本主义都经历了各自的挑战和考验，分别步入了新的发展阶段，"冷战"结束以后，和平与发展成为新的时代主题，社会主义和资本主义在经济全球化、世界多极化和文化多元化中长期共存、相互对立、彼此借鉴、各自发展，形成新的国际格局。

这个新的国际格局没有改变历史发展的总趋势，新的科技革命虽然深刻地改变了世界的面貌，但是从整体上看，生产力的发展还没有导致时代发生根本性的变化，我们仍然生活在马克思揭示的社会发展规律所支配的现代文明之中，资本主义还没有"走完"它的历程，社会主义也还没有充分"展开"它的生命力，历史向世界历史的转化还在继续，人类还没有解决也没有超越马克思当年对现代文明批判中提出的从"政

① 《毛泽东文集》第七卷，人民出版社1999年版，第439页。
② 《邓小平文选》第三卷，人民出版社1993年版，第373页。
③ 此为诺贝尔经济学奖获得者斯蒂格利茨的评价，参见哈特－兰兹伯格、伯克特：《解读中国模式》，庄俊举编译，《经济社会体制比较》2005年第2期。

治解放"走向"人类解放"的问题，我们与马克思处于同一时代，因此，马克思主义没有过时，他的"无产阶级和人类解放"理论仍然保存着解释世界和改造世界的强大生命力。

但是，时代有昨天和今天之分，无产阶级和人类解放事业也是如此，在和平与发展取代战争与革命成为时代主题的今天，不断扩展推进的经济全球化使人类社会的时空现象更加丰富，历史规律的表现形式更加多样，世界历史形成中的普遍性和特殊性的矛盾状态更加复杂，马克思主义一方面要对社会主义和资本主义的当代发展及其相互关系作出科学的判断和说明，另一方面还要对"人类命运共同体"所面临的全球性问题进行深入的思考和回答，这些在实践中提出的"现代性"问题对于走进 21 世纪的马克思主义发展来讲既是重大挑战也是重要机遇。

现代性一般是指现代社会的本质属性，包括它的历史属性、阶级属性、制度属性和意识形态属性。马克思没有关于现代性的专门论著，但是有着对于现代性的深刻见解，主要体现对于世界历史的认识和对于资本主义社会的批判中。

在马克思看来，走向现代，是世界历史的趋势，资本主义是开启者，在《〈政治经济学批判〉序言》中，他曾明确地用"现代的"来称谓资本主义生产方式，指出："大体说来，亚细亚的、古希腊罗马的、封建的和现代资产阶级的生产方式可以看做是经济的社会形态演进的几个时代。"① 在这里，"现代"首先是一个文明进化的概念，现代性的历史属性是人类从农耕文明走向工业文明的跨越，资本主义正是资产阶级对这种跨越的制度选择，随着资产阶级生产方式的确立和发展而出现的民族国家、市场经济、法治民主、多元文化、科技理性等构成了现代化的历史图景，贯穿其中的理念即是肇端于文艺复兴和启蒙运动、后被写进法典成为天赋权利的自由、平等和博爱，这是现代性的意识形态属性。

如前所述，早在现代社会正在形成之中时，卢梭就以其独特的历史眼光识别出了其"异化"的问题，因此被称为现代性危机的最早觉

---

① 《马克思恩格斯选集》第 2 卷，人民出版社 2012 年版，第 3 页。

察者，但是，卢梭基于人性对现代社会的批判主要是道德方向的。马克思对现代性的理解具有比卢梭更深刻的历史维度，通过对资本主义社会剩余价值规律的揭示，马克思指出了在现代社会中，资本是决定性的力量，是现代性的根源和核心，他对现代性的理解与对资本的理解是同一的，包含着两个维度：批判和超越，奠基于对资本两重性的认识。

资本是能够带来剩余价值的价值，追逐最大化的利润是它的本性，"资本害怕没有利润或利润太少，就像自然界害怕真空一样。"① 但是，"资本不是物，而是一定的、社会的、属于一定历史社会形态的生产关系，后者体现在一个物上，并赋予这个物以独特的社会性质。"② 这种生产关系就是资本主义私有制，作为资本主义私有制的物化形态，资本以其特有运动方式彻底改变了传统社会，"它无情地斩断了把人们束缚于天然尊长的形形色色的封建羁绊，它使人和人之间除了赤裸裸的利害关系，除了冷酷无情的'现金交易'，就再也没有任何别的联系了。"③ 这样，资本就在将人从"人的依赖关系"中解放出来以后，又使人深深地陷入了对"物的依赖性"之中，生产的目的和手段在资本逻辑的作用下发生了颠倒，财富从实现人的发展的手段转化为生产的目的，物对人的支配形成了商品拜物教，"把人们本身劳动的社会性质反映成劳动产品本身的物的性质，反映成这些物的天然的社会属性"④。在马克思看来，资本主义现代性的危机在于："资产阶级的生产关系和交换关系，资产阶级的所有制关系，这个曾经仿佛用法术创造了如此庞大的生产资料和交换手段的现代资产阶级社会，现在像一个魔法师一样不能再支配自己用法术呼唤出来的魔鬼了。几十年来的工业和商业的历史，只不过是现代生产力反抗现代生产关系、反抗作为资产阶级及其统治的存在条件的所有制关系的历史。只要指出在周期性的重复中越来越危及整个资产阶

---

① 《马克思恩格斯选集》第 2 卷，人民出版社 2012 年版，第 297 页注（250）。

② 《马克思恩格斯选集》第 2 卷，人民出版社 2012 年版，第 644 页。

③ 《马克思恩格斯选集》第 1 卷，人民出版社 2012 年版，第 403 页。

④ 《马克思恩格斯选集》第 2 卷，人民出版社 2012 年版，第 123 页。

级社会生存的商业危机就够了。……这是什么缘故呢？因为社会上文明过度，生活资料太多，工业和商业太发达。社会所拥有的生产力已经不能再促进资产阶级文明和资产阶级所有制关系的发展；相反，生产力已经强大到这种关系所不能适应的地步，它已经受到这种关系的阻碍；而它一着手克服这种障碍，就使整个资产阶级社会陷入混乱，就使资产阶级所有制的存在受到威胁。资产阶级的关系已经太狭窄了，再容纳不了本身所造成的财富了。"①

但是，"为生产而生产"②的资本也具有"伟大的文明作用"。"如果说以资本为基础的生产，一方面创造出普遍的产业，即剩余劳动，创造价值的劳动，那么，另一方面也创造出一个普遍利用自然属性和人的属性的体系，创造出一个普遍有用性的体系，甚至科学也同一切物质的和精神的属性一样，表现为这个普遍有用性体系的体现者，而在这个社会生产和交换的范围之外，再也没有说明东西表现为自在的更高的东西，表现为自为的合理的东西。因此，只有资本才创造出资产阶级社会，并创造出社会成员对自然界和社会联系本身的普遍占有。由此产生了资本的伟大的文明作用"。③

在马克思看来，"创造剩余劳动"的资本的"伟大的文明作用"主要在于：第一，"资本是生产的，也就是说，是发展社会生产力的重要的关系"。④因为"资本作为无止境地追求发财致富的欲望，力图无止境地提高劳动生产力并且使之成为现实"⑤，"资本的文明面之一是，它榨取这种剩余劳动的方式和条件，同以前的奴隶制、农奴制等形式相比，都更有利于生产力的发展，有利于社会关系的发展"⑥。第二，"资本的趋势是赋予生产以科学的性质"。因为"整个生产过程不是从属于工

①　《马克思恩格斯选集》第 1 卷，人民出版社 2012 年版，第 405—406 页。

②　《马克思恩格斯选集》第 2 卷，人民出版社 2012 年版，第 843 页。

③　《马克思恩格斯选集》第 2 卷，人民出版社 2012 年版，第 715 页。

④　《马克思恩格斯全集》第 30 卷，人民出版社 1995 年版，第 286 页。

⑤　《马克思恩格斯全集》第 30 卷，人民出版社 1995 年版，第 305 页。

⑥　《马克思恩格斯全集》第 46 卷，人民出版社 2003 年版，第 927—928 页。

人的直接技巧，而是表现为科学在工艺上的应用的时候，只有到这个时候，资本才获得了充分的发展，或者说，资本才造成了与自己相适应的生产方式"①。资本及其机器大工业"把巨大的自然力和自然科学并入生产过程，必然大大提高劳动生产率，这一点是一目了然的"②。第三，"资本的历史使命"是创造"更高级的新形态的各种要素"。"资本一方面会导致这样一个阶段，在这个阶段上，社会上的一部分人靠牺牲另一部分人来强制和垄断社会发展（包括这种发展的物质方面和精神方面的利益）的现象将会消灭；另一方面，这个阶段又会为这样一些关系创造出物质手段和萌芽，这些关系在一个更高级的社会形式中，使这种剩余劳动能够同物质劳动一般所占用的时间的更大的节制结合在一起。"③从而为"以每一个个人的全面而自由的发展为基本原则的社会形式建立现实基础"④，为"发展丰富的个性创造出物质要素"⑤。第四，资本推动了历史向"世界历史"的转化，从而为"共产主义革命"准备了历史条件。"各个人的全面的依存关系、他们的这种自然形成的世界历史性的共同活动的最初形式，由于这种共产主义革命而转化为对下述力量（即世界市场的力量——笔者注）的控制和自觉的驾驭，这些力量本来是由人们的相互作用产生的，但是迄今为止对他们来说都作为完全异己的力量威慑和驾驭着他们。"⑥

马克思的现代性思想至今仍然保持着它的时代意义，很多西方现代问题的研究者将马克思视为对现代性现象进行批判性反思的真正先驱者，认为"马克思是第一位使现代与前现代形成概念并在现代性方面形成全面理论观点的主要社会理论家"⑦。马克思的学说是"对现代性的一

① 《马克思恩格斯选集》第 2 卷，人民出版社 2012 年版，第 776—777 页。

② 《马克思恩格斯选集》第 2 卷，人民出版社 2012 年版，第 218 页。

③ 《马克思恩格斯全集》第 46 卷，人民出版社 2003 年版，第 927—928 页。

④ 《马克思恩格斯选集》第 2 卷，人民出版社 2012 年版，第 267 页。

⑤ 《马克思恩格斯全集》第 30 卷，人民出版社 1995 年版，第 286 页。

⑥ 《马克思恩格斯选集》第 1 卷，人民出版社 2012 年版，第 169 页。

⑦ 斯蒂芬·贝斯特、道格拉斯·科尔纳：《后现代转向》，陈刚译，南京大学出版社 2002 年版，第 100 页。

种高度现代的解说"①。

两次世界大战之后，随着经济全球化的发展，世界各国现代化的进程进一步加快，在西方资本主义主导下，现代性的矛盾也在扩展和深化：一方面，随着资本在全球的转移和流动，促进了资源和生产要素在全球的合理配置，使各国经济在相互依存、相互联系中形成了有机经济整体，有利于不发达地区经济的发展；另一方面，随着资本在全球范围追逐最大利润，地区冲突不断，贫富两极分化严重，世界上近 90% 的财富主要集中分布在北美、欧洲和亚太等发达国家和地区，南北问题、环境问题、难民问题突出，经济危机和政治动荡交织发生，世界面临的不确定性增加，对于经济实力薄弱和科学技术比较落后的发展中国家，走向现代化道路上的挑战更加严峻。第二次世界大战结束已逾 70 年，文明的巨大进步并没有使人类在经历了两次世界大战浩劫以后所期待的"持久和平与繁荣"真正实现。如何在促进经济持续增长的同时不断推进社会公平正义和人类命运共同体的建设成为人类走向现代化道路上面临的共同问题。

早在 20 世纪 20 年代，当这些问题还在孕育和形成的时候，后来被称为"西方马克思主义"的一些学者就开始了对问题的思考，他们为了解读发达资本主义社会出现的新情况和新现象，揭露了资本主义制度的痼疾和局限，探索西方革命的可能途径和批评苏联社会主义模式的弊端和缺陷，要求回到马克思的文本，重新"阅读"马克思，以挖掘马克思文本中的深邃思想，甚至找到马克思还没有明确说出来的看法来解释变化着的世界，为此，西方马克思主义者提出了多种对马克思文本解读的方法论，例如卢卡奇的总体性方法、萨特的渐进—逆退法、阿尔都塞的症候阅读法、哈贝马斯的重构性理解法等等，马克思与德国古典哲学、英国古典政治经济学以及法国空想社会主义的理论联系被重新审视，马克思与恩格斯以及与列宁的思想关系被重新评价，马克思主义的历史命

---

① 马丁·阿尔布劳：《全球时代：超越现代性之外的国家和社会》，冯玲、高湘译，商务印书馆 2001 年版，第 28 页。

运被重新阐释，在这个建构起来的深度阅读平台上，西方现代的各种思潮被"安排"与马克思主义进行跨时空"对话"，以"验证"马克思主义的当代意义。

就其延续了马克思对资本的批判和力图将人类社会发展问题纳入无产阶级与资产阶级、社会主义与资本主义的矛盾中加以诠释而言，西方马克思主义的"谱系"是不言而喻的，因此，他们在背负着西方现实问题的沉重"犁头"辛勤耕耘经典原著深厚土壤的劳作中的确收获了不少理论成果，对马克思主义面临的若干当代问题作出了自己的种种回答，这些理论成果在进入改革开放时期的中国思想界产生了持续的影响，引发了对马克思主义学术思想及其与社会主义历史关系的反思，拓展了中国思想界对马克思主义研究的视域。

但是，这些学者毕竟是西方社会研究马克思主义的学者，他们主要思考的是西方社会的问题，在世界历史的时代，这些西方社会的问题会有一定的普遍性意义，与中国社会问题会形成一定的关联，其研究成果对于中国也会相应具有一定的借鉴作用；尽管如此，西方社会问题终归不是中国社会问题，在西方马克思主义众多流派的学说中，无一能开出解决中国社会问题的药方，他们也没有这种试图和努力，之所以如此，一个原因是，在这些学说的大部分中，欧洲中心主义是挥之不去的情结，这与他们的文化背景有关，在重新阅读马克思的过程中，他们总是自觉或不自觉地回到黑格尔历史哲学所描述的欧洲"精神家园"，在他们中很多人的思想深处，欧洲既是世界历史文明的源头也必是其归宿。

然而，历史的发展往往不以人们的主观意志为转移，苏东剧变和中国特色社会主义的兴起是 20 世纪后半期最重大的历史事件，这些历史事件预示了中国特色社会主义在世界历史和国际共产主义运动中将具有更重要的地位和作用，这不仅在于中国是当今世界最大的社会主义国家，更在于中国正经历着自己历史上最为广泛而深刻的社会变革，也正在进行着人类历史上最为宏大而独特的实践创新，在这种实践创新中形成的中国现代化道路正在影响着世界的格局和走向，而其中在经济方面最具有重要意义的是：建立社会主义市场经济。

　　世界经济发展的实践证明，现代市场经济是人类从农业文明进入工业文明以来，相对更具效率和活力的经济运行体制，在历史上，市场经济都是建立在私有制的基础上，形成了传统市场经济的一般运行机制，中国所致力建设的市场经济，是以公有制为基础，这是前无古人的大事情，需要解决一系列理论和实践问题，其中的一个大问题是：如何正确认识、把握和驾驭资本逻辑？

　　马克思在对资本的批判中肯定了资本和现代市场经济的内在联系，有现代市场经济，就有资本的存在，货币转化为资本，也是现代市场经济的重要条件和本质要求，只有借助于资本，市场才能实现配置资源的决定性作用，在利润是企业直接的生产目的条件下，一切生产要素都可能随之成为赚取利润的手段，从属于"资本"，整个社会经济都将会在一定程度上置于资本的支配之下，受资本统治。

　　中国建设社会主义市场经济也离不开资本，我们今天仍然要高度重视资本在建构现代市场经济体制、提高劳动生产率、拓展剩余劳动时间上的不可或缺的"伟大的文明作用"。新中国成立以来特别是改革开放四十年以来，中国在探索合理利用资本，建立社会主义市场经济的实践中已经积累了很多经验，其中最重要的是两条：第一，资本在现代市场经济中的性质和作用虽然受生产发展和资本一般内在逻辑的支配，也还要取决于具体的社会历史条件，在资本主义私有制条件下的市场经济中，资本是一种阶级剥削性质的雇佣劳动关系，在社会主义公有制条件下的市场经济中，资本的社会经济关系属性主要体现为社会主义生产、交换、分配、消费关系中的一种制约性要素和支配性权力，即使是在社会主义社会内部的私营经济中，资本虽然在本质上仍然具有雇佣劳动关系的性质，但是由于社会主义公有制是主体，遵循的是以人民为中心的基本原则，在这种总的生产目的的支配下，私营经济中的雇佣劳动关系与资本主义制度下的阶级剥削已经有所不同，它所起的作用不是颠覆社会主义而是服务于社会主义。同时，这些私营经济中工人的权益也受到了国家法律的保护。因此，要坚持两个"毫不动摇"，即毫不动摇巩固和发展公有制经济，坚持公有制主体地位，发挥国有经济主导作用，不断增强国有经济活力、控制力、影响力；毫不动摇鼓励、支持、引导非公有制经济发展，激发非公有制经济活力和创造力。第二，在资本一般内在逻辑的支配下，市场决定资源配置虽然是市场经济的一般规律，但是市场不是万能的，在现实的社会经济生活中，由于存在着不完全竞争、信息不对称、垄断和外部性等问题，市场"失灵"的问题难以避免，很难达到资源配置的"帕累托最优"，会有无法有效率地分配商品和劳务、以及无法满足公共利益的状况出现，因而不能从根本上解决收入分配不公和经济波动失衡的问题，因此，要处理好政府和市场的关系，使市场在资源配置中起决定性作用和更好发挥政府作用有机统一起来，一方面，要紧紧围绕使市场在资源配置中起决定性作用不断深化经济体制改革，坚持和完善社会主义基本经济制度，建立和完善现代市场体系、宏观调控体系、开放型经济体系；另一方面，要注重改革的系统性、整体性、协同性，将发展社会主义市场经济与发展社会主义民主政治、先进文化、和谐社会、生态文明有机统一起来，让一切劳动、知识、技术、管理、资本的活力竞相迸发，让一切创造社会财富的源泉充分涌流，让发展成果更多更公平惠及全体人民。

正是通过"摸着石头过河"的渐进式改革，中国建立了社会主义市场经济体制，大大解放和发展了生产力，习近平在中国共产党十八届三中全会上指出："改革开放是我们党在新的时代条件下带领人民进行的新的伟大革命，是当代中国最鲜明的特色，也是我们党最鲜明的旗帜。35年来，我们党靠什么来振奋民心、统一思想、凝聚力量？靠什么来激发全体人民的创造精神和创造活力？靠什么来实现我国经济社会快速发展、在与资本主义竞争中赢得比较优势？靠的就是改革开放。"①实践证明，只有社会主义才能救中国，只有改革开放才能发展中国、发展社会主义、发展马克思主义。

但是，中国仍处于并将长期处于社会主义初级阶段的基本国情没有变，发展中国特色社会主义是一项长期的艰巨的历史任务。如何在政

---

① 《习近平谈治国理政》，外文出版社2014年版，第86页。

治上将党的领导、人民当家做主、依法治国有机统一起来，推进国家治理体系和治理能力现代化，建设更加广泛、更加充分、更加健全的人民民主；在经济上将社会主义公有制与市场经济有机统一起来，推进经济全面协调可持续的发展，建设更加尊重市场规律，更好发挥政府作用的社会主义市场经济体制；在文化上将坚持为人民服务、为社会主义服务的方向与坚持百花齐放、百家争鸣的方针有机统一起来，推动社会主义精神文明和物质文明协调发展，建设面向现代化、面向世界、面向未来，民族的科学的大众的社会主义文化；在社会建设上将改善民生和创新管理有机统一起来，打赢脱贫攻坚战，推动社会主义和谐社会建设，加快形成党委领导、政府负责、社会协同、公众参与、法治保障的社会管理体制，带领人民不断创造美好生活；在生态文明建设上，将生态文明建设与经济建设、政治建设、文化建设、社会建设有机统一起来，促进人与自然和谐共生，努力建设美丽中国，实现中华民族永续发展等等，都是事关中国特色社会主义进一步发展的重大问题。这些问题虽然出于中国现实实践，但是在中国这样一个大国解决这些问题的新思想新理念新战略无疑有着普遍性的世界意义。正确地认识和解决这些问题，需要我们进一步推进马克思主义中国化，坚定中国特色社会主义道路自信、理论自信、制度自信、文化自信。

党的十八大以来，以习近平同志为核心的党中央顺应实践要求和人民愿望，以社会主义初级阶段为总依据，以"五位一体"为总体布局，以"四个全面"为战略布局，以实现社会主义现代化和中华民族伟大复兴为总任务，以"两个一百年"为战略目标，以"五大发展理念"为方针，坚持党的基本路线，推出一系列重大战略举措，出台一系列重大方针政策，推进一系列重大工作，解决了许多长期想解决而没有解决的难题，办成了许多过去想办而没有办成的大事，党和国家事业发生了新的历史性变革。

党的十九大报告指出："经过长期努力，中国特色社会主义进入了新时代，这是我国发展新的历史方位。中国特色社会主义进入新时代，意味着近代以来久经磨难的中华民族迎来了从站起来、富起来到强起来的伟大飞跃，迎来了实现中华民族伟大复兴的光明前景；意味着科学社会主义在二十一世纪的中国焕发出强大生机活力，在世界上高高举起了中国特色社会主义伟大旗帜；意味着中国特色社会主义道路、理论、制度、文化不断发展，拓展了发展中国家走向现代化的途径。"①

随着中国特色社会主义进入新时代，我国社会主要矛盾已经转化为人民日益增长的美好生活需要和不平衡不充分的发展之间的矛盾。在实践中逐步解决这个主要矛盾，预示着这个新时代将是承前启后、继往开来、在新的历史条件下继续夺取中国特色社会主义伟大胜利的时代，将是决胜全面建成小康社会、进而全面建设社会主义现代化强国的时代，将是全国各族人民团结奋斗、不断创造美好生活、逐步实现全体人民共同富裕的时代，将是全体中华儿女勠力同心、奋力实现中华民族伟大复兴中国梦的时代，将是我国日益走近世界舞台中央、不断为人类作出更大贡献的时代。

中国共产党在新时代肩负着新的历史使命，这就是围绕实现中华民族伟大复兴这个近代以来中华民族最伟大的梦想，进行具有许多新的历史特点的伟大斗争，推进党的建设新的伟大工程，坚持和发展中国特色社会主义伟大事业。

新的历史使命呼唤新的思想，党的十八大以来，围绕新时代坚持和发展什么样的中国特色社会主义、怎样坚持和发展中国特色社会主义这个重大时代课题，中国共产党以马克思列宁主义、毛泽东思想、邓小平理论、"三个代表"重要思想、科学发展观为指导，解放思想、实事求是、与时俱进、求真务实，紧密结合新的时代条件和实践要求，以全新的视野深化对共产党执政规律、社会主义建设规律、人类社会发展规律的认识，进行艰辛理论探索，取得重大理论创新成果，形成了习近平新时代中国特色社会主义思想，树起了引领新时代的旗帜。

约 170 年前，《共产党宣言》发表时，共产主义还只是在欧洲游荡

---

① 《决胜全面建成小康社会　夺取新时代中国特色社会主义伟大胜利——在中国共产党第十九次全国代表大会上的报告》，人民出版社 2017 年版，第 10 页。

的"幽灵",今天,历经曲折的共产主义事业正在 960 多万平方公里的土地上、13 亿多中国人民走上的中国特色社会主义道路上践行,当马克思、恩格斯为人类指出那个可以使每一个人得到全面发展的"自由人联合体"的时候,他们并没有给人们提供通达这个理想的具体道路的方案,马克思告诉我们的是,"主要的困难不是答案,而是问题。……每个问题只要已成为现实的问题,就能得到答案。世界史本身,除了用新问题来回答和解决老问题之外,没有别的方法。……问题是时代的格言"。①

用马克思主义的立场、观点、方法在实践中发现问题、研究问题、解决问题是在 21 世纪坚持马克思主义和发展马克思主义的唯一正确道路,中国特色社会主义正行进在这条道路上,它所取得的巨大成就证明了马克思主义的真理性和社会主义的生命力,在世界历史的发展中,中国特色社会主义的成功并非意味着要用一种模式来改造整个世界,而是意味着"中国共产党人和中国人民完全有信心为人类对更好社会制度的探索提供中国方案"②。给世界上那些既希望加快发展又希望保持自身独立性的国家和民族的现代化提供了全新选择。面向未来,正如习近平所指出的那样,"我们要以更加宽阔的眼界审视马克思主义在当代发展的现实基础和实践需要,坚持问题导向,坚持以我们正在做的事情为中心,聆听时代声音,更加深入地推动马克思主义同当代中国发展的具体实际相结合,不断开辟 21 世纪马克思主义发展新境界,让当代中国马克思主义放射出更加灿烂的真理光芒。"③

---

① 《马克思恩格斯全集》第 1 卷,人民出版社 1995 年版,第 203 页。
② 习近平:《在庆祝中国共产党成立 95 周年大会上的讲话》,人民出版社 2016 年版,第 14 页。
③ 习近平:《在庆祝中国共产党成立 95 周年大会上的讲话》,人民出版社 2016 年版,第 9—10 页。

第一章　物质与实践

任何一种重大而有影响的理论，都有相应的世界观。哲学作为系统化、理论化的世界观，必然要对世界的本质问题即世界的统一性问题作出回答。如何看待这一问题，不仅是正确解决全部哲学问题的重要前提，而且是在实际工作中确立正确的思想路线和工作方法的首要前提。马克思主义哲学从实践的观点出发，对这一问题作了科学的回答，为正确理解、把握各种理论问题和实践问题提供了科学的唯物主义基础。

一、世界的物质性

世界上的事物和现象纷繁复杂、变化万端。面对这样一个世界，人们总会提出这样的问题：在各种眼花缭乱的事物、现象中是否有某种本原性、本质性的存在作为其统一的基础呢？这是任何哲学都不能绕开的问题，因而也是首先必须回答的重要问题。

（一）物质观的历史演变及其变革

在哲学史上，对于世界本质的认识，一向有两种截然不同的观点。一切唯心主义者都把世界的本质归结为精神。客观唯心主义把某种客观精神看作世界的基础和本原，认为一切客观事物、现象不过是客观精神的创造和表现；主观唯心主义则夸大主观意识和感觉的作用，认为"存在就是被感知"、"物是感觉的复合"等。与唯心主义相反，唯物主义力图按照世界的本来面目揭示它的本质。依据对物质概念理解的不同和对世界本质说明方式的不同，在马克思主义哲学之前，旧唯物主义的物质概念主要经历了古代朴素唯物主义和近代机械唯物主义两种基本形态。

古代朴素唯物主义的物质观从当时的实践水平和素朴的科学意识出发，试图用某些具体物质形态来说明世界，把世界上的万事万物归结为某种或某些物质形态。如古希腊哲学的"水"、"气"、"火"、"原子"等，中国古代哲学的"五行"、"元气"等就是如此。这样的物质观，就其从物质存在出发来说明世界，而不是用精神性的东西来寻求世界本质的解释来说，无疑具有其合理性，但就其将物质混同于某些具体的物质形态，以致对世界的本质作直观、朴素的理解和猜测来说，又存在严重的缺陷。

近代唯物主义的物质观主要依据当时自然科学的成就，尤其是关于物质结构研究的最新材料，认为自然界各种物质都是由不同元素组成的，而原子是组成万物的最小单位；原子具有广延性、质量不变、不可分性，这些属性同时是一切物质形态不变的属性。近代机械唯物主义的物质观就是按照这样的观点来解释世界的。应当说，这种物质观不再把物质归结为某种直接可感知的具体物质形态，在一定程度上克服了古代朴素唯物主义物质概念的直观性质；而且，依据的是自然科学的研究成果，克服了古代朴素唯物主义物质观的自发的、猜测的性质，这是认识上的进步。但是，这种物质观依然不理解特殊与一般的关系，把原子的个性误认为物质的共性；将世界的物质性的理解只限于自然界，无法将唯物主义贯彻到社会历史领域中去，从而在社会历史领域难以摆脱唯心主义。

以往的唯物主义尽管所作的解释不同，但存在一个共同的缺陷，这就是只从客体方面去理解事物、对象，完全离开实践去论证世界的物质性。针对旧唯物主义"对对象、现实、感性，只是从客体的或者直观的形式去理解"的理论缺陷，马克思明确主张应"从主体方面去理解"，要"把它们当做感性的人的活动，当做实践去理解"。① 列宁也指出："对象、物、物体是在我们之外、不依赖于我们而存在着的，我们的感觉是外部世界的映象。这个结论是由一切人在生动的人类实践中作出来的"。② 正是从实践的观点出发，列宁对物质概念作出了这样新的概括："物质是标志客观实在的哲学范畴，这种客观实在是人通过感觉感知的，它不依赖于我们的感觉而存在，为我们的感觉所复写、摄影、反映。"③

马克思主义物质概念的提出，实现了物质观上一场重大变革。其变革的显著标志就在于使物质概念建立在实践的观点基础之上。首先，物质的客观实在性只有借助实践才能得以确证。物质的根本属性是独立于意识的客观实在性。对于这一根本属性，不能仅仅从感性直观去理解，而是必须通过实践才能真实地理解和确证。人们正是在实践活动中明显感到物质对象对于活动的深刻影响和制约，才明显体验到物质对象独立于人和人的意识的客观实在性。如果仅从感官出发去说明物质的客观实在性，则感官本身的不确定性和局限性，使其难以透彻地说明其物质的客观实在性。其次，物质作为一种可以感觉、可以认识的存在，也是通过实践形成的。物质是人可以"通过实践感知的"，而不是不可捉摸、不可认识的。尽管有些事物是人的感官所不能直接感知的，但人们可以通过不断的实践、通过各种手段间接地感知。在实践面前，只有尚未认识的事物，而不存在不可认识的事物。显然，只有从实践的观点出发，才能正确理解马克思主义哲学的物质概念。或者说，在马克思主义哲学的视野里，坚持物质的观点与坚持实践的观点，二者是一致的。

关于世界本质的观点，实际上是关于存在论或本体论的观点。存

---

① 《马克思恩格斯选集》第 1 卷，人民出版社 2012 年版，第 133 页。
② 《列宁选集》第 2 卷，人民出版社 2012 年版，第 78 页。
③ 《列宁选集》第 2 卷，人民出版社 2012 年版，第 89 页。

在论无疑是研究"存在"，但对"存在"可以有不同的理解。在以往的传统哲学中，无论是旧唯物主义还是唯心主义，关心的只是"存在者"或"存在物"，至于如何存在则不予考虑，因而建立起来的是脱离人的世界的超验的形而上学。在当代西方哲学的研究中，一个重要的理论进展，就是突破了原有的理论模式，对存在论作出了新的理解，即"存在"既包括存在者，又包括存在方式，二者有机的结合便构成完整的存在论。按照这样的存在论，研究"存在"不光要研究"什么"存在，而且要研究"如何"存在，这就明显突出了"活动"、"过程"的观点。马克思在存在论上所持的实际上就是这样的观点。马克思认为，不能对对象、现实、感性只"从客体的或者直观的形式去理解"，必须"把它们当做感性的人的活动，当做实践去理解"，① 这就要求从实践活动来理解和把握"存在"，从"存在方式"看待"存在者"。因此，在马克思的视野里，存在并不是完全外在于人和人的活动的，而是和人的实践活动密切联系在一起的，是存在者和存在方式的有机统一。理解马克思主义哲学的物质概念，必须确立这样的视角。

（二）世界的物质统一性

哲学上所讲的世界是一个包括万事万物的概念，其表现形式是复杂多样的，是由不同层次、不同形态、不同领域的事物和现象共同构成的。尽管世界是多样性的，但它又具有物质统一性。对于世界物质统一性的理解，最重要的是把握物质与意识的物质统一性、自然界和人类社会的物质统一性。

先来看物质与意识的物质统一性。物质和意识是社会生活中两种不同的现象，意识怎么统一于物质？对此，可以从意识的起源、意识的本质来加以说明。

就意识的起源来看，意识起源于自然界。首先，意识是自然界长期进化的产物。在自然界的长期进化过程中，意识的产生主要经历了三

---

① 《马克思恩格斯选集》第 1 卷，人民出版社 2012 年版，第 133 页。

个重要的阶段：由无生命物质的反应特性到低等生物的刺激感应性；由低等生物的刺激感应性到高等动物的感觉和心理；由高等动物的感觉和心理到人类意识。这依次发展的三个阶段表明，高等发达的人脑是意识的物质器官，意识是人脑所特有的机能。其次，意识是人类劳动实践发展的产物。意识作为人所特有的精神现象和精神活动，固然是人脑的机能，是自然界长期进化的结果，但更重要的还是社会的产物，是在人类劳动实践过程中形成和发展起来的。劳动是猿脑变为人脑的关键因素。在人类形成过程中，为了适应环境和生存的需要，猿类学会了直立行走，并越来越多地利用自然界现成的"工具"从事获取生活资料的活动。在这种动物式本能劳动过程中，一方面，直立行走和手脚分工有力促进了脑组织的进化，使得大脑逐渐完善；另一方面，由于相互交往的迫切需要，已经达到"彼此间不得不说些什么的地步"，于是猿类逐渐学会了发出一个个清晰的音节，这就是最初的语言。"首先是劳动，然后是语言和劳动一起，成了两个最主要的推动力，在它们的影响下，猿脑就逐渐地过渡到人脑"。① 与此相应，高等动物的感觉和心理也就逐渐转化为人类意识。可以看出，意识既源于自然界，又直接依赖于社会劳动。无论自然界还是社会劳动，都是客观的、物质性的，因而在其起源上，意识统一于物质。

就意识的本质来看，意识是对客观存在的反映。意识无疑是人脑的机能，但仅有人脑是不足以产生意识的。一个闭目塞听的人，即使大脑再健全，也很难产生出什么意识来。人脑必须从外部世界获取各种材料、信息，才能产生出意识。意识本质上就是对客观存在的反映。马克思指出："观念的东西不外是移入人的头脑并在人的头脑中改造过的物质的东西而已。"② 列宁也指出："感觉是客观世界、即世界自身的主观映象。"③ 这些论述都是对意识本质的科学揭示。意识作为客观世界的主

---

① 《马克思恩格斯选集》第 3 卷，人民出版社 2012 年版，第 991、992 页。

② 《马克思恩格斯选集》第 2 卷，人民出版社 2012 年版，第 112 页。

③ 《列宁全集》第 18 卷，人民出版社 1988 年版，第 118 页。

观映象，形式上有其主观的特性，而且不同的主体对同一对象的反映可能不一样，但其内容则是客观的，来自于客观世界。正确的意识无疑是对客观存在的反映，而错误的意识也是对客观存在的反映。因为错误的意识即使是荒诞的，它也是对客观存在的一种反映，只不过是歪曲的反映。诚如马克思、恩格斯所说，"如果在全部意识形态中，人们和他们的关系就像在照相机中一样是倒立呈像的，那么这种现象也是从人们生活的历史过程中产生的，正如物体在视网膜上的倒影是直接从人们生活的生理过程中产生的一样"。① 意识内容的客观性决定了意识不能离开客观物质世界。

承认物质对意识的决定作用，并不意味着轻视以致否定意识的能动作用。意识活动是一种主动的创造性活动，其创造性不仅表现为意识通过对感性材料的加工改造，揭示事物的本质和规律，而且还突出表现在能通过想象在思维中创造出新事物。意识活动不仅在于反映世界，而且最终的目的是为了改造世界，这是意识能动性最为突出、最为集中的体现。随着人类实践和科学技术的不断发展，意识的能动作用愈益增强。但是，应当看到，意识能动作用的发挥并不是随意的，而是受到客观规律和条件制约的。某种意识要想得到成功的实现，首先必须遵循事物的客观规律。只有掌握了事物的客观规律，并按规律行事，才能使意识能动作用得到有效的发挥，才能在实践中获得成功，取得预想的效果。其次是要具备相应的条件和手段。仅有热情而没有一定的物质条件和手段，再好的计划、愿望也会落空。没有显微镜，不可能认识微生物世界，更谈不上对其利用；没有射电望远镜，不可能观察到100亿光年以外的天体。就此而言，意识能动作用的发挥还是要回到客观现实上来。坚持物质与意识的物质统一性与发挥意识能动作用并不是矛盾的，而是一致的。

再来看自然界与人类社会的物质统一性。大千世界林林总总，但就其基本领域来看，主要包括自然界和人类社会。自然界作为物质性的

---

① 《马克思恩格斯选集》第 1 卷，人民出版社 2012 年版，第 152 页。

存在，自不待言；而人类社会也是在物质世界进化和发展的基础上形成和发展起来的，因而同样是物质性的存在。作为物质世界的两个不同领域，自然界和人类社会是统一的。人类是在自然界生命进化的基础上产生的，人类社会是物质世界中最高级、最复杂的存在形态。生物进化论和人类学研究表明，人类的远祖是距今 300 万年左右生活在地球上属于哺乳动物的一种古猿，由于自然环境的变化和自身活动等内外各种因素的影响，才分化发展成为现代的人类。虽然人在生理的形态、结构、功能上与动物相比有其明显的差别和独具的特征，但作为自然存在物，人在很大程度上仍具有与其他动物一样的自然属性和生理机能，因而人永远不可能摆脱自然界一般规律和生物界一般规律的制约。人不可能成为一个超自然的存在物。

当然，人毕竟不同于动物，人是以劳动求得生存发展并由此从动物界提升出来的。从根本上说，是劳动创造了人和人类社会。劳动是人类社会与自然界分化的根本原因，也是人类社会与自然界相联系的主要纽带。但劳动作为人的最基本的活动，也是一种物质性的活动，是人与外部物质世界相互联系、相互作用，进行物质、能量交换所特有的运动形式。正如马克思所说，"劳动本身不过是一种自然力即人的劳动力的表现"[1]；"劳动首先是人和自然之间的过程，是人以自身的活动来中介、调整和控制人和自然之间的物质变换的过程"[2]。这一物质变换过程虽然是有意识地进行的，人的意志、目的渗透其中，但其仍然是以物质力量、物质手段改造物质对象的活动，仍然是物质性的活动。仅仅停留于意识活动、思想活动范围内，人类是永远不可能获得物质生活资料、无法生存发展的。

总之，无论是物质与精神，还是自然界与人类社会，都统一于物质。世界的物质统一性不是简单推论出来的，而是在总结科学和哲学发展成果的基础上提出来的，尤其是由科学的长期发展所证明的。正如恩

---

① 《马克思恩格斯选集》第 3 卷，人民出版社 2012 年版，第 357 页。
② 《马克思恩格斯全集》第 44 卷，人民出版社 2001 年版，第 207—208 页。

格斯所说："世界的真正的统一性在于它的物质性，而这种物质性不是由魔术师的三两句话所证明的，而是由哲学和自然科学的长期的和持续的发展所证明的。"[1]

世界物质统一性的原理有其重要的哲学意义。首先，承认并坚持物质统一性，就必然要坚持唯物主义、无神论，反对唯心主义、有神论。既然世界是运动着的物质世界，其唯一特性是客观实在性，一切事物和变化都是运动着的物质的表现形态，那么，唯心主义把世界的本质归结于精神，有神论把世界归结为神的创造，并以此来解释世界的存在和发展，都是不能成立的。其次，承认并坚持世界物质统一性，就要拒斥各种二元论或多元论。彻底的唯物主义在对待世界本质的问题上，与哲学上的二元论以及所谓"超越唯物唯心的路线"是根本对立的。既然意识是人脑的机能和属性，意识的内容是对物质世界的反映，那么，主张物质和精神的二元论，或者构造多元论，都是站不住脚的。再次，承认并坚持世界物质统一性，就必然要求在社会历史领域将唯物主义贯彻到底。以往的旧唯物主义只停留于自然观范围内，一进入历史观，就成了唯心主义的领地。这是与世界物质统一性的原理对立的。既然世界具有物质统一性，人类社会是最高级、最复杂的物质形态，那么，否认人的社会实践活动和人类社会的客观实在性，将其排除物质世界之外就是错误的。彻底的唯物主义，必然是把唯物的观点贯彻于世界所有领域的唯物主义。

世界物质统一性的原理同样具有重大的现实意义。既然外部世界是不以人的主观意识为转移的客观实在，那么，人们要想得到正确的认识、取得事业的成功，就必须坚持在一切活动领域中做到从实际出发，"按照事物的真实面目及其产生情况来理解事物"[2]，并遵照客观规律来行事。要做到从实际出发，必须加强调查研究。这就要求深入群众、深入生活，掌握大量的、真实的第一手材料，而后经过研究从材料中引出

---

① 《马克思恩格斯选集》第 3 卷，人民出版社 2012 年版，第 419 页。
② 《马克思恩格斯选集》第 1 卷，人民出版社 2012 年版，第 156 页。

路线、方针、政策、方法来，以指导具体的实践。为此，必须反对主观主义。主观主义的基本特征就是主观与客观相分离、认识与实践相脱离，它是实际工作和思想方法中表现出来的唯心主义。只有持之以恒地反对主观主义，才能切实做到实事求是，做好各项工作。要做到从实际出发，还需要对"实际"有一个准确地把握。由于"实际"在现实生活中是比较复杂的，因而要把握这种复杂的存在，除了要把握客观对象、客观事实之外，还要善于运用唯物辩证法分清对象和事实中的现象与本质、形式与内容、局部与全局、主流与支流、偶然与必然、可能与现实，牢牢把握住其中的本质、内容、全局、主流、必然和趋势，以保证对实际有一个准确的判断。

（三）关于自然界的"优先地位"

坚持世界的物质统一性，必然坚持自然界的优先地位。这是所有形态的唯物主义都共同坚守的基本观点，因为动摇了自然界的优先地位，谈论世界的物质性也就失去了起码的基础。一些旧唯物主义也恰恰是通过突出自然界的优先地位，进而用自然物质来解释和推导世界各种现象，建立起不同的哲学体系。马克思主义哲学也肯定自然界的优先地位，但在其理解和把握上既与唯物主义一般原则有一致的地方，又明显超越了旧唯物主义。在马克思主义哲学的视野里，所谓自然界的优先地位，主要是相对于人和人类社会而言的，它包括自然界对人类存在的先在性和自然界对人类活动的前提性这两个方面的内容。正是借助于这两个方面内容的阐释，凸显了马克思主义哲学关于自然界优先地位的真实内容。

1. 自然界对人类存在的先在性

唯物主义的基本前提是承认外部世界，承认物在我们的意识之外并且不依赖于我们的意识而存在着。对于唯物主义者来说，承认这一基本前提并不难，关键是如何理解。旧唯物主义把自然界看作是一种完全外在于人的纯粹自在存在，人不过是自然界发展的产物。按照这样的逻辑，自然界之于人类存在的先在性当然是不言而喻的。这种看法在近代机械唯物主义者那里表现得最为明显。如霍尔巴赫就认为，人"直接"就是自然界的产物，"自然把赤身裸体、赤手空拳的人遣送到这个世界上来，要他在这里消度他的岁月；不久他就开始披上了兽皮；渐渐地我们看见他穿起绫罗绸缎"①。他还认为，人是纯粹的肉体存在物，除了肉体之外并没有所谓的精神存在或观念存在。既然人是一种纯粹的自然存在物，那么人在任何时候都必须服从自然的规律。"人是自然的产物，存在于自然之中，服从于自然的法则，不能超出自然，哪怕是通过思维，也不能离开自然一步；人的精神想冲到有形世界的范围之外，乃是徒然的空想，它总是不得不回到这个世界里来。"② 可以看出，霍尔巴赫对于自然界先在性的强调，是以彻底取消人与自然的差别、否认人的能动作用为前提的。

马克思主义哲学也承认和强调自然界对人类存在的先在性，但在其理解上与旧唯物主义大为不同。其区别主要体现在以下几个方面：

其一，承认人类是从自然界进化和分化出来的，但并不主张把人看作是自然界"直接"创造出来的自然物，而是强调人是劳动的产物。自然界尤其是生物界的长期演化和进化，固然为人类的形成奠定和创造了生理的基础和条件，但仅有这些生理的基础和条件还不可能自然而然形成人类，决定性的因素是劳动。对此，恩格斯作过专门理论探讨，认为劳动"是整个人类生活的第一个基本条件，而且达到这样的程度，以致我们在某种意义上不得不说：劳动创造了人本身"③。之所以说"劳动创造了人本身"，是因为劳动在从猿到人的演变过程中起了关键性的作用。没有劳动，就不可能形成完善、灵巧的人的手；没有劳动，就不可能发育出人的脑；没有劳动，就没有语言、交往。总之，没有劳动，就没有真正意义上的人类。人类脱离动物界，最终靠的是劳动。

---

① 北京大学哲学系外国哲学史教研室编译：《西方哲学原著选读》下卷，商务印书馆 1982 年版，第 204 页。

② 北京大学哲学系外国哲学史教研室编译：《西方哲学原著选读》下卷，商务印书馆 1982 年版，第 204 页。

③ 《马克思恩格斯选集》第 3 卷，人民出版社 2012 年版，第 988 页。

其二，承认人首先是一种自然存在物，但反对把人完全归结为自然存在物，强调人是社会存在物，人能够能动地改造自然界。人与动物不同，不是消极地适应自然，而是通过自己的活动能动地改造自然以求生存发展，这就必然突出活动的社会结合与社会交往。因而人不仅是自然存在物，而且是社会存在物。正是在生产劳动的基础上，人与社会相互规定、融为一体，"正像社会本身生产作为人的人一样，社会也是由人生产的。活动和享受，无论就其内容或就其存在方式来说，都是社会的活动和社会的享受。自然界的人的本质只有对社会的人来说才是存在的；因为只有在社会中，自然界对人来说才是人与人联系的纽带……。只有在社会中，自然界才是人自己的人的存在的基础"[①]。这就是说，正是由于劳动，人才由自然存在物变成了二重化的存在物，即自然性与社会性相统一的存在物。而人之为人，主要是由社会性规定的，是由劳动所决定的。

其三，承认人的存在依赖一定的自然环境和自然条件，但反对把周围的自然环境、条件视为外在于人的东西，而是强调自然与人的相互关系，强调自然也是人类劳动实践的产物。在人类历史发展过程中，自然环境因素同人的关系经历了相当大的变化。在人类社会早期，人的生产能力低下，自然环境对于人来说可能主要是外在的，人是完全受其摆布、制约的。而随着社会生产力的发展，这种外在的关系不断得以调整、改变，以致成为双向作用的关系。可以说，人类既以一定的自然环境作为自身生存的前提，同时又通过劳动不断改变着这些自然环境和自然条件；人类社会发展的程度越高，人类生存和发展所依赖的自然环境和自然条件就越发不是自然的而是人为的。仅仅把自然环境和条件视为外在于人的东西，不足以说明人与自然关系的新变化。

2. 自然条件对人类活动的前提性

自然界不仅具有对人类存在的先在性，而且构成了人类活动的基本前提。从人类活动的角度来看待自然界的优先地位，这是马克思主义

---

① 《马克思恩格斯全集》第3卷，人民出版社2002年版，第301页。

自然观关注的重点，也是超越旧唯物主义自然观的一个显著特点。旧唯物主义也讲自然界的优先地位，但因其离开人的实践活动，只能停留于自然唯物主义或"纯粹唯物主义"的水平上，不可能对其作出完整、深刻的理解。马克思主义哲学同样讲自然界的优先地位，最主要的是从实践的观点出发，将自然界纳入人的实践活动中来看待其优先地位，从而给予新的理解和把握。

人是在实践活动中生存、发展的，人类社会历史的进步是在实践的基础上尤其是在物质生产实践的基础上发展起来的。而要使实践活动能够正常进行，必须具备相应的自然前提和自然条件；离开了自然界，人们不可能凭空创造和实践。对此，马克思有过深刻而精辟的论述。在《1844年经济学哲学手稿》中，马克思在谈及人的对象化时就明确指出："没有自然界，没有感性的外部世界，工人什么也不能创造。"[①] 在《神圣家族》中，马克思针对蒲鲁东关于劳动也创造了物质所有权的说法，认为"人并没有创造物质本身。甚至人创造物质的这种或那种生产能力，也只是在物质本身预先存在的条件下才能进行"[②]。换言之，人只能改变的是物质的存在形态，而不可能创造出物质本身；人的能动创造是不可能离开对象世界和自然界的。在《德意志意识形态》中，马克思肯定了劳动实践对现存的感性世界和自然界的重大影响，同时认为，即使"在这种情况下，外部自然界的优先地位仍然会保持着"[③]。所有这些论述，都说明了一个道理：实践作为一种创造性的活动，不能离开自然界。自然界的优先地位就是在这种实践活动中得到体现的。

在具体的劳动过程中，自然界的前提性作用体现得更为明显。一般说来，劳动过程主要包括劳动者、劳动对象和劳动资料这三大基本要素，而自然界的前提性就表现在它与这三者的关系上。首先，劳动对象是由自然界提供的。劳动对象既包括天然的、未经改造的物质对象，也

---

① 《马克思恩格斯选集》第1卷，人民出版社2012年版，第52页。
② 《马克思恩格斯全集》第2卷，人民出版社1957年版，第58页。
③ 《马克思恩格斯选集》第1卷，人民出版社2012年版，第157页。

包括人工的、被劳动加工过的物质对象。不论哪一种对象，都是自然界提供的，只不过人工对象中加入了一些人为的因素。劳动对象的占有，对于劳动以及财富的创造至关重要。在古典政治经济学那里，劳动被看作财富的源泉；而在马克思看来，劳动不是一切财富的源泉，劳动和自然界的结合才是财富的源泉，离开了自然界，什么财富也创造不出来。其次，劳动资料的创造和改造依赖于自然界。这突出地表现在劳动工具的制造上。在人类社会早期，劳动工具起初表现为自然物与人的身体器官的某种结合，对于人来说，"自然物本身就成为他的活动的器官，他把这种器官加到他的身体的器官上"[1]。由于人的身体器官作为一种肉体组织本身就是自然界的产物，因而这种劳动工具在很大程度上还是一种自然物。随着人类社会的发展，人类制造工具的能力日益增强，劳动工具经历了从石器到青铜器、铁器、机器，再到今天电子计算机的发展。但是，即使是像电子计算机这样高度发达的工具，也是通过对自然物的加工而制造出来的，同样依赖于自然界。再次，劳动者的生存发展同样离不开自然界。自然界是劳动者的物质生活资料的来源，是其赖以生存的必要条件，同时也是劳动者自身再生产的必要条件，即自然界所提供的物质生活资料使劳动者得以繁衍。因此，马克思说："人靠自然界生活。这就是说，自然界是人为了不致死亡而必须与之处于持续不断的交互作用过程的、人的身体。"[2]

可以看出，马克思主义哲学在对自然界优先地位问题的理解上，突出的一个特点就是实践的观点。所有的唯物主义都承认自然界的先在性，这是其共性，而马克思主义哲学则从实践出发给以新的理解和把握，这是其明显的特性。这正是我们把握世界物质性原理需要明确的一个基本观点。

---

① 《马克思恩格斯全集》第44卷，人民出版社2001年版，第209—210页。
② 《马克思恩格斯选集》第1卷，人民出版社2012年版，第55—56页。

二、物质世界的辩证发展

人们所面对的世界上的万事万物，不仅统一于物质，而且处于普遍联系和运动发展之中，其联系和发展又是有规律的。唯物辩证法就是从总体上研究世界的普遍联系与运动发展及其规律的学说。

（一）事物的普遍联系与发展

世界上的万事万物都不是孤立存在的，而是处于普遍联系之中。恩格斯在谈到事物普遍联系的"辩证图景"时指出："当我们通过思维来考察自然界或人类历史或我们自己的精神活动的时候，首先呈现在我们眼前的，是一幅由种种联系和相互作用无穷无尽地交织起来的画面"。①

联系是客观的。联系是事物固有的属性，不以人的意志为转移。事物的联系可大致分为自在之物的联系与属人事物的联系。自在之物是在人产生之前就存在或至今仍处在人的活动之外的事物，它们之间的联系纯属自然的，无疑具有客观性。属人事物的联系是在人类实践活动中形成的，具有"人化"的特点，但这种联系得以建立的根据和基础同样不以人的意志为转移，具有客观性。

联系是普遍的。联系的普遍性一般包括两种含义：一是指任何事物都同其他事物相联系，世界是一个相互联系的统一整体；二是指事物内部的各个部分、要素、环节相互联系，任何事物本身都是许多规定的综合和多样性的统一。实践作为人的生命活动和社会存在的形式，实质上是人类所特有的联系形式，即人类社会与自然界、社会生活中人与人的一切现实联系的基本方式和途径。随着实践的发展，联系也将不断扩大。

联系的普遍性是通过联系的多样性而存在的。事物的联系有内部

① 《马克思恩格斯选集》第3卷，人民出版社2012年版，第395页。

联系与外部联系、本质联系与非本质联系、必然联系与偶然联系、直接联系与间接联系、主要联系与次要联系等等。不同的联系在事物发展中所处的地位和作用不同。其中，事物内部的、本质的、必然的联系，决定着事物的基本性质和发展趋势，事物外部的、非本质的、偶然的联系对事物的发展具有加速或延缓的作用。

事物的相互联系包含着事物的相互作用，相互作用必然导致事物的运动、变化、发展。发展虽然也属于运动、变化，但与一般运动、变化不同，发展是指前进的上升的运动，发展的实质是新事物的产生和旧事物的灭亡。从宇宙的演化到人类历史的演变表明，现实世界以进化、上升为主线，在总体上呈现出明显的方向性，即前进、上升的趋势。在实际发展过程中，新事物总是在旧事物中孕育而生的，它否定了旧事物中消极、过时的因素，保留了旧事物中某些合理的因素，同时添加了旧事物所不能容纳的新的因素，因而能够适应变化了的环境和条件，表现出强大的生命力。在社会历史领域，新事物战胜旧事物对于推动历史进程有其重大意义。

发展的方向性又是通过发展的过程性体现出来的。过程就是指事物的发生、发展和灭亡，一个事物向另一个事物的转化。事物是作为过程而存在的，世界就是过程的集合体。恩格斯指出："世界不是既成事物的集合体，而是过程的集合体，其中各个似乎稳定的事物同它们在我们头脑中的思想映象即概念一样都处在生成和灭亡的不断变化之中，在这种变化中，尽管有种种表面的偶然性，尽管有种种暂时的倒退，前进的发展终究会实现"。① 正因如此，辩证法不崇拜任何东西，按其本质来说，它是批判的和革命的。

联系和发展的观点是唯物辩证法的总观点、总特征。坚持联系和发展的观点，对于指导我们认识事物、开展工作有其重要的方法论意义。

一是在实际工作中，要坚持用联系的观点来观察和处理问题。联

---

① 《马克思恩格斯选集》第4卷，人民出版社2012年版，第250页。

系的客观性，要求我们在实际工作中必须从事物固有的联系去把握事物，切忌主观随意性；联系的普遍性，要求我们在实际工作中必须用普遍联系的观点来思考和分析问题，反对形而上学孤立、片面的观点；联系的多样性，要求我们对事物的联系进行具体分析，根据不同联系的性质、特点有针对性地开展工作，防止简单化倾向。总之，只有坚持联系的普遍性、客观性和多样性，才能客观地而不是主观地、全面地而不是片面地、深刻地而不是表面地揭示事物的联系，从而真正把握事物的本质。诚如列宁所说，"如果从事实的整体上、从它们的联系中去掌握事实，那么，事实不仅是'顽强的东西'，而且是绝对确凿的证据。如果不是从整体上、不是从联系中去掌握事实，如果事实是零碎的和随意挑出来的，那么它们就只能是一种儿戏，或者连儿戏也不如。"①

坚持普遍联系的观点，特别是要注重提高系统思维能力。系统思维就是在确认事物普遍联系的基础上，具体揭示对象的系统存在、系统关系及其规律的观点和方法。按照系统科学，系统具有整体性、结构性、层次性、开放性等基本属性。系统思维就是要求人们着眼于整体，通过正确认识和处理系统中各要素之间的联系、系统内部不同层次的联系、系统与外部环境的联系，实现系统整体功能的优化。全面深化改革，必须运用系统思维。要解决我们面临的各种矛盾和问题，仅靠单个领域、单个方面的改革难以奏效，必须加强顶层设计、整体谋划，增强改革的关联性、系统性、协同性。发展也是如此。要顺利推进发展，必须加强发展的协调性，实现各项事业的全面发展、社会的全面进步。因此，在新的历史条件下，迫切需要提高系统思维能力。

二是要坚持用发展的观点来看待事物、处理问题，增强创新思维能力。坚持唯物辩证法的发展观，就是要把事物看作是一个不断发展前进的过程，要善于根据情况的变化，不断适应和推进事物的发展。发展本身常常是在不断发现问题、解决问题的过程中进行的，因而增强问题意识和问题导向，敢于面对困难和挑战，这是推进发展所必须确立的精

---

① 《列宁全集》第 28 卷，人民出版社 1990 年版，第 364 页。

神状态。由于事物总是在发展变化的，因而我们的思想观念、思维方式、工作方法也必须适应这种变化而不断发展、创新。创新思维就是要求依据实践发展和科学进步转变思维方式、突破思维定式，在把握事物发展客观规律的基础上实现变革和创新。提高创新思维能力，必须反对各种形而上学的思维方式，做到不唯书、不唯上、只唯实。事业发展永不停步，改革创新也没有止境。

（二）联系与发展的规律性

事物的各种联系和发展并不是杂乱无章的，而是有规律的。正因有其规律，事物的认识和把握才有可能。辩证法就是"关于外部世界和人类思维的运动的一般规律的科学"①。

规律是事物及其发展过程中所固有的本质的、必然的、稳定的联系。任何规律都是客观的，既不能人为创造也不能人为消灭。"自然规律是根本不能取消的。在不同的历史条件下能够发生变化的，只是这些规律借以实现的形式。"② 社会历史领域也是如此，"一个社会即使探索到了本身运动的自然规律……它还是既不能跳过也不能用法令取消自然的发展阶段。"③ 规律虽然是不能创造和取消的，但人们可以通过改变条件而改变规律作用的方式，让规律"为我"服务。

不同的事物有不同的规律。依据规律存在领域的不同，可以把规律划分为自然规律、历史规律和思维规律；依据规律发挥作用范围的不同，可以把规律划分为一般规律和特殊规律；依据对规律研究角度的不同，又可以把规律划分为动力学规律和统计规律，等等。划分的标准不同，规律的类型也各不相同。

辩证法作为研究一般规律的科学，面对的规律是多方面的，但最基本的是对立统一规律、量变质变规律和否定之否定规律。辩证法的规

---

① 《马克思恩格斯选集》第 4 卷，人民出版社 2012 年版，第 249—250 页。
② 《马克思恩格斯选集》第 4 卷，人民出版社 2012 年版，第 473 页。
③ 《马克思恩格斯选集》第 2 卷，人民出版社 2012 年版，第 83 页。

律体系就是由这三大基本规律构成的。

1. 对立统一规律

任何事物都包含矛盾。矛盾概念反映的是事物内部或事物之间对立和统一的关系。矛盾即对立统一。同一性和斗争性是矛盾的两种基本属性。矛盾的同一性是指矛盾双方相互依存、相互转化的性质，它有两方面的含义：一是指矛盾着的对立面相互依存，互为存在的前提，共处于一个统一体中；二是指矛盾着的对立面之间相互贯通，在一定条件下相互转化。矛盾的斗争性即矛盾双方的对立属性，是指矛盾着的对立面之间相互排斥、相互否定的属性，体现着矛盾双方相互分离的趋势。作为哲学范畴的斗争不同于政治范畴的斗争，前者在内容和形式上远比后者更加丰富。同一性与斗争性虽是矛盾的两种相反的属性，但二者又是相互联系、相辅相成的。没有斗争性就没有同一性，斗争性寓于同一性之中；没有同一性也就没有斗争性，统一体一旦瓦解，矛盾双方的斗争也就消失了。一般说来，在事物的矛盾中，矛盾的斗争性是无条件的、绝对的，矛盾的同一性是有条件的、相对的。"有条件的相对的同一性和无条件的绝对的斗争性相结合，构成了一切事物的矛盾运动。"①

矛盾不仅具有同一性和斗争性，而且具有普遍性和特殊性。矛盾无所不在，无时不有，是对矛盾普遍性的简明概括。其基本含义是：矛盾存在于一切事物中，存在于一切事物发展过程的始终，旧的矛盾解决了，新的矛盾又产生，事物始终处于矛盾运动之中。矛盾是普遍存在的，但不同事物的矛盾又是具体的、特殊的。矛盾的特殊性主要有这样几种情形：一是不同事物的矛盾各有其特点，二是同一事物的矛盾在不同发展过程和发展阶段各有其不同特点，三是构成事物的各种矛盾以及每一矛盾的不同方面各有不同的性质、地位和作用。由于矛盾特殊性的表现形式不同，因而由此形成的矛盾类型也不同，既有根本矛盾与非根本矛盾，又有主要矛盾与次要矛盾，还有矛盾的主要方面与次要方面，等等。正确把握矛盾普遍性与特殊性、共性与个性的关系原理，对于指

---

① 《毛泽东选集》第一卷，人民出版社 1991 年版，第 333 页。

导实际工作有其非常重要的意义。这一共性与个性的辩证法是马克思主义基本原理与各国具体实际相结合的哲学基础。新民主主义革命、中国特色社会主义建设都体现并贯彻了这一共性与个性的辩证法。要把中国特色社会主义建设事业推向前进，必须坚持这样的辩证法。

2. 量变质变规律

事物的矛盾运动常常表现为量变和质变两种状态和形式。作为哲学范畴，质是指一事物区别于他事物的内在规定性，量是事物的规模、程度、速度等可以用数量关系表示的规定性。任何事物都是质和量的统一体。质和量的统一在"度"中得到体现。度就是一定事物保持自己质的数量界限，即事物的限度和范围。在这个范围内，事物的质保持不变；超出这个范围，事物的质就发生变化。

在事物发展过程中，量变是指事物数量的增减和场所的变更，是事物在原有性质的基础上，在度的范围内所发生的变化，它体现的是事物发展过程中的连续性。质变是指事物性质的变化，是事物由一种状态向另一种状态的转变，体现的是事物发展过程连续性的中断。量变与质变的关系是辩证的。其一，量变是质变的必要前提。事物的变化总是有一个量变的积累过程，没有量变的积累，质变就很难突然发生。其二，质变是量变的必然结果。量变的每一种变化都会对质产生影响，当量变达到一定程度时，就必然引起质变。其三，量变和质变是相互渗透的。一方面，在总的量变过程中有阶段性和局部性部分质变；另一方面，在质变过程中也有旧质在量上的减少和新质在量上的扩张。量变与质变是相互依存、相互贯通的，量变引起质变，质变又开始新的量变，如此循环往复，形成事物的前进发展。质量互变规律体现了事物发展渐进性与飞跃性的统一。

在现实发展过程中，把握和运用质量互变规律有其重要意义。首先，要注意把握"适度"的原则。办事情，作决策，都要"注意分寸"、"掌握火候"，也就是要适度。过犹不及，拔苗助长，都会影响到事物的正常发展和工作的正常开展。在工作实践中，在日常生活中，必须要有"底线思维"，凡事不能超越底线。一些底线，如法律底线、政策底线、利益底线、道德底线，都是度的关节点，一旦突破这些底线，事情就会发生质变，给工作和生活带来严重损失。因此，要善于运用底线思维的方法，牢牢掌握工作的主动权。其次，要恰当处理好工作的连续性与间断性的关系。发展是连续性与间断性的统一，事物的发展作为一个完整的过程必须有不间断的量的积累才有间断性的质的飞跃。正因如此，在现实发展过程中，一方面需要在各方面进行长期积累，需要进行长期艰苦的努力；另一方面，又要根据发展的需要，不失时机地推进各种改革，加快体制和机制的转变，促进发展方式的转变。

3.否定之否定规律

任何事物内部都包含着肯定与否定两个方面。肯定的方面是事物保持自身存在的方面，否定的方面是促使该事物灭亡的方面。事物的发展是一个不断从肯定走向否定的过程。辩证的否定不同于形而上学的简单否定，其基本内容是：第一，否定是事物的自我否定，是事物内部矛盾运动的结果。第二，否定是事物发展的环节。它是旧事物向新事物的转变，是旧质向新质的飞跃。只有经过否定，旧事物才能转变为新事物。第三，否定是新旧联系的环节。否定并不是中断，而是新事物从旧事物中产生的过程，是新旧事物之间的连接和贯通。第四，否定的实质是"扬弃"，即新事物对旧事物既克服其消极因素，又保留其积极因素。

辩证的否定不仅包含着肯定的否定，而且包含对否定的否定，即否定之否定。辩证的否定只有到了否定之否定阶段，才能展现出它的全部内涵。事物的发展经过第一次否定，使矛盾得以初步解决。而处于否定阶段的事物仍具有片面性，还要经过再次否定，即否定的否定，使矛盾得到更好的解决。事物的辩证发展就是经过三个阶段、两度否定，形成一个周期。否定之否定阶段似乎是向原来出发点的"复归"，但这是在更高阶段、更高水平上的"复归"，是"扬弃"的结果。否定之否定规律使发展成为继承与断裂的统一，表现为螺旋式或波浪式的发展过程。

否定之否定规律的原理对于人们正确认识和对待事物有其重要的指导意义。按照辩证的否定观，要求我们对待一切事物都要采取科学分析的态度，反对肯定一切和否定一切的形而上学否定观。如对于传统文化和外来文化，既不能全盘否定，也不能整体肯定，而应该是对其批判的改造，将其合理因素吸收进来，融入中国特色社会主义文化体系之中。对于我国这样一个经济文化比较落后的国家来说，要建成社会主义，尤其需要大胆吸取人类社会包括资本主义社会所创造的一切文明成果。另外，否定之否定的规律既然是前进性与曲折性的统一，那就要求我们应以正确的态度看待前进中的困难与挫折。我们的事业代表着人民的根本利益，体现着历史的发展趋势，前景是远大而光明的。但是，道路决不会是一帆风顺的，难免会走弯路。因此，既要坚定信仰和信心，又要有克服困难和挑战的勇气，在不断总结经验、化解矛盾中将事业推向前进。

在辩证法的规律体系中，上述三大规律所处的地位、所发挥的作用是不同的。量变质变规律回答运动变化发展的形式是什么，揭示了事物的两个基本规定以及事物发展过程的两种基本形式或状态；对立统一规律回答运动变化发展的根源是什么，揭示了事物发展过程是其内部矛盾运动的结果，矛盾运动构成了事物发展的根本动力；否定之否定规律回答发展的过程是什么，进一步揭示了发展过程是由肯定到否定自身，进而再到新的肯定即否定之否定这样一个自我运动、自我发展的过程。在这三大规律中，对立统一规律是辩证法的实质。列宁指出："统一物之分为部分以及对它的矛盾着的部分的认识……是辩证法的实质。"①

对立统一规律何以成为辩证法的实质？这是由下述情况决定的：

其一，对立统一规律揭示了联系的根本内容和发展的根本动力。联系的内容很多，但根本的内容是不同事物之间以及事物内部不同要素之间的对立统一关系；发展的动力也是综合的，但根本的动力就是事物内部矛盾双方的对立统一。只有把联系的本质理解为一种矛盾的关系，把发展过程中的矛盾双方看作既对立又统一的关系，才能理解和说明客观事物是由于自身的矛盾本性而自我运动的，人的活动也是由于自身的

---

① 《列宁全集》第55卷，人民出版社1990年版，第305页。

矛盾本性而自我发展的。正因如此，才能真正理解和把握联系与发展的观点为什么构成了辩证法的总特征。

其二，对立统一规律是辩证法的核心。唯物辩证法的各种规律和范畴都是从不同侧面、不同层次上来说明事物的联系和发展，而对立统一规律则揭示了联系和发展的本质，因而它必然贯穿和体现于唯物辩证法的其他规律和范畴之中。如量变质变规律体现的质与量、质变与量变的关系是一种对立统一关系，量变质变这两种状态都是由事物内部的矛盾运动引起的；否定之否定规律体现的肯定与否定、继承与发展等的关系也是一种对立统一关系，事物的螺旋式上升或波浪式前进则是矛盾运动的展开形式。至于辩证法的各种基本范畴，如整体与部分、形式与内容、现象与本质、原因与结果、偶然与必然、可能与现实等，均是对立统一的关系。因此，列宁指出："可以把辩证法简要地规定为关于对立面的统一的学说。这样就会抓住辩证法的核心"。① 作为辩证法的核心，对立统一规律为理解、把握辩证法其他规律和范畴提供了钥匙。

（三）唯物辩证法是认识世界和改造世界的根本方法

唯物辩证法既包括客观辩证法，也包括主观辩证法。客观辩证法是指客观事物或客观存在的辩证法，即客观事物的辩证运动和发展规律；主观辩证法是指人类认识和思维运动的辩证法，即以概念的矛盾运动作为表现形式的辩证思维运动和发展的规律。从本质上说，主观辩证法是客观辩证法的反映。正如恩格斯所讲，"所谓的客观辩证法是在整个自然界中起支配作用的，而所谓的主观辩证法，即辩证的思维，不过是在自然界中到处发生作用的、对立中的运动的反映"。②

在马克思主义哲学中，唯物论和辩证法是统一的，或者说，世界观与方法论是统一的。有什么样的世界观，就有什么样的方法论。毛泽东指出："世界本来是发展着的物质世界，这是世界观；拿了这样的世

---

① 《列宁全集》第 55 卷，人民出版社 1990 年版，第 192 页。
② 《马克思恩格斯选集》第 3 卷，人民出版社 2012 年版，第 908 页。

界观转过来去看世界，去研究世界上的问题，去指导革命，去做工作，去从事生产，去指挥作战，去议论人家长短，这就是方法论，此外并没有别的什么单独的方法论。"① 唯物辩证法的各种规律和范畴，事实上都具有世界观和方法论的意义。

唯物辩证法为人们认识世界和改造世界提供了根本的观点和方法。无论是对社会生活、社会发展的宏观把握，还是对实际工作的微观分析，唯物辩证法都有普遍的方法论意义。唯物辩证法的方法同认识方法和工作方法是一致的，唯物辩证法的观点运用于思维和工作中就转化为思想方法和工作方法。而这些思想方法和工作方法就是认识世界和改造世界的具体方法。

研究和掌握辩证法，最重要的是学会和掌握矛盾分析法。毛泽东指出："辩证法的宇宙观，主要地就是教导人们要善于去观察和分析各种事物的矛盾的运动，并根据这种分析，指出解决矛盾的方法。"② 矛盾分析法之所以如此重要，就是由对立统一规律在辩证法的地位和作用决定的。人的认识活动和实践活动，从根本上说，就是认识矛盾和解决矛盾。

运用矛盾分析法研究和解决问题，根本的是坚持具体问题具体分析。列宁在《共产主义》一文中明确地提出，"马克思主义的活的灵魂：对具体情况作具体分析"。③ 毛泽东在《矛盾论》中重申了这一思想，认为"马克思主义的最本质的东西，马克思主义的活的灵魂，就在于具体地分析具体的情况"④。具体问题具体分析，是一切从实际出发的世界观和思想路线的生动体现，也是把矛盾的普遍性和特殊性、共性和个性的关系原理运用于实际活动中的具体体现。坚持具体问题具体分析，就要一切以时间、地点、条件为转移，想问题、办事情、作决策，应当从实际出发，充分关注矛盾的特殊性。如在实际工作中，应正确处理中央政

---

① 《毛泽东著作专题摘编》（上），中央文献出版社 2003 年版，第 30 页。
② 《毛泽东选集》第一卷，人民出版社 1991 年版，第 304 页。
③ 《列宁专题文集　论马克思主义》，人民出版社 2009 年版，第 293 页。
④ 《毛泽东选集》第一卷，人民出版社 1991 年版，第 312 页。

令畅通和立足实际创造性开展工作的关系，善于把中央的精神同各地区各部门的实际结合起来，确保问题的有效解决和发展的顺利进行。坚持具体问题具体分析，需要防止用抽象的概念和原则代替对事物的具体分析。事物的实际情况和特性不是从抽象的理论前提推导出来的，而是具体事物本身所具有的；不是从思想出发去剪裁现实，而是向现实本身去寻求思想；不是从观念出发来解释实践，而是从实践出发来解释观念。建设中国特色社会主义，必须坚持把科学社会主义基本原则同中国具体实际相结合，依据中国国情，走自己的路，不断探索创新。

坚持和运用唯物辩证法，同时需要学会运用辩证思维方法。像归纳与演绎、分析与综合、抽象与具体、逻辑与历史相统一等，就是辩证思维的几种主要方法。

归纳和演绎是思维活动中最普遍的方法。归纳是从个别到一般的思维运动；演绎是从一般到个别的思维运动。在人的认识活动中，归纳与演绎是相互依赖的。一方面，演绎以归纳为基础。作为演绎出发点的公理、假设等，是归纳的结果；而演绎得出的结论也需再经过归纳来证实、修正和完善。另一方面，归纳本身离不开演绎。对于已经搜集到的大量经验材料进行归纳，必须有某种理论原则的指导。离开演绎，就无法进行有目的的搜集材料活动和归纳活动。因此，正确的思维，必须同时运用归纳和演绎。

分析与综合是比归纳和演绎更深刻地揭示事物本质的方法。分析是在思维中把客观对象的整体分为各个部分、方面、因素的思维过程；综合则是在将整体分解为各个部分、方面、因素的基础上，再联结和整合起来以形成对客观对象的整体认识过程。在人的思维活动中，分析与综合是相互依存、相互作用的：综合离不开分析，要以分析为前提；分析又离不开综合，分析中有综合。分析方法的核心是矛盾分析法，通过矛盾分析获得关于对象的各种内在规定性。而综合就是在此基础上把对象的各个本质的方面按其内在联系有机地结合成一个统一的整体，以达到"许多规定的综合"和"多样性的统一"，即达到思维的具体。这种思维的具体，便是对事物完整的、科学的认识。

分析与综合的过程，同时也是思维从抽象到具体的过程。关于从抽象到具体的思维过程，马克思曾概括为认识的"两条道路"："在第一条道路上，完整的表象蒸发为抽象的规定；在第二条道路上，抽象的规定在思维行程中导致具体的再现。"① 这里所说的"第一条道路"就是由感性具体上升为理性抽象的过程。这种抽象虽然揭示了对象不同方面的规定性，但还没有达到对对象整体及其运动规律的把握，因而还必须走"第二条道路"，即从理性抽象上升到理性具体，达到对对象"多样性的统一"的认识。从抽象上升到具体，是一个思维不断发展、矛盾不断展开的过程。在此过程中，各种抽象的规定得到辩证的综合，从而形成对事物的具体认识。

抽象与具体的方法同逻辑与历史相统一的方法是内在联系在一起的。从抽象上升到具体的过程同时就是以逻辑的形式再现对象历史发展的过程，逻辑与历史相统一是从抽象上升到具体的内在要求。逻辑与历史之所以是一致的，原因就在于："历史从哪里开始，思想进程也应当从哪里开始，而思想进程的进一步发展不过是历史过程在抽象的、理论上前后一贯的形式上的反映"。② 换言之，逻辑的东西不过是历史的东西在思维中的再现。当然，历史与逻辑的统一是包含着差别的统一，逻辑的东西是"经过修正的"历史的东西，而历史的东西则是事物的实际发展过程。实际的历史发展过程包括各种细节和偶然性，而逻辑则是舍弃了各种细节和偶然性，再现了历史发展的必然性。所以，逻辑作为"修正过的"历史，以逻辑的必然性反映了历史本身的规律性。

三、实践与世界

人们所面对的世界及其联系与发展，并不完全是外在于人的自然现象，人的实践活动在其中产生着极为重要的影响。要深入理解世界的

---

① 《马克思恩格斯选集》第 2 卷，人民出版社 2012 年版，第 701 页。
② 《马克思恩格斯选集》第 2 卷，人民出版社 2012 年版，第 14 页。

存在与发展，必须进一步理解人类实践活动及其与世界的关系。

（一）实践的本质与过程

实践作为人的活动方式，很早就引起许多哲学家们的关注。但在马克思主义哲学产生以前，无论中国哲学还是西方哲学，都没有对实践作出合理的理解。在中国古代哲学中，实践常常与"知"相对应，被称为"践行"、"实行"或"行"，更多指道德伦理行为。在西方哲学史上，亚里士多德把实践活动与理论活动作了区分，但给理论活动以更重要的地位，其实践也主要指伦理和政治行为。黑格尔重视生产劳动在人的发展和认识发展中的作用，但他把劳动只当作绝对精神发展的一个环节，因而劳动最终被归结为抽象的精神劳动。费尔巴哈也常常提到实践，但其所讲的实践主要是个人的生活实践，是饮食男女等日常活动，或者是"卑污的犹太人"的利己活动，不理解实践活动的真实意义。

马克思主义哲学在思想史上第一次把物质生产看作首要的实践形式，并将实践提升到人特有的存在方式的高度来看待。人与动物不同，人不是靠本能地消极地适应自然来生存的，而是通过改造外部世界的能动的实践活动来生存发展的，"一当人开始生产自己的生活资料，即迈出由他们的肉体组织所决定的这一步的时候，人本身就开始把自己和动物区别开来。"① 人的存在状况与其生产状况是直接联系在一起的，"个人怎样表现自己的生命，他们自己就是怎样。因此，他们是什么样的，这同他们的生产是一致的——既和他们生产什么一致，又和他们怎样生产一致。"② 因此，实践构成人特有的存在方式。作为人的存在方式，实践首先是人的生存基础。人类生存的第一个前提是必须满足衣、食、住、行等基本生活需要，但自然界不会自动满足人，由此才产生了物质生产活动，以生产人们所需的物质产品。所以人类的第一个历史活动，也是每日每时必须进行的基本活动，就是直接物质生活条件的生产与再

① 《马克思恩格斯选集》第 1 卷，人民出版社 2012 年版，第 147 页。
② 《马克思恩格斯选集》第 1 卷，人民出版社 2012 年版，第 147 页。

生产。正是这样的物质生产活动，不断创造着人类生存和发展的根本条件，同时推动人类社会的发展。实践也是人的意识活动的基础。人的意识是在实践中生成、实现和确证的。正是在实践过程中，人发展出意识能力，使人的生命活动成为有意志的生命活动。"通过实践创造对象世界，改造无机界，人证明自己是有意识的类存在物"。① 此外，实践还是人的各种社会联系的基础。人的本质在其现实性上是社会关系的总和，而现实的社会关系是在实践活动中形成的。正是在改造世界的实践活动中，人们之间形成了一定的社会关系，这种社会关系反过来影响着人的活动和人的发展。

实践就其本质来说，是人能动地改造世界的社会性的物质活动。其中主要包括这样几层含义：首先，实践是客观的物质活动。实践不是仅仅停留在意识范围内的活动，而是人运用物质手段作用于客观对象的对象性活动，是人与对象之间实实在在的物质、能量和信息的变换过程。由于实践活动的过程和结果都是可以感知的，所以它又被称为"感性的活动"。其次，实践是自觉能动的活动。实践作为主观见之于客观的活动，是人以自身的活动来引起、调整和控制人与自然物质变换的过程。这一过程结束时得到的结果，在其开始时就作为目的在生产者头脑中以观念的形式存在着，这个目的是生产者"所知道的，是作为规律决定着他的活动的方式和方法的"②。因此，活动的目的性是实践自觉能动性最突出的体现。再次，实践是社会性、历史性的活动。实践作为人类特有的活动，向来是一种社会性的活动，具有社会性。尽管实践可以表现为个人的活动，但个人总是凭借社会力量去对客观对象发生关系、从事实践活动的。如实践活动赖以进行的条件和手段是由社会提供的，就连实践活动所改造和探索的一些对象也是人们社会活动的产物，是人类以往实践活动的结果。离开了社会交往、社会关系，根本无法进行物质生产。既然任何实践都只能在一定的社会条件下来进行，那么，随着社

① 《马克思恩格斯全集》第1卷，人民出版社2012年版，第56页。
② 《马克思恩格斯选集》第2卷，人民出版社2012年版，第170页。

会条件的改变，实践活动的内容和形式也必然会发生历史性的变化。实践的社会性决定了实践的历史性。社会条件不同，实践活动的方式也就不同。

实践就其活动过程及其结果来说，表现为主体的客体化与客体的主体化的双向运动。实践是由实践的主体、客体和中介这三项基本要素构成的，实践活动就是实践的主体与客体之间的相互作用。实践的发展过程，既表现为主体的客体化，又表现为客体的主体化。主体的客体化是人通过实践使自己的本质力量对象化，使对象按照主体的需要发生结构和功能的改变，形成新的对象物。一切实践活动的过程和结果，都是人的对象化的过程和结果。实践活动的对象化，就像马克思所说的那样，表明人能够"能动地、现实地使自己二重化，从而在他所创造的世界中直观自身"①。"工业的历史和工业的已经生成的对象性的存在，是一本打开了的关于人的本质力量的书"。② 每一次主体对象化的结果，都体现了人对客观世界的能动的改造，都体现了实践水平的提高。客体的主体化则是客体从客观对象的存在形式转化为主体的内在组成部分。"生产不仅为主体生产对象，而且也为对象生产主体。"③ 在实践活动中，主体既改变着客体，同时又把一部分客体作为生活资料直接消费转化为物质工具作为自身器官的延长而包括在主体的活动之中。这些都是客体向主体的转化。通过这种转化，人们可以占有、消化、吸收对象化的成果，不断提高自身的素质，丰富和发展自己的本质力量，从而以新的更高的水平去改造客体。主体的客体化与客体的主体化是人类实践活动的两个不可分割的方面，互为前提，互相促进。正是通过这种相互作用，实践的主体、客体和中介以及相互间的关系都得到了改变，从而形成新的实践结构、新的实践方式。也正是通过这种相互作用，现实世界的矛盾以及实践自身的矛盾不断得到解决，从而促进社会发展和人的自身的

---

① 《马克思恩格斯选集》第 1 卷，人民出版社 2012 年版，第 57 页。
② 《马克思恩格斯全集》第 3 卷，人民出版社 2002 年版，第 306 页。
③ 《马克思恩格斯选集》第 2 卷，人民出版社 2012 年版，第 692 页。

发展。

随着人类认识和改造世界能力的不断提高以及社会的快速发展，当代人类实践也正在出现新的变化，呈现出新的发展特点。首先是实践的范围越来越广泛。经济全球化的深入发展，使得各个国家的经济及其相关活动日益紧密地联系在一起，以至实践的规模和范围越来越大，影响越来越深远。在全球化过程中，各个国家相互联系、彼此依存的程度空前加深，国际社会日益成为一个你中有我、我中有你的人类命运共同体。与此同时，全球化也把各个国家之间的利益冲突和文化冲突前所未有地凸显出来，大大增加了问题的复杂性。一些看似一般的问题可能会产生意想不到的全球性影响，社会发展中的不确定性因素和社会风险明显增强。因此，面对当代社会实践以及各种重要问题，必须有全球性的眼光与复杂性的思维。其次是实践的程度越来越深入。随着科学技术的快速发展，人类实践活动不断向纵深发展，由此开辟出许多新的实践领域，形成许多新的实践形式。特别引人注目的是，现代信息技术和互联网的发展使得当代社会开始产生出一种新的实践形式，这就是所说的"虚拟实践"。虚拟实践是主体与客体之间通过数字化中介系统在虚拟空间进行的双向对象化的活动，主要活跃于网络世界，具有交互性、开放性、间接性等特点。虚拟实践的出现，为人的发展提供了多样的自由空间，极大地提升了人的活动的自主性、创造性，对人类社会生活产生了重大影响。当然，网络世界的出现，也带来许多新的问题，引起社会的广泛关注。对于这种新型的实践，应当加以积极探索并加以合理引导，以有利于社会进步。另外，值得注意的是，随着经济全球化的深入发展，人类实践活动日益形成"全球问题"并引发各种严重后果。如生态危机、环境污染、气候变暖、资源枯竭、能源匮乏、物种灭绝等全球性问题，严重破坏着生态环境的平衡，从而影响到人类的正常生存、发展。因此，需要重新反省传统的实践方式和发展方式，自觉调整人们的观念、行为。

（二）实践与世界的二重化

人类社会实践对于世界发展的影响是巨大的，其直接的后果，就是导致世界二重化。实践既是客观世界与主观世界、自在世界与属人世界分化的基础，又是其统一的基础。认识和把握世界，必须充分理解人类社会实践。

1. 客观世界与主观世界

人类存在之前的世界原本是一个浑然一体的纯粹自在的世界，是人类实践的出现，使得整个世界二重化为客观世界与主观世界。

客观世界是指"物质的、可感知的世界"，是人的意识活动之外一切物质现象和物质运动的总和。其内容包括两个部分，即自然存在和社会存在。前者不依赖于人的活动而独立存在，后者形成于人的实践活动之中，但也不以人的意识为转移。二者的共同之处就在于它们都是客观存在，而非观念性的存在。自然存在和社会存在的统一构成了外部的物质世界。主观世界则是指人的意识、观念世界，是人的头脑反映和把握物质世界的精神活动的总和。它既包括意识活动的过程，又包括意识活动的成果。主观世界除了主体意识、观念的内容之外，还包括主体意识的状态，如主体的欲求、愿望、情感、意志、目的、观念、信念等。主观世界是人的知识、情感、意志的统一体。

主观世界不同于客观世界。一方面，二者的存在方式不同。客观世界存在于人的意识活动之外，具有客观实在性，并按照自己固有的规律运动。主观世界则是以各种意识的形式和活动存在于人脑之内，同样有其独特的运作方式。另一方面，主观世界的发展与客观世界的发展不平衡。虽然客观世界从根本上决定主观世界，主观世界与客观世界是反映与被反映的关系，但主观世界毕竟是一种意识性存在，具有某种相对的独立性。其独立性表现在主观世界既可能表现和反映客观世界，又可能背离或偏离客观世界；既可能超前反映客观世界，又可能滞后于客观世界。

主观世界与客观世界又是统一的。首先，就其根源和内容来说，二者是一致的。主观世界与客观世界并不是完全独立、互不相干的两个世界，而是有其内在的依存关系，即主观世界并不是脱离客观世界而独立存在的实体世界，而是从属于客观世界，并由客观世界派生的。观念的东西不外是移入人的头脑并在人的头脑中改造过的物质的东西而已。主观世界实质上是被人的头脑所反映并转换为观念形式的客观世界，所以在内容上是相同的。其次，就其遵循的规律来说，二者也是一致的。两种世界尽管表现形式不同、运作方式不同，但遵循的规律从根本上说一致的。恩格斯指出："我们的主观思维和客观世界遵循同一些规律，因而两者的结果最终不能互相矛盾，而必须彼此一致，这个事实绝对地支配着我们的整个理论思维。这个事实是我们的理论思维的不以意识为转移的和无条件的前提。"①强调主观世界与客观世界遵循规律的一致性，并不是要把客观世界的规律与思维规律完全相等同，旨在说明思维规律最终不能背离客观规律，逻辑与历史应当相统一。另外，就其发展的状况和结果来看，二者是可以互相转化的。客观世界通过主体的能动认识和把握，可以形成为特定的主观世界，此即"物质变精神"；主观世界又能通过实践转化为现实的存在，成为客观世界的新的组成部分，此即"精神变物质"。

主观世界与客观世界分化和统一的现实基础是人的实践活动。主观世界与客观世界的关系就形成于人的实践活动之中。统一的物质世界本来没有什么物质与意识之分，是人类实践使统一的物质世界出现了分化，分解为物质与精神两大领域或两大现象，因为人和人的意识都是实践的产物。离开了实践，压根儿就不会产生物质与意识的问题，就不会产生主观世界与客观世界的分离。实践不仅是这两种世界分离的基础，而且是其统一的基础。一方面，人的实践活动总是有意识、有目的的，因而在其实践中，人们往往首先将自己主观世界的计划、设想变为实践方案，而后根据实践方案去实际改造客观世界，力求使自己的主观世界得以实现。另一方面，人们要想取得改造世界的成功，又必须通过深入

---

① 《马克思恩格斯选集》第 3 卷，人民出版社 2012 年版，第 977 页。

实践，获得对客观世界及其规律的正确认识，以使主观世界与客观世界相符合，更好地指导实践。总之，无论主观世界和客观世界的分化还是统一，都是实践活动的结果。正是在实践过程中，客观世界不断在人的头脑中所"内化"，形成一定形式的主观世界；也正是在实践过程中，主观世界不断被"外化"，形成一定形式的客观世界。主观世界和客观世界就是在实践的基础上相互转化、获得统一。

既然主观世界和客观世界分化和统一的现实基础是实践，那么，实践活动总是不断发展的，因而这两种世界的分化和统一也是变化发展的。随着实践的深入发展，主观世界和客观世界的分化程度在不断提高。如科学探索的深入进行，大大扩展了人类对于宇观世界和微观世界的认识，在原有知识领域中又衍生出许多新的领域，科学认识的分化程度越来越高。与此同时，随着实践的深入发展，人类在实践中对客观世界的认识也在不断深化，因而对客观世界的了解和把握也会不断趋于全面、深刻，主观世界会更接近、符合客观世界。不仅如此，主观世界和客观世界的相互转化也是一个不断深入和扩展的过程。在一定历史条件下，不是客观世界的所有内容都能转化为主观世界的内容，而是只有纳入到人的实践以及相应的认识活动中的那部分客观世界的内容，才能为主体接受和认识，并成为人的主观世界。实践从根本上制约着主观世界和客观世界相互作用的范围以及主观世界的广度和深度。因此，正因为实践是发展的，所以主观世界和客观世界的统一不是一种静态的统一，而是一种动态的统一；原有的统一不断被打破，从而在新的实践基础上形成新的统一。

2.自在世界与属人世界

人类实践活动不仅造成了主观世界与客观世界二重化，而且形成了自在世界与属人世界二重化。人类通过实践为自己建造了一个新的世界，即属人世界。属人世界并不是与自在世界互不相干的存在，而是在自在世界的基础上建造起来的。自在世界与属人世界是两个相对应的概念。自在世界首先是指属人世界之前的自然界，是人类世界产生前的先在世界；其次是指人类活动尚未涉及的自然界。自然界在广度和深度上都是无限的，永远存在着人类活动尚未涉及的部分，即在属人世界之外永远存在着自在世界。而属人世界又称人类世界，是指被人的实践改造过并打上人的深刻烙印的世界，即被人改造和探索过的世界。

在人类出现之前，统一的物质世界并无自在世界与属人世界之分，只是在出现了人类之后，通过人的实践活动及其作用，浑然一体的物质世界才出现了分化，产生出一个属人世界。与属人世界相对应，人类活动尚未涉及的世界便呈现为自在世界。属人世界不能离开自在世界，它是与自在世界既对立又统一的新的世界。

自在世界与属人世界的存在方式和运动特点是不同的。自在世界是独立于人的活动之外的自然界，其运动变化完全是自发的。属人世界则与此相反，其存在和变化发展与人的活动不可分离，体现了人的需要、目的、意志等，因而更多体现的是"属人"性。属人世界虽然以自在世界为其存在和发展的前提，但又不是自在世界自发延伸的产物，而实质上是人的实践活动的结果，是主体的对象化。实践作为一种改造世界的物质活动，其直接后果就是形成了一种新的存在，这种存在便是一种源于自在世界而又不同于自在世界的属人世界。可以说，没有实践，就没有自在世界与属人世界的分化，就没有属人世界的产生。

实践同时又是自在世界与属人世界联系、统一的基础。分化与统一事实上是紧密联系在一起的。实践的发展既促进了自在世界与属人世界的分化，同时又造成了两种世界新的联系和相互作用。实践的方式和水平不同，两种世界相互关联与相互作用的方式即统一的方式也就不同。在这两种世界的相互作用过程中，人的实践活动起了重要的"转换器"作用。一方面，自在世界构成了属人世界存在和发展的基础和条件，人在实践活动中把自在世界同化于自身、内化于自身，转化为自己的本质力量，进而把这种本质力量对象化，形成特有的属人世界。另一方面，属人世界形成后，又通过人的实践活动反过来影响和制约自在世界，不断改变自在世界的界限，使自然史不断向人类史转化。在这种相互转化过程中，自在世界与属人世界也形成了各自特有的发展方式与特点：自在世界通过人的实践活动不断转化为属人世界，并在属人世界中延续着自己的存在；而属人世界又参与到整个物质世界的运动过程之中，受到世界发展一般规律的支配。

自在世界与属人世界尽管有诸多不同，但都属于客观世界。属人世界无疑是人的实践的产物，具有鲜明的"属人"性，但它并没有离开自然界，不过是在自在世界的基础上通过人的实践活动的改造而形成的新的世界。因此，实践只是改变了对象的存在形态，而并未改变对象的客观实在性。自在世界的客观实在性在属人世界中并未消失，而是以改变了的形式转移到属人世界，变为属人世界的客观实在性。

伴随人类实践的深入发展，属人世界的形式和内容也在发生深刻变化。随着互联网的兴起和发展，属人世界开始出现了一种新的形态，这就是人们通常所说的"虚拟世界"。互联网作为一种实践活动的中介系统，为人们开展各种活动提供了一种全新的交往平台。借助于这一平台，人们可以在世界范围内进行沟通、交流，同时可以处理相关事务，这就使得人们感到互联网似乎在传统的生活空间之外构建起了另外一个空间或世界，即所谓的"虚拟世界"。应当看到，互联网的出现对于人类生活和社会发展的影响是巨大的，它将人类带入一个新的时代。如果离开了互联网，今天的人类生活和社会发展难以想象，互联网成了人类生存发展必不可少的部分。"虚拟世界"的出现及其所带来的革命性变革确实是值得研究的，但就其性质和基本属性来讲，仍然没有超出属人世界。从历史上看，人类实践中介系统的几次重大变革，如文字的发明、印刷术的发明、电报电话的发展等，虽然极大地改变了人们的实践方式，产生出重大的历史性影响，但并未创造出一个不同于属人世界的另外一种什么世界。所谓"虚拟世界"，说到底只是对于属人世界的一种拓展，仍属于属人世界的范围。

值得注意的是，实践不仅使自在世界与属人世界二重化，而且使属人世界本身也二重化，即形成人化自然和人类社会。属人世界就是人化自然和人类社会的统一。研究属人世界，必然要探讨人化自然和人类社会的关系。

人化自然是相对于自在自然而言的。从自在自然产生出人化自然的过程，也就是自然的"人化"过程。"自然的人化"实际上就是"自然界对人说来的生成过程"，即自然界在人的实践过程中不断获得属人的性质，不断地被改造成人的存在和发展的条件，成为人的本质力量的确证和展现。这样一种"在人类历史中即在人类社会的形成过程中生成的自然界，是人的现实的自然界"，是"真正的、人本学的自然界"。①

自然的"人化"过程同时就是人类社会形成和发展的过程。人们在进行物质生产改造自然的同时，也形成、创造和改造着自己的社会联系和社会关系。物质生产总是在一定的社会关系中进行的。"人们在生产中不仅仅影响自然界，而且也互相影响。他们只有以一定的方式共同活动和互相交换其活动，才能进行生产。为了进行生产，人们相互之间便发生一定的联系和关系；只有在这些社会联系和社会关系的范围内，才会有他们对自然界的影响，才会有生产。"② 这就是说，物质生产实践本身就包含着人与自然的关系和人与人的关系，包含着人与自然之间的物质变换和人与人之间的活动交换。没有人和人之间的社会关系，也就不可能有人和自然之间的现实关系。自然的"人化"是在社会之中而非社会之外实现的，"只有在社会中，自然界才是人自己的人的存在的基础"③。由此可以看出，人化自然与人类社会是紧密联系在一起的。自从人类诞生以来，"自然史和人类史就彼此相互制约"④。

由于实践是发展的，因而人化自然也是历史地发展的。从远古到现代，人化自然的历史发展表现为人对自然的改造日益加深、人对自然控制的能力日益增强的过程。在远古时代，"人们同自然界的关系完全像动物同自然界的关系一样"⑤，基本上是消极地适应自然界，靠自然界的直接供给来生存。而在现代，随着科学技术的快速发展，人们对自然界的改造和控制达到了空前的程度，"人化"的水平显著提高。人对自

---

① 《马克思恩格斯全集》第 3 卷，人民出版社 2002 年版，第 307 页。
② 《马克思恩格斯选集》第 1 卷，人民出版社 2012 年版，第 340 页。
③ 《马克思恩格斯全集》第 3 卷，人民出版社 2002 年版，第 301 页。
④ 《马克思恩格斯选集》第 1 卷，人民出版社 2012 年版，第 146 页注 ①。
⑤ 《马克思恩格斯选集》第 1 卷，人民出版社 2012 年版，第 161 页。

然界控制能力的不断增强，一方面促进了人化自然的发展和社会经济的发展，另一方面也带来严重的生态问题和环境问题。片面地追求经济增长、寻求利益的最大化，对自然界进行不合理的开发和改造，日益引起资源枯竭与环境恶化，严重影响到人类的生存和发展。面对这样的全球性问题，确实需要对自然与社会的关系问题进行重新反思，明确自然界在社会生活和社会发展中的地位和作用。马克思早就说过，"人靠自然界生活。这就是说，自然界是人为了不致死亡而必须与之处于持续不断交互作用过程的、人的身体。所谓人的肉体生活和精神生活同自然界相联系，不外是说自然界同自身相联系，因为人是自然界的一部分"。①恩格斯也深刻指出："我们每走一步都要记住：我们决不像征服者统治异族人那样支配自然界，决不像站在自然界之外的人似的去支配自然界——相反，我们连同我们的肉、血和头脑都是属于自然界和存在于自然之中的；我们对自然界的整个支配作用，就在于我们比其他一切生物强，能够认识和正确运用自然规律。"②正确运用自然规律，客观上要求我们合理把握人化自然的限度。也就是说，人化自然的进程是必须推进的，因为它代表了文明、进步，但推进人化自然并不意味着主张人化的程度越高越好，在一定的历史条件下，必须掌握人化的合理限度，使自然与社会保持协调的发展。

正确处理人与自然的关系，对于推进社会健康发展有其重要的现实意义。正是出于对人与自然关系的理论自觉，我们党在新的历史条件下明确提出了科学发展观，特别是明确提出了"创新、协调、绿色、开放、共享"的新发展理念。之所以要把"绿色发展"作为新的发展理念之一，就是因为它直接关系到经济能否可持续发展、整个社会能否健康发展。生态发展一旦出现严重失调，影响的不仅仅是生态环境，而更重要的是社会发展和人的发展。所谓生态危机，并不是生态本身的危机，说到底是人与自然的关系发生了危机。生态危机的实质，就是人的生存

---

① 《马克思恩格斯全集》第1卷，人民出版社2012年版，第55—56页。
② 《马克思恩格斯选集》第3卷，人民出版社2012年版，第998页。

发展面临严重危机。如果生态问题不解决，不要说经济发展持续了，就连人的生存发展都会面临巨大威胁。所以，强调绿色发展，正是从人的生存发展提出来的。反过来，要解救生态危机，实现绿色发展，必须调整原有的活动方式，恰当处理好人与自然的关系。

四、实践观点是马克思主义哲学的核心观点

在马克思主义哲学中，各种重要理论都是借助科学的实践观予以阐发的。实践的观点在其哲学中居于核心的地位。为何要突出实践的观点？这是由马克思主义哲学的理论主题决定的。

"一切划时代的体系的真正的内容都是由于产生这些体系的那个时期的需要而形成起来的。"[①] 马克思主义哲学就是适应当时时代发展的需要而形成和发展起来的。面对资本主义社会发展的现状以及工人运动的历史任务，马克思主义哲学的理论主题就是实现无产阶级和人类的解放。这一主题的确立，突出地体现了马克思主义哲学鲜明的政治立场和价值取向。与传统哲学只限于抽象的理论主题相反，马克思主义哲学最显著的特点，就是公开申明这一哲学是为无产阶级和全人类解放服务的，是为人的自由全面发展服务的。

马克思主义哲学的理论主题既然是实现无产阶级和人类的解放，那就在理论上必然突出实践的基本观点，对人的实践问题予以特别关注。因为实践活动是人的存在的基本方式，是人类首要的基本活动，同时是人类社会存在和发展的基础；人的生存发展状况直接受制于人的实践活动的状况。马克思主义哲学的主要任务就是要研究人类实践活动的发展规律，分析和解决实践活动的内在矛盾，以推动实践活动的健康发展，从而达到改造世界的目的，最终实现人类解放和人的全面发展。离开实践来谈论哲学，这不是马克思主义哲学的旨趣，也不是其目的，因为这样的经院哲学对于人类解放事业来说毫无意义。因此，从马克思主

---

① 《马克思恩格斯全集》第 3 卷，人民出版社 1960 年版，第 544 页。

义哲学的理论主题必然逻辑地过渡到实践的基本观点，二者是内在地联系在一起的。马克思正是借助实践观的阐发，同时借助实践观来审视各种重大理论问题和现实问题，才创立了新的哲学。

科学的实践观是马克思主义哲学区别于以往旧哲学的根本标志。马克思指出："从前的一切唯物主义（包括费尔巴哈的唯物主义）的主要缺点是：对对象、现实、感性，只是从客体的或者直观的形式去理解，而不是把它们当做感性的人的活动，当做实践去理解，不是从主体方面去理解。因此，和唯物主义相反，唯心主义却把能动的方面抽象地发展了，当然，唯心主义是不知道现实的、感性的活动本身的。"① 在哲学史上，旧唯物主义主要包括自然唯物主义和人本唯物主义两种形态。自然唯物主义始于古希腊哲学，后在霍布斯那里达到系统化的程度，并一直延伸到法国的机械唯物主义。它的基本特点，就是把整个世界还原为自然物质，人则成了自然物质的一种表现形态，人与自然一样，完全遵循同样的规律。自然唯物主义确认了世界的物质统一性，却否认了人的能动性、创造性和主体性，因而自然唯物主义是一种"纯粹的唯物主义"。人本唯物主义起源于法国唯物主义的另一派，即"现实的人道主义"，在费尔巴哈那里达到了典型的形态。"费尔巴哈与'纯粹的'唯物主义者相比有很大的优点：他承认人也是'感性对象'"②，并力图以"现实的人"为基本原则来理解世界。但是，费尔巴哈不理解实践是人的存在方式，"没有把感性世界理解为构成这一世界的个人的全部活生生的感性活动"③。因而费尔巴哈也同自然唯物主义一样，"只是从客体的形式"，而不是"从主体方面"去理解"对象、现实、感性"。与此相反，唯心主义哲学高度肯定了主体意识的能动性，论证了认识过程是通过主体自身的活动来构造和把握外部对象的。这在康德的批判哲学和黑格尔的否定性辩证法中得到集中体现。但这些哲学均否定了意识活动的物质

---

① 《马克思恩格斯选集》第 1 卷，人民出版社 2012 年版，第 133 页。

② 《马克思恩格斯选集》第 1 卷，人民出版社 2012 年版，第 157 页。

③ 《马克思恩格斯选集》第 1 卷，人民出版社 2012 年版，第 157—158 页。

基础，因而只是抽象地发展了主体的能动性和创造性。可以看出，全部哲学，无论是旧唯物主义还是唯心主义，其共同的缺陷是不理解作为"感性活动"的人类实践及其意义。也正是这样的缺陷，造成了唯物论和辩证法的分离、唯物主义自然观和历史观的分离。

马克思主义哲学的革命性变革，就在于彻底克服了以往旧哲学的局限，将实践的观点作为首要的和基本的观点，从而建立起一种"新唯物主义"。按照"新唯物主义"，现实世界、感性世界的基础就在于人类实践活动。外部自然界固然独立于人而存在，但它只有通过人的开掘、发现，才能获得对人而言的现实性；只有通过人的实践改造之后，才能构成人们生活其中的"感性世界"。现实世界中的自然界已不是原生态的自然界，而是"人类学的自然界"。通过实践，自然与社会相互影响、相互渗透，从而形成"历史的自然和自然的历史"。现实世界就是这二者的统一。实践不仅构成了现存感性世界的基础，而且成为人类一切现实关系和各种矛盾的总根源。之所以如此，原因就在于：正是在实践活动过程中，人与自然对象才能发生现实的、历史的联系；也正是在实践活动过程中，人与人之间结成一定的社会关系；同时，实践活动总是倾注着活动者的目的、意志和愿望，并力图通过活动转化为现实，形成活动者自我实现的关系。总之，实践包含着人与自然、人与社会、人与其意识的现实的关系，它既是人类面临的一切现实关系和矛盾的总根源，又是调整和改变这种关系、克服和扬弃这种矛盾的基本动力。可以说，"新唯物主义"新之所在，就在于确立了科学的实践观。

实践观的确立，带来马克思主义哲学全新的变革，其变革主要是通过研究重点、思维方式、建构原则、哲学功能等方面体现出来的。

就研究的重点而言，主要聚焦于人生活其中的"现实世界"。在哲学史上，从古代哲学到近代哲学，基本上都是以追溯、探求整个世界的"终极存在"或"始基"为哲学研究的重点，力图从这种"终极存在"或"始基"中去理解把握事物的本性以及人的本质和行为依据。与以往的哲学不同，马克思主义哲学并不专注于这种抽象的"形而上学"，而是将研究的重点拉回到人的世界，主张哲学应当关注"现存世界"、"自己时代的现实世界"、"人类世界"。这里所讲的"现存世界"和"现实世界",当然包括自然界,但这里的自然界已不是纯粹外在于人的自然界,与人无关的自然界,而是"人类学的自然界"。也就是说,是从人与自然的关系上来探求自然界。

就其思维方式而言,确立的是实践思维方式。所谓实践思维方式,就是从实践出发来考察各种重大理论问题和现实问题,特别是以实践为基础来考察自然、社会、人的发展,反对离开人的社会实践抽象地谈论问题。之所以要确立这种思维方式,就是因为"凡是把理论引向神秘主义的神秘东西,都能在人的实践中以及对这种实践的理解中得到合理的解决"①。离开现实的实践活动抽象地讨论事物的本质、规律等,都可能走向新的"形而上学"。这样的"形而上学"恰恰是马克思主义哲学所拒斥的。为此,马克思明确主张哲学应当面向实践,"在思辨终止的地方,在现实生活面前,正是描述人们实践活动和实际发展过程的真正的实证科学开始的地方。关于意识的空话将终止,它们一定会被真正的知识所代替。对现实的描述会使独立的哲学失去生存环境,能够取而代之的充其量不过是从对人类历史发展的考察中抽象出来的最一般的结果的概括。这些抽象本身离开了现实的历史就没有任何价值。"②

就其建构原则而言,以实践作为建构理论体系的基本原则。马克思主义哲学理论体系的建构,最根本的是依据科学的实践观,或者说,实践是马克思主义哲学理论体系的建构原则。实践之所以能够成为全部哲学的基础和出发点,这是因为各种事物和现象的解释、各种理论观点的阐发,都离不开实践。如感性对象和现实是在人们的实践中生成和发展的;社会在本质上是实践的;人在本质上也是实践的,个人怎样表现生活,他们自己也就怎样;思维是人类实践结构的内化和升华;社会发展是由实践及其内在矛盾推动的;人类自身的解放和发展必须通过改造世界来达到;等等。所有这些观点及其内在联系,都是借助于实践的分

---

① 《马克思恩格斯选集》第 1 卷,人民出版社 2012 年版,第 135—136 页。
② 《马克思恩格斯选集》第 1 卷,人民出版社 2012 年版,第 153 页。

析而形成和确立起来的。

就其哲学的功能而言，强调哲学要"改变世界"。与其他各种思辨哲学相反，马克思主义哲学的使命不在于解释世界，而在于改变世界。关注实践，就是关注社会现实；研究实践的内在矛盾及其解决方式，就是为了更好地推进社会和人的正常发展。因此，马克思明确指出："哲学家们只是用不同的方式解释世界，问题在于改变世界。"① 这不是说哲学不用解释世界，而是说哲学最根本的目的是为了改变世界，解释世界最终也是为了改变世界。发挥哲学这种"改变世界"的功能，也是由无产阶级和人类解放这样的主题所决定的，因为这样的主题必然要突出"改变世界"的任务，并且要将其主要落实到无产阶级的身上。所以，"哲学把无产阶级当做自己的物质武器，同样，无产阶级也把哲学当做自己的精神武器"②。由于马克思主义哲学的功能与其主题是一致的，因而马克思和恩格斯又把"共产主义者"直接称为"实践的唯物主义者"。③

实践观在马克思主义哲学中的核心地位同时体现在马克思主义哲学的各个领域、各个方面。作为一种哲学，马克思主义哲学当然有其世界观、辩证法、认识论、方法论等，但这些基本观点并不是按照旧哲学的逻辑和思维方式确立起来的，各种基本观点的内在联系也不是按照某种图式建构起来的。马克思在创立新哲学时，无意于建构体系哲学，也无意于循着以往哲学的老路再对各个领域的哲学问题进行一种新的思辨，或者达到一种高明的思辨。马克思主义哲学的世界观、自然观、辩证法、认识论、价值观、历史观等都是在研究社会历史、研究人的实践活动中生发出来的：实践作为人的基本存在方式，必然产生人与世界的现实关系，如何看待人生活其中的现实世界进而合理地改变这种世界，由此便形成了世界观；人的实践活动是多方面的，但最基本的活动是物

---

① 《马克思恩格斯选集》第 1 卷，人民出版社 2012 年版，第 136 页。

② 《马克思恩格斯选集》第 1 卷，人民出版社 2012 年版，第 16 页。

③ 《马克思恩格斯选集》第 1 卷，人民出版社 2012 年版，第 155 页。

质生产活动，而物质生产活动主要涉及的是人与自然的关系，如何看待自然并自觉地处理人与自然的关系，对于人的活动的正常进行以及自然与社会的和谐发展是非常重要的，由此便形成了自然观；实践作为一种历史性的活动，由于其自身的矛盾运动，必然内在地包含着对现存事物的超越性和自我否定性，这就客观上要求人们"在对现存事物的肯定的理解中同时包含对现存事物的否定的理解"，即"每一种既成的形式都是从不断的运动中，因而也是从它的暂时性方面去理解"①，由此便形成了辩证法；实践作为一种有意识、有目的的活动，是在人们不断认识世界、把握规律的过程中向前推进的，而人们的实践要想取得预想的结果，也必须建立在对活动对象及其规律科学认识的基础之上，由此便形成了认识论；任何实践活动的开展都是为了满足主体的需要，而且评价某种实践活动是否合理，也是看其结果是否对主体尤其是对人民群众的生存发展有益，由此便形成了价值观；实践既是人类社会得以产生和发展的基础，又是人类社会发展的内在动力，"历史不过是追求着自己目的的人的活动而已"②，全部社会生活在本质上是实践的，依据这样的认识，便形成了历史观。

总之，在马克思主义哲学中，各种基本理论都是在实践观的视域中阐发的，是在社会实践的探讨中形成的。科学的实践观像一根红线，贯穿于马克思主义哲学的各个环节，将其各个组成部分联结成一个有机整体。离开了实践的观点，马克思主义哲学的许多具体观点是很难理解和把握的，马克思主义哲学与以往旧哲学是很难区别开来的。因此，马克思主义哲学的革命性变革，不是在保持以往唯物主义各种观点不变的基础上又增添了一个新的观点——实践的观点，而恰恰是用科学的实践观来重新理解以前所有的观点，从而形成了别开生面的"新唯物主义"。

科学实践观的确立，使马克思主义哲学在哲学史上第一次实现了唯物主义和辩证法的统一、唯物主义自然观和历史观的统一。这两方面

---

① 《马克思恩格斯全集》第44卷，人民出版社2001年版，第22页。
② 《马克思恩格斯文集》第1卷，人民出版社2009年版，第295页。

的统一，使唯物主义推进到一种新的完备的形态。

在马克思主义哲学创立之前，唯物主义和辩证法曾长期处于相互分离的状态。在古代，唯物主义和辩证法有过结合，但这种结合只是基于古代哲学家们的某种猜测，并无科学的根据，也无严密的论证。在近代，唯物主义大多具有形而上学的特点，而辩证法又是立足于唯心主义基础之上。前者以费尔巴哈的哲学为代表，后者则以黑格尔哲学为代表。这种状况导致唯物主义和辩证法跛足的发展：形而上学唯物主义是一种直观的唯物主义，看不到事物的运动变化，看不到人的能动性，不可能将唯物主义贯彻到底；唯心主义辩证法是一种头脚倒立的辩证法，也不可能将辩证法贯彻到底。科学实践观的创立，使唯物主义与辩证法得到有效的结合。立足于科学的实践观，发现物质世界并不是生来就是如此，而是在运动发展的，人们"周围的感性世界决不是某种开天辟地以来就直接存在的、始终如一的东西，而是工业和社会状况的产物，是历史的产物，是世世代代活动的结果"①；主体是有其能动性、创造性的，但这种能动性、创造性的发挥离不开物质基础，离不开客观规律的制约。实践的观点既真实地把握了物质世界的真实状况，同时又使能动的创造性原则得到唯物主义的改造，因而使唯物主义和辩证法融为一体。就此说来，没有实践的观点，就无法克服唯物主义和辩证法的分离。"唯物"与"辩证"就统一于实践。

在马克思主义哲学形成之前，历史观领域一直由唯心主义所统治。即使是观点鲜明的唯物主义者，只要一进入历史领域，也都毫无例外地陷入各种各样的唯心主义幻想，因而不可能成为一个彻底的唯物主义者。如马克思、恩格斯谈到费尔巴哈时所说的那样，"当费尔巴哈是一个唯物主义者的时候，历史在他的视野之外；当他去探讨历史的时候，他不是一个唯物主义者。在他那里，唯物主义和历史是彼此完全脱离的。"②造成这种状况的根本原因，仍然是不了解人类实践活动及其意

---

① 《马克思恩格斯选集》第 1 卷，人民出版社 2012 年版，第 155 页。
② 《马克思恩格斯选集》第 1 卷，人民出版社 2012 年版，第 158 页。

义。把人与自然的实践关系排除在历史之外，只能造成"物质的自然和精神的历史"，最后造成自然观和历史观的分离。科学的实践观彻底消除了自然界和人类历史之间的抽象对立，认为人改造自然的物质生产是人类社会存在和发展的现实基础，社会生活内在地包含着自然的因素，人类社会正是在改造自然的过程中一步步发展起来的。这样一来，人类历史运动的物质动因就被真正揭示出来了，"唯心主义从它的最后的避难所即历史观中被驱逐出去了"①。唯物主义的自然观与历史观由此得到统一。

唯物主义和辩证法的统一，唯物主义自然观和历史观的统一，充分体现了马克思主义哲学的科学性。也正是这样的统一，使唯物主义推向新的形态，辩证唯物主义和历史唯物主义就是这种形态的具体体现。坚持马克思主义哲学，就必须坚持辩证唯物主义和历史唯物主义。

---

① 《马克思恩格斯选集》第 3 卷，人民出版社 2012 年版，第 401 页。

第二章　劳动与人类历史

"劳动"概念在马克思主义理论体系中占有极其重要的地位，恩格斯在《路德维希·费尔巴哈和德国古典哲学的终结》一书中说：他和马克思是"在劳动发展史中找到了理解全部社会史的锁钥的新派别"[1]。恩格斯之所以把劳动看作是理解人类社会历史的"锁钥"，根本原因就在于劳动创造了人类和人类社会，是人类社会存在和发展的基础。找到并认识了这一基础，就掌握了人类历史发展之谜的"锁钥"。既然劳动是理解人类历史发展之谜的"锁钥"，所以研究人类社会历史就要从研究劳动开始。

一、劳动及其在历史发展中的作用

（一）劳动过程和劳动的社会形式

劳动是人们每天甚至每时每刻都在从事的活动，说起什么叫劳动，似乎无人不知，无人不晓，但并不是

---

[1] 《马克思恩格斯文集》第 4 卷，人民出版社 2009 年版，第 313 页。

每个人都能给劳动下一个科学的定义。马克思在《资本论》中，给劳动下了一个明确的定义："劳动首先是人和自然之间的过程，是人以自身的活动来中介、调整和控制人和自然之间的物质变换的过程。人自身作为一种自然力与自然物质相对立。为了在对自身生活有用的形式上占有自然物质，人就使他身上的自然力——臂和腿、头和手运动起来。当他通过这种运动作用于他身外的自然并改变自然时，也就同时改变他自身的自然。他使自身的自然中蕴藏着的潜力发挥出来，并且使这种力的活动受他自己控制。"① 马克思给劳动下的这个定义说明，劳动是人和自然之间的物质变换过程，人通过消耗自己的体力和智力，用自己的体力和智力作用于他身外的自然，把他身外的自然改造成为对自身有用的物质生活资料，并在改变他身外的自然的同时也改变他自身的自然。在劳动过程中，他使他自身的自然中蕴藏着的潜力发挥出来，并且能使这种自然力的活动受他自己的控制，这意味着人是劳动的主体，外部自然是劳动的客体，劳动是人能动地改造自然的活动。劳动过程的简单要素是人的有目的的活动或劳动本身、劳动对象和劳动资料。

劳动过程指的是劳动的一般性质或抽象性质。马克思指出："劳动过程首先要撇开每一种特定的社会形式来加以考察"，"劳动过程，就我们在上面把它描述为它的简单的、抽象的要素来说，是制造使用价值的有目的的活动，是为了人类的需要而对自然物的占有，是人和自然之间的物质变换的一般条件，是人类生活的永恒的自然条件，因此，它不以人类生活的任何形式为转移，倒不如说，它为人类生活的一切社会形式所共有。因此，我们不必来叙述一个劳动者与其他劳动者的关系。一边是人及其劳动，另一边是自然及其物质，这就够了。"② 马克思风趣地说，根据小麦的味道，我们尝不出它是谁种的，同样，根据劳动过程，我们看不出它是在什么样的条件下进行的。它是在奴隶监工的残酷的鞭

---

① 《马克思恩格斯文集》第 5 卷，人民出版社 2009 年版，第 207—208 页。
② 《马克思恩格斯文集》第 5 卷，人民出版社 2009 年版，第 207、215 页。

子下进行的，还是在资本家严酷的目光下进行的，抑或是在野蛮人用石头击杀野兽的情况下进行的，这些都不属于劳动过程考察的范围。

劳动过程不是孤立存在的，劳动过程总是在一定的社会形式中进行的，在现实的社会历史中，不存在脱离具体的社会形式的劳动过程。任何劳动都是一般的劳动过程和具体的社会形式的统一。因此，单纯用一般劳动过程这个抽象理论是不能说明任何一种具体的特定的社会形式的劳动的。只有把它与具体的社会劳动形式相结合，才能使其对具体的特定的社会形式的劳动过程的研究具有指导意义。马克思认为，作为劳动过程和价值形成过程的统一，劳动过程是商品生产过程；作为劳动过程和价值增殖过程的统一，劳动过程是资本主义生产过程，是商品生产的资本主义形式。马克思通过对资本主义生产过程的考察，说明了在资本主义生产方式下雇佣工人在生产过程中所创造的剩余劳动是各种资本家所获得的利润的唯一源泉，无论是产业资本家或商业资本家的利润，还是借贷资本家的利息，或是土地所有者的地租，都来源于生产过程中雇佣工人所创造的剩余价值。

（二）劳动是人类社会存在和发展的基础

劳动在社会历史发展中具有极其重要的作用，劳动创造了人本身和人类社会，是人类社会存在和发展的基础。具体表现在以下几个方面：

第一，生产劳动是人类从动物界分离出来的根本动力和人区别于动物界的根本标志。劳动创造了人本身。人类与动物的根本区别，如制造和使用生产工具的本领、社会关系、自觉能动性、抽象思维和语言等，都是在生产劳动中形成的。可以说生产劳动在何时何地开始，人类和人类社会就在何时何地出现。

第二，生产劳动是人类和人类社会得以存在和发展的基础。人类要生存，首先要解决吃、喝、住、穿的问题，为此就必须进行物质资料的生产劳动。若停止生产劳动，人类就不能生存，人类社会就会灭亡。正如马克思所说："任何一个民族，如果停止劳动，不用说一年，就是几个星期，也要灭亡，这是每一个小孩子都知道的。"① 人类要从事政治、司法、艺术、科学、宗教等活动，也必须首先解决吃、喝、住、穿的问题，所以生产劳动又是人类从事其他各种社会活动的基础。

第三，生产劳动是形成人类一切社会关系的基础。生产活动不仅创造了人类生存的物质资料，而且创造了人与人之间的生产关系。马克思在《哲学的贫困》一书中批判蒲鲁东时指出："经济学家蒲鲁东先生非常明白，人们是在一定的生产关系中制造呢绒、麻布和丝织品的。但是他不明白，这些一定的社会关系同麻布、亚麻等一样，也是人们生产出来的。"② 在生产关系的基础上，又形成了人们之间的政治关系和思想关系等其他社会关系，从而形成了整个人类社会。

第四，生产劳动决定社会制度的性质和社会制度的更替。有什么性质的生产劳动，就有什么性质的社会制度。一种生产劳动方式被另一种生产劳动方式所代替，就意味着旧的社会制度被新的社会制度所代替。

历史唯物主义在生产劳动的发展史中找到了理解全部人类历史的"锁钥"。由于历史唯物主义揭示了物质生产劳动在社会发展中的意义，从生产劳动的观点出发来考察和理解人类社会发展的历史，就客观地、全面地解释了人类社会发展的辩证过程及其规律性。生产劳动概念以萌芽形式包含着历史唯物主义的全部概念和概念之间的关系，整个历史唯物主义理论体系可以说就是生产劳动概念的逐步展开。生产劳动在社会存在和发展中的重要作用的原理告诉我们，在社会主义建设和社会主义改革的过程中，始终要以经济建设为中心，其他一切活动都要服从于和服务于这个中心。

二、历史过程时空结构的特点

人类历史是在时间和空间中存在和发展的，历史时间和历史空间

---

① 《马克思恩格斯文集》第 10 卷，人民出版社 2009 年版，第 289 页。

② 《马克思恩格斯文集》第 1 卷，人民出版社 2009 年版，第 602 页。

应该是历史唯物主义的两个重要概念。但是，长期以来，我国的马克思主义教科书大都只讲时间和空间的普遍性，或者说只讲自然界发展的时间和空间，很少讲历史发展过程中的时间和空间及其相互关系，这极大地影响了对历史发展辩证过程的理解。

（一）历史空间和历史时间的特点

人类历史的发展与自然界的发展在时间和空间上有着明显的区别。在空间上，最广义的自然概念，是指宇宙间一切存在物的总和，它相当于物质概念，既包括人自身的自然，又包括人身外的自然；既包括自然界，又包括人类社会，或者说人类社会也是广义自然界的一部分；既包括自在自然，又包括人化自然。整个自然界不仅包括所有物质形态，而且在空间上是无限的，即无边无际，既没有产生也没有消灭的问题。而人类社会历史存在的空间则是有限的，与广义的自然界相比，它只是自然界中的一个小小的点，极其微不足道。具体地说，人类和人类社会存在的空间只是人类生存和发展所依赖的地理环境。

在时间上，自然界无始无终，永远存在，永不熄灭。而人类社会的历史，从最原始的人产生到现在最多有 400 万年的历史，新石器时代以来的历史则只有 1 万年左右，有文字记载的历史仅仅几千年。人类历史存在的时间与永恒存在的自然界相比只不过是短短的一瞬间。人类历史与自然界不仅存在的时间长短不同，而且变化的速度快慢也不同。自然界每发生一次重大的变化，都要经过几千年、几万年甚至更长的时间。而社会制度在十几年、几十年就可能发生重大变化。在革命变革时期，几年、几个月就可能发生重大变化。在时间上，人类历史的发展与自然界的发展相比还有一个显著的特点，那就是人类社会历史的发展呈现为越来越快的加速度趋势。现代与古代相比，可以说到了马克思预言的一天等于几十年的时代。以生产力的发展速度为例，据统计，在原始社会劳动生产率的增长速度，平均每万年不超过 1%—2%；从奴隶社会开始到封建社会灭亡，劳动生产率平均每百年大约增长 4%；从 18 世纪开始，由于科学取得了独立的知识形态形式，成了独立形态的精神生产力，并反作用于物质生产力，使物质生产力以神奇的速度向前发展。马克思、恩格斯认为，此后不到 100 年的时间里，资本主义所创造的生产力，比过去一切时代所创造的全部生产力的总和还要多、还要大。由于电力的发明和应用，又仅在 100 年的时间里，使全世界的工业总产值增长了 20 倍。从 20 世纪 40 年代开始，由于现代科学出现了新的飞跃，使自动化生产程度大大提高，法国社会学家格·普·阿波斯托尔在 20 世纪 70 年代曾做过估计：当今物质生产力 3 年内的变化，相当于 20 世纪初 30 年的变化，牛顿以前时代 300 年内的变化，石器时代 3000 年内的变化。①

（二）历史时间和历史空间的关系

黑格尔对时间和空间的关系作了深刻的论述。他说："空间与时间在运动中才得到现实性"，"运动的本质是成为空间与时间的直接统一；运动是通过空间而现实存在的时间，或者说，是通过时间才被真正区分的空间"。② 马克思继承并发展了黑格尔关于时间和空间具有直接统一性的思想，并运用它研究人类社会历史，认为在人类社会历史中，时间也是在社会运动中通过空间而现实存在的。马克思指出："工厂制度的特点是，它本身显示出剩余价值的真正本质。在这里，剩余劳动，从而劳动时间问题成了决定性的东西。但是，时间实际上是人的积极存在，它不仅是人的生命的尺度，而且是人的发展的空间。随着资本侵入这里，剩余劳动时间成了对工人精神生活和肉体生活的侵占。"③

为什么说"时间是人的积极存在"呢？时间之所以是人的积极存在，根源于人的社会实践活动，根源于社会实践活动的能动性和创造性。实践活动是人的存在方式，是人类社会生活的本质。自然界中发生的客观过程都是自觉的盲目的自然力彼此发生作用，没有任何事情是作

---

① 参见［法］格·普·阿波斯托尔：《当代资本主义》，刘开铭译，三联书店 1979 年版，第 34—35 页。
② ［德］黑格尔：《自然哲学》，梁志学等译，商务印书馆 1980 年版，第 58 页。
③ 《马克思恩格斯全集》第 47 卷，人民出版社 1979 年版，第 532 页。

为预期的自觉的目的发生的，因而是一种纯粹自发的过程。而人是能思维、有理性的社会性动物，人在行动之前，就有一个明确的目的，根据客观事实，引出思想、理论、意见，提出计划、方针、方法。然后运用一定物质手段去改造客观世界使之符合自己的需要，达到自己的目的。可见，实践过程贯穿了人类自觉的意志和目的，使客观世界按照人的要求和目的得到改造。实践的这种特性就是实践的能动性和创造性。能动性和创造性不仅是实践的特点，而且也是实践水平高低的标志之一。社会越发展，人的实践活动的自觉能动性也就越高，创造性也就越强。现代化的实践活动越来越要求劳动者具有更多的关于自然和社会的知识，更强的理论思维能力和组织能力，并在实践中有高度集中的注意力和坚强的意志。正是能动的创造性的实践活动，使个人的生命得以在历史时间中存在，使人类的生命得以在历史时间的长河中延续，使人类社会得以在历史时间中由低级到高级绵延不断地向前发展。离开能动的创造性的实践活动，人类就不能存在，人类社会就要灭亡，人类社会的历史就会终结。所以说"时间是人的积极存在"，是人的生命的尺度，也是人类社会历史的尺度。

为什么说"时间是人的发展的空间"呢？时间之所以是人的发展的空间，也根源于人的能动的创造性的实践活动。实践活动在绵延不断的历史时间中的发展，使社会分工的水平不断提高，社会活动的领域不断扩大，社会活动的种类不断增加，社会活动的场所不断延伸。随着世界历史的形成和经济全球化趋势的发展，世界范围内经济、政治、科学文化的交往大大加强，分工由一国范围走向国际范围。综上所述，可以清楚地看出，随着能动的创造性实践活动在时间上的推移，不断为人类开辟更广阔的活动领域，使人类实践活动的空间越来越大。现在人类活动的领域已由陆地扩展到太空和海洋，而且已经登上月球，今后还可能会登上太阳系中的其他星球，实践的发展不断证明"时间是人类发展的空间"这一科学论断的正确性。

马克思关于历史时间和历史空间的关系的思想具有鲜明的阶级性和革命性。他强烈地批判了资本主义制度在时间分配上的不合理性所导致的工人活动空间的狭小。马克思在世时，工人的劳动时间长，劳动强度大，劳动条件差，除去吃饭、睡觉的时间，几乎都在工厂车间的机器旁边劳动，大大缩小了他们的活动空间，同时却为资本家创造了更多的财富和自由支配的时间。对这种情况，马克思激愤地指出："时间是人类发展的空间。一个人如果没有自己处置的自由时间，一生中除睡眠饮食等纯生理上必须的间断以外，都是替资本家服务，那么，他就不如一头役畜。他不过是一架为别人生产财富的机器，身体垮了，心智也变得如野兽一般。现代工业的全部历史还表明，如果不对资本加以限制，它就会不顾一切和毫不留情地把整个工人阶级投入这种极端退化的境地。"① 资本主义生产方式虽然极大地提高了劳动生产率，迫使工人创造了大量的社会财富，生产出更多的可以自由支配的时间。但是，这种可以自由支配的时间只供资本家享受，工人却无权享受。只有消灭资本主义制度，社会才能合理地分配劳动时间和人们从事其他社会活动的时间，即每个人都有权力利用自己创造的自由时间，每个人才能有广阔的空间去从事有益于身心健康的发展自己才能的活动。

（三）历史时间的三个向度——过去·现实·未来

过去、现实和未来是时间的三个向度，当然也是历史时间的三个向度。这三个向度是紧密联系、不可分离的，它们之间的联系是时间自身演变的内在逻辑联系。过去由于自身的发展而演变为现实，现实由于自身的矛盾又发展到未来。要科学地认识社会历史的发展过程，就应当把它理解为过去、现实、未来的有机统一。我们通常说时间的特性是一维性，即不可逆性，时间只能向前，不能倒转，有去无回。这是撇开人的能动的实践活动和人对历史理论的研究而言的，是纯自然主义地看待时间的特点。如果立足于人的能动的实践活动并考虑到人对历史的理论研究以及历史理论对人的实践活动的影响，过去、现实、未来在时间发展链条中的顺序就不是不变的，而是可变的；不是绝对的，而是相对

---

① 《马克思恩格斯文集》第3卷，人民出版社2009年版，第70页。

的；不是不可逆的，而是可逆的；不是单向度的，而是双向互动的。从历史研究的角度看，不仅过去决定现实，现实也决定过去；不仅过去和现实决定未来，而且未来也决定现实和过去。过去、现实、未来呈现为极其复杂的相互作用、相互影响的关系。

第一，在历史研究中，现实对过去起支配作用。人们研究过去，不是为了回到过去，而是为了指导现实，展望未来。因此，人们总是根据现实的需要和兴趣，在过去众多的历史人物、历史事件、历史过程中选择研究对象加以研究，从中总结出现实可以借鉴的经验教训。从历史研究的角度看，一方面，过去具有了现实性，人们对过去的认识和理解就影响现实的发展；另一方面，人类现实的需要和兴趣又影响对过去的认识和理解。

第二，在历史研究中，现实的历史理论对理解过去的历史起着指导作用。已有的和现有的历史理论对认识过去未知的事物有重要作用。这是因为认识不是直观的、消极被动的、机械的反映对象，而是能动的、间接的、创造性的理解客观对象的过程。认识过程的每一个环节，从最初认识对象的选择，中途信息的加工制作，直到最后认识结果的形成，都是主体用自己已有的认知图式在头脑中再现、改造、建构对象的过程。一个人不掌握一定的认知图式，不在认识过程中发挥已有思想的创造功能，不会用相关学科提供的概念、范畴、公理、公式、法则对感性材料进行"去粗取精，去伪存真，由此及彼，由表及里的加工制作"，是不能形成系统的理论的。一般的认识过程尚且如此，对价值性十分鲜明的历史过程的认识就更是如此。在绵延不断的历史长河中，历史人物此起彼落，历史事件层出不穷，历史朝代此兴彼衰，历史文献浩如烟海，历史遗产博大精深。要对过去的历史分辨良莠、识别真伪，去其糟粕、取其精华，揭示其发展的线索和规律，必须有当代人的历史理论做指导，否则必然会陷入茫茫的历史烟雾之中。

第三，在历史活动和历史研究中，不仅过去和现实指导未来，而且对未来的认识也指导现实，影响现实。未来是指那些迄今为止尚未发生、尚未出现和尚不存在的事物。从时间上看，认识未来是人类认识的一种顺时间方向的运动过程，它力求使思想的运动超越当下的时间界限，走在社会实际的客观过程前面，在观念中构造出未来的可能状态，用以指导人们的现实活动，引导人们向着未来的目标前进。人们之所以关注过去，认识过去，是因为社会的现实是由过去发展而来的。同样的道理，人们之所以要关注未来、构想未来、向往未来，是因为不仅现实孕育着未来，而且更重要的还在于，人们对未来的构想和向往，能对现实形成强有力的冲击和影响。人们总是根据对现实及其发展趋势的认识预见未来，又根据对未来的预见和追求设计现实、指导现实、改造现实。我们说历史发展具有不依人的意志为转移的客观规律性，现实状况不是按任何人的主观意志构想出来的，并不等于说人对未来的预见和追求对现实状况的形成不起任何作用。

人们对未来的追求和向往就是人生理想。或者说，理想是人们关于未来的、有实现可能性的向往和追求，是人们的世界观和政治立场在奋斗目标上的集中反映。简言之，理想就是人的奋斗目标。人们追求的目标即理想是多方面的。就理想的内容来划分，有生活理想、职业理想、道德理想、社会理想等。生活理想是人们对未来的衣、食、住、行、爱情、婚姻、家庭等具体目标的向往和追求。职业理想是人们对未来工作目标的选择，以及对从事某项工作后达到何种业绩的向往和追求。道德理想是人们对做人标准和道德境界的向往和追求。社会理想是人们对未来社会制度、社会风貌的期望和追求。以上四种理想互相联系、互相渗透、互相制约、互相影响。其中社会理想是最根本的，是全部理想的核心，它贯穿于生活理想、职业理想、道德理想之中，决定和制约着它们的发展和实现程度，而生活理想、职业理想、道德理想又从不同的侧面直接或间接地体现着社会理想。马克思主义的社会理想，就是推翻资本主义、实现社会主义和共产主义。在社会理想方面，从奋斗目标的长短来划分，又有长期的远大理想和近期的具体理想之分。就我国人民的社会理想而言，实现共产主义是长期的远大的最高理想；走中国特色社会主义道路，把我国建设成为富强、民主、文明、和谐、美丽的社会主义现代化国家，实现中华民族伟大复兴，相对于最高理想来说，就是近期的具体理想，即新时代全国各族人民的共同理想。最高理想与共同理想，既相互区别又相互联系，二者是辩证统一的关系。共同理想是实现最高理想的必经阶段和必要基础；实现共同理想，必须坚持以最高理想为根本方向。

三、分工在历史发展中的作用

分工是一种重要的社会现象，在社会生活中起着十分重要的作用。深入系统地掌握马克思主义的分工理论，对于认识社会历史发展规律、指导我国正在进行的改革开放和社会主义现代化建设，具有重大的理论意义和现实意义。

（一）分工的本质、起源和历史形态

1. 分工的本质

一般说来，经济学主要讲劳动分工，作为历史唯物主义范畴的自发分工，涵盖社会生活的经济、政治、思想文化等社会生活的各个方面，是指具有固定专业划分的社会活动形式。对于自发分工的实质的这一界定，我们从以下三个方面做些简要分析。

首先，分工是一种社会活动形式。任何社会活动都需要通过一定的组织形式才能进行，分工就是社会活动的组织形式。没有分工，就不能把从事社会活动的人按照一定形式组织起来，社会活动便会杂乱无章，甚至根本无法进行。试想，如果很多人都从事某一种或某几种社会活动，另一种或另一些社会活动根本无人从事，或者只有很少的人去做，社会怎么能够正常运行呢？由此可见，分工是人类从事社会活动必不可少的条件。这里说的社会活动，包括物质生产活动、精神生产活动、政治活动、服务性活动等人类的一切活动形式。分工既然存在于社会活动的各个领域，那么分工概念就是涵盖社会生活各个领域的一个综合概念。

其次，自发分工是具有固定专业划分的社会活动形式。所谓固定的专业划分，是指一个人或一些人长期从事社会总劳动中的一种劳动或一件复杂工作中的一部分工作，而不是轮流从事各种劳动和各种工作。因此，应当把历史唯物主义体系中这种具有固定专业划分的分工，同日常生活中的临时性的分工区别开来。临时性的分工，是指在完成一件复杂的劳动和工作时，许多人同时做各种事情，但不具有固定专业划分的性质，每个人都可以随时互换位置。由此可见，历史唯物主义所说的自发分工，主要不在于"劳动划分"，而在于劳动划分的"固定化"，在于一个人长期固定于一种劳动或工作，而不能轮流或轮换从事各种活动或工作。

再次，自发分工具有自发性和强制性，这是与劳动划分的固定化紧密相连的。所谓自发性和强制性，是说人们不是自愿地而是被迫地服从固定的专业划分。自发分工包括两个方面的内容：其一是劳动分工，即社会总劳动分解为不同的部分，如工业劳动、农业劳动、商业活动、精神生产活动、政治司法活动、服务性劳动等，这是分工的客体方面；其二是劳动者分工，即总劳动者分解为不同的部分，长期地固着在不同的劳动活动中，这是分工的主体方面。分工就是劳动分工和劳动者分工、分工的客体方面和主体方面的统一。人类劳动的固定的专业划分，是通过这两个方面的结合表现出来的。所谓人们被迫地从事劳动的固定的专业划分，实际上是劳动者对于劳动的屈从，主体对客体的屈从，人对于物的屈从。这种劳动就是马克思所说的异化劳动。马克思、恩格斯在《德意志意识形态》中讲到这种分工时说："当分工一出现之后，任何人都有自己一定的特殊的活动范围，这个范围是强加于他的，他不能超出这个范围：他是一个猎人、渔夫或牧人，或是一个批判的批判者，只要他不想失去生活资料，他就始终应该是这样的人。"[①]

2. 分工的起源

人类最初过着不定居的生活，人与人之间除去生理差别之外，几乎完全处于"自然等同状态"，这时只有以生理自然为基础的分工。在

---

① 《马克思恩格斯文集》第 1 卷，人民出版社 2009 年版，第 537 页。

人类相对定居以后，就不仅有以生理自然为基础的分工，而且出现了以地理自然为基础的分工。这种自然分工还不是严格意义上的社会分工，只是社会分工的萌芽状态。

在以生理自然和地理自然为基础的自然分工的基础上，随着社会生产力的发展，先后出现了三次社会大分工。第一次社会大分工是农业和畜牧业的分离，以及原始人群分化成游牧部落和农业部落。第二次社会大分工是手工业和农牧业的分离，以及专业工匠的形成。第三次社会大分工是商业与生产领域的分离，以及特殊的商人阶层的形成，这一次分工是由商品生产和商品交换的发展引起的。三次社会大分工都是物质生产领域的分工。在物质生产领域的分工的基础上，随着生产力的发展，从物质生产领域中分化出一小部分专门从事精神生产的人。在原始社会后期，一些担任社会职能的氏族和部落的首领，开始脱离物质生产劳动，可以看作是精神生产者的先驱。在国家形成以后，又形成了一种社会分工的新部门，即形成了专门从事政治、司法等的专职人员，并逐渐出现了一批专门从事科学、教育、文化工作的人员。这就造成了物质生产和精神生产、体力劳动者和脑力劳动者的分工。以上各种分工造成了城市和乡村的分离。城乡分工是上述各种分工的综合体现。马克思、恩格斯在《德意志意识形态》一书中讲到分工时曾说："物质劳动和精神劳动的最大的一次分工，就是城市和乡村的分离。城乡之间的对立是随着野蛮向文明的过渡、部落制度向国家的过渡、地域局限性向民族的过渡而开始的，它贯穿着文明的全部历史直至现在。"[1] 马克思在《资本论》第1卷中又说："一切发达的、以商品交换为中介的分工的基础，都是城乡的分离。可以说，社会的全部经济史，都概括为这种对立的运动。"[2] 城乡的分离和城市的形成，是一个较长的历史过程。从农业和畜牧业中分化出来的手工业，由于劳动生产率的提高，生产的产品不仅能够满足本村落的需要，而且有了剩余，需要寻找较大的销售市场，于是

---

① 《马克思恩格斯文集》第1卷，人民出版社2009年版，第556页。
② 《马克思恩格斯文集》第5卷，人民出版社2009年版，第408页。

一部分手工业者逐渐离开农村，聚集在堡垒、寺院和交通道口的附近，在那里定居下来，形成了城镇和手工业中心。这些城镇和手工业中心，有些在后来发展为大小不等的城市。国家出现以后，专门从事政治、司法等的国家机关工作人员，也集中于城市。由于城市交通发达，经济较为繁荣，信息较为畅通，适合于从事科学、教育、文化事业，因而大部分脑力劳动者也集中于城市。一般说来，城市是政治、经济、文化的中心和较为发达的地方。但在不同国家、不同时期，城市所具有的具体作用也有所不同。在古代希腊和罗马，城市具有巨大的经济意义，是经济贸易的中心。但在欧洲漫长的中世纪，城市主要是政治、军事中心，城乡分工没有获得充分的经济意义。在欧洲17世纪后期，由于商人与农奴逃往城市，从事手工业和商业活动，才使城市具有明显的经济意义。

3. 分工的历史形态

自发分工在历史上经历了三种基本形态，即自然经济分工、简单商品经济分工和资本主义分工。

自然经济是指为了直接满足生产者个人和经济单位的需要，而不是为了交换的经济形式。自然经济是与商品经济相对立的。商品经济以社会分工为前提，它的发展趋势是把每一种商品的生产，甚至把一种商品各个部分的生产，都变成专门的生产部门。自然经济则与此相反，它排斥生产的社会分工，每一个生产者或经济单位利用自身的经济条件，几乎生产自己所需要的一切产品。如在中国延续几千年的奴隶社会和封建社会中，自然经济一直占统治地位，农民不仅从事农业，而且从事手工业，手工业是农民的副业。手工业者也不仅仅从事手工业，而且从事农业，农业是手工业者的副业。在自然经济条件下，分工很不发达。在自然经济内部，没有生产分工。在不同的自然经济单位之间，存在着不甚明显的分工。在全社会范围内和较大的自然经济单位内部，存在着物质生产和精神生产、体力劳动者和脑力劳动者之间的分工。自然经济分工在历史上存在的时间很长，它产生于原始社会末期，存在于奴隶社会和封建社会之中。自然经济分工在其发展的不同阶段具有不同的特征。农村公社制分工带有自然分工的浓厚色彩；奴隶制的分工具有尖锐的阶级对抗的性质；封建制的分工受宗法制度和等级制度的限制。

简单商品经济指以生产资料的个体私有制和个体劳动为基础的商品经济。个体手工业是典型的简单商品经济。在商品、货币经济比较发达的条件下，个体农业的产品有一部分或大部分是为了出卖的，也属于简单商品经济。在原始社会末期简单商品经济就已经出现。以后，它经历了奴隶社会和封建社会。在奴隶社会和封建社会中，自然经济占主导地位，同时又存在着简单商品经济。在由封建社会向资本主义社会过渡的时期，简单商品经济有很大发展。简单商品经济是资本主义商品经济的历史前驱。在价值规律的作用下，简单商品者之间不断进行竞争，经常发生贫富两极分化。简单商品生产者的两极分化在一定社会历史条件下，必然导致资本主义生产关系的产生。在资本主义社会，也存在着一定数量的简单商品经济；在我国社会主义初级阶段，简单商品经济也仍然是国民经济的一种形式。在简单商品经济中，各个生产者制造不同的产品。每个简单商品生产者的劳动，都是社会分工体系的一个组成部分，是社会总劳动中的一部分。简单商品生产者需要彼此交换自己的产品。私人劳动和社会劳动的矛盾构成简单商品经济的基本矛盾。

资本主义社会是社会分工充分发展的时代，资本主义分工是自发分工的最完备的形态。主要表现是：第一，在各个生产领域和生产部门分工的基础上，在工场手工业时期，出现了企业内部和单位内部的分工。这种分工是资本主义分工以前各种形态的分工中所不存在的。第二，结合劳动分解为专业劳动，新的生产领域和新兴劳动部门不断出现，生产领域和生产部门的分工不断扩大。第三，企业内部的分工分为程序分工和技能分工两个方面。前者指操作工序的划分以及与此相联系的局部工人的形成，后者指劳动过程中脑力劳动和体力劳动的分离，以及特殊管理部门的形成。第四，体力劳动和脑力劳动的分工扩大。资本主义以前只在全社会范围内有体力劳动和脑力劳动、体力劳动者和脑力劳动者的分工，在资本主义机器大生产中企业内部也出现了体力劳动者和脑力劳动者的分工，而且脑力劳动者人数的比重日益增加。马克思、恩格斯曾经把资本主义生产划分为简单协作、工场手工业和机器大工业三个阶段，各个阶段在分工方面具有不同的特点。

（二）分工的社会作用

分工在社会发展中起着多方面的重要作用。这里主要从分工与社会机体的整合、分工与人自身的发展、分工与社会生活各个领域的关系三个方面，论述分工（主要是自发分工）在社会发展中的作用。

1. 分工与社会机体的整合

分工是社会活动的组织形式。通过分工，把各个个人、各个群体、各种社会组织和社会机构联系起来，使他们（它们）既互相区别，又互相影响、互相依赖，各就其位，各司其职，从而使社会有机体能够得以形成并有序运转。如果没有分工，人类社会便无法形成和正常运转，更不能不断扩大、越来越复杂。法国社会学家埃米尔·涂尔干十分重视分工的社会作用，他在《社会分工论》一书中说："分工具有整合社会机体，维护社会统一的功能"，"劳动分工即使不是社会团结的惟一根源，也至少是主要根源。"[①] 涂尔干从多方面具体论述了分工在整合社会机体中的作用。他认为，劳动分工的最大作用，并不在于功能以分化方式提高了劳动生产率，而在于各种功能彼此紧密地结合；分工的作用不仅限于改变和完善现有的社会，而且使社会成为可能，也就是说没有这些功能的分化与结合，社会就不能存在。假如性别分工低于一定程度，婚姻生活就会消失，只剩下非常短暂的性关系。如果说分工带来了经济效益，这当然是很可能的，但在任何情况下，它都超出了实际经济利益的范围，构成了社会和道德秩序本身。有了分工，个人才会摆脱孤立的状态，而形成相互间的联系；有了分工，人们才会同舟共济，而不一意孤行。分工整合社会机体的功能，还表现在它能把竞争限制在一定的程度上，使人们不至于因彼此竞争而置对方于死地，不能共同生活下去。在某些同质性较强的社会里，绝大多数的个人都是注定被淘汰的，然而正

---

① ［法］埃米尔·涂尔干：《社会分工论》，渠东译，生活·读书·新知三联书店 2000 年版，第 26 页。

因为有了分工的发展，这些人才能够自保和生存下来。但腐败的有机体终归摆脱不了灭亡的命运，因为它的所有功能都已经失调了。有时候，法律竟然以某种方式怂恿和鼓励根据物竞天择的原则，将体弱多病的婴儿处死。但是在有分工的比较先进的社会里，情况就不同了。一个病人完全可以在社会组织的复杂结构里找到一个合适的位置，做些力所能及的事情。如果他的身体比较柔弱，精神却比较健康，那么他就可以从事某种研究工作，把自己的思辨才能发挥出来。如果他的大脑不太健全，当然就不应该参与知识领域的激烈竞争，但社会还会给他一份恰当的工作，使他幸免于难。同样，在原始部落里，被征服的敌人总是要被处死的。但在已经把生产功能和精神功能分开的地方，它可以作为征服者的奴隶而幸存下来。总之，只有分工才能使人们结合起来形成一种联系，这种功能不只是暂时在互让互助中发挥作用，它的影响范围是极为长久和广泛的。

2. 分工与社会生活各个领域的关系

恩格斯说："到目前为止的一切生产的基本形式是分工，一方面是社会内部的分工，另一方面是每一单个生产机构内部的分工。"① 分工作为社会活动的组织形式，制约着社会生活的许多方面：分工是生产力发展到一定阶段的产物，同时又标志着生产力的发展水平，推动生产力的发展；分工是生产力决定生产关系的中间环节，对生产资料所有制形式、产品或商品交换、人们在社会生产中的地位及其相互关系、分配方式都有制约作用；分工的规律是阶级划分的基础，制约着不同阶级之间的相互关系；分工制约着上层建筑的各个组成部分，有助于人们理解经济基础和上层建筑之间的相互关系以及上层建筑各个组成部分的相对独立性和独特的发展规律。因此，考察分工与社会生活各个领域的关系对于理解错综复杂的社会关系、社会现象，把握社会生活的各个环节、各个层次之间的相互关系，是十分重要的。

同时，我们也不能把自发分工的作用无限夸大，不能单向地看待

① 《马克思恩格斯文集》第 9 卷，人民出版社 2009 年版，第 306 页。

自发分工与社会生活各个领域的关系。首先，人类社会的基本矛盾是生产力和生产关系、经济基础和上层建筑之间的矛盾，物质生活的生产方式制约着整个社会生活、政治生活和精神生活的过程，分工则是把生产力、生产关系（经济基础）、上层建筑连接起来的机制，它的作用是服从于社会基本矛盾的。其次，分工虽然制约着社会生活的许多环节和层次，但是它同时也受社会生活的许多环节和层次的制约和影响。分工的发展是以生产力的发展为前提的，生产力的发展水平决定着分工发展的深度和广度以及分工的历史类型；分工受上层建筑的影响，上层建筑作为社会分工的一个独立部门，对整个分工体系起着调节作用；分工受阶级结构和阶级斗争状况的制约，社会的阶级斗争和阶级力量对比的变化，给予分工以极大的影响。再次，社会生活的各个环节和层次之间的联系，并不都是直接以社会分工为机制，因此不能用分工直接说明一切社会现象。自发分工的积极作用，主要与社会发展的技术方面相关联；自发分工的消极作用，则主要与社会发展的社会形式相关联，特别是与以生产资料私有制为基础的生产关系的各个方面相关联。因此，不能把自发分工的积极作用无限夸大，不能把它的作用绝对化。

3. 分工与人自身的发展的关系

分工不仅具有整合社会机体的功能，不仅与社会生活各个领域密切相连，而且对人自身的发展有重大作用。这种作用表现为积极作用和消极作用两个方面。分工对人的发展具有积极作用。首先，分工有助于提高每个个体的知识、技能和技巧。社会活动的范围是无限广阔的，而每个个人的能力则是有限的，任何个体都无法以其有限的能力去涉足无限的活动领域，而分工恰好为每个个体划定了相对固定的活动范围，并使其在其中获得专门的知识、技能和技巧，而不至于因为没有确定的活动范围而分散精力，一事无成。其次，分工有助于满足每个个体多方面的需要，增强人们之间的相互联系。由于分工使每个个体具有专门的知识、技能和技巧，创造出专门的产品，而所有这些个体组成的人类总体，则具有多方面的知识、技能和技巧，可以生产出多种多样的产品。在分工的条件下，每个人的产品都不只供他个人消费，而且还要供其他个人消费，每个个人的产品都不能满足自己多方面的需要，只有借助于其他许多个人的产品才能满足自己的各种需要。分工对人自身的发展也有消极作用。首先，自发分工是异化劳动的根源。生产力的发展引起社会分工，社会分工又使人的劳动成为异化劳动，使劳动过程、劳动产品、劳动的社会关系成为在人之外，不受人支配、反而支配人的异己力量。马克思、恩格斯在《德意志意识形态》中指出："只要分工还不是出于自愿，而是自然形成的，那么人本身的活动对人来说就成为一种异己的、同他对立的力量，这种力量压迫着人，而不是人驾驭着这种力量。"① 其次，自发分工使个人的发展片面化、畸形化。在自发分工的条件下，由于劳动者个人终生固定于狭小的范围，从事单调无味的繁重劳动，无暇问津和参与其他社会活动，因而使个人的知识、技能和技巧具有极大的片面性，个人的发展是畸形的。

（三）分工发展的未来趋势

消灭自发分工是分工发展的必然趋势。资本主义社会是自发分工发展的最完备的形态，它为自发分工的消灭创造了客观条件和主观条件。

首先，从社会内部的分工来看。资本主义机器大工业的基础是革命的，"现代工业通过机器、化学过程和其他方法，使工人的职能和劳动过程的社会结合不断地随着生产的技术基础发生变革。这样，它也同样不断地使社会内部的分工发生革命，不断地把大量资本和大批工人从一个生产部门投到另一个生产部门。因此，大工业的本性决定了劳动的变换、职能的更动和工人的全面流动性。"② 这就是说，资本主义的机器大工业为消灭工人终生固定于一个生产领域或生产部门的这种具有固定的专业划分的分工创造了物质技术条件。

---

① 《马克思恩格斯文集》第1卷，人民出版社2009年版，第537页。
② 《马克思恩格斯文集》第5卷，人民出版社2009年版，第560页。

其次，从生产机构内部的分工来看。资本主义生产的发展趋势是不断用自然力代替人力，用机器和机器体系代替人的手工技艺，于是生产过程的进步就不再依靠人的手工技艺，而是依靠科学的进步和机器或机器体系的革新，而操纵机器或机器体系的劳动者比较容易获得平均的劳动技能，因而生产机构内部的工人长期固定于某一个工种或工序的这种分工就失去了物质技术基础。

再次，从人的全面发展的可能性来看。资本主义生产在追逐剩余价值的过程中，发展了科学技术，提高了劳动生产率，因而也强制地发展了社会剩余劳动，生产出更多的自由时间，为每个人的全面发展以及有足够的时间参加政治、理论、科学文化和艺术活动提供了可能性。这就是说，在资本主义大工业下生产力的高度发展，为消灭体力劳动和脑力劳动、体力劳动者和脑力劳动者的分工创造了物质基础。

资本主义社会虽然为自发分工的消灭创造了客观条件和主观条件，但在它的资本主义形式下，不仅不能实现自发分工的消灭，而且还会不断地把自发分工再生产出来。因为机器大工业的资本主义应用形式是同消灭自发分工相矛盾的。只有通过社会主义革命或其他适当的形式，消灭机器大工业的资本主义应用形式，建立社会主义和共产主义的社会生产形式，才能消灭自发分工。

自发分工消灭以后，并非一切分工都不存在了，而是将建立更加科学合理的明智分工。恩格斯在《论住宅问题》中说："正是由于这种工业革命，人的劳动生产力才达到了相当高的水平，以致在人类历史上破天荒第一次创造了这样的可能性：在所有的人实行明智分工的条件下，不仅生产的东西可以满足全体社会成员丰裕的消费和造成充足的储备，而且使每个人都有充分的闲暇时间去获得历史上遗留下来的文化——科学、艺术、社交方式等等——中一切真正有价值的东西；并且不仅是去获得，而且还要把这一切从统治阶级的独占品变成全社会的共同财富并加以进一步发展。"[①] 与过去的"自发分工"相对应，我们可以

---

① 《马克思恩格斯文集》第3卷，人民出版社2009年版，第258页。

把恩格斯所说的"明智分工"称为"自觉分工"。

在未来的社会主义社会和共产主义社会里，因为劳动本身还会有领域、部门、工种和工序的划分，劳动者在一段时间内还会有相对固定的专业性，但这和自发分工下劳动者的固定专业划分有着本质的区别。这是因为人类已经成为自然界和社会的主人，从而成了自己劳动的主人，因此，他们不会再长久地、终身地束缚在一种职业上。马克思、恩格斯在《德意志意识形态》中指出：在未来的社会主义社会和共产主义社会中，"任何人都没有特殊的活动范围，而是都可以在任何部门内发展，社会调节着整个生产，因而使我有可能随自己的兴趣今天干这事，明天干那事，上午打猎，下午捕鱼，傍晚从事畜牧，晚饭后从事批判，这样就不会使我老是一个猎人、渔夫、牧人或批判者。"① 对马克思、恩格斯这句比喻性的话不能机械地理解。他的这句话不是说，一个人在一天之内就可以在几个部门内从事活动，而是说一个人在一定时期内必须以一种职业为主，并兼做其他事情。但这种专业划分不是终身的，而是可以在短期内转换的；这种劳动分配不是自发的，而是有计划地自觉调节的；这种专业划分不是强制的，而是自愿的；这种专业划分不是使人片面的、畸形的发展，而是使人全面发展。

四、交往在历史发展中的作用

（一）交往概念的含义

历史唯物主义的交往概念主要包括以下几个方面的含义：首先，交往是人类特有的存在方式和活动方式。生产活动是人类区别于动物的根本标志，是人类和人类社会存在和发展的基础。孤立的个人不能进行生产活动，人们只有结成一定的社会关系，互相交换自己的活动，才能进行生产，"而生产本身又是以个人彼此之间的交往为前提的。这种交往

---

① 《马克思恩格斯文集》第 1 卷，人民出版社 2009 年版，第 537 页。

的形式又是由生产决定的。"① 离开人与人之间的交往人类便无法生存和
活动。其次，交往属于人与人之间的社会关系。生产活动包括两个方面
的关系，一是人与自然之间的关系，二是人与人之间的社会关系。人与
自然之间的关系不属于交往理论的研究范围，交往概念只反映人与人之
间的社会关系。再次，交往始源于物质生产活动，又不仅存在于物质生
产活动中，它是以物质交往为基础的全部经济、政治、思想文化交往的
总和。最后，人是交往的主体，交往双方都不仅要承认自己是交往的主
体，同时也要承认与其交往的他人也是交往的主体，交往是一种以主客
体关系为中介的主体与主体之间的关系。这种关系本质上是互动的，而
非一方主动另一方被动的。主体间性是建立交往关系的基础，是人们理
解交往关系的关键。综合上述交往的含义，我们把交往概念界定为：交
往是人类特有的存在方式和活动方式，是人与人之间发生社会关系的
一种中介，是以物质交往为基础的全部经济、政治、思想文化交往的
总和。

（二）交往形式的划分

交往形式是指交往的内容和交往的方式。人们根据交往内容和交
往方式的不同，把交往划分为各种不同的形式。

物质交往和精神交往是两种最基本的交往形式。马克思、恩格斯
指出："思想、观念、意识的生产最初是直接与人们的物质活动，与人
们的物质交往，与现实生活的语言交织在一起的。人们的想象、思维、
精神交往在这里还是人们物质行动的直接产物。表现在某一民族的政
治、法律、道德、宗教、形而上学等的语言中的精神生产也是这样。"②
这里讲的物质生产与精神生产、物质交往与精神交往的划分及其相互关
系，对整个人类历史具有普遍适用性。物质交往是人们在物质生产实践
中发生的交往，它既是物质生产实践的客观要求，又是物质生产实践的

---

① 《马克思恩格斯文集》第 1 卷，人民出版社 2009 年版，第 520 页。
② 《马克思恩格斯文集》第 1 卷，人民出版社 2009 年版，第 524 页。

产物。物质生产实践之所以客观上要求人与人之间的交往，在于单独的个人依靠自身的生理能力无法在自然界中生存，无法进行生产活动。人们为了生存，就必须克服生理能力的局限。这种克服，一方面通过制造和使用劳动工具延伸自己身体的力量来实现，另一方面又通过人与人之间的互助合作关系而产生的社会力量来实现。在物质交往中已经包含着精神交往。精神交往包括思想交往和心理交往。生产经验、劳动技能和知识的传播与继承，已经是一种思想交往。政治、法律、道德、宗教、哲学等各种社会意识的传播与交流，也包括在思想交往之中。心理交往与思想交往交织在一起，是精神交往的一个重要方面。物质交往是精神交往的基础，精神交往渗透于物质交往之中，两种交往在实践中互相作用、互相促进，共同推动社会的发展。

除去物质交往和精神交往这两种最基本的交往形式的划分，人们还可以从不同角度、根据不同标准，划分出各种不同的交往形式。例如，人们可以根据交往领域的不同，划分出经济交往、政治交往、思想文化交往等形式；可以根据交往在社会发展中所起的不同性质的作用，划分出积极交往和消极交往等形式；可以根据人们之间的交往是否有中间环节，划分出直接交往和间接交往等形式；可以根据交往主体的不同，划分出个体之间的交往、群体之间的交往、个体和群体之间的交往等形式；可以根据交往的范围，划分出国内交往和国际交往等形式；可以根据交往中是否使用暴力手段，划分出战争交往和非战争交往等形式，马克思、恩格斯曾经说过，"对进行征服的蛮族来说"，"战争本身还是一种通常的交往形式"。①

（三）交往的社会作用

交往是人类特有的存在方式和活动方式，在社会发展中起着重要作用。

第一，交往促进生产力的发展。生产力是由具有一定生产经验和

---

① 《马克思恩格斯文集》第 1 卷，人民出版社 2009 年版，第 577 页。

劳动技能的劳动者、劳动资料和劳动对象构成的，是人的因素和物的因素在生产过程中的有机结合而产生的总体能力，生产力内部各要素的合理结合和最佳功能的发挥，与交往密切相关。

第二，交往推动社会关系的变革和改善。马克思、恩格斯在谈到交往与共产主义制度的关系时指出：这种制度"只不过是各个人之间迄今为止的交往的产物"。① 生产关系是社会制度的基础，它是由物质生产领域中的交往活动产生的，其他的社会关系，如政治关系、思想关系等，也是由相应的领域中的人们的交往活动产生的。人与人之间的交往活动，是各种社会关系产生、发展、变革、改善的重要动力和源泉。

第三，交往是科学文化继承和发展的重要途径。马克思、恩格斯指出："某一地域创造出来的生产力，特别是发明，在往后的发展中是否会失传，完全取决于交往扩展的情况。当交往只限于毗邻地区的时候，每一种发明在每一个地域都必须单独进行；一些纯粹偶然的事件，例如蛮族的入侵，甚至是通常的战争，都足以使一个具有发达生产力和有高度需求的国家陷入一切都必须从头开始的境地。""只有当交往成为世界交往并且以大工业为基础的时候，只有当一切民族都卷入竞争斗争的时候，保持已创造出来的生产力才有了保障。"② 任何一个国家的科学文化，无不是依赖继承前人的科学文化遗产而发展起来的。人类依赖代际交往，使后代人获得前代人创造的物质财富和精神财富，使原有的科学文化成果不至中途丧失，并在前人创造的科学文化的基础上，进行新的创造，提高到新的水平。

第四，交往有利于人自身的发展。马克思、恩格斯指出："一个人的发展取决于和他直接或间接进行交往的其他一切人的发展"。③ 只有在普遍的交往中，"单个人才能摆脱种种民族局限和地域局限而同整个世界的生产（也同精神的生产）发生实际联系，才能获得利用全球的这

① 《马克思恩格斯文集》第 1 卷，人民出版社 2009 年版，第 574 页。
② 《马克思恩格斯文集》第 1 卷，人民出版社 2009 年版，第 559—560 页。
③ 《马克思恩格斯全集》第 3 卷，人民出版社 1960 年版，第 515 页。

种全面的生产（人们的创造）的能力。"① 在交往中每个人都可以用别人创造的物质文化和精神文化发展充实自己，使自身得到发展。

第五，国际交往有利于各个国家的发展。各个国家在经济、政治、思想文化的交往中，互相学习，取长补短，互通有无，彼此尊重，平等相待，通过谈判和协商解决各种矛盾，能使各国互利共赢，从而都从中获益，得到发展。在国际交往中要反对以强凌弱，以大欺小，搞霸权主义和强权政治，损人利己，甚至用武力侵犯别的国家，威胁别国人民的生命财产安全。

五、社会改革在历史发展中的作用

（一）社会改革的实质和作用

社会改革是在一定社会制度下，为了解决生产关系不适合生产力、上层建筑不适合经济基础的某些部分或环节，使该社会制度得到持续存在与发展或自我完善，而对社会体制进行的改善与革新。

社会革命与社会改革都是为了解决生产力与生产关系、经济基础与上层建筑之间的矛盾，从而推动社会发展的历史运动形式。同时，二者之间又有明显的区别：首先，社会革命是人类社会的根本质变，是用新的进步的社会制度代替旧的落后的社会制度；社会改革则是同一社会制度总的量变过程中的部分质变，不改变社会制度的根本性质。其次，社会革命是由被统治阶级发动的，目的是推翻反动统治阶级的国家政权，建立新的革命阶级的政权；社会改革则是由统治阶级或统治阶级内部的某种社会势力、社会集团发动的，目的是维护和巩固统治阶级的统治地位。因此，社会革命一般是由下层群众首先发动的，社会改革则是自上而下展开的。再次，从历史上看，社会革命往往要通过暴力革命的形式；社会改革虽然也要付出代价，甚至流血牺牲，但一般不需要采取

---

① 《马克思恩格斯文集》第 1 卷，人民出版社 2009 年版，第 541—542 页。

大规模的武装斗争和暴力冲突的形式。

社会改革对历史发展具有重要作用，主要表现在以下几个方面：首先，社会改革可以巩固新生的社会制度或使原有的社会制度持续存在并获得一定程度的发展。一种新社会制度建立的初期，总是存在着大量的旧社会制度的残余。这时的社会改革，在改善新社会的社会体制的过程中，还包含着消灭旧制度残余的任务，奴隶社会、封建社会、资本主义社会初期以及社会主义社会的改革，都具有这种作用。在一个社会制度的中后期所进行的改革，虽然为的是使这种社会制度持续存在，但由于对生产关系和上层建筑做了某些局部调整，因而能在一定程度上推动生产力的发展和社会进步。其次，在社会主义社会以前，社会改革为新社会制度的诞生做量变和部分质变的准备。在一定社会制度的后期，向新社会制度过渡的趋势越来越明显，同时还出现了新社会制度的萌芽或因素。这时的社会改革，虽然以维护旧社会制度为主旨，但往往又包含着承认甚至促进新社会制度的因素发展的内容。再次，在社会经济、政治等社会体制的改革过程中，必然伴随着人的思想观念和价值取向的变更。新的思想观念和价值取向，既是对改革及其发展要求的反映，又为改革开拓道路，推动改革向纵深发展。社会改革具有在一定程度上破除旧思想、旧观念、旧风俗、旧习惯，树立新思想、新观念、新风俗、新习惯，提高精神文明水平的作用。总之，社会改革是生产力与生产关系、经济基础与上层建筑矛盾运动的必然产物，通过对一定社会制度下的不合理的社会体制的改善与革新，巩固、完善一定的社会制度或使其持续存在，从而推动社会经济、政治和思想文化有某种程度的发展。

（二）社会改革的普遍性和特殊性

社会改革的普遍性是指社会改革不仅存在于社会主义社会中，而且存在于有史以来的各种社会制度中。在世界古代史上，公元前8世纪亚述国王提格拉特帕拉尔三世以铁的出现和生产为基础对军事建制、组织体制和武器装备等方面的改革，公元前6世纪波斯国王大流士一世适应帝国扩张和加强专制主义的中央集权的需要，对政治机构、军事组织和税收等制度进行的改革，公元前 5 世纪雅典的最高统治者伯里克利以当时的经济发展为背景，对雅典的民主政治体制、移民以及平民就业制度等方面所作的改革，都在一定程度上推动了当时社会经济文化的繁荣与发展。在中国古代史上，战国时代秦国的商鞅变法，导致中国历史上第一个统一的中央集权的封建主义国家的建立，汉朝初年的改革带来封建社会前期的"文景之治"和汉武帝全盛时期，唐朝前期的改革带来了"贞观之治"和"开元盛世"，使我国封建社会的经济、政治和文化达到了极盛时期。后来，宋朝王安石的改革，以及元、明、清时期的各次改革，都对生产力的发展和社会的进步起了推动的作用。

社会改革的特殊性，是指不同时期、不同国家的改革具有自己的特点，特别是指社会主义社会的改革与阶级社会的改革相比较，具有根本不同的性质和特点。首先，社会主义社会的改革是主动的、自觉的，剥削阶级占统治地位的社会的改革是被动的、自发的，统治阶级往往是在被统治阶级强烈反抗的条件下，不得已而对经济基础和上层建筑进行某些调整的。其次，社会主义社会的改革，是从广大人民群众的利益出发，为了满足广大人民群众的要求而进行的，因而得到广大人民群众的支持和拥护，有广阔而深厚的群众基础；剥削阶级占统治地位的社会的改革，虽然也能满足群众的某些利益和要求，但从根本上说是从统治阶级的利益出发、为了维护统治阶级的统治地位而进行的，因而不能广泛地唤起民众，缺乏深厚的群众基础。再次，社会主义社会的改革，可以在社会主义制度本身的范围内，使各种矛盾不断地得到解决；剥削阶级占统治地位的社会的改革，只能暂时缓和社会的矛盾，但不能在旧社会制度本身的范围内最后解决它的固有矛盾。

（三）我国的改革是社会主义制度的自我完善

社会主义社会的根本任务是以经济建设为中心，大力发展生产力。我国的社会主义改革就是立足本国国情，总结实践经验，根据生产力的现有水平和进一步发展的客观要求，自觉调整生产关系与生产力、上层建筑与经济基础不相适应的部分和环节，从而使社会主义制度自我完善，推动生产力的发展和社会各方面的进步。所以邓小平说："革命是解放生产力，改革也是解放生产力。"①

我国的改革之所以是社会主义制度的自我完善，从根本上说，是由社会主义社会基本矛盾的性质和特点决定的。它是非对抗性的，可以通过社会主义制度本身不断地得到解决。这就是说，改革不是改变社会主义的根本经济制度和政治制度，不是改变社会主义制度的根本性质，不是否认社会主义制度的强大生命力和巨大优越性，而是革除社会主义生产关系中不适合生产力发展、上层建筑中不适合经济基础发展要求的部分和环节。改革的目的是兴利除弊，使社会主义制度的优越性更加充分地发挥出来。

我国的改革是在中国共产党的领导下社会主义制度的自我完善过程。中国共产党是我国社会主义建设和改革开放的领导核心，改革必须在党的领导下，按照党的路线、方针、政策有计划、有步骤地进行，才能达到社会主义制度自我完善的目的。

我国的改革必须正确处理坚持四项基本原则和改革开放这个党的基本路线的"两个基本点"之间的关系。四项基本原则是立国之本，改革开放是强国之路，两个方面存在着不可分割的联系。社会主义如果不改革开放，必然窒息自身的生机和活力；改革开放如果不以坚持四项基本原则为前提，必将导致资本主义，把中国纳入西方资本主义体系。

中共十八届三中全会通过的《中共中央关于全面深化改革若干重大问题的决定》，确定的全面深化改革的目标是："完善和发展中国特色社会主义制度，推进国家治理体系和治理能力现代化。必须更加注重改革的系统性、整体性、协同性，加快发展社会主义市场经济、民主政治、先进文化、和谐社会、生态文明，让一切劳动、知识、技术、管理、资本的活力竞相迸发，让一切创造社会财富的源泉充分涌流，让发展成果更多更公平惠及全体人民。"②

---

① 《邓小平文选》第三卷，人民出版社1993年版，第370页。
② 《中共中央关于全面深化改革若干重大问题的决定》，人民出版社2013年版，第3页。

当前中国的改革是一场深刻而全面的社会变革，它是一项系统工程，每一项改革都会对其他改革产生重要影响，每一项改革都需要其他改革协同配合。随着改革的不断深化和拓展，改革的关联性和互动性也日益增强。这就需要把经济、政治、文化、社会、生态文明建设和党的建设等方面的改革有机衔接起来，紧紧围绕使市场在资源配置中起决定作用深化经济体制改革，紧紧围绕坚持党的领导、人民当家做主、依法治国有机统一深化政治体制改革，紧紧围绕建设社会主义核心价值体系、社会主义文化强国深化文化体制改革，紧紧围绕更好保障和改善民生、促进社会公平正义深化社会体制改革，紧紧围绕建设美丽中国深化生态文明体制改革，紧紧围绕提高科学执政、民主执政、依法执政水平深化党的建设制度改革。

当前中国的改革不仅是全面的，而且是持久的。在中国特色社会主义制度不断发展完善的过程中，必须持续不断地推进改革，改革只有进行时没有完成时。在全面建成小康社会的过程中，必须以更大的政治勇气和智慧，不失时机地深化重要领域改革，破除一切妨碍科学发展的思想观念和体制机制的弊端，构建系统完备、科学规范、运行有效的制度体系，使各方面制度更加成熟、更加定型。

当前中国的改革是和发展、稳定相统一的过程。改革、发展、稳定是我国社会主义现代化建设的三个重要支点。稳定是前提，只有社会稳定，改革、发展才能不断推进；改革是动力，只有通过改革，才能解决社会发展过程中出现的问题，社会稳定才能获得可靠的保障；发展是关键，只有通过发展才能从根本上解决所有经济社会问题，才能使改革得以持续进行下去，才能使稳定获得坚实的物质基础。当前，我国处于发展的重要战略机遇期，同时又是改革的攻坚期、社会矛盾凸显期，在社会稳定中深化改革、推动发展尤为重要。为此，必须加强改革措施、发展措施、稳定措施的协调性，把握好当前利益与长远利益、局部利益与全局利益、个人利益与集体利益的关系，营造良好的促进改革、发展、稳定相统一的社会氛围；把改革的力度、发展的速度和人们可以接受的程度结合起来，把改善人民生活作为正确处理改革、发展、稳定的结合点，在保持社会稳定中深化改革、推进发展，通过改革、发展维护社会稳定。

全面深化改革，必须坚持和贯彻创新、协调、绿色、开放、共享的新发展理念。新发展理念是一个不可分割的有机整体，从发展的关联性来看一个都不能少。在新发展理念中，创新是引领发展的第一动力，协调是持续健康发展的内在要求，绿色是永续发展的必要条件和人民对美好生活追求的重要体现，开放是国家繁荣发展的必由之路，共享是中国特色社会主义的本质要求。把握好新发展理念的系统性，就要树立全面系统的科学思维，掌握统筹兼顾的思想方法，增强贯彻落实的整体协同，不断开拓发展新境界。

全面深化改革必须坚持稳中求进的总基调。习近平总书记在 2016 年 12 月 14 日至 16 日在北京举行的中央经济工作会议上指出："稳中求进工作总基调是治国理政的重要原则，也是做好经济工作的方法论，明年贯彻好这个总基调具有特别重要的意义。稳是主基调，稳是大局，在稳的前提下要在关键领域有所进取，在把握好度的前提下奋发有为。"① 这就是说，稳中求进，不是无所作为，不是不敢作为，而是要在把握好度的前提下奋发有为。要以推进供给侧结构性改革为主线，通过去除没有需要的无效供给、创造适应新需求的有效供给，打通供求渠道，努力实现供求关系新的动态平衡。

六、无产阶级政党的群众观点和群众路线

马克思主义从人民群众是历史的创造者这一基本原理出发，形成了无产阶级政党的群众观点，创造了群众路线的工作方法。

（一）群众观点是马克思主义政党的根本观点

人民群众是指推动历史发展的绝大多数社会成员的总和。这个范

---

① 《中央经济工作会议在北京举行》，《人民日报》2016 年 12 月 17 日。

畴既有量的规定性，又有质的规定性。从量的规定性来看，它是指社会成员的大多数，是相对于个人而言的；从质的规定性来看，它是指一切推动历史发展和社会进步的社会力量。人民群众是一个历史范畴，在不同国家或同一国家的不同历史时期有不同的内容。我国现阶段人民群众的内容是：包括知识分子在内的工人阶级和广大农民，始终是推动我国先进生产力发展和社会全面进步的根本力量；一切赞成、拥护和参加社会主义建设的社会集团及拥护社会主义和赞成祖国统一的爱国者，也都属于人民群众的范围。在社会变革中出现的民营科技企业的创业人员和技术人员、受聘于外资企业的管理技术人员、个体户、私营企业主、中介组织的从业人员、自由职业人员等新社会阶层，都是中国特色社会主义的建设者，因而都属于人民群众的范畴。

中国共产党把人民群众创造历史的观点运用于革命、建设和改革开放的实践中，形成并发展了党的群众观点。群众观点是由党的基本性质决定的。作为马克思主义政党，它在理论上确认人民群众的历史主体地位，在实践上把全心全意为人民服务作为党的根本宗旨。中国共产党之所以能够领导人民群众，正因为而且仅仅因为它是人民群众的全心全意的服务者，它反映了人民群众的利益、愿望和要求，并且努力帮助人民群众组织起来为自己的利益而斗争。群众观点是马克思主义中国化的重要成果，是中国共产党的重要法宝，是对马克思主义的重要贡献。党的群众观点主要包括以下四个方面的内容：

第一，人民群众自己解放自己的观点。人民群众是历史的主人，是创造历史的决定力量。无产阶级的各项事业，都是人民群众自己的事业。只有依靠人民群众自觉地努力和斗争，才能取得革命和建设事业的胜利。党对人民群众的领导作用，就是给人民群众指出斗争的方向，帮助人民群众自己动手，争取和创造自己的幸福生活。因此，无产阶级政党应当相信人民群众的伟大创造力，依靠人民群众，尊重人民群众的首创精神，反对恩赐观点和包办代替。

第二，全心全意为人民服务的观点。全心全意为人民服务是无产阶级政党的宗旨。人民的利益高于一切。无产阶级政党是人民利益的代表者和维护者。除了广大人民群众的利益,无产阶级政党没有自己的利益,一切为了人民群众的利益,是无产阶级政党活动的根本出发点。因此,无产阶级政党及其成员不能谋一己之私利,不能搞特权,不能贪污腐败,不能当贵族老爷。

第三,向人民群众负责的观点。人民群众的利益,就是无产阶级政党的利益。无产阶级政党及其成员,要把向人民群众负责作为自己言行的最高准则,要为人民群众的利益坚持真理、修正错误,把对党的领导机关负责和对人民群众负责统一起来,坚决反对置人民群众的利益于不顾、对人民群众的疾苦漠不关心的官僚主义和对群众敷衍塞责、不负责任的工作作风。人民群众对美好生活的向往,就是共产党的奋斗目标。

第四,向人民群众学习的观点。要坚信人民群众是真正的英雄,人民群众是智慧和力量的源泉,人民群众中蕴藏着无穷无尽的创造力,个人的才智和能力总是有限的。习近平同志 2013 年 12 月 26 日《在纪念毛泽东同志诞辰 120 周年座谈会上的讲话》中指出:"在人民面前,我们永远是小学生,必须自觉拜人民为师,向能者求教,向智者问策;必须充分尊重人民所表达的意愿、所创造的经验、所拥有的权利、所发挥的作用。我们要珍惜人民给予的权力,用好人民给予的权力,自觉让人民监督权力,紧紧依靠人民创造历史伟业,使我们党的根基永远坚如磐石。"[1]

(二)群众路线是党的根本工作路线

群众路线是无产阶级政党的生命线和根本工作路线,是我们党永葆青春活力和战斗力的重要传家宝,是群众观点在实际工作中的贯彻和应用。无产阶级政党实现对人民群众的正确领导,必须有正确的政治路线、思想路线和组织路线,而群众路线则是贯穿于党的政治路线、思想

---

[1] 习近平:《在纪念毛泽东同志诞辰 120 周年座谈会上的讲话》,人民出版社 2013 年版,第 18 页。

路线和组织路线之中的根本的工作路线，它是我们党一切工作中克敌制胜的法宝。离开了群众路线，就不可能有正确的政治路线、思想路线和组织路线。党的十一届六中全会作出的《中国共产党中央委员会关于建国以来党的若干历史问题的决议》，明确规定了党的群众路线的内容："一切为了群众，一切依靠群众，从群众中来，到群众中去。"①

"一切为了群众"，这是群众路线的基本出发点和归宿。这是由无产阶级政党的性质决定的。无产阶级政党是人民群众利益的代表者，除了人民群众的利益以外没有自己的私利，它的一切工作都是为了广大人民群众、服务于广大人民群众的，这是党的根本宗旨。

"一切依靠群众"，这是群众路线的根本要求。无产阶级政党的一切工作，必须紧密地依靠广大人民群众，依靠他们的智慧和力量，依靠他们的信任和支持，离开广大人民群众必将一事无成。

"从群众中来，到群众中去"，这是无产阶级政党的领导方法，也是群众路线的基本工作方法。这一领导方法要求一般号召和个别指导相结合、领导和群众相结合。一般号召与个别指导相结合离不开群众路线。任何工作任务如果没有一般的普遍的号召，就不能动员广大群众行动起来。但如果领导干部只限于一般号召，而没有具体的直接的在某些单位中加以实施和个别指导，变为群众的行动，突破一点，取得经验，再利用这种经验去指导其他单位，就无法检验自己所提出的一般号召是否正确，也无法充实和修正其内容，就会最终使一般号召落空。

领导与群众相结合更离不开群众路线。在任何工作中，领导机关和党员干部都必须善于团结广大人民群众一起行动，打开局面。只有领导机关和党员干部的积极性，而没有广大群众的积极性相配合，其结果就只是少数人的空忙；反过来，如果只有广大群众的积极性，而缺乏有力的领导去恰当地组织和引导群众的积极性，群众的积极性就不可能持久，甚至可能偏离正确的方向。发动群众和组织群众，就是引导和启发

---

① 《中国共产党中央委员会关于建国以来党的若干历史问题的决议》，人民出版社 1981 年版，第 48 页。

广大群众的自觉性与主动性；只有广大群众有了觉悟和有了热情并行动起来的时候，才能把各项工作做好。

坚持群众路线，就是要坚持人民是决定我们前途命运的根本力量；坚持群众路线，就是要坚持全心全意为人民服务的根本宗旨；坚持群众路线，就是要保持党同人民群众的血肉联系；坚持群众路线，就是要真正让人民群众来评判我们的工作。

在改革开放和现代化建设的新形势下，坚持党的群众路线，具有十分重大的意义。推进党的作风建设，核心是保持党同人民群众的血肉联系。我们党的最大政治优势是密切联系群众，党执政后的最大危险是脱离群众。在任何时候任何情况下，都必须坚持党的群众路线，坚持全心全意为人民服务的宗旨，把实现人民群众的利益作为一切工作的出发点和归宿。为此，要坚持反对和防止腐败。不坚决惩治腐败，党同人民群众的血肉联系就会受到严重损害，党的执政地位就会有丧失的危险，党就有可能走向自我毁灭。最大多数人的利益和全社会全民族的积极性创造性，对党和国家事业的发展始终是最具有决定性的因素。在我国社会深刻变革、党和国家事业快速发展的进程中，妥善处理好各方面的利益关系至关重要。

第三章　社会基本矛盾与社会形态

生产力和生产关系、经济基础和上层建筑之间的矛盾是人类社会的基本矛盾。社会基本矛盾理论是马克思主义理论体系中的重要内容，在马克思主义理论体系中占有十分重要的地位。这两对矛盾存在于一切社会形态之中，贯穿于每一个社会形态的始终，决定着其他一切社会矛盾，是推动社会发展的基本动力，决定着整个社会的面貌、社会的基本结构、社会制度的性质、社会发展的必然阶段和客观趋势，决定着社会形态的划分和发展，为历史进步及其评价尺度提供了理论依据。这两对矛盾也是人们在社会实践中需要经常解决的矛盾。

一、社会结构和社会基本矛盾

人类社会是一个巨系统，包括许多要素，各要素之间有着复杂的联系。社会结构就是组成人类社会的要素及其联系和关系。社会结构概念是从静态角度研究人类社会各要素之间的联系和关系。可以根据研究社会的本质及其发展规律的实际需要，从不同角度划分和研究社会结构。本章重点从构成人类社会的经济领域、政治领域和意识领域三大领域，研究社会的基本结构，即社会的经济结构、社会的政治结构和社会的意识结构。

（一）社会的经济结构

在马克思主义的历史观和经济学说中，经济结构这个概念有广义的和狭义的两种界说。广义的经济结构是指生产方式的结构，包括生产力结构和生产关系结构两个方面；狭义的经济结构，或者单指生产力结构，或者单指生产关系结构。马克思在《〈政治经济学批判〉序言》中说："生产关系的总和构成社会的经济结构"①，就是指狭义的经济结构。马克思在《资本论》第3卷中说："生产的承担者同自然的关系以及他们互相之间的关系，他们借以进行生产的各种关系的总体，就是从社会经济结构方面来看的社会。"②"生产的承担者同自然的关系"即生产力；生产的承担者"互相之间的关系"即生产关系，这两个方面的"关系的总体"，就是社会的经济结构，这是广义的经济结构。本章从广义上使用经济结构概念。

（二）社会的政治结构

社会的政治结构是指建立在社会的经济结构之上的政治法律设施、政治法律制度及其相互关联的方式，包括政党、政权机构、军队、警察、法庭、监狱和关于政权的组织形式以及立法、司法、宪法的规程等。其中国家政权和领导国家政权的政党是社会的政治结构的核心。

（三）社会的意识结构

社会意识指社会的精神生活过程，它具有复杂而精微的结构，由诸多因素和层次构成。从反映社会存在的程度和特点来看，社会意识包括社会心理和思想体系；从各种思想体系由于对经济基础的关系不同和

---

① 《马克思恩格斯文集》第2卷，人民出版社2009年版，第591页。
② 《马克思恩格斯文集》第7卷，人民出版社2009年版，第927页。

反映社会存在的方式不同，可以分为意识形态和非意识形态两类；从社会历史主体的范围来看，可以分为个体意识和群体意识。（1）社会心理和思想体系。社会心理是社会意识的低级层次，它是特定阶级、民族、社会阶层和个人，在日常生活和交往中自发形成的、不定型、不系统的社会意识，表现在人们的情感、情绪、愿望、要求、风俗、习惯、传统、自发倾向和社会风气等等之中。思想体系是社会意识的高级层次，亦称社会意识形式，它以相对稳定的形式反映社会存在，具有抽象化、系统化的特性。（2）意识形态和非意识形态。属于意识形态范围的思想体系，包括政治思想、法律思想、道德、宗教、艺术、哲学和绝大部分社会科学，它们是上层建筑的重要组成部分，反映特定的经济基础并为之服务，在阶级社会里具有一定的阶级性。属于非意识形态范围的思想体系，包括自然科学、语言学、逻辑学等。它们不是特定经济基础的反映，其自身没有阶级性，可以一视同仁地为各个阶级和各种经济基础服务。（3）个体意识和群体意识。个体意识是社会成员的个人意识，其内容主要有社会成员个人的自我意识和个人对其生活于其中的社会环境和自然环境的反映的对象意识。不同个人的个体意识千差万别，各具特点，个性鲜明而丰富。群体意识是指各种社会群体的意识，其内容是群体的自我意识和群体对其所处社会关系的反映的对象意识。人类的社会群体是复杂多样的，群体意识也是复杂多样的，有家庭意识、集体意识、团体意识、阶层意识、阶级历史、政党意识、民族意识、人类整体意识等。不同的群体意识具有不同的特点，同时彼此之间又相互包含、相互渗透，形成错综复杂的联系。

　　社会的经济结构、政治结构和意识结构这三个层次之间的相互关系，构成人类社会的两对矛盾。社会的经济结构中的生产力和生产关系之间构成一对矛盾，即生产力和生产关系之间的矛盾；占统治地位的生产关系作为社会的经济基础与社会的政治结构和社会的意识结构中的意识形态部分构成一对矛盾，即经济基础和上层建筑之间的矛盾。这两对矛盾就是社会的基本矛盾。这两对矛盾不是互相孤立、互相平行的，而是互相制约、有主次之分的。首先，由于生产力决定生产关系，一种在社会中占主导地位的生产关系作为社会的经济基础又决定上层建筑，所以生产力和生产关系之间的矛盾对于经济基础和上层建筑之间的矛盾起着主导的作用。这种主导作用表现为生产力和生产关系之间的矛盾的性质和状况决定着经济基础和上层建筑之间的矛盾的性质和状况。当生产关系适合生产力的性质和发展要求时，上层建筑也适合经济基础的发展要求；当生产关系由生产力的发展形式变为生产力发展的桎梏时，上层建筑与经济基础的变革要求之间就发生尖锐的矛盾；当生产力冲破旧生产关系的束缚、确立了新生产关系的时候，旧上层建筑的各个部分也或快或慢地被新的上层建筑所代替，形成在新的条件下的经济基础与上层建筑之间的矛盾。由此可见，上层建筑和经济基础之间的矛盾根源于生产力和生产关系之间的矛盾。其次，由于生产关系对生产力有反作用，上层建筑对经济基础有反作用，所以生产力和生产关系之间的矛盾的解决，又有赖于上层建筑和经济基础之间的矛盾的解决。当生产关系阻碍生产力的发展、上层建筑阻碍经济基础的变革的时候，革命阶级就应该首先制造革命舆论，组织革命队伍，发动社会革命，消灭旧的国家政权，建立新的国家政权，从而使新的生产关系得以确立或建立起来，使新的上层建筑适合新的经济基础的发展要求，这就解放了生产力，解决了生产力与生产关系之间的矛盾。由此可见，上层建筑和经济基础之间的矛盾的解决，制约着生产力和生产关系之间的矛盾的解决。

既然上层建筑和经济基础之间的矛盾根源于生产力和生产关系之间的矛盾，生产力和生产关系之间的矛盾比经济基础和上层建筑之间的矛盾更根本，为什么不只把生产力和生产关系之间的矛盾作为社会基本矛盾，而把两对矛盾都作为社会基本矛盾呢？这是因为：首先，社会存在和社会意识的关系问题是历史观的基本问题、最高问题。社会存在和社会意识这对范畴，是历史唯物主义体系中两个最大、最普遍的范畴。这对范畴主要包括生产力、生产关系（经济基础）、上层建筑三个要素。这三个要素所构成的生产力和生产关系之间的矛盾、经济基础和上层建筑之间的矛盾，都应该是人类社会的基本矛盾。如果认为只有生产力和生产关系之间的矛盾是人类社会的基本矛盾，把经济基础和上层建筑之间的矛盾排除在外，社会基本矛盾就只涉及社会存在，而没有涉及社会意识，这就把人类社会的基本矛盾和历史观的基本问题、最高问题分割开了。这显然是不妥当的。其次，生产关系必须适合生产力性质的规律、上层建筑必须适合经济基础发展要求的规律，是人类社会发展的基本规律。这两条基本规律是由生产力和生产关系之间的矛盾运动、经济基础和上层建筑之间的矛盾运动形成的。如果认为只有生产力和生产关系之间的矛盾是人类社会的基本矛盾，把经济基础和上层建筑之间的矛盾排除在外，社会基本矛盾就只涉及生产关系必须适合生产力性质的规律，没有涉及上层建筑必须适合经济基础发展要求的规律，这就把人类社会的基本矛盾和人类社会发展的基本规律分割开了。这显然也是不妥当的。再次，生产力和生产关系之间的矛盾，只涉及人们之间的物质关系与物质生产力之间的矛盾，没有涉及人们的物质关系与思想关系之间的矛盾。而历史唯物主义的基本原理和基本方法，是把社会关系分成物质关系和思想关系，把物质关系即生产关系看作决定其余一切关系的基本的原始的关系，同时又把生产关系归结于生产力的发展水平。如果认为只有生产力和生产关系之间的矛盾是人类社会的基本矛盾，把经济基础和上层建筑之间的矛盾排除在外，那么从人类社会的基本矛盾就不能说明物质关系决定思想关系的历史唯物主义的基本方法。这种把人类社会的基本矛盾与历史唯物主义的基本方法分割开来的观点，显然更是不妥当的。综上所述，把生产力和生产关系之间的矛盾、经济基础和上层建筑之间的矛盾这两对矛盾作为人类社会的基本矛盾，就把社会的基本矛盾、历史观的基本问题、社会发展的基本规律、历史唯物主义的基本方法一致起来了，使历史唯物主义体系的各个部分之间互相协调。

生产力和生产关系之间的关系、经济基础和上层建筑之间的关系，是阶级社会社会结构的骨架。这种阶级社会的基本社会结构，是否能够用于分析和说明无阶级的原始社会的社会结构，是长期没有解决的一个理论上的难题。有些学者对此持否定态度。马克思、恩格斯晚年在《家庭、私有制和国家的起源》、《古代社会史笔记》（又称《人类学笔记》或《民族学笔记》）等著作中解决了这个问题。

恩格斯在 1884 年写的《家庭、私有制和国家的起源》第一版"序言"中，论述了人类社会存在和发展的基础。他认为，根据唯物主义观点，历史中的决定性因素，归根结底是直接生活的生产和再生产。生产本身又有两种："一方面是生活资料即食物、衣服、住房以及为此所必需的工具的生产；另一方面是人自身的生产，即种的繁衍。一定历史时代和一定地区内的人们生活于其下的社会制度，受着两种生产的制约：一方面受劳动的发展阶段的制约，另一方面受家庭的发展阶段的制约。"① 恩格斯认为，劳动即物质生产和人自身的生产的社会关系在历史发展的不同阶段起不同的作用，劳动越不发展，劳动产品的数量、从而社会的财富越受限制，社会制度就越在较大程度上受血族关系的支配。然而，在以血族关系为基础的这种社会结构中，劳动生产率日益发展起来；与此同时，私有制和交换、财产差别、使用他人劳动的可能性，从而阶级对立的基础等新的社会成分，也日益发展起来。这就使各种社会关系代替血族关系而对社会制度起了支配作用。这就是说，在恩格斯看来，在原始社会，其他的社会关系很薄弱，可以说血族关系也是唯一的社会关系，社会制度在较大程度上受血族关系的支配，这种血族关系不仅支配着人自身的发展，是人自身生产的生产关系，而且支配着物质生产，也是物质生产的生产关系。这种状况是由生产力的发展水平低下决定的。这说明，生产力决定生产关系的原理，也适用于无阶级的原始社会。

马克思在其晚年写的《古代社会史笔记》中认为，氏族社会的家庭属于社会的经济基础，其亲属制度则属于社会的上层建筑。亲属制度随着家庭制度的变化而变化，就意味着上层建筑随着经济基础的变化而变化。摩尔根在《古代社会》一书中说："这种亲属制度和古老形式的氏族组织，通常是一起被发现的。家庭是一种能动的要素，它从来不是静止不动的，而是由较低级的形式进到较高级的形式。反之，亲属制度却是被动的；它把家庭经过一个长久时期所发生的进步记录下来，并

---

① 《马克思恩格斯文集》第 4 卷，人民出版社 2009 年版，第 15—16 页。

且只有当家庭已经根本变化了的时候，它才发生根本的变化。"① 马克思在读摩尔根的《古代社会》一书的笔记中摘录了这段话，并且补充说："同样，政治的、宗教的、法律的以至一般哲学的体系，都是如此。"②这表明，马克思认为阶级社会的经济基础和上层建筑相互关系的原理，也适用于说明无阶级的氏族社会的社会结构。英国历史学家格罗持否定血缘关系是氏族制度的基础，认为氏族只是观念地有一个共同的祖先，"根本的结构和观念的基础在一切氏族中都是相同的"。马克思在读摩尔根《古代社会》一书的笔记中予以辛辣地讽刺："不是观念的，是物质的，用德语说是肉欲的！"③ 马克思的意思是说，血缘关系是一种物质的社会关系，属于氏族制度的经济基础，而关于氏族的观念，则属于氏族制度的上层建筑。这也表明，马克思认为阶级社会的经济基础和上层建筑相互关系的原理，也适用于说明无阶级的氏族社会的社会结构。

二、生产力和生产关系之间的矛盾

（一）生产力系统

生产力是人类利用自然、改造自然、从自然界获取物质资料的能力，生产力范畴反映的是人与自然之间的物质变换关系。生产力的要素或成分，按照一定的比例和形式结合起来，形成生产力的整体功能，就构成生产力系统。现代生产力系统包括四类要素：

第一，独立的实体性因素。这是以物质实体形式相对独立存在的因素，包括劳动者、劳动资料和劳动对象。劳动者包括体力劳动者和脑力劳动者。劳动资料亦称劳动手段，它包括复杂的内容。生产工具是劳动资料的主要内容，是生产力发展水平的主要标志。在现代化生产

---

① 《马克思恩格斯全集》第 45 卷，人民出版社 1985 年版，第 353 页。
② 《马克思恩格斯全集》第 45 卷，人民出版社 1985 年版，第 354 页。
③ 《马克思恩格斯全集》第 45 卷，人民出版社 1985 年版，第 503 页。

中，生产的动力系统、自动控制系统和信息传递系统，在劳动资料中占有重要的地位。劳动对象是劳动过程中被加工的东西。劳动对象分为两大类：一类是天然的劳动对象，如矿藏、原始森林、江河湖海里非人工养的鱼、空气等等；另一类是经过劳动加工的劳动对象，如做衣服用的布，织布用的棉纱，纺纱用的棉花，炼油厂用的原油，炼钢用的铁，等等。经过劳动加工的劳动对象叫原料，劳动资料和劳动对象合称生产资料。

第二，运筹性的综合因素。这类因素包括分工协作、经营管理、预测决策等。其作用在于通过对生产力系统的其他要素的选择、调动、处置、匹配等手段，在数量和比例上做到合理结合，从而形成生产力的整体功能。

第三，渗透性因素。这类因素主要指自然科学。自然科学在应用于现实的生产过程之前，并不形成现实的生产力，只有把它应用于现实的生产过程之中，渗透到生产力的其他各类要素中去，才能转化为现实的生产力。

第四，准备性因素。这类因素主要指教育。教育本质上属于上层建筑，它是为经济基础服务的。但教育可以通过培养人才，为生产力的继承和发展做准备，因此把它称为生产力系统中的准备性因素。

马克思主义十分重视科学技术在生产上的作用，认为生产力中也包括科学，科学在工艺上的应用赋予生产以科学的性质。邓小平总结了新的科技革命以来生产发展的新趋势和新经验，继承并发展了马克思主义关于科学技术是生产力的观点，提出"科学技术是第一生产力"的著名论断。

（二）生产关系体系

生产关系指人们在物质生产过程中结成的经济关系。它包括三项内容：（1）生产资料的所有制形式；（2）人们在生产中的地位及其相互关系；（3）产品的分配方式。这三项内容相互联系、相互制约，形成生产关系体系，其中生产资料所有制形式起决定作用，它是整个生产关系的基础，主要表现在以下几个方面：

第一，生产资料所有制形式是生产劳动得以进行的前提。要进行生产劳动，必须具备劳动者和生产资料两项因素，而且二者在彼此分离的情况下无法进行生产劳动，只有二者以一定的方式结合起来，才能进行生产劳动。而劳动者与生产资料结合的社会形式，就是生产资料所有制形式。原始公有制的、奴隶制的、封建制的、资本主义的和共产主义的生产资料所有制形式，就是劳动者和生产资料相结合的五种主要社会形式。

第二，生产资料所有制形式决定整个生产关系的性质。与历史上依次经历的五种生产资料所有制形式相适应，有五种性质不同的生产关系。它们可以分为两大类型：一类是以生产资料公有制为基础的生产关系，包括原始公有制的生产关系和共产主义公有制的生产关系；另一类是以生产资料私有制为基础的生产关系，包括奴隶制的生产关系、封建制的生产关系和资本主义的生产关系。此外，还有劳动者个人占有生产资料的个体小生产的生产关系，它不能成为独立形态的生产关系，而是依附于当时占统治地位的生产关系。

第三，生产资料所有制形式决定人们在生产中的地位及其相互关系。在生产资料公有制中，由于劳动者平等地共同占有生产资料，因而在劳动过程中人与人之间的关系是平等的，没有人剥削人的现象。在奴隶制、封建制、资本主义制等生产资料私有制中，由于生产资料掌握在少数剥削者手里，广大被剥削者没有或者只有很少的生产资料，因而生产的指挥权和管理权掌握在少数剥削者及其代理人手中，广大劳动者无权参加管理，受到各种形式的剥削和压迫。在劳动者个人占有生产资料的个体小生产的生产关系中，劳动者个人既是生产者又是管理者，劳动和管理都是比较简单的，二者是合为一体的。

第四，生产资料所有制形式决定产品的分配方式。生产和生产资料的所有制形式，对产品的分配方式起决定作用。马克思指出："分配的结构完全决定于生产的结构。分配本身是生产的产物，不仅就对象说是如此，而且就形式说也是如此。就对象说，能分配的只是生产的成果，就形式说，参与生产的一定方式决定分配的特殊形式，决定参与分配的形式。"① 这说明生产资料所有制形式不同，产品的分配方式也就不同。

（三）生产关系必须适合生产力性质的规律

生产力决定生产关系，生产关系反作用于生产力，生产力和生产关系之间的矛盾运动，这三项内容构成生产关系必须适合生产力性质的规律。这是人类社会发展最基本、最普遍的规律，它存在于一切社会形态之中，对一切社会形态的发展都起着重要作用。

1. 生产力决定生产关系

生产力和生产关系之间的矛盾是物质生产过程的内部矛盾，其中生产力是矛盾的主要方面，生产关系是矛盾的次要方面，生产力对生产关系起决定作用。这种决定作用表现在以下两个方面：

第一，生产力的性质决定生产关系的性质。一定的生产力要求一定的生产关系与它相适应，生产力的性质不同，建立起来的生产关系也就不同。一定的生产关系只能依据一定的生产力发展水平建立起来，任何生产关系都是一定生产力发展的必然结果。例如，在原始社会，生产力水平极低，人们使用极其简陋的石木工具，从事捕鱼、狩猎、采集等生产活动。在这种情况下要想获得生活资料，就必须采取集体劳动的形式。这就决定了社会成员共同占有生产资料、平均分配产品的原始公有制的生产关系。

第二，生产力的发展变化决定生产关系的改变。既然生产力的性质决定生产关系的性质，那么，如果生产力发生了某些量的变化，生产关系也必然随之发生某些局部的调整；如果生产力的根本性质发生了变化，生产关系的整体性质就必然会随之发生变化。历史上，生产关系的每一次变革，都是由生产力的发展引起的。原始社会末期，随着生产力的发展，出现了社会分工和剩余产品，使私人占有生产资料成为可能，

---

① 《马克思恩格斯文集》第 8 卷，人民出版社 2009 年版，第 19 页。

原来的生产资料集体占有制就被生产资料私人占有制所取代。但是当时的生产力水平仍然很低，劳动者只能提供少量的剩余产品，只有采取最残酷的奴隶制剥削形式，才能从他人劳动中榨取剩余产品，所以就产生了奴隶制的生产关系。以后封建制生产关系代替奴隶制生产关系，资本主义生产关系代替封建制生产关系，社会主义生产关系代替资本主义生产关系，都是生产力发展到一定阶段引起的。

生产力的发展变化引起生产关系的改变，是不以人的主观意志为转移的客观过程。马克思指出："无论哪一个社会形态，在它所能容纳的全部生产力发挥出来以前，是决不会灭亡的；而新的更高的生产关系，在它的物质存在条件在旧社会的胎胞里成熟以前，是决不会出现的。"① 理论界把马克思这段话称为"两个决不会"原理。这个原理是说，一种生产关系的消灭，另一种生产关系的产生，都是以生产力发展的一定程度为基础的。一种生产关系，当它还能使生产力以较快的速度发展时，是决不会灭亡的。在没有具备一定程度的生产力发展水平以前，新的更高的生产关系是决不会建立起来的；即使在某种情况下强行建立起来了，也是不巩固的，而且起不到推动生产力发展的作用。只有生产力发展到相应的程度，才能巩固起来，其间要经历不少艰难和曲折。这是已被我国社会主义改造和社会主义改革所证明了的客观真理。

"两个决不会"原理告诉我们，生产关系不适合生产力性质有两种情况。一种情况是，落后的生产关系不适合生产力性质、阻碍生产力的发展。应该通过社会变革，消灭这种落后的生产关系，建立适合生产力性质和发展要求的新的生产关系，以解放生产力，促进生产力的发展。生产关系不适合生产力的性质还有另一种情况，即人为地使生产关系"超越"生产力的发展水平，从而阻碍生产力的发展，造成生产力的停滞、倒退以致破坏。这种情况，一般是在无产阶级夺取政权以后发生的。列宁在苏联 1921 年由军事共产主义政策改行新经济政策前后，曾经总结了俄国在军事共产主义时期，生产关系"超越"生产力发展水

---

① 《马克思恩格斯文集》第 2 卷，人民出版社 2009 年版，第 592 页。

平的教训；我国在改革开放的新时期，也通过总结改革开放前搞"穷过渡"、"割资本主义尾巴"、"跑步进入共产主义"等"超越"生产力发展阶段的教训。

生产力的发展引起生产关系的改变是一种客观过程，但却不是纯粹自发的过程，而是自发过程与人的自觉活动的统一。当新的生产关系在旧社会内部逐渐孕育成熟，或新生产关系的物质存在条件基本具备的时候，人们就会或是通过革命，或是通过改革的方式，消灭旧的生产关系，建立或确立新的生产关系。

2.生产关系反作用于生产力

生产关系虽然是被生产力性质决定的，但它对生产力的发展不是消极被动的，而是具有巨大的反作用。这种反作用表现为两种情况：第一，适合生产力性质和发展要求的先进的生产关系，促进生产力的发展；第二，不适合生产力性质和发展要求的落后的生产关系，阻碍生产力的发展。其促进与阻碍的程度，又以适合与否的程度而定。

对于适合生产力性质和发展要求的先进的生产关系促进生产力的发展，要有正确理解。它并不是说，只要先进的生产关系一经建立，生产力就会自然而然地向前发展了；而只是说，先进的生产关系能为生产力的发展开辟道路、扫清障碍、提供可能性，要使这种可能性成为现实，还需要根据生产力发展的客观规律，选择适当的经济体制，采取正确的方针政策和各项发展生产的有效措施，否则生产力还是不能得到较快的发展。

对于不适合生产力性质和发展要求的落后的生产关系阻碍生产力的发展，也要辩证的理解，不能绝对化。这里所说的不适合，只是"基本不适合"，并不是没有任何适合的部分或方面，而且只要一种社会制度没有被推翻，虽然统治阶级不可能通过这种社会制度本身从根本上解决生产力和生产关系之间的矛盾，但它能对生产关系和上层建筑做某些局部的调整，使其在一定程度上适合生产力的性质和发展要求，从而推动生产力有某种程度的发展。

生产力决定生产关系，生产关系反作用于生产力，就是生产力和生产关系之间的辩证关系。这种辩证关系从连续的动态过程来看，就是生产力和生产关系之间的矛盾运动。

3. 生产力和生产关系之间的矛盾运动

生产力和生产关系之间的矛盾，在生产发展的不同阶段具有不同的情况。在一种生产关系产生和确立起来以后的一段时间内，它与生产力的性质和发展要求是基本适合的，促进生产力以前所未有的速度向前发展。虽然这时生产力和生产关系之间也有矛盾，但不会引起生产关系的根本变革。当生产力发展到一定程度，原来的生产关系逐渐变得陈旧，它与生产力的性质和发展要求变得基本不适合，从而阻碍生产力的发展时，就要求变革旧的生产关系，建立或确立新的生产关系。而新的生产关系一旦产生和确立起来，就又出现了生产关系和生产力性质与发展要求之间在新的基础上的基本适合，开始了生产力和生产关系之间的新的矛盾运动。生产关系和生产力性质与发展要求之间这种由基本适合到基本不适合，再到新的基础上的基本适合，是一个川流不息、万古常新的螺旋式上升的循环过程，每一次这样的循环，都把人类社会提高到一个新的阶段。

生产关系必须适合生产力性质的规律，是无产阶级政党制定正确的路线、方针、政策的理论依据。正确理解和运用这个规律，对于我国正在进行的改革开放和社会主义现代化建设，具有重大的指导意义。我国社会主义初级阶段实行以公有制为主体、多种所有制经济共同发展的基本经济制度，就是以这一规律为理论依据的。

三、经济基础和上层建筑之间的矛盾

（一）经济基础

经济基础是指一个社会中占统治地位的生产关系各个方面的总和，即生产资料所有制形式、各种不同的社会集团在生产中的地位及其相互关系、产品分配方式三个方面的总和。马克思在《〈政治经济学批判〉

序言》中指出："这些生产关系的总和构成社会的经济结构，即有法律的和政治的上层建筑竖立其上并有一定的社会意识形式与之相适应的现实基础。"① 经济基础和生产关系是两个术语，但内容相同。相对于生产力而言，叫生产关系；相对于上层建筑而言，占统治地位的生产关系叫经济基础。

（二）上层建筑

上层建筑是与经济基础相对应的范畴，指社会的政治、法律、艺术、道德、宗教、哲学等意识形态以及与这些意识形态相适应的政治法律制度和设施的总和，分为政治上层建筑和观念上层建筑两部分。政治上层建筑亦称实体性上层建筑，指政治法律制度以及军队、警察、法院、监狱、政府机关等设施，以及与之相适应的一套组织。观念上层建筑又称思想上层建筑，包括政治、法律、艺术、道德、宗教、哲学等各种服务于统治阶级的意识形态。相对于政治上层建筑以"有形"的实体的形式存在来说，观念上层建筑是非物质实体形态的"无形"存在。

政治上层建筑与观念上层建筑之间既互相区别，又互相依赖、互相渗透、互相作用、互相转化。首先，观念上层建筑决定政治上层建筑。政治上层建筑是在一定的意识形态指导下建立起来的，是统治阶级的有意识的行动的产物，它随观念上层建筑的变化而变化。正是从这个意义上说，我们把政治上层建筑看作是观念上层建筑的物质附属物或物质设施。其次，政治上层建筑一旦形成又会成为一种强大的、既成的物质力量，反过来影响观念上层建筑。例如，社会主义政治法律制度建立起来以后，就广泛地宣传马克思主义，用科学的世界观、人生观和价值观武装人们的头脑。在上层建筑各种因素中，政治居于主导地位；在阶级社会里，国家政权和领导国家政权的政党是上层建筑的主要组成部分。国家是阶级矛盾不可调和的产物和表现，是统治阶级压迫被统治阶级的工具。随着阶级的消灭，国家也将随之消亡。

---

① 《马克思恩格斯文集》第 2 卷，人民出版社 2009 年版，第 591 页。

（三）上层建筑必须适合经济基础发展要求的规律

经济基础决定上层建筑，上层建筑反作用于经济基础，经济基础和上层建筑之间的矛盾运动，这三项内容构成上层建筑必须适合经济基础发展要求的规律。

1. 经济基础决定上层建筑

经济基础和上层建筑之间的矛盾，是人类社会的一对内部矛盾。在这对矛盾中，经济基础是矛盾的主要方面，起着决定作用；上层建筑是矛盾的次要方面，处于被支配地位。经济基础对上层建筑的决定作用表现在以下两个方面：

首先，经济基础决定上层建筑的产生和上层建筑的性质。任何上层建筑都不是凭空建立起来的，而是在一定经济基础之上产生的。经济基础是上层建筑的物质根源，上层建筑是适应经济基础的需要产生的。一定的上层建筑，是一定经济基础的反映和表现。所以经济基础的性质决定上层建筑的性质，有什么样的经济基础，就必然有什么样的上层建筑与之相适应。恩格斯指出："每一时代的社会经济结构形成现实基础，每一个历史时期的由法的设施和政治设施以及宗教的、哲学的和其他的观念形式所构成的全部上层建筑，归根到底都是应由这个基础来说明。"[1] 例如，在原始社会，由于人们在经济上没有剥削和被剥削的关系，在政治上也就没有统治和被统治的关系。在奴隶社会、封建社会和资本主义社会，由于在经济上存在着剥削和被剥削的关系，在政治上和意识形态上就存在着统治和被统治的关系。在经济上占统治地位的阶级，在上层建筑领域也居于统治地位。在将来，在经济上剥削和被剥削的关系消灭以后，在政治上也就会不再存在统治与被统治的关系。

其次，经济基础的变化决定上层建筑的变化。一定社会的经济基础不是凝固不变的，而是随着生产力的发展不断变化的。当某一社会的经济基础发生某些局部变化时，上层建筑也要相应地发生局部变化；而

---

[1] 《马克思恩格斯文集》第9卷，人民出版社2009年版，第29页。

当经济基础发生根本变革，即旧经济基础被新经济基础代替时，旧的上层建筑也必然被新的上层建筑所代替。然而，在新的上层建筑代替旧的上层建筑的过程中，上层建筑的各个部分并不是随着经济基础的变化而立即变化或消灭的，而是变化和消灭得有快有慢、有迟有早，国家政权、政治法律制度变化得最早最快，道德、艺术、宗教、哲学等意识形态，变化得较晚较慢，而哲学则变化得最慢。

恩格斯在《反杜林论》的"暴力论"中批判杜林的历史唯心主义观点时，从多方面论证了经济基础对上层建筑的决定作用。

第一，通过分析经济对政治的"基础性"地位，阐明经济基础对上层建筑的决定作用。首先，把重大的政治事件看作历史上起决定作用的东西这种观念，是一种支配整个历史观的古老观念，它使人们看不到人民群众创造历史的作用。这种观念虽然被法国复辟时代的历史学家所动摇，但很多人对此毫无所知。其次，经济利益是目的，政治暴力仅仅是达到经济利益的手段。目的比用来达到目的的手段具有大得多的"基础性"。同样，在历史上，关系的经济方面比政治方面具有大得多的"基础性"。再次，私有财产是由于经济的原因而产生的，是由于经济关系和交换关系发生了变化，是为了提高生产和促进交换。在这里，暴力没有起任何作用。因为在掠夺者能够用暴力占有他人的财产以前，私有财产的制度必须是已经存在了；暴力虽然可以改变占有状况，但是不能创造私有财产本身。最后，在资产阶级革命中市民等级之所以能够战胜封建贵族，是由经济状况决定的，而不是由政治状态决定。在革命前，就政治状况来说，封建贵族拥有一切，市民等级一无所有；可是就经济状况来说，那时市民是国家重要的阶级，而封建贵族已经丧失了他们的全部社会职能。资产阶级革命不是使经济状况适应政治状态，而是相反，把陈腐的封建废物抛开，并造成使新的经济状况能够存在和发展的政治状态。

第二，通过分析政治暴力工具对经济状况的依赖，阐明经济基础对上层建筑的决定作用。首先，政治暴力不是单纯的意志行为，它要求具备各种实现暴力作用的非常现实的前提，特别是工具即武器，其中较完善的战胜较不完善的。其次，这些工具即武器必须是生产出来的，所以同时也可以说是较完善的暴力工具的生产者战胜较不完善的暴力工具的生产者。暴力的胜利是以武器的生产为基础的，而武器的生产又是以整个生产为基础的，因而是以经济力量、经济状况，以可供暴力支配的物质手段为基础的。总之，在任何时候和任何地方，都是经济条件和经济上的权力手段帮助政治暴力取得胜利，没有它们，暴力就不成其为暴力。

第三，通过分析政治权力与经济发展的关系，阐明经济基础对上层建筑的决定作用。首先，一切政治权力开始都是以某种经济的、社会的职能为基础的，随着社会成员由于原始公社的瓦解而变为私人生产者，因而同社会公共职能执行者更加疏远，这种权力不断得到加强。其次，"政治权力在对社会独立起来并且从公仆变为主人以后，可以朝两个方向起作用。或者它按照合乎规律的经济发展的精神和方向发生作用，在这种情况下，它和经济发展之间没有任何冲突，经济发展加快速度。或者它违反经济发展而发生作用，在这种情况下，除去少数例外，它照例总是在经济发展的压力下陷于崩溃"。① 恩格斯还以一个民族对另一个民族的征服为例，说明政治权力的作用受经济发展程度的制约。他指出，"由比较野蛮的民族进行的每一次征服，不言而喻，都阻碍了经济的发展，摧毁了大批的生产力。但是在长时期的征服中，比较野蛮的征服者，在绝大多数情况下，都不得不适应由于征服而面临的比较高的'经济状况'；他们被征服者所同化，而且多半甚至不得不采用被征服者的语言"，这说明"经济发展总是毫无例外地和无情地为自己开辟道路"。②

2. 上层建筑反作用于经济基础

上层建筑是被经济基础决定的，但它不只是消极地反映和适应经济基础，上层建筑一经建立起来，就对经济基础发生巨大的反作用。这

---

① 《马克思恩格斯文集》第 9 卷，人民出版社 2009 年版，第 190 页。
② 《马克思恩格斯文集》第 9 卷，人民出版社 2009 年版，第 191 页。

种反作用集中表现为它是为经济基础服务的。当一定社会的经济基础是先进的经济基础的时候，这一社会的上层建筑就帮助它确立、巩固和发展，从而促进生产力的发展，推动社会的进步；当这一社会的经济基础变为腐朽落后的经济基础的时候，这一社会的上层建筑就极力维护它，妄图使它免于灭亡，这时它就阻碍生产力的发展和社会的进步。由此可见，上层建筑反作用的性质（指它是起进步作用还是起反动作用），不是由它自身决定的，而是由它为之服务的经济基础的性质决定的。

因为上层建筑是为经济基础服务的，所以在阶级社会里，任何一个统治阶级，为了巩固和维护自己在经济上的统治地位，总是要建立和加强自己在上层建筑领域的统治地位。而被统治阶级为了推翻旧的经济基础，确立、巩固和发展新的经济基础，也总是首先在上层建筑领域发动革命。而最根本的是要推翻旧的国家政权，建立新的国家政权。由此可见，经济上的解放只有通过政治上的革命才能实现。

经济基础决定上层建筑，上层建筑反作用于经济基础，就是经济基础和上层建筑之间的辩证关系。这个辩证关系从连续不断的过程来看，就是经济基础和上层建筑之间的矛盾运动。

3. 经济基础和上层建筑之间的矛盾运动

在一个社会的上升时期，上层建筑与经济基础是基本适合的，这时二者之间虽然也有矛盾，但这种矛盾可以在这个社会制度本身的范围内通过调整上层建筑不适合经济基础的部分加以解决。当这个社会发展到没落时期，上层建筑与经济基础基本不适合了，这种矛盾就不能通过这种社会制度本身得到解决，需要通过先进阶级的革命，消灭旧的经济基础和上层建筑，建立或确立新的经济基础和上层建筑，才能从根本上加以解决，而新的经济基础和上层建筑一旦建立或确立起来，上层建筑和经济基础之间就达到了新的基础上的基本适合，开始了上层建筑和经济基础之间的新的矛盾运动。上层建筑和经济基础之间这种由基本适合到基本不适合，再到新的基础上的基本适合，与生产力和生产关系的关系一样，也是一个川流不息、万古常新的螺旋式上升的循环过程，而每一次这样的循环，都把人类社会推进到一个较高的阶段。

上层建筑必须适合经济基础发展要求的规律，也是人类社会发展的普遍规律，它在一切社会形态中都存在和起作用。这个规律是无产阶级政党制定正确的路线、方针、政策的理论依据，正确理解和运用这个规律，对于我国正在进行的经济体制改革和政治体制改革以及其他方面的改革，具有重大的指导意义。

四、社会形态的划分

人类社会是一个内容极其丰富、结构极其复杂的巨系统，在其各种要素的相互联系、相互作用下，社会发展往往呈现出不同的发展阶段和社会类型。社会形态概念就是反映社会发展各个大的阶段和社会类型的结构和特点的概念。人们可以根据实践的需要，从不同角度、依据不同标准、运用不同方法划分社会发展大的阶段和社会类型，主要有五种社会形态划分法、三种社会形态划分法和技术社会形态划分法。

（一）五种社会形态划分法

五种社会形态划分法是以生产关系性质为标准的划分方法。马克思、恩格斯根据历史发展过程中生产关系的不同性质，把人类历史划分为原始社会、奴隶社会、封建社会、资本主义社会和共产主义社会（社会主义社会是它的第一阶段）五种依次更替的社会形态。马克思的五种社会形态划分理论，是就全世界历史范围而言的，而不是说无论哪一个国家和民族不管其具体的历史情况如何，都要依次经历五种社会形态。但就全世界的范围来看，五种社会形态是由低级到高级更替的。我国理论界有些学者，认为马克思、恩格斯从来没有提出过五种社会形态划分理论，五种社会形态划分理论是斯大林1938年在《论辩证唯物主义和历史唯物主义》中提出来的。这不符合历史事实。五种社会形态划分理论，是马克思、恩格斯在19世纪40年代中期提出并在70年代末至80年代最后完成的，其间经历了艰苦卓绝的理论探索过程。我们可以毫不夸张地说，五种社会形态划分理论存在于马克思、恩格斯一系列有代表性的著作之中。马克思、恩格斯在《德意志意识形态》、《共产党宣言》、《雇佣劳动与资本》、《〈政治经济学批判〉序言》、《资本论》、《反杜林论》、《家庭、私有制和国家的起源》等著作中，都论述了五种社会形态划分和依次更替的理论。①

（二）三种社会形态划分法

三种社会形态划分法是马克思在《1857—1858 年经济学手稿》中明确提出的。他说："人的依赖关系（起初完全是自然发生的），是最初的社会形式，在这种形式下，人的生产能力只是在狭小的范围内和孤立的地点上发展着。以物的依赖性为基础的人的独立性，是第二大形式，在这种形式下，才形成普遍的社会物质变换、全面的关系、多方面的需要以及全面的能力的体系。建立在个人全面发展和他们共同的、社会的生产能力成为从属于他们的社会财富这一基础上的自由个性，是第三个阶段。第二个阶段为第三个阶段创造条件。"② 在这里，马克思根据作为社会主体的人的发展状况，把人类历史划分为人的依赖性社会、物的依赖性社会、个人全面发展的社会三种依次更替的社会形态。这三种社会形态是分别由历史上存在的三种宏观的经济运行形式，即自然经济、商品经济、产品经济决定的。以这三种宏观的经济运行形式为基础，形成自然经济社会、商品经济社会、产品经济社会在历史上依次更替的三种社会形态。这两个三种社会形态的序列是内在统一的：人的依赖性社会即自然经济社会，物的依赖性社会即商品经济社会，个人全面发展的社会即产品经济社会。所谓三种社会形态划分法，就是指这两个序列的社会发展三大阶段的划分法。

---

① 参见赵家祥：《全面把握马克思主义的社会形态划分理论》，《中国延安干部学院学报》2016 年第 3 期。
② 《马克思恩格斯全集》第 30 卷，人民出版社 1995 年版，第 107—108 页。

（三）三种社会形态划分法和五种社会形态划分法的关系

三种社会形态划分法和五种社会形态划分法，都是马克思、恩格斯提出来的，它们各自从不同的角度和不同的侧面说明了人类历史发展的进程和社会发展阶段的划分，共同揭示了人类社会发展的一般规律。二者在马克思主义体系中的作用是互补的，而不是互相排斥的，而且这两种划分法在本质上是统一的。人的依赖性社会或自然经济社会包括原始社会、奴隶社会、封建社会三种社会形态；物的依赖性社会或商品经济社会在马克思、恩格斯的著作中指的就是资本主义社会，中国的社会主义初级阶段也属于商品经济社会；个人全面发展的社会或产品经济社会，则指的是马克思、恩格斯设想的未来的社会主义社会和共产主义社会。

我们在承认三种社会形态划分法和五种社会形态划分法在本质上是统一的前提下，也要看到二者之间的区别。二者的区别主要表现在以下几个方面：

第一，五种社会形态划分法是以生产关系的性质为标准把人类历史划分为五种不同的社会形态，而三种社会形态划分法则是以劳动者和劳动的客观条件的关系为标准把人类历史划分为三种不同的社会形态。劳动者和劳动的客观条件在较低的形式上结合在一起的社会，是人的依赖性社会或自然经济社会；劳动者和劳动的客观条件相分离的社会，是物的依赖性社会或商品经济社会；劳动者和劳动的客观条件在更高的形式上结合在一起的社会，是个人全面发展的社会或产品经济社会。五种社会形态划分法不能直接说明劳动者与劳动的客观条件之间的这种关系。

第二，三种社会形态划分法根据个人与共同体的关系的变化说明三大社会形态的依次更替。在人的依赖性社会或自然经济社会，共同体分为两种情况：一种是原始共同体，包括氏族公社、农村公社、家长制大家庭等等；另一种是原始共同体解体后产生的派生的共同体，如手工业行会、商业行会、各种会所等。每个人都生活在一定的共同体之中，是共同体的一员，受共同体的束缚，离开共同体便无法生存。在物的依赖性社会或商品经济社会，上述各种共同体都已经解体，个人摆脱了对共同体的依赖，不再受共同体的约束，表面上好像是获得了自由，但这种自由不是真实的，而是虚假的，因为他们又陷入了对阶级、国家等虚假的共同体的依赖，受这种虚假的共同体的统治。在个人全面发展的社会或产品经济社会，人们建立了"自由人联合体"这种真正的共同体，在这种真正的共同体中，每个人的发展成了一切人发展的条件，个人获得了真正的自由，能够全面发展自己的天赋和才能。五种社会形态划分法不能直接说明个人与共同体之间的这种关系。

第三，三种社会形态划分法把财富的尺度作为区分不同的社会形态的依据之一。在物的依赖性社会或商品经济社会，劳动时间是财富的尺度。而在个人全面发展的社会或产品经济社会，财富的尺度不再是劳动的时间，而是可以自由支配的时间，社会的个人的需要将成为必要劳动时间的尺度，生产将以所有的人的富裕为目的，社会生产力的发展将更加迅速，可以自由支配的时间将会大大增加，因而所有的人都将得到自由而全面的发展。在个人全面发展的社会或产品经济社会，由于生产力的发展和社会财富的增加，个人在物质生产领域也获得了自由。个人在物质生产领域和其他一切社会领域都获得了自由的时候，就实现了从必然王国向自由王国的飞跃。这是五种社会形态划分法所没有涉及的。

第四，三种社会形态划分法的重点在于具体考察和分析物的依赖性社会或商品经济社会的形成、特点、本质及其发展规律和必然导致自身灭亡的过程，揭示了物与物之间的关系所掩盖的人与人之间的社会关系和商品经济的拜物教性质。马克思在《资本论》及其手稿中，通过考察和分析商品生产中私人劳动和社会劳动之间的矛盾，商品的使用价值和交换价值之间的矛盾，生产商品的抽象劳动和具体劳动之间的矛盾，由商品到货币再到资本的转化，以及剩余价值转化为利润，剩余价值率转化为利润率，利润转化为平均利润，利润率转化为平均利润率，利润分割为产业利润、商业利润、地租和利息，最后是资本——利润、土地——地租、劳动——工资三位一体的总公式，深刻地揭示出资本主义社会在物与物和人与物的表面的关系下掩盖着的人与人之间的社会生产关系，即资本家与雇佣工人之间的剥削与被剥削关系，以及资本家对工人的剥削程度，从而深刻地说明了资本主义商品经济的不合理性和对工人剥削的残酷性，揭示出物的依赖关系和商品经济的拜物教性质，论证了资本主义的内在矛盾必然导致它自身扬弃自身、自身消灭自身。这个特点是五种社会形态划分法不能直接说明的。

第五，三种社会形态划分法把榨取剩余劳动的形式的不同，作为区分原始共同体解体后产生的三大文明形式的依据。这三大文明形式是指五种社会形态划分法中的奴隶社会、封建社会和资本主义社会。马克思在《资本论》第1卷中指出："使各种经济的社会形态例如奴隶社会和雇佣劳动的社会区别开来的，只是从直接生产者身上，劳动者身上，榨取这种剩余劳动的形式。"① 马克思在《资本论》第3卷中又说："资本的文明面之一是，它榨取这种剩余劳动的方式和条件，同以前的奴隶制、农奴制等形式相比，都更有利于生产力的发展，有利于社会关系的发展，有利于更高级的新形态的各种要素的创造。"② 三种社会形态划分理论的这个特点，是五种社会形态划分法不能直接显示出来的。

（四）技术社会形态划分法及其与经济的社会形态划分法的关系

五种社会形态和三种社会形态都是直接或间接以生产关系性质为标准划分的，因而都属于经济的社会形态范畴。除此之外，我们还可以以生产力和技术发展水平以及与此相适应的产业结构为标准来划分社会发展阶段和社会类型。这样划分出来的社会形态，我们把它称之为技术社会形态。换句话说，技术社会形态就是以生产力和技术发展水平以及与此相适应的产业结构为标准划分的社会形态。人类社会从古至今依次经历的石器时代、铜器时代、铁器时代、蒸汽时代、电气时代、电子时代等，就是对技术社会形态的划分。我们还可以从另外一个角度来考察

---

① 《马克思恩格斯文集》第5卷，人民出版社2009年版，第251页。
② 《马克思恩格斯文集》第7卷，人民出版社2009年版，第927—928页。

这几个时代。在石器时代，人们靠捕鱼狩猎为生，主要的产业是渔业和狩猎业，因而可以把这个时代称为渔猎社会。在铜器时代和铁器时代，农耕有了很大的发展，农业在产业结构中占了主导地位，因而可以称之为农业社会。在蒸汽时代和电气时代，机器大工业有了很大发展，工业在产业结构中占了主导地位，因而可以称之为工业社会。在电子时代，信息技术和信息产业在技术体系和产业结构中占了主导地位，因而可以称之为信息社会。这样，人类历史从古至今就有了一个技术社会形态的序列：渔猎社会——农业社会——工业社会——信息社会。

经济的社会形态与技术社会形态既有相吻合的一面又有不相吻合的一面。历史唯物主义认为，生产力决定生产关系，因而以生产力和技术发展水平以及与此相适应的产业结构为基本标志的技术社会形态，是以生产关系性质为基本标志的经济的社会形态的物质技术基础。这是经济社会形态与技术社会形态相吻合的一面。以中国古代史为例，石器时代是原始社会，青铜器时代是奴隶社会，铁器时代是封建社会。马克思主义经典作家也曾经从经济的社会形态与技术社会形态相吻合的角度划分社会发展阶段。马克思在《哲学的贫困》一书中说："手推磨产生的是封建主的社会，蒸汽磨产生的是工业资本家的社会。"① 列宁赞同克尔日扎诺夫斯基的小册子《俄国电气化的基本任务》中所用的题词："蒸汽时代是资产阶级的时代，电的时代是社会主义的时代。"②

历史唯物主义又认为，不能把生产力对生产关系的决定作用绝对化。生产关系除去受生产力的发展水平决定之外，还受其他许多社会因素的制约和影响。于是出现了经济的社会形态与技术社会形态不相吻合的情况。这种情况，在一系列生产力落后、经济文化不发达的国家走上社会主义道路以后，表现得尤为明显。在当代世界范围内，我们可以看到这样一种错综复杂的图景：在相同的生产力和技术发展水平的条件下，即在相同的技术社会形态的基础上，不同国家生产关系的性质可能

---

① 《马克思恩格斯文集》第 1 卷，人民出版社 2009 年版，第 602 页。
② 《列宁全集》第 38 卷，人民出版社 1986 年版，第 117 页。

是不同的，因而可能形成不同的经济的社会形态，如苏联和美国、中国和印度，就属于这种情况；在不同的生产力和技术发展水平的条件下，即在不同的技术社会形态的基础上，不同国家的生产关系的性质又可能是相同的，因而可能形成相同的经济的社会形态，如经济发达的资本主义国家和经济不发达的资本主义国家就属于这种情况；生产力和技术发展水平较高的国家，即技术社会形态较高的国家，其经济的社会形态可能处于较低的阶段，而生产力和技术发展水平较低的国家，即技术社会形态较低的国家，在特定的历史条件下，其经济的社会形态又可能处于较高的阶段，如当今中国生产力和技术的发展水平与西欧、北美、日本等发达国家相比，还有一定的差距（中国的经济总量已居世界第二位，但按人口平均还居于世界中位），但这些发达国家仍然停留在资本主义发展阶段，中国却已经进入了社会主义初级阶段。

从上面的论述可以清楚地看出，技术社会形态划分法和技术社会形态序列的划分，从一个侧面反映了人类历史发展的过程，信息社会作为技术社会形态序列发展的一个阶段，反映了信息技术和信息产业在当代技术体系和产业结构中所占的主导地位。无论从人类历史的发展来看，还是从现代科学技术发展的实际情况来看，在历史唯物主义体系中补充技术社会形态这个概念和技术社会形态划分法的条件都已成熟。但令人遗憾的是，我国出版的许多马克思主义哲学教材和历史唯物主义教材，包括一些最近出版的很有权威的马克思主义哲学教材，至今仍然没有写进技术社会形态这个概念和技术社会形态划分法，这也从一个侧面反映了我国理论研究和教学实际不能及时吸收理论研究的新成果这种状况。近几十年来，"农业社会"、"工业社会"、"信息社会"这些概念，在我国已经成为使用频率极高、人们耳熟能详的概念，但在马克思主义理论体系中，却没有给它们一个适当的位置。因此，应该在马克思主义哲学教科书中补充技术社会形态这个概念和技术社会形态划分法，在马克思主义理论体系中缺少技术社会形态这个概念和技术社会形态划分法的状况再也不能延续下去了。

五、社会形态的发展

（一）社会形态的发展是自然历史过程

马克思在《资本论》第 1 卷第一版"序言"中说："我的观点是把经济的社会形态的发展理解为一种自然史的过程。不管个人在主观上怎样超脱各种关系，他在社会意义上总是这些关系的产物。同其他任何观点比起来，我的观点是更不能要个人对这些关系负责的。"① 马克思这句话是说，人类社会的发展或者说社会形态的演变也像自然界一样，是客观的、物质的、辩证的过程，具有不依人的意志为转移的客观规律性。同时又应该看到，人类的活动是有意识、有目的的。正是人类有意识、有目的的实践活动，构成了人类社会的历史，形成了人类社会历史的发展规律。社会历史规律不是别的，就是人的社会活动的规律。那么究竟如何说明社会历史规律的客观性和人的自觉活动之间的关系呢？亦即如何把承认人的自觉活动在社会发展中的作用和承认社会形态的发展是一种自然历史过程这二者统一起来呢？列宁指出：马克思、恩格斯所用的方法"就是从社会生活的各种领域中划分出经济领域，从一切社会关系中划分出生产关系，即决定其余一切关系的基本的原始的关系"。又说："只有把社会关系归结于生产关系，把生产关系归结于生产力的水平，才能有可靠的根据把社会形态的发展看做自然历史过程。"② 为什么呢？

第一，因为每一代人在社会上开始活动时，所遇到的都是现成的生产力和生产关系，任何人都不能自由地选择生产力和生产关系。马克思在 1846 年 12 月 28 日致安年科夫的信中指出："人们不能自由选择自己的生产力——这是他们的全部历史的基础，因为任何生产力都是一

---

① 《马克思恩格斯文集》第 5 卷，人民出版社 2009 年版，第 10 页。

② 《列宁专题文集　论辩证唯物主义和历史唯物主义》，人民出版社 2009 年版，第 158—159、161 页。

种既得的力量，是以往的活动的产物。可见，生产力是人们应用能力的结果，但是这种能力本身决定于人们所处的条件，决定于先前已经获得的生产力，决定于在他们以前已经存在、不是由他们创立而是由前一代人创立的社会形式。"又说："人们能否自由选择某一社会形式呢？决不能。在人们的生产力发展的一定状况下，就会有一定的交换［commerce］和消费形式。在生产、交换和消费发展的一定阶段上，就会有相应的社会制度形式、相应的家庭、等级或阶级组织，一句话，就会有相应的市民社会。有一定的市民社会，就会有不过是市民社会的正式表现的相应的政治国家。"① 马克思、恩格斯在《德意志意识形态》中说："历史的每一阶段都遇到一定的物质结果，一定的生产力总和，人对自然以及个人之间历史地形成的关系，都遇到前一代传给后一代的大量生产力、资金和环境，尽管一方面这些生产力、资金和环境为新的一代所改变，但另一方面，它们也预先规定新的一代本身的生活条件，使它得到一定的发展和具有特殊的性质。"② 这就是说，每一代人开始其社会生活时，总是遇到并接受前人传给他们的生产力和生产关系，把前人生活的终点作为自己生活的起点，每一代人遇到什么样的生产力和生产关系，是不能自由选择的，即是不以他们的意志为转移的。而且这种既得的生产力和生产关系，还预先规定了这一代人的生活方式和活动方式，使他们的生活方式和活动方式具有特殊的性质。

第二，人们不能自由地选择生产力和生产关系，这并不是说他们不可以按照自己的目的和需要去改变原有的生产力和生产关系。但是，人们按照自己的目的和需要所从事的各种社会活动将引起什么样的社会结果，自己是意识不到的。这是因为，这种社会结果是由各个个人和各种社会力量相互作用所形成的"合力"造成的。每一个个人和每一种社会力量在形成这种"合力"时都起了作用，但是历史的发展却又不以任何个人和任何一种社会力量的意志为转移。每一个个人和每一种社会

---

① 《马克思恩格斯文集》第 10 卷，人民出版社 2009 年版，第 43、42—43 页。
② 《马克思恩格斯文集》第 1 卷，人民出版社 2009 年版，第 544—545 页。

力量都具有偶然性，但由这些个人和社会力量的相互作用所形成的"合力"即社会结果却体现了历史必然性。列宁在《唯物主义和经验批判主义》一书中，把这个思想讲得非常透彻。他指出："在世界经济中，每一个生产者都意识到自己给生产技术带来了某种变化，每一个货主都意识到他在用一些产品交换另一些产品，但是这些生产者和货主都没有意识到，他们这样做是在改变着社会存在。在资本主义的世界经济中，即使有 70 个马克思也不能把握住所有这些错综复杂的变化的总和；至多是发现这些变化的规律，在主要的基本的方面指出这些变化及其历史发展的客观的逻辑。所谓客观的，并不是指有意识的生物的社会（即人的社会）能够不依赖于有意识的生物的存在而存在和发展……，而是指社会存在不依赖于人们的社会意识。你们过日子、经营事业、生儿育女、生产物品、交换产品等等，这些事实形成事件的客观必然的链条、发展的链条，这个链条不依赖于你们的社会意识，永远也不会为社会意识所完全把握。"① 这就是说，每个个人的活动都是有意识有目的的，每个个人都能意识到他们的活动将引起什么样的社会变化，但所有这些个人的活动所形成的"客观必然的链条、发展的链条"，将发生什么样的变化，他们是意识不到的，是不以他们的意志为转移的。马克思主义的"合力论"思想，最清楚、最令人信服地说明了为什么人的活动是有意识、有目的的自觉活动，而这种自觉活动所形成的社会历史及其发展规律却是客观的、不以人的意志为转移的。

第三，把社会关系归结于生产关系，把生产关系归结于生产力的水平，就是认为生产力决定生产关系，生产关系作为社会的经济基础又决定上层建筑，这是历史发展中的唯物主义因果决定论，或称历史决定论。马克思、恩格斯的历史决定论把物质决定意识这个一般的唯物主义基本原理，应用于研究人类社会历史，明确了在社会历史领域里什么是物质的东西，什么是精神的东西，什么是客观的东西，什么是主观的东

---

① 《列宁专题文集　论辩证唯物主义和历史唯物主义》，人民出版社 2009 年版，第 110—
111 页。

西，什么是本原的东西，什么是派生的东西，说明在社会历史领域里，也是物质的东西决定精神的东西，客观的东西决定主观的东西，社会存在决定社会意识，从而建立起历史唯物主义的基本原理，从根本上说明了社会形态的发展是一种自然历史过程。

（二）历史发展的决定性与选择性

历史发展的决定性是指历史决定论，历史发展的选择性是指主体选择的作用。历史唯物主义的历史决定论，是一种承认社会历史发展具有客观规律性、必然性和因果制约性的理论。它是建立在唯物主义和辩证法基础上的决定论，既不同于机械决定论，也不同于唯心主义的决定论。它认为社会历史的发展具有不依人的意志为转移的客观规律性，又反对人在客观规律面前无能为力的宿命论观点。它是以作为历史主体的人的实践活动为基础的能动的决定论。主体选择是指作为历史主体的人，从自身的需要和知识结构、经验、技能出发，根据历史的客观条件和发展趋势确定自己行为的方式和方向的活动。承认历史决定论和承认主体选择的作用是一致的，人们对社会历史发展的客观规律的揭示，正是为探寻作为历史主体的人的选择活动开辟广阔的天地，使人的主体特性能得以更自由、更充分的发挥，从而以日益合乎客观规律的活动，更加自觉地创造自己的历史。由此可见，承认历史决定论和承认主体选择的作用是一致的、不矛盾的。二者之间的关系主要表现在以下几个方面：

首先，在人类社会中有许多规律同时存在和起作用，一个规律的作用总要受到其他规律作用的影响，使各个规律的作用受到一定程度的干扰。这样，就使各个社会历史规律的具体表现形式具有多样性和一定程度的不确定性。例如，生产力决定生产关系、经济基础决定上层建筑、社会存在决定社会意识的规律，并不是说每一种生产关系都完全适合生产力，每一种上层建筑都完全适合经济基础，每一种社会意识都完全适合社会存在。而只是说，生产关系总是随着生产力的变化而变化，上层建筑总是随着经济基础的变化而变化，社会意识总是随着社会存在的变化而变化；适合生产力发展的生产关系，适合经济基础发展的上层建筑，适合社会存在发展的社会意识，不是自发地形成的，而是通过人的选择建立起来的。这就给人们对生产关系的选择、上层建筑的选择、社会意识的选择留下了余地，而这种选择归根结底又不能违背生产力、经济基础、社会存在的发展要求，如果违背了，终归要失败。

其次，在历史唯物主义的决定论看来，社会规律所揭示的社会过程之间的内在联系，不是单义决定的线性因果关系，而是或然决定的非线性因果关系，因此，规律对人们的活动所提供的往往不是一种可能性，而是由多种可能性组成的可能性空间。在这多种可能性空间中，究竟哪一种可能性得以实现，在客观条件既定的情况下，取决于主体的自觉活动，取决于主体的选择，取决于不同主体之间的相互关系。例如价值决定价格的规律，由于价格不仅受价值决定，还受供求关系等多种社会因素的影响，所以具有同一价值的商品在出售时就可能有多种不同的价格，商品购买者购买哪一种价格的这种商品，就取决于主体的选择。由于具有同一价值的商品，可能在市场上出售时形成不同的价格，这样，人们在制定价格政策、规定商品价格上就有了主动性和选择的余地。在一定历史条件下，不同主体往往有不同的选择，而究竟哪些或哪个主体的选择得以实现，则取决于不同主体之间的选择是否符合历史发展方向，取决于不同主体之间的力量对比。

再次，每一种可能性的实现又有多种多样的形式，即多种多样的模式和途径。人们对于具体模式和途径的选择，可以表现出巨大的能动性。这些具体的模式和途径在实现主体的目的和符合客观规律的程度上会有所差别，甚至可能迥然不同或截然相反。然而被实现的可能性只有一个，即变为现实的可能性只有一个。实现的这一可能性是否是主体目的的最佳模式，取决于主体对客观规律认识的正确程度和自身能动性发挥的程度。选择则是主体发挥能动作用关键的一环，这一环节集中体现了人的自主、自律和自由。主体选择的千差万别，使历史呈现千姿百态、绚丽多彩；主体选择的得失成败、良莠并存，使历史过程迂回曲折、进退交替，使不同国家和民族的历史发展有快有慢、有优有劣。能够进行选择是人类的伟大之所在，是人类无穷无尽的创造力之所在，是人类成为万物之灵的突出表现。人类的选择可能正确，也可能错误。正确的选择会给人类带来快乐和幸福，错误的选择会给人类带来痛苦和灾难。因此，我们要慎重地进行选择，要对自己的选择负责。在任何时候都不能因为我们有选择能力而忘乎所以，陶醉于我们对动物、对自然界以及对自己同类的胜利。我们的选择能力任何时候都要受到客观条件的制约，受到我们的实践能力的制约，受到我们的认识水平的制约，受到我们的意志、情感等非理性因素的制约，特别是受到利益的制约。这些主客观条件是我们的选择永远不可能超越的前提。

最后，主体选择与客观规律的接近和符合，是人们在认识和实践中长期而艰难的探索过程，是人们的认识和实践不断深入和提高的过程，是人们不断发现真理和修正错误的过程。人们探索的时期越长，探索的范围越广，认识和实践的水平越高，人的选择和客观规律相符合的程度就越大，成功的机率就越多，实践的结果就越令人满意。恩格斯指出："我们所研究的领域越是远离经济，越是接近于纯粹抽象的意识形态，我们就越是发现它在自己的发展中表现为偶然现象，它的曲线就越是曲折。如果您画出曲线的中轴线，您就会发现，所考察的时期越长，所考察的范围越广，这个轴线就越是接近经济发展的轴线，就越是同后者平行而进。"① 意识形态与经济发展的关系如此，主体选择与客观规律的关系也是如此。例如，我国对经济体制改革目标的选择，就经过了长期的艰苦的探索过程。改革开放以前我国实行的是高度集中统一的计划经济体制。这种经济体制虽然当时起过积极作用，却又有许多弊端。为了改变这种旧的经济体制，建立新的经济体制，先是提出"计划经济为主，市场经济为辅"的原则，后又相继提出"公有制基础上的有计划的商品经济"、"计划与市场内在统一的经济"、"计划经济与市场经济相结合"的原则，直到1992年党的十四次全国代表大会才明确提出"我国经济体制改革的目标是建立社会主义市场经济体制"，党的第十八次全

① 《马克思恩格斯文集》第10卷，人民出版社2009年版，第669页。

国代表大会又进一步提出"使市场在资源配置中起决定性作用和更好发挥政府作用"。这种选择符合市场经济是社会发展不可逾越的阶段这一客观规律。至于适合中国国情的社会主义市场经济体制的完善，恐怕需要更长期、更艰苦的探索。

（三）社会形态发展的统一性和多样性

不同国家、不同民族在历史发展过程中具有不同的特点，在经济、政治、文化发展上都有自己民族的特色，各国的历史可以说是千差万别的。这是社会历史发展的多样性。同时，不同国家、不同民族的历史又具有共同性、普遍性，即具有共同的、普遍的发展规律。这是社会历史发展的统一性。从社会历史发展的统一性与多样性的结合上研究社会形态及其发展规律，是马克思主义社会形态理论的一条重要的方法论原则，只有从这条方法论原则出发，才能科学地把握社会形态发展的规律，正确认识社会形态发展的历史过程，正确解决社会形态发展过程中的现实问题。

1. 社会形态发展的统一性

社会形态发展的统一性包括横向和纵向两个方面的内容。所谓社会形态发展的横向统一性，从经济的社会形态的角度看，是指处于同一社会形态的不同国家的历史发展具有共同性、普遍性。就五种社会形态划分而言，指具有大致相同的生产关系体系和大致相同的上层建筑；就三种社会形态划分而言，指具有大致相同的经济运行形式和人的发展状况。换句话说，虽然各国的历史具体情况千差万别，但凡是具有大致相同的生产关系体系和上层建筑的国家，或具有大致相同的经济运行形式和人的发展状况的国家，都属于同一种经济的社会形态。从技术社会形态划分的角度看，社会形态发展的统一性，是指处于同一种技术社会形态的国家具有大致相同的技术发展水平和产业结构。换句话说，凡是具有大致相同的技术发展水平和产业结构的国家，都属于同一种技术社会形态。我们研究各国社会历史，就是要透过千差万别的复杂现象，揭示出社会历史发展过程的统一性，把握社会形态发展的规律性。

所谓社会形态发展的纵向统一性，从五种社会形态划分的角度看，是指各个国家和民族的历史，在一般情况下，按其自然历史发展过程，大致都应从低级到高级依次经历原始社会、奴隶社会、封建社会、资本主义社会、共产主义社会（社会主义社会是它的第一阶段）五种社会形态。从三种社会形态划分的角度看，是指各个国家和民族都依次经历自然经济社会或人的依赖性社会、商品经济社会或物的依赖性社会、产品经济社会或个人全面发展的社会三大社会形态。从技术社会形态划分的角度看，是指各个国家和民族，按其自然历史过程，一般都应依次经历渔猎社会、农业社会、工业社会、信息社会等发展阶段。

2.社会形态发展的多样性

社会形态发展的统一性并不意味着各个国家和民族历史的发展都按照同一个模式、同时同步地进行，它仅仅指明各个国家和民族的历史发展过程的共同性质、一般规律、客观必然性等等，并没有概括它们各自历史发展的全部内容，不能反映它们各自历史的全部变化和细节，不能说明它们彼此之间的各种区别。为了具体说明各个国家和民族的历史，就既要研究社会形态发展的统一性，又要研究社会形态发展的多样性。下面主要从五种社会形态划分的角度说明社会形态发展的多样性。

第一，虽然各个国家和民族的历史，按照自然发展过程，大都依次经历一些相同的社会形态，但是，处于同一社会形态的不同国家和民族的历史，除去具有共同性外，又具有各自的特点。换言之，各国、各民族在经历某种社会形态时，其经济制度、政治制度、意识形态等方面各有自己的特点，不存在一个简单的模式，而是多样化的。相同的经济基础由于无数不同的经验的事实，如自然条件、种族关系、各种从外部发生作用的历史影响等等，而在现象上显示出无穷无尽的变异和程度差别。例如，同样是奴隶社会，中国的家庭奴隶制就和古希腊的生产奴隶制不同。中国的中央高度集权的封建制度，也与欧洲各国诸侯各霸一方、国王权力极弱的封建社会不同。同样是资本主义社会，英国是君主立宪制，美国则为联邦制的共和制，日本则是天皇制的国家。

第二，虽然一般说来，各个国家按照自然发展过程，在历史上依次经历了大致相同的社会形态，但是，并非一切国家在每一个社会形态中都发展得很典型。由于各个国家所处的自然条件和社会历史条件不同，受外界因素的影响不同，各国历史前进的过程不可能是整齐划一的，而是不平衡的。某一国家在某个社会形态中，发展得比较典型；在另一种社会形态中，则可能成为落伍者，发展得不够典型。各个国家在不同的社会形态中所具有的典型意义是不同的。如果说古代希腊和罗马是奴隶制社会形态发展的典型，近代英法两国是资本主义社会形态发展的典型，那么中国则是封建社会形态发展的典型。

第三，人类社会在由低级的社会形态向高级的社会形态转变时，所采取的过渡形式各有特点。例如，从封建社会向资本主义社会过渡，法国 1789 年的资产阶级大革命最为典型，反封建最为彻底，而德国和日本向资本主义过渡主要是通过改良的办法，反封建不彻底，过渡不典型。已经取得社会主义胜利的国家，由资本主义社会向社会主义社会过渡的形式也不尽相同。列宁指出："由于开始向建立社会主义前进时所处的条件不同，这种过渡的具体条件和形式必然是而且应当是多种多样的。地方差别、经济结构的特点、生活方式、居民的素质、实现这种或那种计划的尝试，——所有这些都必定会在国家这个或那个劳动公社走向社会主义的途径的特点上反映出来。"① 俄国十月社会主义革命采取的是城市武装起义的道路，通过剥夺剥夺者的办法建立社会主义的经济制度。中国的新民主主义革命采取的则是农村包围城市、建立农村革命根据地、最后夺取城市的道路。新民主主义革命胜利以后，对官僚资本主义通过剥夺的政策，对民族资本主义通过赎买的政策，对个体小生产通过合作化的道路，建立起社会主义的经济制度。

不同国家和民族社会形态转变的多样性，还表现在某些国家和民族，由于特殊的历史条件，在一个社会形态向另一个社会形态转变的过程中，可能"跨越"某一个或某几个社会形态。五种社会形态的依次更替是就全世界范围而言的，它的创始人和后继者，从来没有认为任何国

① 《列宁全集》第 34 卷，人民出版社 1985 年版，第 140 页。

家和民族，不论其具体条件如何，都必须毫无例外地依次经历五种社会形态。历史上出现的"跨越"现象，不仅不违背五种社会形态依次更替的规律，反而是以这个规律为前提的。换言之，离开世界范围内五种社会形态依次更替的规律，就无法理解和说明"跨越"现象。例如，美国之所以"跨越"奴隶社会和封建社会两个社会形态，由原始社会直接过渡到资本主义社会，是以西欧资本主义文明的成果为基础的，没有西欧殖民主义者的入侵并把西欧资本主义文明带进美洲，当地的土著民族是根本不可能直接跳跃到资本主义社会的。中国的藏、彝、鄂伦春等少数民族之所以能"跨越"几个社会形态，直接进入社会主义初级阶段，是以中华民族的绝大多数人口都已进入社会主义初级阶段为前提的，没有中国其他地区的生产力发展水平做基础，它们是不可能直接进入社会主义初级阶段的。因此，不能用历史上存在的"跨越"现象否认在世界范围内五种社会形态依次更替的规律。

第四，在每一个社会形态中，都具有占主导地位的生产力、生产关系、上层建筑，又有过去遗留下来的不占主导地位的生产力、生产关系、上层建筑的残余，而且在它发展的一定阶段上，还会产生出新的社会的生产关系和上层建筑的萌芽或因素，而在较大的多民族国家中，在同一时期内，不同民族有时又处于不同的社会形态。为了掌握某一国家在某一社会形态中的全面情况，就必须既研究这一社会形态中占主导地位的生产力、生产关系、上层建筑，又研究这一社会形态中不占主导地位的生产力、生产关系和政治组织、意识形态。任何一个社会形态都不是孤立的、静止的，而是处于发展变化的过程中，处于同其他社会形态相联系的历史发展的链条中，只有全面考察存在于某一国家的某一社会形态中的各种因素及其交互作用，对纵横交错的矛盾运动之网进行全面分析，才能把握住这个国家的社会发展状况，把这个国家所处的社会形态看作运动发展中的活生生的社会有机体。

3. 社会形态发展的统一性和多样性的辩证统一

社会形态发展的统一性和多样性，不是彼此孤立、互相排斥的，而是辩证地结合在一起的。社会形态发展的多样性是社会形态发展的统一性的表现形式，社会形态发展的统一性存在于社会形态发展的多样性之中。社会形态发展的统一性，体现了历史发展的重复性、一般性、客观规律性、历史必然性，是一个体现矛盾普遍性的概念。社会形态发展的多样性，体现了历史发展的个别性、具体性、偶然性，是一个体现矛盾特殊性的概念。社会形态发展的统一性和多样性的统一，就是历史发展中矛盾的普遍性和矛盾的特殊性的辩证统一。一方面，社会形态发展的统一性通过社会形态发展的多样性而存在，正如矛盾的普遍性通过矛盾的特殊性而存在一样。社会形态发展的统一性，不是单调的统一，而是建立在社会形态发展多样性基础上的统一性。社会形态发展的统一性，正是通过多样化的形态为自己开辟道路的，通过多样化的发展实现自身的。另一方面，矛盾的特殊性中总是包含着矛盾的普遍性，社会形态的现实表现是丰富多样的，在现实世界中，没有抽象的普遍的社会形态，而只有具体的特殊的社会形态。这种多样化不是历史发展的变态，而是历史发展的常态。同时，社会形态发展的多样性中又蕴含着统一性。研究社会形态发展的规律，就是通过社会形态发展的多样性，揭示社会形态发展的统一性。只看到社会形态发展的多样性，看不到这种多样性中存在的统一性，就会否认社会发展的客观规律性，把历史看作杂乱无章的偶然现象的堆积。

把握住社会形态发展的统一性和多样性，才能科学地认识历史时代的特点。历史时代是在世界范围内，以当时社会形态的主导趋势来划分历史发展阶段的一个综合性概念。在一定时期里，哪种社会形态走在世界历史的前面、居于世界历史的主导地位、代表世界历史的发展方向，是区分历史时代的主要标志。例如，在 17 世纪，英国爆发了资产阶级革命，建立了高于封建社会形态的资本主义社会形态，就标志着世界历史进入了资本主义时代，在我国通称近代。在一定时期里，世界历史发展的总趋势、总潮流，是划分历史时代的一个重要标志。例如，俄国通过十月革命在世界上建立了第一个社会主义国家，开辟了人类历史的新纪元，使人类历史进入了帝国主义和无产阶级革命的时代，在我国通称现代。俄国的十月革命，代表了世界历史发展的总趋势、总潮流，因而成了划分历史时代的标志之一。虽然在 20 世纪 80 年代末 90 年代初，苏联解体，东欧剧变，社会主义处于低潮，但十月革命所开辟的人类历史从资本主义到社会主义过渡的总趋势、总潮流，是没有改变的。从大时代来看，或者说从长时段来看，现在世界历史仍然处于从资本主义到社会主义过渡的时代。我之所以把列宁所说的帝国主义和无产阶级革命的时代，改为从资本主义到社会主义过渡的时代，主要是因为从资本主义过渡到社会主义既可能采取革命的形式，也可能采取包括和平过渡在内的其他的过渡形式。在阶级社会中，哪个阶级居于中心地位，代表历史发展的方向，也是区分历史时代的一个重要标志。例如在 19 世纪 30—40 年代，资产阶级开始转变为腐朽反动的阶级，无产阶级以独立的政治力量登上了历史舞台，展开了反对资本主义制度的斗争，因而成了时代的中心，决定了时代的主要特征和历史发展的主要方向。从大时代来看，或者说从长时段来看，从资本主义过渡到社会主义，就是当今时代的主要特征和历史发展的主要方向。确定历史时代这个范畴及其划分的标志，有助于人们把个别国家历史发展中脱离常规的某些特殊的、例外的情况，与世界历史发展的一般规律统一起来；有助于人们认清历史发展的基本潮流和基本趋势，不为历史发展的某些暂时现象和曲折乃至倒退所迷惑；有助于人们正确认识当代资本主义世界发生的新变化、新特点，坚持社会主义和共产主义最终必然胜利的信念。

六、历史进步及其评价尺度

随着现代社会的快速发展，人类普遍感到社会变革潮流的巨大冲击，因而历史进步问题逐渐成为理论界高度关注的热点。但什么叫历史进步？什么是历史进步的代价以及如何正确进行代价选择？什么是历史进步的评价尺度以及如何正确掌握和运用历史进步的评价尺度？这些都是历史进步理论中分歧很大的问题。为了正确理解和把握这些问题，我们要根据马克思、恩格斯的著作，结合历史发展和现时代的特点对这些问题进行深入研究，作出准确阐释。

（一）历史进步概念的内涵

历史进步是一个晚近出现的观念。虽然这一观念在古代社会已有萌芽，但是在整个古代思想中，无论是东方还是西方，历史进步的观念均不占主导地位。与此相反，人们普遍地把记忆中的过去看作是人类的黄金时代，而把人类的现有境况看成是一种堕落和倒退。历史进步观念乃是近代以来产生的观念，培根、笛卡尔从人类的认识和控制实践能力的提高入手，为历史进步作了初步论证之后，在牢固树立历史进步观念方面贡献最多的，首推18世纪法国启蒙学派。崇尚理性，相信教育和启蒙的作用，并以此作为历史不断进步的保障，是法国启蒙学派的历史进步观的核心内容。马克思、恩格斯批判地继承了法国启蒙学派关于历史进步的观念，创立了历史唯物主义的历史进步观。马克思指出："进步这个概念决不能在通常的抽象意义上去理解"。[①] 以马克思、恩格斯有关历史进步的思想为指导，纵观人类历史发展的全过程，我们可以把历史进步概念的内涵概括为以下几个方面。

第一，历史进步是向前向上的运动。作为一种向前向上的历史运动，历史进步既不是历史的重复循环，也不是历史的停滞后退，而是人类自身不断发展、不断前进的总体趋势和过程。在这一过程中，起决定作用的力量，是人类创造历史的实践活动。从满足人的基本生存需要开始，人类自始至终从事着物质生产实践活动。在物质生产实践活动过程中，一方面，人确立了自身生产发展的物质基石，亦即生产力和社会制度的成果，为自身的发展聚集了强大的物质基础；另一方面，在这一过程当中人类也开发了自身的各方面的潜能和特质，使自身的能力，包括认知能力、审美能力和道德实践能力等等，不断获得提升和发展。由于人的实践能力和目的指向的永无停歇性，人类不断地追求着自身生活的幸福和完善，推动着历史不断进步。

第二，历史进步是曲折的反复的过程。在对历史进步的理解中，

---

① 《马克思恩格斯文集》第8卷，人民出版社2009年版，第34页。

存在着一种极端乐观主义的思想观念，认为历史发展过程既不会出现任何波折和反复，也不会发生任何曲折和错位。然而，这样一种神秘主义的抽象历史进程是根本不存在的，人类历史的进步总是在波折、反复甚至是倒退回旋中向前行进的。马克思指出："与'进步'的奢望相反，经常可以发现退步和循环的情况。"① 在人类文明的演进过程中，每一次重大跃迁和进步，都经历过或多或少、或长或短的酝酿、徘徊甚至惨痛的代价付出过程。完全风平浪静、毫无曲折和反复的历史过程是不存在的。为实现历史的进步，人类实际上支付了高昂的发展代价。因此，对于人类历史进步的理解，不应是简单的、机械的和直线式的，将这一进程简化为一个既定的公式，以为只要登上了共产主义的列车，就可以顺利地实现自己的美好目标和愿望，而不做长期的和需要艰苦努力的思想准备。历史上，没有哪一种新型社会制度的建立，不曾遭遇挫折和失败，甚至出现旧制度的暂时复辟，没有哪一种新的社会关系的形成，未曾进行过尝试和长期的斗争。

第三，历史进步是事实和价值的综合。承认历史进步是历史的事实和历史的必然，将人类历史发展视为一种不断进步、不断向上的客观进程，这并不是一件很难的事情。但问题在于，到底怎样来理解这一事实、必然和客观性呢？历史进步作为一种客观的进程，从来都未曾脱离过人的主体创造作用，应该说，作为历史主体的人的劳动和创造，在其中扮演了基础性的、决定性的角色，起着决定性的作用。此外，需要特别强调的一点是，历史进步作为一个包含着有明显价值评价色彩的概念，或者说，对于历史是否进步的衡量，实际上也是由作为历史主体的人按照一定的价值观作出的。如果没有作为历史主体的人的目标设定和价值参与，历史进步就是一个虚空的概念。人类历史不断进步的进程，并非来自历史的自我诠释，而是一定历史主体根据一系列的主客观因素和条件，所进行的总体的价值评价。所以说历史进步是事实和价值的综合。

第四，历史进步是积累和跃迁的辩证统一。在历史演进和变革的

---

① 《马克思恩格斯全集》第2卷，人民出版社1957年版，第106页。

过程中，存在着量和质的辩证统一关系。就现实的情况来看，当一定社会发展在量的积累方面达到一定的程度，例如我们经常谈到的人均国内生产总值，如果突破 3000 美元以上大关，就说我们的社会发展进入到一个重要的关节点，既面临着巨大的发展机遇，同时也面临着巨大的挑战，成为社会矛盾的重要凸显期。如果我们能成功地应对这一历史的挑战，就能够使我们进入到一个更高的层次和水平，实现我们预期的全面建成小康社会的基本目标。而按照美国经济学家、统计学家西蒙·库兹涅茨的倒 U 型理论，一个国家为实现自身的经济发展，必然在一定时期内执行分配不均的发展策略，这种分配不均必然导致人们之间收入差距的扩大，社会不平等现象日趋严重。随着生产力的进一步发展，社会财富的进一步增加，社会体制的进一步合理，收入分配又会重新趋于平等，使尖锐的社会冲突获得相应的解决，这实际上是历史进步的一种体现。因此，可以说，历史进步并不是一个单纯的量的积累过程，更是一个包含着质的变革和跃迁的过程。每一次历史进步都是历史发展渐进过程的中断，是建立在一定的生产力发展水平上的社会跃迁过程。

第五，历史进步是一个长期的过程。如上所述，历史的进步，实际上是事实与价值、量变与质变的统一过程。任何历史进步的实现，都需要在人类生产劳动实践的创造性活动基础上，通过生产力的发展、生产关系的变革以及社会文化的发展、人的素质和能力的提高等方式，通过积累与跃迁相结合的方式，通过长期发展过程才能实现。在人类历史进步的设定和预期问题上，决不能抱有理想主义的和急躁冒进的思想情绪。特别是由于人类历史进步的实现，本身就是一个辩证过程，内含有冲突、挫折、反复，甚至一定程度的倒退的本质特征，并不是一个完全乐观主义的历史进程。因此对人类历史进步的理解，必须将其视为一个不断进步、演进和变迁的长期过程。理想与现实总是互相矛盾的，现实总是不理想的，理想又不是现实的。当理想作为理想时，我们确实认为它是无限美好的，但理想一旦实现，我们就会实际地看到它并不像设想的那样完美无缺。于是，人类又设定和追求更加美好的理想，理想与现实的这种矛盾的不断产生和不断解决，正好是推动历史发展的重要动力之一。一旦理想与现实的矛盾完全解决了，人类的历史也就停滞不前了。

综上所述，历史进步是一个不断通过作为历史主体的人的实践活动得以实现的客观进程，是一个随着人类创造活动的展开不断持续向前向上的过程，是一个通过矛盾冲突和代价付出予以确证的发展过程，是一个包含主体价值评价在内的质变过程，是一个不断延展、无法给予终极形态的无限过程，是一个理想与现实的矛盾不断产生又不断解决的过程。作为主体与客体相统一、质量与数量相结合、事实与价值相交织的总体性、辩证性历史发展过程，历史进步同时就是人类不断获得解放、不断走向成熟的过程。

（二）历史进步的代价

历史进步和代价紧密相连，没有任何历史进步不是以付出代价为条件的，历史上付出的代价也无不以历史的进步作补偿。一部人类历史进步史，也是一部代价付出史，是以付出代价为条件的历史进步史，也是以历史进步作补偿的代价付出史。

1. 历史进步代价的内涵

所谓历史进步的代价，是指与历史发展的价值相关联的概念，指的是人类为实现历史进步所作出的牺牲、付出的成本以及为实现这种进步所承担的消极后果。历史进步的代价不同于物质运动过程中的损耗，它只存在于人类历史活动之中，与人类历史活动相关联，并构成人类历史活动的一个基本方面，亦即与人类历史活动的进步、成效相对应的否定和损失的一面。凡是与历史进步的价值取向相违背的付出、牺牲，不能称作历史进步的代价，这是与历史进步毫无助益的损耗，是无谓的损失。具体说来，历史进步的代价，包括成本付出、价值贬损和人的牺牲、历史活动的失误、历史过程产生的负效应等等。

第一，成本付出。成本是人类历史活动的投入和付出。要实现历史进步，必须有历史主体和历史客体的双重耗费。作为历史主体的人，是历史活动的发动者和调控者，必须付出一定的体力、脑力，损耗生命，为了成就某种事业常常必须牺牲和抑制自己的某些需求。历史客体的耗费包括原材料的消耗、自然资源的消费、劳动手段的磨损、劳动对象的分解等。成本是历史进步在任何时候都必须付出的代价，这种代价具有不可避免性，但人们可以努力降低成本，减少投入，增加产出，以较小的成本获取较大的历史进步。

第二，价值贬损和人的牺牲。在历史活动中，人既是目的，又是手段。人作为手段，在历史活动中必然伴随着价值贬损和牺牲。例如，人类是从野蛮状态开始的，为了摆脱野蛮状态进入文明时代，实现原始社会完全无法做到的进步，必须用野蛮的几乎是野兽般的手段，"用激起人们的最卑劣的冲动和情欲，并且以损害人们的其他一切禀赋为代价而使之变本加厉的办法来完成这些事情的。""由于文明时代的基础是一个阶级对另一个阶级的剥削，所以它的全部发展都是在经常的矛盾中进行的。生产的每一进步，同时也就是被压迫阶级即大多数人的生活状况的一个退步。对一些人是好事，对另一些人必然是坏事，一个阶级的任何新的解放，必然是对另一个阶级的新的压迫。"① 直到目前为止的历史过程中，每个人的各个方面的发展，以及每个人的发展和全人类的发展，是难以兼顾的，人为了某方面的需要和发展往往要舍弃其他方面的需要和发展；为了使一部分人得到发展，往往需要多数人的价值贬损。这对一些人来说是不公平的，但在历史发展的一定阶段上又是不可避免的。只有到未来的共产主义社会，每个人的发展才成为其他一切人发展的条件。

第三，历史活动的失误。在历史活动中发生的失误，是由于人的主观因素造成的差错。作为历史主体的人，由于受各种主客观条件的限制，在认识和实践活动中，不可能时时处处完全正确，产生各式各样的失误是在所难免的。历史活动中的失误之所以是历史进步的一种代价，因为它是通向成功与进步的一个环节，失败是成功之母，它为成功和进步作了铺垫、开辟了道路。人们通过总结失误的经验教训，提高自觉性，提高认识和实践的预见性，提高自己的认识能力，完善各方面的素

---

① 《马克思恩格斯文集》第 4 卷，人民出版社 2009 年版，第 196、196—197 页。

质，对推动历史进步是大有助益的。

第四，历史过程中产生的负效应。历史过程中产生的负效应，是人们改造世界的实践活动所引发的消极后果和不良影响。任何历史活动过程都是一个存在各种矛盾的利弊共生过程。即使是经过深思熟虑和认真选择的实践方案，实行起来也会有一定的负效应，差别只在于有的负效应较少，有的负效应较多，有的负效应在短时间内就能显现出来，有的负效应需要通过很长时间才能显现出来。历史活动中常常出现这样的情况，人们的愿望是十分美好的，但最终结果却可能导致巨大的灾难和无法弥补的损失。负效应根源于人的认识和实践能力的局限，根源于事物及人的需要的多样性、变动性、不确定性。随着人类活动的自觉性的提高，负效应是可以不断减少的。吃一堑，长一智，人类在不断地克服和减少负效应的过程中，逐渐从不自觉到自觉，从必然王国走向自由王国。即使如此，人们也只能做到减少负效应，不可能完全避免负效应的产生，就是到未来共产主义社会也是如此。

2. 历史进步代价的客观必然性

在人类历史的总体发展进程中，由于自然条件、社会条件的制约和人类自身的历史局限性，代价的付出是不可避免的。改造自然，改造社会，发展生产，是人类历史进步的基础和根本标志，人类为此投入了自己绝大部分的能量和智慧，付出了难以计数的血汗，也在相当程度上污染了环境、破坏了生态、耗竭了资源，招致了自然界的报复。在社会关系领域，从原始社会到资本主义社会的漫长历史进程中，人类的发展都表现为以牺牲个体为代价，特别是在阶级社会，社会关系的进步直接表现为被剥削阶级的价值沦丧和异化，人受异己的历史必然性的奴役和支配。历史进步与代价的内在关联表明，进步与代价是相伴而行的，没有任何历史进步不是用代价换来的。如果说进步是历史运动确定不移的基本趋势，那么，这一基本趋势是以代价作为铺垫和开辟道路的。

历史发展是在进步与代价的矛盾中运动的，任何历史进步都伴随着代价，这是到目前为止人类历史发展的普遍规律，代价具有客观普遍性。在以往的历史中，代价的客观必然性往往表现为强制性，自然必然性和历史必然性强制人们付出代价，这一方面反映了在不合理的社会历史条件下，客观必然性压制和强制人的状况，人们在没有成为自己活动和社会关系的主人的条件下，代价的付出是完全不由自主的；另一方面，也反映了历史进步代价在社会发展中的客观必然性，历史进步的代价主要是由社会历史条件所决定的，具有一定程度的非选择性。首先，人类发展的需要与满足之间总是存在一定的距离，越是在生产力不发达的阶段，人类的发展越会付出较大的代价。在生产力极端低下的社会状况下，为了能够满足最基本的生活需求，不得不放弃其他方面的需求。其次，无论是社会的发展还是人的发展，都是一个过程，不可能一步到位，也不可能全面展开，在一定的历史时期内，某一方面的突出发展必然抑制和延缓其他方面的发展，从而使得社会发展和人的发展片面化。

在人类历史发展的不同阶段，代价的特征和表现形式是有区别的。在原始社会中，人所受到的束缚主要来自自然界，人类生存的代价主要根源于自然界的强大和人类自身的弱小之间的矛盾。进入阶级社会以后，一部分人的发展以牺牲另一部分人的发展为代价；在资本主义主导的普遍的世界历史交往条件下，一个或一些国家和地区的发达往往以另一个或另一些国家和地区的不发达为代价。只有到了未来共产主义社会，全人类才能都得到自由而全面的发展。到那时，人类将以较小的代价付出，换取更大的历史进步。

3. 树立科学的代价意识

历史进步不可避免地要付出代价，但是如何付出代价，付出多少代价，则要通过人的活动来实现。在这里，要反对两种错误倾向：一种是浪漫主义的倾向，只重视发展，无视代价，把任何代价的付出都看作是自然而然的事情。另一种是悲观主义的倾向，面对历史进步所付出的代价，尤其是比较大的代价，感到悲观、沮丧和迷惘，这特别表现在社会转型时期。既然历史进步不可避免地要付出代价，那么树立科学的代价意识就是非常重要的。所谓代价意识，是指历史主体对社会历史过程中得失利弊关系的判断和权衡取舍的态度和意向。它是主体历史结构中的重要组成部分，代价意识作为一种主体意识，其最大特点是具有鲜明的个体差异性，不同的个体往往具有不同的甚至相反的代价意识。代价意识对人的实践活动有着重要的影响，直接关系到人的历史作用的性质、大小和方向。社会实践是否具有合理性和有效性，离不开代价意识对它的判断和权衡。

代价意识的内容主要包括：成本意识、利弊意识、风险意识和牺牲意识等。

所谓成本意识，就是对人类活动中必然要付出的人力、物力、财力的估价和权衡。历史主体必须注意到，有实践和生产运营，就要有成本投入，任何一项活动也不例外。合理的成本投入，是获得利益、实现发展的前提。成本意识是对成本付出合理性的自觉，成本投入的必要性和合理性是统一的。

所谓利弊意识，是对活动结果二重性的判断和权衡。利弊意识是对利弊共生性的认识，它促使历史主体以健康的心态，辩证地对待每一个具体的实践活动。这主要体现为面对利弊的抉择态度和意向，表现为对利弊共时态的整体推断和历时态的反思预测。一方面，对人与事物关系的各个方面，人的实践活动的各种关系、各个环节和各个要素作全面的考察，确立整体观，从全局、全过程考虑利弊，决定取舍；另一方面在把握近期、眼前利弊的同时，把握其长远效应，对人们实践活动的动态联系和因果反馈过程作超前反应和观念把握，提高实践理性的预测、引导和预警作用。

所谓风险意识，是一种在认识到了风险之后的拼搏进取意识，其本质是以主动的创造精神争取与风险并存的机会，力求险中取胜。就风险意识敢于冒险而言，它不同于保守主义和失败主义；就其在实践中重视风险，善于化险为夷而言，又不同于冒险主义和赌徒心理。

所谓牺牲精神，是主体超越自我有限性的自觉，是具有为人类正义和历史进步事业献身的精神。牺牲精神既不苟且偷生，又反对任何轻生思想，反对不顾个人安危死活的莽撞行为。牺牲精神首先是不怕牺牲，但又不虚掷生命，既在必要时敢于牺牲，同时又避免不必要的牺性，争取以最小的牺牲换取最大的成功。

4. 正确进行代价选择

马克思主义辩证地看待历史进步代价的客观必然性和主体选择性之间的关系，一方面肯定历史进步代价具有客观必然性，另一方面也肯定人的代价选择具有重大的作用。主体的代价选择，就是在既定的历史条件下，面对进步与代价关系的多种可能性，代价付出的多种多样的方式，主体有意识地选择的过程。社会历史发展的可选择性，在相当程度上也就是代价的可选择性。

在社会主义现代化建设中，应当坚持用辩证的观点看待代价，既要把发展放在优先地位，发展是硬道理，承认发展代价的必要性和合理性，又要坚持合理适度的原则，警惕和防止过高代价，减少和控制由不必要的代价而引发的社会压力和矛盾，控制社会发展过程中可能诱发的种种社会问题，保持社会稳定。人的代价选择能够减少代价，优化发展。代价选择的基本原则是"两利相权取其重，两害相权取其轻"。按照这一原则而活动，主体的自觉选择就能够减轻和缩短历史的痛苦，减少不必要的付出和损失，节约社会发展的成本投入，从而优化社会发展，促进历史进步。这突出地表现在历史的跳跃式发展时期，主体代价的选择是历史跳跃式发展的主体根据。强调人的代价选择的作用，有助于增强人们的历史主动性和社会责任感，自觉做到代价选择和代价付出的客观必然性的统一。

在历史发展的长河中，进步是主旋律和总趋势。尽管历史运动中有付出、有牺牲、有曲折乃至倒退，但进步始终是主导方面，是基本趋势，代价始终是从属于进步的，是为实现历史进步而付出的。随着社会生产力的发展和各种社会关系的改善，人们付出的代价会越来越小，取得的进步和成就会越来越大，到共产主义社会，人类将能够最大限度地消除不合理、不必要的代价。正如马克思在谈到未来共产主义社会的物质生产时所说："社会化的人，联合起来的生产者，将合理地调节他们和自然之间的物质变换，把它置于他们的共同控制之下，而不让它作为一种盲目的力量来统治自己；靠消耗最小的力量，在最无愧于和最适合于他们的人类本性的条件下来进行这种物质变换。"①

（三）历史评价的两种尺度及其相互关系

马克思、恩格斯对历史进步的评价主要有两种尺度：一是历史尺度，二是价值尺度；前者又称为客体尺度、外在尺度、科学尺度，后者又称为主体尺度、内在尺度、道德尺度。所谓历史尺度，是指评价一种社会制度和社会现象，以是否符合历史发展的必然性和客观规律性，是否能够满足全人类的利益、符合全人类的愿望和要求、有利于全人类的发展为标准。它有两个基本要求：一是对任何社会制度和社会现象，都应该从其发生、发展的整个过程来看待，而不应该从静止不变的状况来考察；二是对任何社会制度和社会现象，都应该从其所处的历史时代的总的情况加以考察，而不应该仅仅用当下的条件和标准去衡量。从历史尺度出发，我们就要历史地看问题，把一切社会制度和社会现象都放在一定的历史范围中，从社会制度和社会现象的具体的历史条件出发，辩证地分析、研究、评价。所谓价值尺度，是指判断社会制度和社会现象的价值的有无、性质、大小的标尺和根据。价值尺度由历史评价主体的利益追求、需要结构、发展程度、社会关系等所决定，它随着历史评价主体实践活动和社会生活的变化而变化。历史评价的价值尺度具有鲜明的主体性，不同历史评价主体有不同的价值尺度。

历史评价的历史尺度和价值尺度具有明显的区别。历史尺度是一维的，价值尺度是多维的。历史尺度的一维性指对社会制度和社会现象的评价，要看它是否能够满足全人类的利益，符合全人类的愿望和要求，有利于全人类的发展。凡是能够满足全人类的利益、符合全人类的愿望和要求、有利于全人类发展的社会制度和社会现象，就是进步的；反之，就是落后的或反动的。这就是说，历史评价的历史尺度不能以特定的个人、阶级、阶层和社会集团的利益、愿望和要求为衡量的标准，而应该以全人类的利益、愿望和要求为衡量的标准。在人类历史发展过

---

① 《马克思恩格斯文集》第 7 卷，人民出版社 2009 年版，第 928—929 页。

程中，当一种新的社会制度出现之后，即使是在这种社会制度下吃了亏的阶级、阶层与个人也对这种社会制度持欢迎态度。恩格斯在《反杜林论》中曾以奴隶社会代替原始社会为例对这一点作了说明。他指出："在古代世界、特别是希腊世界的历史前提之下，进步到以阶级对立为基础的社会，这只能通过奴隶制的形式来完成。甚至对奴隶来说，这也是一种进步；成为大批奴隶来源的战俘以前是被杀掉，在更早的时候甚至被吃掉，现在至少能保全生命了。"① 价值尺度的多维性是指对同一社会制度和社会现象的评价，不同的评价主体即特定的个人、阶级、阶层和社会集团，往往作出不同的甚至完全相反的评价。一些评价主体认为是进步的或革新的，另一些评价主体则可能认为是落后的或守旧的；反之亦然。例如，在阶级社会里，奴隶主阶级和奴隶阶级对奴隶制度的评价是截然相反的，封建主阶级和农民阶级对封建制度的评价也是完全相反的，在资本主义社会，资产阶级和无产阶级对资本主义制度的评价更是完全相反的。

历史评价的两种尺度的关系是极其错综复杂的，历史唯物主义主要从两个大的角度来看待两种尺度之间的关系。

其一，就历史发展总的趋势来看，两种尺度是一致的。伴随着生产力的发展，人们的利益、愿望和要求也不断得到满足。在阶级社会里，当一种新的剥削制度刚刚出现的时候，不仅剥削阶级的利益、愿望和要求能够得到比以前更好地满足，被剥削阶级的利益、愿望和要求也能在一定程度上得到比以前较好地满足。伴随着生产力的不断提高和生产关系的改变，人的生活状况也相应地得到改善，人的发展程度也相应地得到一定的提高，人的人身依附关系也在减弱，人的自由和解放的程度也向前迈进一步。在阶级社会里，不仅剥削阶级如此，被剥削阶级的状况也得到一定程度的改善。恩格斯在《反杜林论》中曾经讲过："当一种生产方式处在自身发展的上升阶段的时候，甚至在和这种生产方式相适应的分配方式下吃了亏的那些人也会欢迎这种生产方式。大工业兴

---

① 《马克思恩格斯文集》第9卷，人民出版社2009年版，第189页。

起时期的英国工人就是如此。不仅如此，当这种生产方式对于社会还是正常的时候，满意于这种分配的情绪，总的来说，会占支配的地位；那时即使发出了抗议，也只是从统治阶级自身中发出来（圣西门、傅立叶、欧文），而在被剥削的群众中恰恰得不到任何响应。"① 因此，用历史尺度所作的评价与用价值尺度所作的评价，终究会在社会生活的总体发展中殊途同归，达到统一。

其二，就历史发展的特定阶段、特定时期来说，两种尺度又存在着某种不一致，在某一条件下和角度上来观察和评价某一特殊生活现象或某一社会制度时，从历史尺度所得出的结论与从价值尺度所得出的结论往往呈现出矛盾状态：从历史尺度看可能是合理的，从价值尺度看则可能是不合理的，反之亦然。例如，马克思在 1853 年写了《不列颠在印度的统治》和《不列颠在印度统治的未来结果》两篇文章。在这两篇文章中，马克思一方面从价值尺度的角度，严厉鞭挞了西方殖民主义者在东方犯下的滔天罪行，认为不列颠人给印度斯坦带来的灾难，与印度斯坦过去所遭受的一切灾难比较起来，在程度上要深重得多。另一方面又从历史尺度的角度，着重论述了东方社会的原始性、野蛮性和落后性，并认为西方殖民主义者对东方社会结构的破坏，是在东方实现了一场真正的社会革命，推动了东方社会的进步。他说："的确，英国在印度斯坦造成社会革命完全是受极卑鄙的利益所驱使，而且谋取这种利益的方式也很愚蠢。但是问题不在这里。问题在于，如果亚洲的社会状态没有一个根本的革命，人类能不能实现自己的使命？如果不能，那么，英国不管犯下多少罪行，它造成这个革命毕竟是充当了历史的不自觉的工具。"英国在亚洲"造成了一场前所未闻的最大的、老实说也是唯一的一次社会革命"。"英国在印度要完成双重的使命：一个是破坏的使命，即消灭旧的亚洲式的社会；另一个是重建的使命，即在亚洲为西方式的社会奠定物质基础。"② 历史尺度和价值尺度的不一致，根源于社会基本

---

① 《马克思恩格斯文集》第 9 卷，人民出版社 2009 年版，第 155—156 页。
② 《马克思恩格斯文集》第 2 卷，人民出版社 2009 年版，第 683、682、686 页。

矛盾运动，其实质在于生产力有所发展而又发展不足。在一定的生产力发展阶段，整个人类的发展往往是一部分人的发展以牺牲另一部分人的发展为代价。这一过程的机制就是：生产力的发展必然引起具有固定专业划分的自发分工，而自发分工一方面促进生产力的发展和社会进步，另一方面则使社会结构逐渐分化，使社会职能越来越专门化，从而导致三大差别与阶级对立的产生。自发分工使人类整体能力得以明显增强，同时又使个体的活动和能力固定化、片面化、畸形化。自发分工和生产力的每一次质的变革，都必然造成所有制的重大变革，从而导致旧的历史主体的衰落和新的历史主体的兴起。当自发分工被自觉分工（"明智分工"）代替、进入共产主义社会以后，自由全面发展的个人就形成了，社会进步的两种尺度通过实践而达到协调和统一。

第四章　认识与真理

　　人类历史是认识世界和改造世界的历史，而改造世界又是以认识世界为前提的。如何认识世界获得真理以指导实践，这是哲学研究的一项基本任务，也是哲学认识论的基本内容。马克思主义哲学在总结和吸收人类认识发展积极成果的基础上，将实践的观点运用于认识论，对有关认识的一系列重大理论问题作出了正确的回答，实现了认识论发展史上的革命性变革，为人类认识世界和改造世界提供了重要的工具。

一、认识的基础与本质

　　认识是怎么产生、发展的？认识的本质是什么？这些都是认识论中的基本理论问题。对于这些问题的回答，决定着对认识论其他一系列问题的看法，并由此决定着认识论理论的基本性质。马克思主义哲学用科学的实践观来考察人的认识活动，正确地回答了认识的基础和本质。

（一）认识的实践基础

实践的观点作为马克思主义哲学的核心观点，自然也是马克思主义认识论的首要的和基本的观点。之所以如此，就在于实践是认识的基础，对人的认识活动及其发生、发展起着决定性的作用。

首先，认识的产生是由实践需要引起的。人的认识活动总是为满足某种生产、生活的需要服务的，各门科学对世界某一领域的探索和认识也总是围绕着特定实践的需要而产生的。在古代，为了适应游牧民族和农业民族确定季节安排生产活动的需要，产生了天文学；为了适应丈量土地、测量容积和其他计算上的需要，产生了数学；为了适应提水灌溉、城市建筑、手工业等发展的需要，产生了力学。近代社会的发展，产生了对新动力的需要，由此发明出了蒸汽机；对蒸汽机的研究和改造，又进一步推动了动力学、热力学和机械学的发展。现代工业对自动控制、自动化、智能化等生产发展的需要，推动了计算机科学技术的产生和进步；基因、克隆技术的产生和运用则不仅推进了生命科学的发展，而且提出了科技伦理的认识课题并促使其不断发展。可以看出，认识的产生和发展，科学的发现和技术的发明，都是由社会实践的需要决定的。正如恩格斯所说："社会一旦有技术上的需要，这种需要就会比十所大学更能把科学推向前进。"[①]

其次，认识的对象和内容是由实践确定的。认识活动是主体在观念上能动地把握客体的活动。什么样的客体能够成为认识的对象，这是由实践决定的。在具体的认识过程中，只有成为实践活动中的客体才能成为认识的对象。离开了实践活动，就没有现实的主客体关系，就没有现实的认识对象。特定的实践水平决定了何种客体、事物能够成为认识的对象。与此相应，认识的内容也是由实践决定的。人是在实践中通过视、听、嗅、触等感官活动接触事物的现象，而后一步步达到对事物本质及其规律的认识。正如恩格斯所说，"人的思维的最本质的和最切

---

① 《马克思恩格斯选集》第 4 卷，人民出版社 2012 年版，第 648 页。

近的基础，正是人所引起的自然界的变化，而不仅仅是自然界本身；人在怎样的程度上学会改变自然界，人的智力就在怎样的程度上发展起来。"① 毛泽东也指出，无论什么人要认识什么事物，除了同那个事物接触，即生活实践于那个事物的环境中，是没有法子解决的。当然，肯定实践是认识的来源，并不意味着每个人、每一代人的认识都必须从直接经验开始。事实上，对于每一个具体的认识主体来说，其大部分知识来自间接经验，任何人都不必也不可能事事直接经验。但是，在你为间接经验，在他人则是直接经验。因此，从总体上讲，一切认识都是从直接经验发源的，或来自于实践。对于人的认识来说，间接经验只是"流"，而不是"源"，真正的"源"还是实践。离开了实践，认识便成了无源之水。

再次，认识的发展是由实践推动的。认识的发展总是在问题的不断提出和解决中逐渐推进的。正是实践活动提出的问题，给人的认识提出了新的课题，促使人们去研究和探讨；正是实践活动的深入进行，使问题的解决成为可能，从而形成新的认识或深化原有的认识。无论是提出问题还是解决问题，都是在实践中进行的，而认识是在这种实践活动中深化和发展的。实践作为认识发展的动力，不仅在于它能提出问题和解决问题，而且在于它为认识的发展提供手段和条件。恩格斯在论述近代科学兴起的历史时指出，"从十字军征讨以来，工业有了巨大的发展"，工业发展所展示的力学、化学和物理学上的许多新的现实"不但提供了大量可供观察的材料，而且自身也提供了和以往完全不同的实验手段，并使新的工具的设计成为可能。可以说，真正系统的实验科学这时才成为可能"。② 事实正是如此。实验手段的应用，大大提高了人的认识能力，使人的认识可以突破人体自然感官的局限，向物质世界新的领域拓展。现在人类的科学探索和认识已经在宇观世界和微观世界中取得长足的进展，科学研究日益具有高难度和高精度的特

① 《马克思恩格斯选集》第3卷，人民出版社2012年版，第922页。
② 《马克思恩格斯选集》第3卷，人民出版社2012年版，第865—866页。

点。没有现代工业所提供的各种先进的物质手段和物质条件，如电子计算机、高能加速器、太空探测仪等，要从事现代科学研究几乎是不可能的。因此，认识范围的扩展、认识水平的提高、知识和经验的保存与积累，都与认识手段和条件的不断更新密切相关，而这恰恰是实践活动的结果。

总的来说，认识与实践始终保持着密切的关系，离开实践的认识是不可思议的。人类只能在实践中推进认识上的创新和进步。实践是认识的基础。

（二）认识的本质

关于认识的本质，在马克思主义哲学诞生之前，主要有两种不同的哲学理论，一种是唯心主义的抽象能动论，一种是旧唯物主义的直观反映论。二者都对认识的本质作了各自的阐释，但都走向了极端。

一切唯心主义哲学由其基本立场所决定，极力夸大精神的作用，均把认识看作是主观或"客观"精神能动的产物。主观唯心主义认为，认识是人的头脑里固有的、主观自生的，人们对世界或事物的认识实际上是对自己的感觉和观念的认识，因为"存在就是被感知"，事物不过是"感觉的复合"或"观念的复合"。中国古代哲学家陆九渊、王守仁，西方近代哲学史上的贝克莱、休谟、康德、费希特等，都是这种观点的代表人物。客观唯心主义则认为，客观精神是一种独立的"实体"，是现实世界及其各种事物的创造主，因而人对世界和事物的认识不过是客观精神自己认识自己。古希腊哲学家柏拉图的"回忆说"、中国古代的程朱哲学、德国近代的黑格尔哲学均是这种理论的典型代表。无论是主观唯心主义认识论还是客观唯心主义认识论，都是以否认物质世界独立于意识而存在为前提的，都是与科学相悖的先验论。在现代西方哲学中，这两种形式的先验论尽管披上了各种"科学"的外衣、加上了各种相应的论证，但其实质并没有改变。

旧唯物主义从其基本哲学立场出发，认为人的认识与客观世界的关系，是一种反映与被反映或映象与原型的关系，没有客观世界及其事物，就不会产生相应的认识。旧唯物主义的认识论尽管有不同的历史形态，但都一般承认认识的客观来源，都肯定认识是关于客观世界的主观映象。但是，这样的认识论也有着重大的理论缺陷。它只是从物理学和生物学的意义上去理解人的认识，把人对对象的反映看作是如同照镜子，如同动物的感觉和心理活动一样，只是一种消极地接受对象的刺激并被动地作出反应的过程。这种直观的、消极的反映论既不懂得认识活动的社会性和能动性，也不懂得认识过程的复杂矛盾，因而并没有对认识作出正确的理解和阐释。

唯心主义的抽象能动论和旧唯物主义的直观反映论尽管立场、观点不同，但其方法论是相通的，即都是离开人的实践活动去理解人的认识活动，因而不能将唯物论和辩证法彻底应用于认识过程和认识发展，无助于认识本质的正确说明。唯心主义的认识论虽然体现了能动的特性，但这种能动是脱离现实基础的能动，因而是抽象的能动。仅仅把认识看作是精神创造的产物，并不是对认识的正确揭示。旧唯物主义虽然坚持了唯物主义的认识路线，但因其离开实践来谈反映，同样没有走出认识上的误区。如"费尔巴哈不满意抽象的思维而喜欢直观；但是他把感性不是看做实践的、人的感性的活动"[1]，最后没有摆脱直观反映论。列宁指出："形而上学的唯物主义的根本缺陷就是不能把辩证法应用于反映论，应用于认识的过程和发展。"[2] 之所以不能把辩证法应用于反映论，根源也在于没有实践的观点。

马克思主义认识论不仅与唯心主义认识论截然相反，而且克服了旧唯物主义认识论的根本缺陷，创立了以科学实践观为基础的能动的反映论。用能动反映论超越直观反映论，这是马克思主义认识论革命变革的重要标志。因为坚持反映论，这是一切唯物主义认识论的共同原则；而坚持以实践为基础的能动反映论，才是马克思主义认识论的本质特征，也是与旧唯物主义认识论的根本区别。按照马克思主义的认识论，

---

[1] 《马克思恩格斯选集》第 1 卷，人民出版社 2012 年版，第 135 页。

[2] 《列宁专题文集 论辩证唯物主义和历史唯物主义》，人民出版社 2009 年版，第 151 页。

以实践为基础的认识活动，是主体对客体的能动的反映活动；主体对客体的能动反映是认识的本质。

依据这样的理解，认识具有这样几个鲜明的特征：

首先是能动性和创造性的特征。与动物的反映活动不同，人的认识不是主体对客体简单的摹写、映现，而是一种能动的、创造性的活动。人与世界的关系首先是一种改造与被改造的关系，在此基础上才产生了人与世界之间的反映与被反映的关系，即人是在自觉改造世界的过程中反映世界的，人对世界的反映是随实践的发展而变化发展的。作为认识活动的结果，认识是主体对客体的能动的、创造性的再现。一般说来，"观念的东西不外是移入人的头脑并在人的头脑中改造过的物质的东西而已。"① 但是，观念的东西不是简单地、直观地移入人的头脑中的物质的东西，而是"在人的头脑中改造过的"物质的东西。何谓"改造"？最常见的就是通过现象来把握本质。在实践过程中，人们为了实现预想的目的，不仅要反映事物的现象，还必须把握事物的本质，以达到对事物真正科学的理解，以指导具体行动。为了把握事物的本质和规律，就必须在实践的基础上进行思维操作，这就是要在观念中分解、加工和改造对象，运用抽象和概括、归纳和演绎以及联想和想象等各种方式方法进行创造性的思维活动。正如列宁所说："认识是人对自然界的反映。但是，这并不是简单的、直接的、完整的反映，而是一系列的抽象过程，即概念、规律等等的构成、形成过程"。② 在这种抽象过程中，认识的能动性、创造性得到明显的体现，认识的结果不再是同直观的客体相对应的感性的形象，而是以抽象的概念、范畴、判断、规律等形式出现的、更深刻地反映客体的精神的创造物。

认识的能动性和创造性不仅体现在对事物现象和感性材料的抽象、概括，而且还体现在对理想客体的观念创造。人为了更好地生存发展，其认识不仅能反映出对象"本来如此"的状态，而且能够把对象同人本

---

① 《马克思恩格斯选集》第 2 卷，人民出版社 2012 年版，第 93 页。

② 《列宁专题文集　论辩证唯物主义和历史唯物主义》，人民出版社 2009 年版，第 136 页。

身的需要联系起来，创造出能够满足需要的对象"应当如此"的状态。人们在实际改变对象之前，就在头脑中把理想的对象创造出来，形成理想客体。如一个蹩脚的建筑师在建筑房屋之前，也能够形成他想要建造的房屋的观念；而无论多么灵巧的蜜蜂，也不可能在建造蜂房之前就有蜂房的观念。正因如此，列宁认为："人的意识不仅反映客观世界，并且创造客观世界。"① 实际上，在人的认识活动中，反映与创造是不可分割的。反映和创造不是人类认识的两种不同的功能，而是同一功能的两个方面。创造离不开反映，创造过程就是在反映的基础上实现的，离开反映的创造不过是臆造。同样，反映也内在地包含着创造，反映不是摹写、摄影，而是伴随思维创造实现的。只承认认识的反映方面，否认认识能动、创造的方面，就会成为消极直观的反映论；反之，只承认认识能动的、创造的方面，否认认识的反映的方面，使能动性和创造性脱离反映前提，就会变为抽象能动论。这两种倾向都是对认识活动的歪曲理解。只有以实践观为基础，把认识的反映特性与创造特性有机地统一起来，才能真正科学地阐明认识活动的本质与规律。

其次是选择性和建构性的特征。人的认识过程，也是一个信息的接收、加工和处理过程。主体要真实地反映客体，实现主观与客观相一致，通常是以信息为媒介的。人能否认识客体，关键在于能否通过对客体信息的选择、解析、重组过程，在头脑中建立起与客体相一致的信息组合。在认识活动中，主体作为能知系统是客体信息的获取者、加工者和组织者，即信宿；客体作为所知系统是信息的发出者和提供者，即信源；主体对客体的反映过程是接受、存贮、加工和输出信息的过程。为了认识某一客观事物和现象，首先必须通过多种渠道充分获取有关客体的各种信息。信息量越大，信息的保真度越高，就越能接近于对事物或现象的正确反映。在获取大量信息后，必须根据主体自身的需要加以选择，然后把这些经过筛选的信息进行加工处理，进而找出客体复杂信息间的内在联系，以把复杂的客体信息重新构造、重新组合成观念信息，

---

① 《列宁专题文集　论辩证唯物主义和历史唯物主义》，人民出版社 2009 年版，第 138 页。

力求反映客体的真实状况。这一过程既是信息的选择和建构的过程，也是主体对客体的认识和把握过程。值得注意的是，认识固然离不开选择、建构，但特定条件下的选择、建构也不一定是完备的，因而人们通过对客体的一次性建构，往往不一定能获得关于客体的完整和真实的知识。为此，主体必须利用大脑作为信息加工系统所具有的输出和反馈的功能，让自己的知识向实践转化，并在实践活动中检验自己的观念是否与客观相符合。正是在信息于主体与客体之间不断进行的输入、输出的反馈调控活动中，认识不断与客体相符合。

随着现代科学的发展，选择和建构在认识活动中的作用越来越明显、越来越重要。但是，选择和建构并不意味着排斥和否定反映。选择和建构属于认识活动的内在机制，能动的反映则指的是认识的本质，二者不能混为一谈。选择和建构只是认识能动性的某种具体表现，它不可能完全代替主客体之间能动反映的深刻内涵；而且，主体对客体的选择和建构是以主体对客体信息的接收、反映为前提和基础的，没有后一方面，主体对客体加以正确选择是不可能的。

反映的能动性和创造性、选择性和建构性，大大激活了认识系统和认识结构的各种因素。也正是由于反映具有这样一些属性和特征，人的认识成为一种不断扩展、深化的过程。人在思维观念上把握客体的过程，既是不断扩展关于客体的认识过程，又是不断深化关于客体的认识过程。这一过程具体地表现为思维运动的双重否定：一方面，思维不断地否定自己的抽象性，使自己获得关于客体的越来越具体、越来越丰富的规定性，这就是思维自己建构自己的过程；另一方面，思维又不断地反思、批判、否定自己所形成的关于客体的规定性，在更深的层次上重构原有的思想内容，这又是思维自己反思自己的过程。在这双重否定过程中，认识越来越具体、越来越深化，其能动性得到了充分彰显。

二、认识的运动过程

以实践为基础的能动反映是通过认识的运动过程得到生动体现的。

对于认识的运动过程，列宁作过这样的概括和描述："从生动的直观到抽象的思维，并从抽象的思维到实践，这就是认识真理、认识客观实在的辩证途径。"① 这里所讲的"生动的直观"是指在实践的基础上形成的感性认识，"抽象的思维"则是指在感性认识的基础上形成的理性认识。认识的运动过程就是由感性认识到理性认识，又从理性认识到实践的飞跃。这种过程的反复进行，使得人的认识不断深化、发展。

（一）从实践到认识

认识的辩证过程，首先是从实践到认识的过程。所谓从实践到认识，主要表现为从感性认识到理性认识的飞跃。感性认识是认识的初级阶段，是人们在实践过程中通过各种感觉器官以及相关的各种认识工具对外部世界的直接反映，是对事物的现象以及现象之间的外部联系的认识，具有生动性、形象性等特点。它具体表现为感觉、知觉和表面三种形式。理性认识是认识的高级阶段，是人借助于抽象思维对感性认识材料进行加工、整理、概括而形成的关于事物的本质和内部联系的认识，具有抽象性的特点。它主要包括概念、判断、推理三种基本形式。

感性认识和理性认识作为认识过程的两个阶段，在认识的程度和水平上是有明显区别的，分别属于对事物的现象和本质的反映，但在实际认识过程中，二者又是相互依存、相互渗透的。一方面，感性中渗透着理性。同样是感觉，人的感觉与动物的感觉是不同的。其根本区别就在于，人的感觉是包含着理性的感觉，它同人的认知水平、文化修养相联系，受思维方式的制约，而且特定的价值观念、目的要求等也强烈地影响着人的感觉，正如马克思所说，"五官感觉的形成是迄今为止全部世界历史的产物。……忧心忡忡的、贫穷的人对最美丽的景色都没有什么感觉；经营矿物的商人只看到矿物的商业价值，而看不到矿物的美和独特性；他没有矿物学的感觉。"② 另一方面，理性中也有感性。理性认

---

① 《列宁专题文集　论辩证唯物主义和历史唯物主义》，人民出版社 2009 年版，第 135 页。
② 《马克思恩格斯文集》第 1 卷，人民出版社 2009 年版，第 191—192 页。

识不仅以感性材料为基础，而且以具有一定声响或文字符号等感性形式的语言作为表达手段。正是借助于这些感性的表现形式，理性认识才成为可传递、可继承的东西。

　　感性认识和理性认识就其一般关系而言是这样的：理性认识依赖于感性认识，感性认识有待于发展为理性认识。从感性认识上升到理性认识，首要的是深入实践，调查研究，充分占有大量第一手的感性材料。这是实现感性认识到理性认识飞跃的前提条件。而要使调查研究富有成效，需要采取切实的步骤和方法。首先是"眼睛向下"，即不是摆架子，不是先入为主，用事先定好的"调子"、"框框"去"找材料"，而是确实深入实际，全面了解和掌握客观情况。其次是"有的放矢"，即反对调查的盲目性，增强调查的目的性，因为"调查研究就是解决问题"，就是通过调查研究找准问题和困难，以寻求解决的办法。再次是"解剖麻雀"，即典型调查，通过对具有代表性的个别事物和事例进行调查分析，从中概括出一般性的结论，以此指导一般。在当代社会，调查研究的手段多种多样，日臻完善，网络、媒体、问卷等都是获取材料的手段，经济学、政治学、法学、社会学、统计学等都是被运用于调研的方法。所有这些，都为深入开展调查研究创造了有利条件。

　　要使感性认识上升到理性认识，还必须运用理论思维对感性材料进行科学的抽象和概括。在认识过程中，获取大量合乎实际的感性材料固然是非常重要的，但要把感觉经验上升到理论，又不能限于单纯的经验描述，必须运用理论思维和科学抽象，消化、加工这些感性材料，形成概念、判断和推理。毛泽东指出："要完全地反映整个的事物，反映事物的本质，反映事物的内部规律性，就必须经过思考作用，将丰富的感觉材料加以去粗取精、去伪存真、由此及彼、由表及里的改造制作工夫，造成概念和理论的系统，就必须从感性认识跃进到理性认识。"[①]"去粗取精"，就是去掉无关紧要的材料，抓住最能反映实质的主要的东西；"去伪存真"，就是不为假象材料所迷惑，善于发现事物的真

————————
① 《毛泽东选集》第一卷，人民出版社1991年版，第291页。

相;"由此及彼",就是要把零散的、孤立的材料联系起来,不能抓住一点不及其余,或者以偏概全;"由表及里",就是不能停留于事物的表面,应从事物的现象发现事物的本质。只有通过这样的"改造制作工夫",才能实现从感性认识到理性认识的飞跃。

在从感性认识上升到理性认识的过程中,理性因素无疑起着主导作用,但不能由此忽视非理性因素的作用。其实,人作为一个现实的主体,不完全是纯理性的主体,同时也是有情感、有意志的非理性主体。知、情、意等各要素都对人的认识产生重要影响。在知、情、意这三大要素中,"知"属于理性因素,"情"和"意"则属于非理性因素。此外,人们通常还把认识能力中不能被逻辑思维包括的认识形式如联想、想象、猜测、直觉、顿悟、灵感等,也包括在非理性因素之中。这些因素相互作用、相互补充,共同促进认识的发展。如在认识活动中,想象有着特殊的作用,爱因斯坦曾指出,在科学研究中,想象比知识更重要。科学上的许多重大发现、发明,不仅仅是凭借实验数据进行逻辑分析的结果,有时恰好是在实验和逻辑分析的基础上通过创造性的想象而产生的。又如灵感和直觉,往往不是按照一般的逻辑规则"出场"的,由其爆发性、洞见性、顿悟性等特点所决定,有时能产生在通常情况下不能产生的极有价值的"思想火花",进而引发新理论的创立。当然,在肯定这些非理性因素作用的同时,不能片面夸大其作用,因为想象也好,灵感和直觉也好,并不完全是凭空而来的,最终还是主体长期研究、探索的结果。纯粹的外行永远不可能产生出本行的想象、灵感和直觉,"机遇总是奖赏那些有准备的头脑"。

正确地看待感性认识和理性认识之间的关系非常重要。在近代西方哲学史上,"经验论"和"唯理论"之争,就是在二者之间各执一端,最后均陷入认识的片面性。在现实生活中,常常看到的是经验主义与教条主义两种倾向。经验主义片面夸大感性经验的作用,轻视科学理论的指导作用,把局部经验当作真理,因而犯了类似经验论的错误;教条主义片面夸大书本知识的作用,轻视感性经验,把一些理论当作教条生搬硬套,因而犯了类似唯理论的错误。这两种倾向看似对立,实际上都属于主观主义。经验主义和教条主义曾经给中国革命和建设造成重大损失，直到今天，仍然在实际工作中存在，并以不同的形式表现出来。因此，正确认识和把握感性认识和理性认识的辩证关系，防止和纠正这两种片面性，是我们做好各项工作，推进中国特色社会主义建设事业发展的一个值得高度重视的问题。

（二）从认识到实践

从感性认识上升到理性认识，这只是认识运动中的第一次飞跃。认识不能停留于此，必须再回到实践，即从认识到实践。这是认识运动中的第二次飞跃。相对于第一次飞跃来说，第二次飞跃更为重要。毛泽东指出："马克思主义的哲学认为十分重要的问题，不在于懂得了客观世界的规律性，因而能够解释世界，而在于拿了这种对于客观规律性的认识去能动地改造世界。"[①] 从认识到实践的飞跃之所以重要，就在于认识的目的是为了实践，为了满足人们的需要。人要在实践中达到预想的目的，就必须对实践的对象有所认识。各种理论的探讨、各种科学的探索，并不是为理论而理论、为科学而科学，或者说，为认识而认识，其最终目的都是为了满足人们某种生产、生活的需要。束之高阁的理论、无法实践的理论并不是真正的理论，也是毫无价值的理论。另外，从认识到实践的飞跃之所以重要，还在于只有在实践中才能实现自身。理论认识回到实践的过程，既是理论指导实践活动的过程，也是理论通过实践活动而实现自身的过程，同时也是在实践中不断得以补充、完善和发展的过程。

正如由感性认识上升到理性认识需要一系列"改造制作工夫"一样，由理性认识到实践的飞跃也是通过一系列环节而实现的。大致说来，这一飞跃过程主要包括形成实践理念、制定实践方案、进行中间实验到大规模实践等环节，并通过这些环节的有效衔接来推进。

形成实践理念是从认识到实践的首要环节。所谓实践理念，简要

---

① 《毛泽东选集》第一卷，人民出版社 1991 年版，第 292 页。

说来，就是在观念中所建立起的实践所应建立的理想客体或理想蓝图。这实际上是实践目标的确立。实践目标的确立不是随意的，而是需要遵循两个尺度：物的尺度与人的尺度。物的尺度主要指事物的客观规律，人的尺度主要指人自身生存发展的需要及其活动规律。合理的实践目标必须首先遵循客观规律，背离客观规律的理想、蓝图是注定会落空的，因而是无法实现的。合理的实践目标同时必须体现主体对客体的目的性要求，实践的理想客体应当能够满足人的需要，不能离开人这一最终目的来付诸实践。因此，实践理念应是物的尺度和人的尺度的统一，合规律性与合目的性的统一。

把实践理念具体化为实践方案，是认识到实践的第二个环节。实践方案是依据实践理念改造客体的具体设计，包括改造的计划、措施和手段等。实践方案的制定，一方面要发挥主体的创新精神，敢于突破陈规，大胆地闯，大胆地试，最大限度地利用和发挥现有的各种优势。另一方面要考虑施行的前提和条件。马克思指出："人类始终只提出自己能够解决的任务，因为只要仔细考察就可以发现，任务本身，只有在解决它的物质条件已经存在或者至少是在生成过程中的时候，才会产生。"[①] 充分权衡实践活动的各种条件，包括物质技术条件和文化条件等，是制定实践方案的必要前提。注意实践方案的条件性，也就是要使方案的实施具有可操作性。因为实施实践方案必须具有适当的手段和条件，拥有一定的措施和技术，否则只能是纸上谈兵。

对实践方案加以中间试验，是认识到实践的第三个环节。试验本身就是一种实践形式，是一种探索性的实践。这种探索性活动是理论向实践飞跃的一个必经环节，可以为大规模实践提供经验。在自然科学领域中，为把理论付诸实践，常常要进行一定的试验，以考察某种技术方案、工程技术的可靠性，探索理论应用的途径。只有在试验的基础上，才能进行广泛的推广和应用。社会科学领域也是如此。通常将某种理论、政策、方案等先在一定范围内进行典型试验，取得经验，然后再加

---

① 《马克思恩格斯选集》第2卷，人民出版社2012年版，第3页。

以推广。在改革、发展过程中，加强这种探索性的试验非常重要，它可以规避许多风险，使其健康、平稳地进行。

在中间试验的基础上进行大规模的实践，是认识到实践的最后一个环节。从一定意义上说，前面几个环节都是实践的准备工作，而唯有在此环节中，才形成了真正意义上的实践。认识到实践的飞跃，至此落到实处。大规模的实践既是对某种理论、认识的践行，同时也是对该种理论、认识的补充、完善。因为大规模的社会实践不可能像工程中按图施工那样机械地实施原有的理论，而是需要根据新的情况、新的问题不断调试原有的理论及其实践方案，以更好地指导实践。认识与实践就是在这种互动中不断向前推进的。

要成功地实现认识到实践的飞跃，必须注意遵循这样一些要求与准则：

其一，坚持一般理论与具体实践相结合。理论是对事物的本质和规律的反映，是一般性的东西，而实践所面对的事物和所要解决的问题则是个别的、具体的。个别远比一般复杂得多、丰富得多，因而一般决不能代替个别。为此，要实现认识到实践的飞跃，不能简单地生搬硬套理论，应当从实际出发，具体问题具体分析，在实践中既要坚持一般理论的指导，又要根据实际情况采取相应的具体行动。中国革命、建设之所以能够取得成功并不断推向前进，就是坚持马克思主义一般原理同中国具体实际相结合的产物。

其二，理论必须具体化。由于理论所反映的是一般的规律性的东西，而实践所面临的客观实际是具体而复杂的，因而从理论到实践有一个"过渡"的问题。这就是要使理论具体化，使其更接近于复杂具体的实际情况。具体说来，就是要根据实践目标和实际条件，将理论化为具体的行动方案和规划，以具体指导实践。实际情况也是如此，理论只有具体化，才具有可操作性，才能付诸实践。

其三，理论必须为群众所掌握。群众是实践的主体，也是使实践理念转化为现实实践活动的决定力量。理论只有为群众所掌握、所利用，才能实际发挥效能，才能转化为改造自然、改造社会的物质力量。

马克思曾经指出："批判的武器当然不能代替武器的批判，物质力量只能用物质力量来摧毁；但是理论一经掌握群众，也会变为物质力量。理论只要说服人，就能掌握群众；而理论只要彻底，就能说服人。所谓彻底，就是抓住事物的根本。"① 要使理论为群众所掌握，必须采取正确的、行之有效的方法，这就不能仅靠简单的"灌输"，应当通过摆事实、讲道理，对群众进行耐心细致的宣传教育工作，做到以理服人。否则，即使再正确、再重要的理论，也不一定能够达到预期效果。

（三）实践与认识的循环和发展

从实践到认识，再从认识到实践，构成了一个相对完整的认识过程。但是，在实际认识过程中，经历这样一个过程后，人们对事物的认识并不就此完结。要获得对事物深入、正确的认识，往往需要经历由实践到认识和由认识到实践的反复循环。毛泽东指出："通过实践而发现真理，又通过实践而证实真理和发展真理。从感性认识而能动地发展到理性认识，又从理性认识而能动地指导革命实践，改造主观世界和客观世界。实践、认识、再实践、再认识，这种形式，循环往复以至无穷，而实践和认识之每一循环的内容，都比较地进到了高一级的程度。这就是辩证唯物论的全部认识论，这就是辩证唯物论的知行统一观。"②

这种反复认识过程是人们认识事物的辩证运动过程。人们对于事物的认识，由于主客观条件的限制，经历两次飞跃并不意味着认识的结束；即使是对于某个具体事物的认识，也往往要经历多次反复。因为事物是一个发展过程，对事物的认识也是一个过程，"任何过程，不论是属于自然界的和属于社会的，由于内部的矛盾和斗争，都是向前推移向前发展的，人们的认识运动也应跟着推移和发展。"③ 例如，新中国成立以来，我们对中国社会主义发展道路的认识就曾经历了一个实践、认

---

① 《马克思恩格斯选集》第 1 卷，人民出版社 2012 年版，第 10 页。
② 《毛泽东选集》第一卷，人民出版社 1991 年版，第 296—297 页。
③ 《毛泽东选集》第一卷，人民出版社 1991 年版，第 294 页。

识、再实践、再认识多次反复的曲折探索过程。现在，已经形成了明确的"中国道路"，但因其情况在变化发展，因而对中国道路的探索和认识也还没有完结。

这种反复认识过程也是认识本身趋向无限发展的辩证运动过程。认识发展的无限性源于实践发展的无限性。实践永无止境，认识也永无止境。"社会实践中的发生、发展和消灭的过程是无穷的，人的认识的发生、发展和消灭的过程也是无穷的。根据于一定的思想、理论、计划、方案以从事于变革客观现实的实践，一次又一次地向前，人们对于客观现实的认识也就一次又一次地深化。客观现实世界的变化运动永远没有完结，人们在实践中对于真理的认识也就永远没有完结。"[1]

认识的反复运动说明，人的认识活动既不是封闭式的循环，也不是直线式的发展，而是不断的螺旋式上升。实践总是一步步由低级向高级向前发展的，以实践为基础的认识也是一步步由低级向高级发展。实践和认识的每一次循环，都使认识推进到了高一级的水平。

深刻认识和把握"实践、认识、再实践、再认识"这一认识辩证运动过程，有其重要的方法论意义。

首先，坚持这样的认识辩证运动过程，才能实现主观和客观、理论和实践具体的、历史的统一。"理论与实践的统一，是马克思主义的一个最基本的原则。"[2] 之所以成为一个最基本的原则，这是由马克思主义的本性决定的。马克思主义从来不是一种脱离实际的抽象理论，而是适应工人运动的需要而产生和发展起来的，是为追求无产阶级和人类解放服务的。马克思主义始终是和工人运动的实践和社会主义的实践紧密联系在一起的。正是这样的密切的结合，既推动了工人运动和社会主义实践的发展，又促进了马克思主义理论自身的发展。可以说，坚持理论与实践的统一，既是理论的需要，也是实践的需要。从理论方面看，不和实践相结合的理论是空洞的理论。理论一旦脱离了实践，就会成为僵

---

① 《毛泽东选集》第一卷，人民出版社 1991 年版，第 295—296 页。
② 《毛泽东文集》第七卷，人民出版社 1999 年版，第 90 页。

化的教条，丧失活力和生命力，再好的理论也没有意义。从实践方面看，没有理论指导的实践是盲目的实践。"盲人骑瞎马，夜半临深池。"盲目的实践虽勇气可嘉，但决不可取。如何实现理论和实践的统一？从认识论来讲，就是要坚持"实践、认识、再实践、再认识"的认识辩证运动过程或认识路线。主观和客观的矛盾，是实践活动的基本矛盾，也是认识过程的基本矛盾。正是在"实践、认识、再实践、再认识"的反复发展过程中，主观和客观、理论和实践的矛盾不断地产生又不断地得到解决，主观和客观、理论和实践不断得到具体的、历史的统一。

其次，认识辩证运动过程的原理，是党的群众路线的理论基础。从群众中来，到群众中去，是我们党的群众路线。群众路线也是马克思主义的认识论。"从群众中来"，就是深入到群众的实践之中，集中群众的经验和智慧，了解群众的利益、愿望和要求，把握群众面临的实际问题，形成相应的理论、政策、计划和办法。没有这一过程，就根本不可能有正确的认识，也就根本谈不上形成正确的理论、政策、计划和办法。"到群众中去"，就是将社会实践中产生的思想，包括理论、政策、计划和办法，运用到群众的实践中去，用来指导社会实践，并在实践中对其检验和鉴别，看其是否正确反映了客观实际，并对其加以修正、补充。这是一个再度向群众的实践请教的过程，也是认识自我完善的过程。可见，"从群众中来"是重要的，"到群众中去"同样重要。这两方面相统一的过程，也就是认识来源于实践，又反过来指导实践的过程。因此，马克思主义的认识路线与群众路线和工作方法是马克思主义认识论的创造性运用。

再次，坚持认识辩证运动过程，也是实现理论创新和实践创新的客观要求。当今时代是创新的时代，任何一个国家要想在激烈的竞争中立于世界民族之林，必须加强创新。创新既包括理论创新也包括实践创新。理论创新与实践创新并不是彼此孤立的，而是内在结合在一起的。"问题"就是理论与实践（现实）的结合点。理论能不能创新，就在于能不能对问题作出有说服力的回答，能否正确地引导社会实践的发展；实践能否称得上创新，也在于对于社会实践中出现的各种情况、问题能否作出有效的应对和解决，能否切实推进社会健康发展。无论是理论创新还是实践创新，都是在"问题"的探索和解决中实现的，也就是在"实践、认识、再实践、再认识"的过程中实现的。因此，推进理论创新和实践创新，客观上突出了问题导向。理论关注现实，就是关注问题。离开了问题的分析和探讨，理论研究也就成了无的放矢。无论是基本理论的研究，还是社会现实的研究，都应以提出问题、把握问题为前提。正是问题的提出，展现了一个新的视域，使研究获得了新的生机以至新的突破。不断提出问题、不断进行新的探索，恰好是研究的动力和活力所在，也是理论创新之所在。在理论创新的推动和引导下，实践也必然会打破常规，实现创新。实践创新的结果，进而又影响到理论，从而促进理论创新与实践创新的良性互动。所以，通过"问题"聚焦，不断推进"实践、认识、再实践、再认识"，这是实现理论创新和实践创新的有效途径。

三、真理及其检验标准

实践与认识的反复循环和无限发展的过程，也就是通过实践而发现真理、检验真理和发展真理的过程。认识的任务和目的，就在于获得真理，并在真理的指导下去改造世界。

（一）真理的本质和特性

什么是真理？或者说，真理的本质是什么？对此，理解上向来有尖锐的分歧和对立。在关于真理的看法中，且不说哲学史上的各种观点，在当代的研究和讨论中，就有"符合论"、"融贯论"和"工具论"这样三种最具代表性的看法。"符合论"认为认识的真理性就在于其与对象相符合。只不过旧唯物主义所讲的"符合"是主体对客观事物消极直观的反映或符合；唯心主义所讲的"符合"，则是指观念与观念相符合。这两种"符合"都是不正确的解释。"融贯论"认为一个命题是否为真，并不在于它是否与事实相符合，而是取决于它在命题系统中是否与其他命题相一致或融贯，即无矛盾性。仅仅把有无矛盾性看作是真理的标志，并无充分的理由。"工具论"认为"有用即真理"、"真理即效用"，将思想、理论等看作是为了达到某种预期目的而设计的工具，能使人们获得成功便是真理。真理确实是有用的，但有用的不一定是真理。

马克思主义哲学认为，真理就是对客观事物及其规律的正确反映。这是对真理及其本质最为基本的概括和揭示。这里所讲的对客观事物的"正确反映"，就是与客观事物的本来面目相符合，但与旧唯物主义所讲的"符合"不同，它是建立在实践基础上的符合，是能动的符合。也就是说，这种符合是通过实践过程中人的能动反映活动而实现的。随着实践的发展和人类认识能力的提高，人类认识会更加符合客观事物及其规律。

真理在形式上是主观的，在内容上是客观的。所谓形式上是主观的，是指真理是人脑对客观事物及其规律进行观念加工的产物，是通过感觉、知觉、表象、概念、判断、推理等主观形式表达出来的。而且，真理可以用不同的语言形式、不同的理论方式来表达。所谓内容上是客观的，是指真理的内涵就是对客观事物及其规律的正确反映，真理包含着不信赖于人和人的意识的客观内容。列宁指出："有没有客观真理？就是说，在人的表象中能否有不依赖于主体、不依赖于人、不依赖于人类的内容？"[①] 任何真理都是由其主观形式和客观内容构成的。但是必须注意到，真理的主观形式是一切认识所固有的，而使某一认识成为真理的决定性因素，并不是它采取何种主观形式，而是它的客观内容，即在于它是否正确地反映了对象的本质和规律。因此，真理的本质属性是客观性。肯定真理的客观性，这是唯物主义认识论在真理观上的具体体现。

真理的客观性决定了真理的一元性，即在同一条件下人们对同一对象的真理性认识只有一个而不可能是多个。因为真理的内容是客观

---

① 《列宁专题文集　论辩证唯物主义和历史唯物主义》，人民出版社 2009 年版，第 28 页。

的，客观对象的实际情况就是如此、独一无二的，在同一条件下，人们对客观事物的多种不同认识中只有一种认识属于真理性的认识，只有与客观对象的实际情况相符合的那种认识才是真理。也就是说，对象的实际情况是唯一的，与它相符合的认识也只能是唯一的。因此，坚持客观真理论，就必须坚持真理一元论。

既然真理是客观的，那就要旗帜鲜明地反对主观真理论。在真理观上，各种唯心主义哲学都是以不同方式来否认真理的客观性，主张主观真理论。主观唯心主义大都是这样那样地把真理解释为人的感觉或观念范围内的东西，没什么客观性可言。如休谟认为真理是观念与主体感觉相符合，贝克莱认为真理存在于观念之中，康德认为真理是思维与它的先验形式相一致，马赫认为真理是感觉最简单、最"经济"的复合等。客观唯心主义并不简单否定真理的客观性，甚至还很强调真理的客观性，但它所讲的客观性并非指真理的客观内容，而是指其反映的某种"客观精神"或"理念"。如柏拉图认为真理是某种超验的、永恒的"理念"，经院哲学家把真理看作是上帝的属性或化身，黑格尔认为真理是"绝对理念"的自我显现，等等，都属于客观唯心主义真理观。这种观点虽然表面上强调真理的客观性，宣称真理不依赖于人，但最后还是拐弯抹角地否定了真理的客观性，其真理观仍然是一种主观真理观。

由真理的本质所决定，真理具有这样一些基本特性：

首先是真理的具体性。真理的具体性主要指真理的条件性，意谓任何真理都有自己适用的条件和范围，超出这个条件和范围，它就不再是真理。脱离条件的抽象真理是不存在的。黑格尔曾批评了抽象真理的观点，明确提出了具体真理的概念，认为真理总是具体的，而非抽象的，如果是抽象的，则是不真的，人类理性就是趋向于具体。马克思主义哲学批判地吸取了黑格尔关于具体真理的思想，进一步阐明了真理的具体性。真理作为一种观念性的存在，当然是一种抽象，但这种抽象是包含着具体的抽象、是有其具体内容的抽象，"一切科学的（正确的、郑重的、不是荒唐的）抽象，都更深刻、更正确、更完全地反映自然。"① 经过这种"科学的抽象"的真理,真实反映了事物的条件及其发展变化,因而不是空洞的抽象,不是僵化的教条,而是具体真理。诚如列宁所说,"辩证法的基本原理是:没有抽象的真理,真理总是具体的"②。

其次是真理的全面性。真理的全面性是指对事物本质规定的综合,如实地反映事物的内在联系及其发展规律。因为任何事物的存在和发展都是由多种因素、多种关系、多种矛盾组成的,对它的真理性揭示自然需要给以全面的分析和把握。"要真正地认识事物,就必须把握住、研究清楚它的一切方面、一切联系和'中介'。我们永远也不会完全做到这一点,但是,全面性这一要求可以使我们防止犯错误和防止僵化。"③为此,在认识活动中,要尽可能把握对象的一切方面及其相互关系,切勿以偏概全。而要保证真理的全面性,又必须突出把握真理的过程性和历史性。因为真理的全面性常常是在事物的发展过程中体现和暴露出来的,不可能是一次性就能把握的。列宁指出,"认识是思维对客体的永远的、无止境的接近。自然界在人的思想中的反映,要理解为不是'僵死的',不是'抽象的',不是没有运动的,不是没有矛盾的,而是处在运动的永恒过程中,处在矛盾的发生和解决的永恒过程中"④。既然对事物的认识是不断深化的,那么,要坚持真理的全面性,就要把真理理解为一个过程。

再次是真理的绝对性和相对性。真理的绝对性是指任何真理都是主观对客观的正确反映,都包含着不依赖人的客观内容。这一点是确定无疑的、绝对的。承认真理的客观性,也就承认了真理的绝对性。真理的相对性则是指人们对客观事物及其本质和规律的正确认识都是在一定条件下进行的,因而总是有局限的。承认认识对象及其发展变化的无限性,承认认识是一个不断拓展和深化的过程,也就承认了真理的相对

---

① 《列宁专题文集 论辩证唯物主义和历史唯物主义》,人民出版社 2009 年版,第 135 页。
② 《列宁专题文集 论辩证唯物主义和历史唯物主义》,人民出版社 2009 年版,第 337 页。
③ 《列宁专题文集 论辩证唯物主义和历史唯物主义》,人民出版社 2009 年版,第 314 页。
④ 《列宁专题文集 论辩证唯物主义和历史唯物主义》,人民出版社 2009 年版,第 137 页。

性。真理的绝对性和相对性是内在统一的。人们对客观对象的每一个正确认识，都是在一定范围内、一定条件下的认识，自然是相对的、有局限的。但在这一定范围内、一定条件下，它又是对客观对象的正确反映，而且只有这样的反映才是正确的反映，因而它又是无条件的、绝对的。真理的绝对性和相对性就是这样相伴共生、不可分割的。此外，二者也是相互包含的。真理的绝对性就寓于真理的相对性之中，任何真理所具有的客观内容都只能是人们在特定条件下认识的结果，都只是对客观对象一定范围、一定程度的正确反映；真理的相对性又必然包含并表现着真理的绝对性，只要不超出特定的范围和条件，认识的正确性就是确定的、不可置疑的。

在真理的绝对性和相对性关系问题上，应当避免独断主义和相对主义两种极端倾向。独断主义和相对主义的共同特点是把真理的绝对性和相对性截然对立起来，片面夸大一个方面而否定另一个方面。如独断主义片面夸大真理的绝对性而否认真理的相对性，把真理看作是固定不变的，根本不存在丰富和发展的问题，似乎可以发展变化的真理不成其为真理。这就堵塞了人类认识进一步发展的道路。与此相反，相对主义则片面夸大真理的相对性而否认真理的绝对性，认为真理只有相对的意义，今天是真理，明天就不是真理了。这样一来，真理的相对性就被歪曲成了主观随意性，真理也就没有什么确定性可言。自觉抵制真理观上的这两种主义，对于坚持和发展马克思主义具有重大意义。一方面，必须始终坚持马克思主义的基本立场、观点，但又不能将其僵化、教条化，应当紧密结合时代发展和中国发展的实际，发展面向现实、面向未来的马克思主义，特别是发展当代中国的马克思主义。另一方面，又不能借时代、环境和条件的某些变化，否认马克思主义的真理性，马克思主义关于人类社会历史及其发展规律的阐释、关于资本主义内在矛盾及其发展趋势的揭示、关于人类解放和人的自由全面发展的价值追求，直到今天也是没有过时的，仍是我们必须坚持的基本理论和指导思想。

（二）真理的检验标准

判断一种认识是否是真理，必须得有一个标准。如何看待真理标准，如何对真理加以实际检验，这是真理观中的重大理论问题，也是人的认识活动和实践活动中的重大现实问题。

在真理标准问题上，哲学史上有着各种各样的看法。有的以是否合乎"圣人"的意见或"权威"的观点为标准，有的以大多数人是否认可为标准，有的以是否合乎"人类的理性"为标准，有的以是否清楚明白、说理透彻为标准，有的以是否令人满意、是否"有效"和"有用"为标准，等等。所有这些看法的共同之处，都是在主观范围内寻找标准，即把某种主观的东西作为真理的标准。

只有马克思主义哲学才真正科学地解决了真理的检验标准问题，明确地提出了实践是检验真理的唯一标准。马克思指出："人的思维是否具有客观的真理性，这不是一个理论的问题，而是一个实践的问题。人应该在实践中证明自己思维的真理性，即自己思维的现实性和力量，自己思维的此岸性。关于思维——离开实践的思维——的现实性或非现实性的争论，是一个纯粹经院哲学的问题。"[①] 毛泽东也指出："判定认识或理论之是否真理，不是依主观上觉得如何而定，而是依客观上社会实践的结果如何而定。真理的标准只能是社会的实践。"[②] 这些论断都对实践作为检验真理的标准作了肯定性的回答。值得注意的是，以前有的哲学家也似乎提到了实践标准问题，如费尔巴哈就曾经说过："理论所不能解决的那些疑难，实践会给你解决。"[③] 但费尔巴哈所谓的实践仅仅是指饮食男女之类的日常生活实践，并非是以物质生产为主要内容的社会实践，而且，实践标准的观点也并未贯彻到底。又如，有些与实验科学联系比较密切的哲学家也曾认识到，要判定自然科学定律和理论是否

[①] 《马克思恩格斯选集》第1卷，人民出版社2012年版，第134页。

[②] 《毛泽东选集》第一卷，人民出版社1991年版，第284页。

[③] 《费尔巴哈哲学著作选集》上卷，商务印书馆1984年版，第248页。

正确，必须运用实验来检验。然而，这些哲学家也只是限于实验这种范围来谈论检验，既没有科学的实践概念，也不真正懂得实践标准。只有马克思主义哲学才明确地提出了实践标准的观点，并予以全面地阐释。

实践何以成为检验真理的标准？这是由真理的本性和实践的特点决定的。真理作为对客观事物的正确反映，其本性就在于主观认识与客观事物相符合。判断一种认识是否同客观事物相符合，仅在主观认识的范围内是无法解决的，因为认识自身不能判明自己的正确性。而作为认识对象的客观事物也不可能回答人的认识是否同它相符合的问题，因而同样不能充当检验真理的标准。只有那种能够把主观认识和客观事物联系和沟通起来，从而使人们能够把二者加以比较、对照的东西，才能充当检验真理的标准。具有这种特性的东西，只能是作为主客观联系的桥梁、纽带的社会实践。由于社会实践总是要造成某种结果，因而通过将这种实践结果与人们在实践之前依据一定的认识而预期的实践结果（实践目的）进行比较和对照，人们就能间接地实现主观认识与客观事物之间的比较和对照，从而能够检验认识与客观事物之间是否相符合。对此，毛泽东简要概括说："实际的情形是这样的，只有在社会实践过程中（物质生产过程中，阶级斗争过程中，科学实验过程中），人们达到了思想中所预想的结果时，人们的认识才被证实了。"①

对于作为真理检验标准的实践，必须注意把握它的两个鲜明特点：一个是普遍性的品格，一个是直接现实性的品格。列宁曾指出："实践高于（理论的）认识，因为它不仅具有普遍性的品格，而且还具有直接现实性的品格。"② 所谓实践的直接现实性，是指实践不仅直接就是一种现实的感性的物质活动，而且还能够把一定的认识、理论变成直接的、客观的现实，即成为主观见之于客观的活动。这就是说，并不是任何一种活动都可成为实践，只有那种具有"直接现实性"的活动才能成为实践。唯有现实性的活动，才能产生实实在在的实践结果，才能与实践目

---

① 《毛泽东选集》第一卷，人民出版社 1991 年版，第 284 页。

② 《列宁专题文集　论辩证唯物主义和历史唯物主义》，人民出版社 2009 年版，第 139 页。

的加以比较、对照，纯粹的观念性活动是无法加以这样操作的，因而是无法检验的。所谓实践的普遍性，是指实践并不仅仅是某种偶然的现实活动，而是经常出现的、带有普遍属性的实践。易言之，具有普遍性的实践并不是仅仅适用于"此时此地"，同时也适用于"彼时彼地"；相应地，作为检验真理的标准，实践也不能只成为某时某地的标准，应当成为一个普遍性的标准。偶然的实例或"眼见为实"并不能完全代表实践标准。因此，要全面、合理地把握实践标准，应当对实践的双重品格有一个正确的理解。

坚持实践是检验真理的唯一标准，还必须深刻理解实践检验是一个辩证发展的过程。具体来说，就是要正确看待实践标准的确定性和不确定性。实践标准的确定性是指：唯有实践能够检验认识的真理性，即使有些认识不能为当前的实践所检验，而将来的实践终究会作出检验；凡是被实践证实为真理的认识，它所作出的正确反映就不会被推翻。像自然科学经常讲的牛顿力学，是在宏观低速运动范围内与客观实际的符合，并没有因为相对论和量子力学的出现而被推翻。实践标准的不确定性是指：任何实践都是在一定历史条件下进行的，必然受到各种主客观因素的制约，因而它不可能完全证实和驳倒人的一切认识；具体的历史的实践对真理的检验具有一定的历史局限性，随着实践的不断发展，人们所确定的真理的界限也会发生变动。因此，在实践标准问题上，既要看到实践标准的确定性，反对否认实践标准的唯心主义、怀疑主义和相对主义，又要看到实践标准的不确定性，反对把被某一具体实践证实的认识绝对化的教条主义和独断论错误。

肯定实践是检验真理的唯一标准，并不否定逻辑证明在检验真理过程中的作用。逻辑证明是运用已有的知识并按照逻辑规则进行推理，以对某一认识的正确性进行论证。逻辑证明在检验认识过程中有这样几个作用：一是对认识的真理性进行实践检验的必要先导。只有从待检验的理论和先行条件推导出关于事实的结论后，人们才能通过观察和实验即通过实践来检验这些被推断的事实结论，并由此实现对理论本身的检验。二是对认识的真理性进行检验的必要补充。在对认识的真理性进行实践检验的过程中，实践结果的意义并不是自明的，确定它究竟是证实了还是证伪了某一认识往往需要借助于逻辑证明。三是能够发现和校正实践检验中的误差。对于这种误差的发现，逻辑证明的力量是必不可少的。四是有些认识的真理性要靠逻辑证明来论证。如在逻辑和数学这类纯演绎科学中，命题的正确性一般只能通过公理系统的演绎法来证明。然而，肯定逻辑证明在检验真理过程中的作用，并不意味着逻辑证明能作为检验真理的标准。逻辑推理所反映的只是命题形式之间的必然联系，是否真理，逻辑是不能证明的，只有实践才能回答。而且，逻辑推理规则本身的正确性也是逻辑所不能证明的，而是经由长期反复的实践逐渐确定下来的；逻辑证明的结论是否正确，最终还得由实践来检验。

四、真理与价值

人的活动不仅仅是追求真理，而且要追求价值，从而实现自身的完善和发展。由此便产生了真理与价值的关系问题。正确对待真理原则和价值原则，是认识世界、改造世界的客观要求。

价值同真理一样，是人的活动中的重要因素。哲学上讲的价值就是主体和客体之间的一种意义关系。在现实的主客体相互作用中，总是存在着一种主体按其需要对客体的属性和功能进行选择、利用和改造的关系，或者说客体以其自身的属性和功能满足主体需要的关系。这种关系就是价值关系。某事、某物能够满足主体需要，就是有意义、有价值的；不能满足主体需要，就是没有意义、没有价值的。价值的大小，说到底就是客体满足主体需要程度的大小，是客体对主体意义的大小。在一定条件下，客体对主体需要的满足与否是一种客观存在，它不依赖于主体的主观意识，独立于人们对它的认识和评价，因而价值具有客观性。但是，价值的形成、性质、特点及其变化又依赖于主体的存在和创造。正是因为有了人，有了人的活动和需要，才形成了事物和人的价值关系，才有了自然界原本不具有的价值现象。而且，价值因其主体的不同，往往呈现出多样性和差异性。这就表明，价值又具有主体性。价值是主体性和客观性的统一。

由于真理和价值都是人类活动所需要追求的，因而真理原则与价值原则便成为人类社会实践所要遵循的两个根本原则，也是人类进步的两大基本原则。这两大基本原则贯穿于社会生活的各个方面，并以不同方式影响人们的观念、行为以至社会发展。

所谓真理原则，就是在人的活动中追求真理、服从真理、按照真理来行事的原则。其基本要求是：人必须按照世界的本来面目和规律去认识世界和改造世界，包括认识和改造人自身。真理原则是由客观对象的本性和规律决定的。人们要想取得实践上的成功，实现预想的目的，必须使自己的思想和行动符合客观对象本身的特性和规律，即按照对象本身的尺度来进行活动。这就是在思想上，必须符合实际；在行动上，必须按客观规律办事。不管人们情愿不情愿、自觉不自觉，真理总是通过活动的客观结果和规律作用的方式显现其效力。人们的活动成功与否，就看其是否遵循了真理原则。违背规律和真理原则的行为，是注定会遭受挫折与失败的。

所谓价值原则，就是根据主体需要来活动，以促进人的价值实现和人的正常生存发展的原则。其基本要求是：人的活动必须以人为中心，必须按照人的尺度和人的需要去认识世界、改造世界。马克思指出："动物只是按照它所属的那个种的尺度和需要来构造，而人却懂得按照任何一个种的尺度来进行生产，并且懂得处处都把固有的尺度运用于对象；因此，人也按照美的规律来构造。"[①] 这里所讲的"内在的尺度"，就是指人、主体自身的需要和目的，亦即价值原则。人之所以要进行各种活动，其最终目的就是为了满足人的各种需要，使自己的本质力量得到充分发挥，保证其正常生存、发展。因而价值原则是一种目的性原则。由于人们的思想、行为总是同特定的利益和需要直接相关，有什么样的主体就有什么样的价值标准和价值原则，因而价值原则又是一种主体性的原则。承认价值原则就意味着承认价值的主体性。

---

① 《马克思恩格斯选集》第 1 卷，人民出版社 2012 年版，第 57 页。

　　真理原则和价值原则作为人类活动的两种基本原则，并不是彼此分离、相互割裂的，而是彼此贯通、相互引导的。一方面，任何真理总是有价值的。真理作为对客观事物的正确认识和反映，能够用于实践指导人们的行为，给人们带来实打实的利益和成果，充分显示其"有用性"。当然，有用不一定是真理，但真理肯定是有用的。既然真理与价值密切相关，因而价值判断并不完全涉及的是"好与坏"的问题，同时存在着"真与假"的问题。另一方面，价值的创造和实现又推动着真理的发展。人们为什么要探索真理、发展真理？说到底是为了认识世界、改造世界，以满足自身的利益和需要。价值的激励是人们追求真理、探索真理的内在动力。因此，追求价值与服从真理是内在一致的。服从真理是追求价值的前提条件，追求价值是服从真理的目的要求。二者在实践基础上的辩证统一，是人类社会进步的内在条件，也是我们选择正确价值观的基本依据。

　　真理原则和价值原则虽然在本质上是一致的，但是在实际施行这两种原则和尺度时，尤其是用这两种原则和尺度来分析、评价社会历史现象时，又可能发生矛盾、冲突。这主要表现为历史尺度与价值尺度（即客体尺度与主体尺度）的矛盾、冲突。如在一定历史条件下，对同一事物、同一社会现象，依据历史尺度与价值尺度得出的结论可能会大不相同，甚至是相互冲突，即从历史尺度看可能是合理的，从价值尺度看可能是不合理的。马克思当年就曾经面对过这样的难题。如对 17 世纪初以来英国对印度的殖民统治这一重大社会现象究竟怎么看？马克思认为，"不列颠人给印度斯坦带来的灾难，与印度斯坦过去所遭受的一切灾难比较起来……在程度上要深重得多。"① 从感情上、道德上说，亲眼看到这无数勤劳的宗法制的和平的组织崩溃、瓦解、被投入苦海，亲眼看到它们的成员既丧失自己的古老形式的文明又丧失祖传的谋生手段，是会感到悲伤的，因而英国的殖民统治是应当受到谴责的。但是，从历史主义的观点来看，英国的殖民统治在客观上又具有一定的积极意

---

① 《马克思恩格斯选集》第 1 卷，人民出版社 2012 年版，第 849 页。

义，这就是马克思所说，"如果亚洲的社会状态没有一个根本的革命，人类能不能实现自己的命运？如果不能，那么，英国不管犯下多少罪行，它造成这个革命毕竟是充当了历史的不自觉的工具。"① 因此，英国殖民主义在印度完成了双重使命：一是破坏性的使命，一是建设性的使命。由此可见，历史尺度与价值尺度既是统一的，又是不统一的。所谓统一，是就历史长过程来说的；所谓不统一，是就历史某一发展阶段而言的。实际上，这两种情形是常常交织在一起的，统一就是在不统一的过程中实现的。也就是说，两种尺度的统一是包含着内在矛盾的统一。

既然历史评价与价值评价有时是冲突的，那么，在冲突的情况下，究竟如何看待和评价社会历史现象和社会进步呢？从马克思主义哲学的观点看，历史评价是第一位的，价值评价是第二位的。因为历史评价主要着眼于社会历史发展的客观规律，以是否有利于促进社会生产力的发展和社会文明水平的提高为标尺，对社会现象和社会发展所作出的评价。看一种社会现象是否合理、是否进步，关键是看它是否有利于促进生产力的发展和社会文明水平的提高。离开了这一基本准则，仅从价值观念和道德理想来评判，只能作出抽象的乃至泛文化的解释。而且，应当注意的是，即便是价值评价本身，最后也有一个历史性的问题，即从历史上看，所坚持的究竟是何种价值？在特定的历史条件下，这种价值究竟反映和代表的是进步力量，还是腐朽力量？这样一来，价值评价又得回到历史评价上来。如在马克思之前，许多学者在研究历史时，一般都以抽象的人性为根据，用人本主义的价值尺度来评价历史。应当说，相对于中世纪的神学史观来讲，以人和人性为出发点来解释和评价历史是一个理论进步，但它本身又存在着不可克服的内在矛盾：一方面，不变的人性怎么能够成为历史发展的原因？另一方面，如果人性也是变化的，其变化的原因和根据又是什么？可见，借助于抽象的人性来探求历史发展，而将历史及其发展规律排斥在视野之外，其结果必然会陷入理论困境。诚如恩格斯所说，人道、自由、平等、博爱、独立"这些字眼

① 《马克思恩格斯选集》第 1 卷，人民出版社 2012 年版，第 854 页。

固然很好听，但在历史和政治问题上却什么也证明不了"。① 早在 19 世纪 40 年代，马克思就曾针对海因岑把历史和道德对立起来进而用道德来评判历史的观点，对历史评价问题作了具体的阐述，认为历史本身表现为一个不断发展的、前后相继的阶段序列，在历史发展的每一阶段都有其与之相应的道德观念和价值观念，历史的发展必然引起道德价值观念的发展变化；道德的内容和标准不同，评价必然会不同。② 所以，价值尺度最后服从于历史尺度。

当然，坚持价值尺度应当服从历史尺度的基本原则，并不是要轻视以至排斥价值尺度，而是旨在阐明两种尺度在历史评价中的地位及其相互关系。谈到社会历史评价，无论如何不能回避价值尺度，关键是要正确处理好两种评价尺度之间的关系。一方面，只有尊重历史，达到对社会发展规律的真理性认识，才能透彻地理解什么是正确的价值取向，从而确立合理的价值标准。另一方面，只有坚持正确的价值观，一切从社会历史的主体即人民群众的利益出发，才能排除偏见，尊重客观事实和历史规律，对社会历史作出正确的把握和客观的评价。所以，从客观实际出发，与从人民群众利益出发，这两个出发点是内在一致的。马克思主义哲学在对待历史尺度与价值尺度的关系问题时，就是始终坚持这样的统一：既坚持从社会现实出发，客观地探究历史，寻求社会发展的内在规律；又坚持从无产阶级和人民群众的立场出发，把实现人类解放和人的自由全面发展作为追求的理想目标和价值取向。历史观与价值观就是这样有机地统一在一起的。需要说明的是，坚持无产阶级的价值取向，是否会影响对社会历史加以客观的研究和科学公正的评价呢？不存在这样的问题。之所以如此，是因为：其一，唯物史观虽然是以代表无产阶级的根本利益为其价值取向的，但这种价值取向不是随意确定的，而是建立在对人类社会历史客观规律正确把握的基础之上的；其二，无

① 《马克思恩格斯全集》第 6 卷，人民出版社 1961 年版，第 325 页。

② 参见马克思：《道德化的批评和批评化的道德》，《马克思恩格斯全集》第 4 卷，人民出版社 1958 年版，第 322—356 页。

产阶级的利益同全人类的利益是一致的，无产阶级只有解放全人类，才能最后解放自己，因而其价值取向与人类解放的价值取向和历史发展的总趋势是完全吻合的；其三，无产阶级作为先进生产力和先进文化的代表，所体现的精神是革命的、批判的，它决不会像以往的剥削阶级那样，出于狭隘的阶级利益，顽固地维护某种过时的社会关系和陈旧的道德观念，而是不断根据变化了的社会现实调整和创新自己的道德理想和价值观念，因而其价值观念与历史观念是一致的。

坚持真理原则与价值原则，对于推进理论和实践的发展有其重要的现实意义。近年来，我国在发展问题上，科学发展观和新发展理念的提出，实际上就充分体现和贯彻了这两大原则。科学发展观的科学性，尽管可以从不同角度加以理解，但它有其深刻的意涵。简要说来，发展的科学性既有合乎规律的含义，又有合乎目的即合乎人的发展这一最终目的的含义；前者反映的是对规律的尊重，后者反映的是对人的尊重；前者体现的是科学维度，后者体现的是价值维度。发展的科学性就体现了这种合规律性与合目的性的统一、真理维度与价值维度的统一。因此，发展的科学性并不是传统意义上的科学所能涵盖得了的，它既包含有倡导科学、尊重规律的真理性要求，又包含有直接指向人的发展这一价值要求。发展的科学性就是真理原则与价值原则的具体体现。新发展理念也是如此。新发展理念"新"之所在，一方面突出了对发展规律的高度重视，另一方面突出了对人的特别关注，从物本转向人本。"创新、协调、绿色、开放、共享"五大发展理念作为一个整体，其主旨和价值指向是一致的，这就是"以人民为中心"。所谓以人民为中心，就是要明确发展为了谁、发展依靠谁、发展成果由谁享有作为发展的出发点和落脚点，把实现好、维护好、发展好最广大人民群众的根本利益作为发展的根本目的，把促进和保障人的全面发展作为发展的根本立场。离开了"以人民为中心"，发展就失去了起码的价值目标和准则。因此，在理念和行动上坚持真理原则和价值原则，这是推进经济社会健康发展的内在要求。

第五章　商品与劳动二重性

政治经济学是马克思主义理论体系的重要组成部分之一。马克思站在辩证唯物主义和历史唯物主义的哲学高度，在批判继承资产阶级古典政治经济学基础上，对资本主义经济关系及其运动规律进行了深入剖析，从而揭示了资本主义生产关系乃至整个经济制度产生、发展、必然灭亡的客观规律。马克思主义政治经济学既是对资本主义经济关系及其运动规律的本质揭示和科学理论总结，又是无产阶级为摆脱被剥削和被奴役的命运，推翻资本主义制度，最终实现共产主义而斗争的强大思想武器。

马克思主义政治经济学理论体系逻辑严谨，内容丰富，博大精深。在包括劳动价值理论、货币理论、剩余价值理论、资本积累理论、再生产和资本流通理论、生产价格理论、剩余价值分配理论、资本主义经济周期和经济危机理论等完整政治经济学理论体系中，剩余价值理论是基石，而奠定剩余价值理论的基础是劳动价值理论。

马克思劳动价值学说是从资本主义生产条件下商品和生产商品的劳动二重性研究开始的。

一、商　品

（一）商品的两个因素：使用价值和价值

马克思的《资本论》，是马克思主义政治经济学理论体系的集中体现。《资本论》第一句话就是："资本主义生产方式占统治地位的社会的财富，表现为'庞大的商品堆积'，单个的商品表现为这种财富的元素形式。因此，我们的研究就从分析商品开始。"①

商品是用来交换的劳动产品。商品首先是个劳动产品，能够满足人们的某种需要。商品能够满足人们需要的有用性就叫作商品的使用价值。一种商品可以有多种使用价值，不同商品有不同的使用价值。随着科技进步，一种商品的使用价值会越来越多，有着不同使用价值的商品规模会越来越大，结构也会越来越复杂。

使用价值是商品的自然属性。不论什么社会，使用价值总是构成社会财富的物质内容，它和社会形态的性质无关，它本身并不反映社会的特定社会关系。使用价值反映了人与自然之间的关系，并不是政治经济学研究的对象，它是商品学和有关自然科学研究的对象。政治经济学之所以研究商品，是因为商品不仅具有使用价值，而且具有交换价值，具有价值。

商品必须有使用价值，否则不会发生人与人之间的交换行为。但有使用价值的物品不一定都是商品，如空气具有某种使用价值，但空气天然存在，不是劳动产品，也不用来交换，所以它不是商品；封建社会农民向地主缴纳地租（特别是实物地租），地租是劳动产品，但它不是用来和地主交换什么，而是无偿被地主凭借土地私有权所占有，因此封建地租也不是商品。至于为什么在资本主义生产条件下，一些并不是劳动生产物的生产要素比如天然存在的土地等转化成商品可以买卖，那是

---

① 《马克思恩格斯文集》第 5 卷，人民出版社 2009 年版，第 47 页。

因为土地等要素是资本主义生产过程的必要条件，特别是满足资本家阶级获得剩余产品、剩余价值乃至转化形式利润的生产条件，因此，天然存在的土地等并非劳动生产物也成为商品。马克思的政治经济学研究的对象是物的掩盖下人与人之间的生产关系，不能因为对某些具体物的关注和纠缠，而影响和淹没了对资本主义生产关系本质的揭示，或破坏了后续一系列科学研究的逻辑联系。

商品是用来交换的劳动生产物。这就是说，商品不仅具有使用价值，而且具有能够同别种商品进行交换的属性，即具有交换价值。使用价值是交换价值的物质承担者。

交换价值首先表现为一种使用价值同另一种使用价值相交换的比例。例如，100 斤米换 10 尺布，10 尺布就是 100 斤米的交换价值。米和布的交换比例在不同的地点和不同时间情况下是不同的。但是，在同一时间和同一地点是比较固定的和一致的。

那么，100 斤米为什么可以换 10 尺布，而不是换 100 尺布呢？是什么东西决定了不同商品的交换比例呢？

一种说法，商品的交换价值是由商品的效用也就是使用价值决定的。但是，不同商品有不同的使用价值，它们是不同质的，不同质的东西怎么能够进行比较呢？

于是，另一种说法认为，商品的交换比例是由市场供求关系决定的。不错，在某种商品供大于求的时候，该种商品换取别种商品的比例会小些；反之，供小于求时，交换比例会大些。但是，在供求平衡时，该种商品同别种商品交换的比例是由什么决定的呢？显然，决定不同商品交换比例即交换价值的东西必须是同一质的可进行比较的东西，这就是凝结在商品中的劳动。正如马克思在《资本论》第一卷第一章第一节论述商品时所指出的："如果把商品体的使用价值撇开，商品体就只剩下一个属性，即劳动产品这个属性。"[1] 而商品体中"无差别的人类劳动的单纯凝结"[2]，就是商品的价值。商品之所以具有交换价值，是因为商

---

[1] 《马克思恩格斯文集》第 5 卷，人民出版社 2009 年版，第 50—51 页。

[2] 《马克思恩格斯文集》第 5 卷，人民出版社 2009 年版，第 51 页。

品具有价值；由于价值是共同质的东西，从而使不同商品在价值基础上可以进行比较。交换价值不过是价值的表现形式。由于价值体现了商品生产者互相交换劳动的关系，因此，价值是商品的社会属性。

可见，商品是使用价值和价值的统一体。使用价值是商品的自然属性，它反映了人与自然之间的关系。价值是商品的社会属性，它体现了商品生产者之间的经济关系。如果把非物质生产劳动作抽象处理，使用价值是价值的物质承担者。①

（二）体现在商品中的劳动二重性：具体劳动和抽象劳动

商品的二因素，是由体现在商品中的劳动二重性决定的。生产商品的劳动都具有二重性质。一方面，生产特定商品的劳动有特定的目的，特定的具体形式，特定的劳动结果。这种在特定的具体形式下进行的劳动，叫作具体劳动。具体劳动改变物质的自然形态，创造出商品的使用价值，反映了人与自然之间的关系，是人类社会任何历史阶段存在的一种永恒形式。另一方面，生产商品的劳动是劳动者体力和脑力的支出，不管生产什么样的使用价值，劳动过程也就是劳动者脑力和体力消耗的过程。这种抽象掉特定具体形式的一般人类劳动，叫作抽象劳动。具体劳动之所以要还原为抽象劳动，是生产者借以交换并决定交换比例的需要，反映了人类社会特定历史发展阶段人与人之间的交换关系，因而是个社会范畴，也是个历史范畴。抽象劳动的凝结就是商品的价值。

具体劳动和抽象劳动是生产商品的同一劳动的两个不同方面或两重特性，绝不是两种劳动或两次劳动。具体劳动生产出商品的使用价值，抽象劳动生产出商品的价值。可见，商品使用价值和价值的二重属

---

① 马克思在《资本论》中没有用专门章节阐述非物质生产领域劳动及其产品属性。一是因为，马克思所处的那个时代，资本主义生产方式主要体现在物质生产领域。非物质生产无论在规模还是成熟度上处在次级位置。二是，马克思运用抽象法，把一些可能干扰或影响主干理论研究的枝节影响作科学抽象。事实上，马克思在完成并构筑了全新的、科学的政治经济学理论体系大厦的基础上，也曾经专门阐述了资本主义社会生产劳动和非生产劳动的本质区别，深刻揭示了非物质生产领域资本主义生产劳动的本质属性。

性是由生产商品的劳动二重性质决定的。

（三）商品生产的基本矛盾：私人劳动和社会劳动

在私有制商品生产条件下，劳动的二重性是由劳动的私人性和社会性即私人劳动和社会劳动决定的。劳动的二重性及其所决定的商品的使用价值和价值的二重性反映了私人劳动和社会劳动的矛盾，这对矛盾是商品生产的基本矛盾。

商品生产产生的历史条件是社会分工和私有制。商品生产的基本矛盾就是在这两个条件的基础上形成的。由于社会分工，各个生产者只是从事某种特定产品的生产，他们自己并不需要自己生产的产品，而是为别人的需要或社会需要而生产。因此，在社会分工体系中，商品生产者既相互区别，又相互联系，彼此依存。每个商品生产者的劳动都是社会总劳动的一部分，他们的劳动具有社会性质，是社会劳动。但是另一方面，由于私有制，又把商品生产者分割为独立的生产单位。他们独立经营，生产什么，生产多少，是他们个人的私事，劳动产品也归他们私人所有和支配。因此，商品生产者的劳动又具有私人性，是私人劳动。社会分工和私有制决定了商品生产的产生和存在，也决定了商品生产者的劳动的性质：既是社会劳动，又是私人劳动。这样，就形成了私人劳动和社会劳动的矛盾。

商品生产的私人劳动和社会劳动的矛盾如何才能获得解决呢？唯一的途径就是通过商品交换。只有通过交换，私人劳动的产品才能被证明为社会所需要，是社会劳动的一部分，从而私人劳动转化为社会劳动，私人劳动和社会劳动的矛盾获得暂时解决；只有通过交换，才能表明代表各种私人劳动的具体劳动还原为抽象劳动，并通过交换消耗掉的抽象劳动得到补偿；只有通过交换，才能证明商品的使用价值得到社会承认，商品的价值得到实现，从而使用价值和价值的矛盾得到解决。如果商品交换没有完成，那么表明商品的使用价值和价值没有得到实现，使用价值和价值的矛盾没有得到解决；生产商品的具体劳动不能还原为抽象劳动，也得不到补偿，具体劳动和抽象劳动的矛盾没有得到解决；

生产商品的私人劳动没有得到社会的承认，从而没有转化为社会劳动，私人劳动和社会劳动的矛盾没有获得解决。

在私有制条件下，由于生产是商品生产者的私事，是分散、自主（甚至盲目）进行的，商品交换未必能顺利进行。如果商品生产者的产品不能在市场上出售，那么，他们的私人劳动就转化不了社会劳动，具体劳动不能转化抽象劳动，价值就不能得到实现，从而发生亏损、直至破产。从简单商品中的三对矛盾的运动，就已经可以看出商品经济孕育着经济危机的可能。

私人劳动和社会劳动的矛盾，是私有制商品经济中不可克服的矛盾，它支配着商品生产，决定着商品生产者的命运，是商品生产的基本矛盾，也是小商品生产者必然分化的根源。当私有制经济发展为资本主义私有制经济，从而简单商品经济发展为资本主义商品经济，这时，简单商品经济中的私人劳动和社会劳动的矛盾，就发展成为社会化大生产同资本主义私有制的矛盾。于是，使用价值和价值的矛盾、具体劳动同抽象劳动的矛盾、个别劳动时间同社会必要劳动时间的矛盾，就更加激烈、更为复杂、更加难以克服。即使在当今高度信息化的新经济时代，只要社会制度的资本主义属性没有根本改变，上述矛盾的冲突也就不可避免，甚至范围更为广泛。2008年国际金融危机和经济危机已经说明这点。

二、商品的价值量

（一）价值量和劳动量

商品的价值是人类一般劳动的凝结，它们在质上是相同的，在量上是可以比较的。商品的价值量即价值数量的大小是由什么决定的呢？既然价值是由生产商品的劳动决定的，价值量当然也是由生产商品耗费的劳动量来决定的。劳动量是由劳动时间来衡量的，因此，价值量也就由生产商品所耗费的劳动时间来衡量。

商品的价值量由生产这个商品的耗费的劳动时间决定，那么，是不是由各个商品生产者自己实际所耗费的劳动时间即个别劳动时间决定的呢？当然不是，否则，同一种商品由于生产它的不同商品生产者实际耗费的个别劳动时间不同而会有许多不同的价值量。商品的价值量是由社会必要劳动时间决定的。什么是社会必要劳动时间呢？马克思说："社会必要劳动时间是在现有的社会正常的生产条件下，在社会平均的劳动熟练程度和劳动强度下制造某种使用价值所需要的劳动时间。"①

所谓现有的社会正常的生产条件，是指当时某个生产部门多数产品生产时所具备的技术装备水平。在这个前提下，由于劳动熟练程度和强度不同，从而生产同种商品所耗费的劳动时间也就不同。在这种情况下，决定价值量的只能是社会平均的劳动熟练程度和强度，即社会平均的劳动时间。例如，社会上假设有三类生产布匹的企业。甲类企业生产1匹布需要8小时，乙类企业生产1匹布需要10小时，丙类企业生产1匹布需要12小时，并且，大部分布匹都是10小时生产的，那么，在这种情况下，乙类企业的劳动时间就是社会必要劳动时间，1匹布的价值量就是10小时。甲类企业由于个别劳动时间是8小时，但被社会承认为10小时，可以形成2小时的超额收入；丙类企业生产1匹布的个别劳动时间是12小时，超过平均必要劳动时间以上的2小时得不到社会承认，白白浪费掉了。社会必要劳动时间对商品生产者利益具有极为重要的意义。

（二）简单劳动和复杂劳动

生产商品的劳动就其复杂程度而言，有简单劳动与复杂劳动之分，它们在同等时间内创造的价值量是不同的。所谓简单劳动，是指简单劳动力的支出或耗费，这种劳动能力的支出一般人都具有，不需要经过专门的训练和培养。所谓复杂劳动是指复杂劳动力的支出或耗费。这种劳动力的支出不是什么人都具备的，需要专门的训练和培养。例如，钟表

---

① 《马克思恩格斯文集》第5卷，人民出版社2009年版，第52页。

匠的劳动要比清洁工的劳动复杂，电脑程序员的劳动要比搬运工的劳动付出更多些。在商品生产和商品交换中，价值量的确定以简单劳动为尺度，复杂劳动是简单劳动的倍加。正如马克思在《资本论》中所述："比较复杂的劳动只是自乘的或不如说多倍的简单劳动，因此，少量的复杂劳动等于多量的简单劳动。"①

（三）劳动生产率和价值量

商品的价值量是由生产商品的社会必要劳动时间决定的，社会必要劳动时间的变化必然引起商品价值量的变化。社会必要劳动时间的变化同劳动生产率有关。

劳动生产率是指劳动的生产效率，常常用同一劳动在单位时间内生产某种商品的数量来表示，也可以用生产单位商品所消耗的劳动时间来表示。例如，某企业原先在 8 小时内生产 1 匹布，后来由于设备更新改造和劳动者技能提高，8 小时内可以生产 2 匹布。这就是说，该企业劳动生产率现在提高了 1 倍。

影响劳动生产率提高的主要因素是：劳动者的劳动技能和熟练程度，科学技术的发展及其在实际生产过程中的应用，生产过程的组织管理水平，生产资料的规模和效能，自然条件的因素，等等。

商品的价值量与劳动生产率成反比例。由于人类劳动生产率呈不断上升趋势，因此总体上讲，商品的价值量呈下降趋势。例如，20 世纪 50 年代电视机生产的效率比现在不知要低多少倍，因此，那时的电视机不仅比现在贵得多，而且功能、质量也不可同日而语。

三、价值形式的发展

价值是商品的社会属性，它体现着商品生产者之间的社会关系。因此，孤立的一个商品是不可能表现出它的价值来的，必须通过和别种

---

① 《马克思恩格斯文集》第 5 卷，人民出版社 2009 年版，第 58 页。

商品交换，通过别种商品表现出来。一种商品的价值通过另一种商品表现出来，另一种商品就是这种商品的价值形式。可见，价值形式也就是交换价值。

（一）简单的、偶然的价值形式

一种商品的价值，偶然地表现在另一种商品上，这种价值形式，叫作简单的、偶然的价值形式，用等式表示就是：

1 只绵羊＝2 把斧子

在这里，2 把斧子就是 1 只绵羊的价值形式。绵羊处在相对价值形式位置，斧子处在等价形式位置。2 把斧子是 1 只绵羊的等价物，或者说，1 只绵羊值 2 把斧子。

简单的、偶然的价值形式发生于商品生产和交换刚刚出现于人类社会时期。

（二）扩大的价值形式

随着生产力的发展，商品生产和交换的范围和规模越来越大。这时，一种商品不是偶然地和另一种商品交换，而是经常地和多种商品相交换，简单价值形式也就发展为扩大的价值形式，用等式表示就是：

$$
1 \text{只绵羊} \begin{cases} =2 \text{把斧子} \\ =80 \text{斤粮食} \\ =50 \text{尺布} \\ =2 \text{两黄金} \\ =\text{其他商品} \end{cases}
$$

在这里，一个商品的价值，已经不是偶然地表现在另一个商品上，而是经常地表现在一系列的商品上了。充当绵羊等价物的商品已经不局限于斧子，还有粮食、布匹、黄金等商品。显然，绵羊的价值形式扩大了。

（三）一般价值形式

随着商品交换的发展，一种商品的价值形式不仅可以扩大地表现在其他一系列商品上，而且其他一系列商品的价值形式也可以通过某种特殊商品来表现。这种一切商品的价值都只表现在某一种商品上的价值形式就叫作一般价值形式，用等式表示就是：

$$\left.\begin{array}{l} 2\text{ 把斧子 } = \\ 80\text{ 斤粮食} = \\ 50\text{ 尺布 } = \\ 2\text{ 两黄金 } = \\ \text{其他商品 } = \end{array}\right\} 1\text{ 只绵羊}$$

在这里，绵羊充当一切商品的共同等价形式，表现一切商品的价值，因此，绵羊成为一般等价物。

（四）货币价值形式

在一般价值形式中，一般等价物还没有固定在某一种商品上，常常因地因时而不同。从历史上看，牲畜、粮食、贝壳、布帛等不少商品都曾充当过一般等价物。一般等价物的不固定、不统一，阻碍了各地区之间的商品交换。在人类社会出现第二次社会大分工以后，手工业从农业中分离出来，出现了专门的商品生产。交换的进一步扩大，客观上要求一般等价物应该固定地落在某种特殊商品上。当贵金属被用来固定地充当一般等价物时，一般价值形式就发展到货币形式。用等式表示就是：

$$\left.\begin{array}{l} 2\text{ 把斧子 } = \\ 80\text{ 斤粮食} = \\ 50\text{ 尺布 } = \\ 1\text{ 只绵羊 } = \\ \text{其他商品 } = \end{array}\right\} 2\text{ 两黄金}$$

货币价值形式和一般价值形式没有本质的区别。所不同的是，在货币价值形式中，一般等价物已经固定地由贵金属（金或银）来充当了。贵金属金和银之所以能充当货币价值形式，除了它本身就是商品外，还因为具有质地均匀、便于分割、体积小而价值大、不易损坏、携带方便等其他商品所不具有的特色。

货币形式是价值形式发展的最高的、最完善的形式。货币的出现便利了商品交换，促进了商品经济的发展。然而同时，货币形式又使商品经济内在矛盾更加扩大和加深。货币的出现，使商品世界分裂为对立的两极：商品和货币。商品的使用价值和价值的矛盾外化为商品与货币的对立。在商品交换中，一切商品都只作为特殊的使用价值而存在，而货币却作为共同的价值而存在，能够直接同一切商品相交换。一切商品都只有换成货币，才能实现价值，生产商品的私人劳动才能实现为社会劳动，而货币本身就代表价值，就是直接的社会劳动形态，成为能交换一切商品的特种商品。货币作为交换的媒介，使物物交换（商品——商品）转化为商品流通（商品——货币——商品），从而使卖和买在时间上和空间上相互脱离，这就更加扩大和加深了商品经济的矛盾，经济失衡的风险，乃至经济危机的发生。

四、货币的本质和职能

（一）货币的本质

以上分析表明，货币是商品价值形式发展的必然产物，货币就是固定充当一般等价物的特殊商品。货币之所以固定在金和银上，并不是因为它们天生就具有货币本性，只不过因为这两种商品的自然特性更便于充当货币材料，正如马克思所说："金银天然不是货币，但货币天然是金银。"[1] 作为货币的金银之所以能充当一般等价物而表现一切商品的价值，能和一切商品相交换，并不是因为它本身具有什么特殊的神秘

---

[1] 《马克思恩格斯文集》第 5 卷，人民出版社 2009 年版，第 108 页。

力量，只是因为它本身也是商品，也具有价值。可见，货币是个经济范畴，也是个历史范畴，它反映了物的掩盖下人与人之间的商品生产和商品交换关系。

（二）货币的职能

货币作为独占的一般等价物，有价值尺度、流通手段、贮藏手段、支付手段和世界货币五种职能。

货币的第一种职能是充当商品的价值尺度，即衡量和计算商品价值量的尺度。货币之所以能够充当价值尺度，是因为货币本身也是商品，也具有价值，就像衡量长度的尺子本身具有长度一样。货币充当价值尺度时，只是表现价值，还不是实现价值，所以，并不要有实在的货币，只要有观念上的货币就可以进行。

商品价值的货币表现，就是商品的价格。各种商品的价值量不同，它们的价格也就不同。为了确定和计算不同商品的不同价格，货币本身必须固定计量单位。作为货币的金银，它的计量单位当然是本身的重量单位，比如金和银可以分为斤、两、钱、分等计量单位，或分为千克、克、盎司、磅等计量单位。

货币的第二个职能是充当流通手段。作为流通手段的货币，是商品交换的媒介。作为交换媒介，货币必须是实在的货币，而不能是观念的货币。在出现货币之前，商品交换是物物交换，用公式表示就是：商品——商品（W—W）；货币出现之后，商品交换以货币为媒介进行，叫作商品流通，用公式表示就是：商品——货币——商品（W—G—W）。

商品流通扩大了商品经济的矛盾。在物物交换时，卖和买在时间上、空间上都是一致的，交换双方的卖和买的行为是同时完成的。但在商品流通情况下，卖和买分裂为两个独立的过程，在时间上和空间上都分开了。卖出商品的人，可以握有货币不买，或到别处去买。有些人只卖不买，造成另外一些人的商品有可能卖不出去。商品流通造成买卖脱节，从而也就包含了危机的可能。

货币的第三个职能是充当贮藏手段。卖出商品的人把货币贮藏起来留着不用就叫贮藏手段。既然货币是一般等价物，可以和任何商品相交换，因此，贮藏货币就等于是贮藏商品、贮藏财富。

执行价值尺度的货币可以是观念上的货币；作为流通手段的货币可以是实在的、足值的货币，也可以是不足值的货币，甚至可以用货币符号来代表。但是，作为贮藏手段的货币，必须是足值的金属货币或贵金属本身。

在商品流通的数量、速度和价格都不断发生变化的情况下，货币贮藏可以起到自发调节货币流通量的作用。当流通中的货币量过多时，多余的金属货币就会退出流通而被贮藏起来；当流通中的货币量不足时，贮藏的金属货币就会重新进入流通过程。

货币的第四个职能是充当支付手段。随着商品经济的发展，商品流通中出现了赊购和延期支付的现象。例如，农民春耕时需要农具，但一时没有现钱，只好向生产农具的商品生产者赊购（欠账购买），到秋收以后，再偿还欠款。这时，偿还债务的货币就不是充当流通手段，而是充当支付手段了。货币作为支付手段，最初只是用于清偿买卖中的债务，后来又扩展到商品流通领域之外，用来支付租金、利息、赋税和工资等等。

货币作为支付手段，加速了商品流通，同时也加剧了商品经济的矛盾。赊购是一种信用关系，在这种信用关系中，商品生产者之间发生了错综复杂的债权债务关系，如甲欠乙的账，乙欠丙的账，丙又欠丁的账等等。一旦有谁因卖不出商品得不到现钱而不能按期还债，就会引起连锁反应。谁也还不了谁的钱，使一系列信用关系遭到破坏，即信用链断裂，造成许多商品生产者经营困难，甚至引起生产中断、破产。所以，支付手段的出现，加剧了商品经济出现危机的可能。

货币的第五种职能是充当世界货币。随着国际间商品交换即国际贸易的发展，货币越出了国界，进入世界市场。在这个市场上充当流通手段和支付手段的货币不能是五花八门的本国货币，而必须是贵金属。因此，执行世界货币职能的货币只能是直接以重量来计算的贵金属金和银。在信用制度高度发达和成熟的现代社会，以强大的经济实力和国力为后盾的一些信用等级较高的国家发行的纸币也可以在一定程度上充当世界货币的功能，甚至执行贮藏手段的职能。

世界货币的作用主要有：其一，作为一般的支付手段，支付国际收支的差额；其二，作为一般的购买手段，直接从国外购买商品；其三，作为一般的社会财富，从一国转移到另一国。其中最重要的作用是作为支付手段，以平衡国际收支。

货币的上述五种职能，既互相区别，又密切联系，其中价值尺度和流通手段职能是最基本的。

（三）货币流通规律。铸币和纸币

在商品流通中，货币不断作为流通手段同各种商品调换位置的运动，就叫作货币流通。商品流通是货币流通的基础，商品流通的性质、范围、规模和结构特点决定着货币流通的性质、范围、规模和结构。反过来，货币流通也制约或促进商品流通。货币流通顺利进行，商品流通就顺畅，反之，不能正常进行。

既然货币流通由商品流通决定，并服务于商品流通，那么，流通中所需要的货币量也就取决于这样三个因素：第一，待流通的商品数量；第二，商品的价格水平；第三，货币的流通速度（在一定时期内同一货币单位的平均周转次数）。待流通的商品数量越多，商品的价格水平越高，流通中所需要的货币量也就越多。而货币流通速度越快，对货币量的需要也就相对的越少。前两个因素同货币流通量成正比，第三个因素同货币流通量成反比，这就是货币流通规律。用公式表示就是：

$$\frac{\text{流通中所需}}{\text{要的货币量}} = \frac{\text{商品价格总额（商品价格} \times \text{待流通的商品数量）}}{\text{货币流通速度}}$$

把货币充当支付手段的职能考虑进去，这个公式可以进一步演化为：

$$\frac{\text{一定时期内}}{\text{流通中所需}} = \frac{\frac{\text{售出商品}}{\text{价格总额}} - \frac{\text{赊销商品}}{\text{价格总额}} + \frac{\text{到期的}}{\text{支付总额}} - \frac{\text{互相抵销的}}{\text{支付总额}}}{\text{货币流通速度}}$$
要的货币量

　　流通中的货币最初直接采取金银条块的形式，每次交易中都要查成色、称分量，很不方便。随着商品交换的扩大，有些著名的富商就开始在金银条块上烙上自己的印记，用他们的信誉来保证这些金银条块的成色和重量，这就是铸币的萌芽。当市场范围比较狭小的时候，个别富商的印记还可以起证明作用，当市场范围扩大以后，就不行了。于是产生了由国家铸造的铸币。最初铸币的形状是多种多样的，有方形、长形、圆形，还有刀形、铲形等。在使用中人们逐渐感到圆形铸币最方便，便流行起圆形铸币。

　　在历史上，早在公元前的几十世纪，埃及、希腊、波斯等国就有了铸币。我国商周之际就用铜铸造货币，战国时期已盛行多种形状的铜币。秦始皇统一中国后，铸有金币和铜币。宋代以后逐渐以银代替黄金。到了清代开始铸造银元。

　　铸币在流通中会不断磨损，使它的重量不断减轻，成为不足值的铸币。但是，不足值的铸币仍然能和足值的铸币一样流通。因为人们只考虑铸币能不能买到相当的商品，而并不会想到铸币自身是不是足值，铸币只在人们手中停留一个短暂的时间。铸币的实际内容和它的名义内容相脱离的情况，表明这样一种可能性，即铸币可以用较贱金属来铸造，甚至可以用某种符号来代替。这样，铸币就逐渐变成货币符号，最后出现了纯粹象征性的纸币。

　　纸币是由国家发行并强制通行的货币符号，理论上讲，它代替贵金属货币执行流通手段职能。所以，无论发行多少纸币，它只能代表商品流通中实际所需要的贵金属货币量，这就是纸币流通规律。这就是说，纸币的发行量，相当于流通中实际需要的贵金属货币量，那么，它具有和金属货币即金和银同等购买力。如果超过这个限度，纸币就会贬值，物价也会相应上涨。例如，某时期流通中实际需要货币量是 10 亿元，但国家却发行了 100 亿元纸币，这 100 亿元纸币仍然只能代表 10 亿元金属货币，纸币贬值了，1 元纸币只代表 1/10 元的金属货币。如果不考虑其他有关因素，物价就会上涨 10 倍。

　　纸币的发行量大大超过流通中所需要的金属货币量，从而造成纸币贬值，物价上涨的现象，叫作通货膨胀。

在信息化和互联网时代，如果信用制度足够高度化，法制社会足够完善和成熟，或许纸币也会消失，由纯粹数字货币取而代之。

五、价值规律

（一）价值规律的内容和表现

商品的价值量由社会必要劳动时间决定，商品交换以价值为基础等价进行，这是商品经济运动的基本规律。价值规律决定了商品生产和商品交换的目的，同时，也支配着商品生产者的命运。

商品的价值由社会必要劳动时间决定，商品交换必须遵循等价交换原则，并不是说，每一次商品交换中都是同等价值的交换，价格和价值完全一致。事实上，由于市场商品供求的情况不断发生变化，每一次的具体交换中，价格和价值往往是不一致的。例如，当某种商品供大于求时，它的价格会低于价值；当某种商品供不应求时，它的价格会高于价值。但是，不管价格偏离价值的情况如何，价格总是围绕着价值上下波动。并且，从长时间看，价格上涨部分和下跌部分是相互抵消的，价格和价值趋于一致。事实上，价格偏离价值的变化，也会反作用于供求，从而再作用于价格，使价格和价值趋于均衡。例如，某种商品因供不应求而价格上涨，价格的上涨使消费者需求受到抑制，减少需求，从而使价格下落，价格开始接近价值。

价格自发地围绕价值上下波动，不但不是对价值规律的否定；恰恰相反，它是私有制商品经济条件下，价值规律发生作用的表现形式。我们知道，价值体现的是一种社会关系，它本身是看不见、摸不着的。而价格是可以看得见、体会得到的。只有通过价格的波动，才能表明价值规律在起作用；只有通过市场竞争和价格波动，才能形成社会必要劳动时间决定的价值。这就是说，价值规律的作用实际上是通过价格运动来表现、来贯彻的。

（二）价值规律的作用

只要存在商品生产和商品交换，价值规律就会客观发生作用，这不是谁喜欢不喜欢、愿意不愿意的问题。

在以私有制为基础的商品经济中，价值规律的作用主要表现在以下几个方面：

第一，价值规律自发调节生产。在私有制商品经济中，生产是商品生产者自己的私事。商品生产是在盲目的、分散的、无政府状态下进行的。商品生产者根据市场上商品价格的高低来安排自己的生产。当某种商品价格上涨到价值以上，商品生产者认为生产这种商品有利可图，就会把生产资料和劳动力投向这种商品生产。反之，当某种商品价格低于价值之下，生产这种商品不能补偿劳动消耗并会引起生产亏损时，商品生产者就会把生产资料和劳动力抽出来转向别种商品生产。从整个社会来看，市场商品价格的涨落，自发地调节生产资料和劳动力等生产要素在各个生产部门的分配，并使社会再生产的比例关系趋于平衡，这就是价值规律对生产的调节。用一句形象的话来说，它像一只看不见的手，在自发地指挥着社会生产。在资本主义社会，商品经济有了充分高度的发展，因此价值规律成为调节资本主义生产的主要杠杆。但是，这种调节往往是通过激烈的竞争，甚至经济社会震荡和危机强制地得到实现的。

第二，价值规律自发地调节流通。生产决定流通，并通过流通得到实现。价值规律对生产发生调节作用的同时，也就对流通发生调节作用。价值规律对流通的调节作用是通过价格和市场需求呈反向运动实现的。当某种商品价格升高，并使消费者认为购买这种商品会吃亏，是不等价交换，就会抑制对这种商品的需求，减少需求；反之，当某种商品价格下跌，需求就相应增加。这就是价值规律对流通的调节作用。

第三，价值规律自发地刺激商品生产者改进技术，加强经营管理，从而促进社会生产力的发展。商品价值是由社会必要劳动时间决定的。但是，生产同类商品的不同生产者，由于生产条件、劳动熟练程度和技巧的不同，所耗费的个别劳动时间是不同的。商品在按社会必要劳动时间决定的价值在市场出售时，生产商品的个别劳动时间低于社会必要劳动时间的商品生产者就可以获得较多的收入，并使自己在竞争中处于较有利的地位；反之，生产商品的个别劳动时间高于社会必要劳动时间的商品生产者就会减少自己的收入，甚至亏损，在竞争中处于不利地位。商品生产者总是为了追求更多的收益的，总是力图在竞争中处于强者地位的，为此，他们总是努力通过改进生产条件、加强劳动组织、提高劳动生产率的办法，来降低消耗在商品中的个别劳动时间。这也就是为什么商品经济乃至市场经济具有效率的原动力所在。在资本主义制度下，价值规律更是自发刺激资本家改进技术和提高资源配置效率的强大杠杆。

第四，价值规律促使小商品生产者两极分化，并在一定的历史条件下，导致和促进资本主义生产关系的产生。如上所述，各个商品生产者的生产条件和技术水平总是各不相同的，因而他们生产同类商品的个别劳动时间也是不同的，然而商品是按社会必要劳动时间决定的价值出售，这样就会导致有的商品生产者发财致富，有的商品生产者亏本甚至破产，逐渐引起富者越富、贫者越贫的两极分化现象。当到了封建社会末期，资本主义生产关系产生的条件已经具备时，在商品生产者两极分化的基础上，少数人发财致富变成资本家，多数人因破产贫困而变成雇佣工人，资本主义生产关系产生了。

在资本主义制度下，仍然存在着许多小生产者。一方面，价值规律的作用继续促使小商品生产者的分化，促进资本主义生产关系的发展。另一方面，价值规律也会促使资本家之间的竞争和中小资本家甚至大资本家的破产，加剧了社会的两极分化。

六、劳动二重性学说的理论地位及方法论意义

生产商品的劳动具有具体劳动和抽象劳动双重属性，是卡尔·马克思的伟大发现。是马克思对资产阶级古典政治经济学的革命，从而完

成了政治经济学从古典向马克思主义政治经济学的根本转变。

18 世纪资产阶级古典政治经济学杰出代表和这一完整理论体系的奠基者，英国资产阶级经济学家亚当·斯密（Adam Smith，1723—1790）成功地将政治经济学主要研究对象从流通转向生产领域，并开创性地提出一切财富都是生产领域创造出来的论断，从而否定了重商主义认为财富来自于对外贸易的错误观点，克服了重农学派认为只有农业才是创造财富的源泉的片面认识。他首次系统地论述了劳动价值论的基本原理，认为劳动是衡量一切商品交换价值的真实尺度，并且区分了使用价值和交换价值的区别，简单劳动和复杂劳动的差别，"自然价格"（价值）和市场价格的区别及其相互联系。论述了价值规律的作用，认为资源配置以及经济社会秩序的构建是通过市场这一"看不见的手"自动调节。① 同时，斯密还把资本主义社会的阶级构成划分为地主阶级、资产阶级和工人阶级三个阶级，并分别获得地租、利润和工资三种收入。他还正确地认为地租和利润是劳动所创造的价值的一种扣除。所有这些论述无疑是斯密对政治经济学理论建设的杰出贡献。

但是，由于资产阶级立场的偏见，视野上的历史局限以及研究方法上的二元论，斯密往往停留在对各种经济表象上的描述，却不能透过表象把握经济运动的内在联系和本质特征。他没有回答也不可能回答使用价值和交换价值的真正区别在哪里？没有回答也不可能回答交换价值和价值的本质区别是什么？没有回答也不可能回答是什么样的劳动创造了价值并创造出剩余价值？剩余价值的一般形式和特殊具体形式的区别是什么？剩余价值又是如何以不同的特殊形式在工人阶级以外的阶级中分配的？斯密的错误认识还表现在，他一方面认为商品的价值是由生产商品所耗费的劳动决定的，另一方面他却又认为商品的价值是由地租、利润和工资三种收入所组成，并错误地认为地租是生产费用的补偿，利

---

① 参见亚当·斯密《道德情操论》、《国民财富的性质和原因的研究》等多种中译本或原著。

润是资本的自然报酬，工资是劳动的价格。从而，混淆了价值转换、价值创造、剩余价值生产、剩余价值分配等不同经济范畴的本质区别，掩盖了地主阶级、资产阶级通过地租、利润这样一些剩余价值转化形式对工人剩余劳动的剥削。斯密的一些错误认识不仅使自己的理论研究往往陷入困惑和矛盾之中，还为后来的资产阶级庸俗经济学的泛滥打开了缺口。

19 世纪英国资产阶级经济学家大卫·李嘉图（David Ricardo，1772—1823），是资产阶级古典经济学另一位伟大杰出代表和完成者。他把亚当·斯密的理论体系推到一个新的高度。他不仅坚持和发展了劳动价值论，而且首先提出商品价值不是由生产某种商品的实际耗费的劳动量而是由其社会必要劳动决定这一论断，但他却错误地认为由于竞争必要劳动无论在农业和工业中，取决于最劣生产条件下的劳动耗费量。他虽然正确地认为影响商品价值的不仅有直接投入生产的活劳动，还有间接投入到生产活动中的积累劳动，即所需生产资料上的物化劳动。但是，由于不懂得劳动的二重性，无法回答新价值的创造和旧价值的转移是怎样得以同时进行的。由于他没有真正理解价值的本质和劳动的社会性，没有区分劳动和劳动力的不同，因而不能在价值规律的基础上解释资本和雇佣劳动的交换，剩余价值的真正来源和本质，价值又是如何转化为生产价格、资本主义平均利润率下降等问题。

李嘉图在劳动价值论的基础上，分析了资本主义社会阶级对立关系在分配领域的经济表现，一定程度揭示了资本主义生产方式的不合理性，但囿于阶级立场与历史局限和方法论上的缺陷，他不可能深刻回答造成这种对立关系，特别是资产阶级和工人阶级、资本和雇佣劳动之间对立的经济根源和制度原因。

李嘉图理论体系的根本错误，在于他看不到也不可能看到资本主义制度的历史特殊性，把资本主义经济规律当作人类社会发展的一般规律，把资本主义生产方式看作是永恒的、自然的、唯一的社会经济形态。李嘉图的理论缺陷并不妨碍他作为资产阶级古典经济学杰出代表人物的历史地位。马克思曾经高度评价李嘉图是英国古典政治经济学的

"最后的伟大的代表"①。

马克思劳动二重性学说的建立，则不仅回答了资产阶级古典政治经济学不能回答的问题，克服了古典经济学的错误和理论上的困惑，而且为建立全新的无产阶级政治经济学开辟了崭新的道路，从而完成了政治经济学从古典到马克思的革命性转变。

正是由于马克思劳动二重性的伟大发现，揭示了商品是使用价值和价值的对立统一体，解决了商品使用价值和价值的矛盾；也正是由于劳动二重性的发现，区分了交换价值和价值的不同，揭示了价值的社会属性；正是由于劳动二重性学说的建立，揭示了商品价值由社会必要劳动时间决定，商品交换在价值基础上等价进行这一商品经济的基本规律；也正是由于劳动二重性学说，揭示了价值形式的发展，回答了货币是怎样产生的，它的本质是什么？正是由于劳动二重性学说的建立，为马克思剩余价值理论、资本积累理论、资本流通理论、再生产理论、生产价格理论、剩余价值分配理论、经济危机理论等研究开启了大门。马克思曾高度概括劳动二重性学说的理论地位和方法论意义，"是理解政治经济学的枢纽"②。

劳动二重性学说不仅对于揭示马克思所处的那个资本主义世界经济运动的规律有重要理论和方法论意义，而且对于我们今天通过各种表象，深入观察和把握现代资本主义以及处于社会主义初级阶段的中国特色社会主义市场经济的内在本质有重要的理论意义和方法论意义。

---

① 《马克思恩格斯文集》第 5 卷，人民出版社 2009 年版，第 16 页。
② 《马克思恩格斯文集》第 5 卷，人民出版社 2009 年版，第 60 页。

第六章　剩余价值与资本积累

如果说劳动二重性学说开启了马克思劳动价值论大门，劳动价值论又为马克思创立的剩余价值理论奠定了基础，那么，马克思剩余价值理论以及资本积累理论则为马克思创建的带有鲜明阶级性和党性的以资本主义生产关系及其运动规律为研究对象的政治经济学理论体系大厦奠定了基石。可以这样说，马克思主义政治经济学整个理论体系建设，包括资本的生产过程、资本的流通过程、资本主义生产的总过程相关理论建设是围绕着剩余价值理论展开的。

一、货币转化为资本

（一）资本流通公式和商品流通公式

资本最初表现为货币，但货币不一定是资本。资本和货币的区别在静止状态下看不出来，只有通过运动状态即流通才能显现出来。

当作货币的货币，是商品流通的媒介。商品流通的公式是：商品——货币——商品（W—G—W）。在这里，商品生产者首先出卖商品换得货币，再用货币购买商品，以满足自己需要。当作资本的货币只是资本流通的出发点和终点。资本流通公式是：货币——商品——货币（G—W—G）。在这里，资本家用货币购买商品，然后把商品卖出去，重新取得货币。

从表面现象看，简单商品流通公式和资本流通公式区别不大，只是买卖顺序的颠倒。但是从本质上看，两者有着根本的区别。

首先，从流通形式看。简单商品流通过程从卖（W—G）开始，以买（G—W）告终。流通的起点和终点都是商品，货币只是商品交换的媒介。资本流通过程从买（G—W）开始，以卖（W—G）告终。流通的起点和终点都是货币，而商品则起着流通的媒介作用。形式上的不同，反映着内容的区别。

其次，从流通的内容看。简单商品流通中两端的商品异质同量，即使用价值不同，价值量相等。流通的目的是为了获得一定的使用价值。资本流通中两端的货币同质异量，即性质相同，数量不等。如果数量相等，流通毫无意义。资本家从事经营活动的目的，是为了得到更多的货币。因此，资本流通公式实际上是：G—W—G′（G′＝G＋ΔG）。也就是说，通过流通过程，资本家除了收回原来投进流通中的货币外，还要获得一个增殖额（ΔG）。马克思说："我把这个增殖额或超过原价值的余额叫做剩余价值。"[①]只有当货币能够带来剩余价值时，它才成为资本。

最后，从流通的连续性来看。简单商品流通是有限的。当流通当事人获得自己所需要的使用价值后，流通过程也就结束。资本流通是无限的。资本家从事经营活动的目的，是为了不断获得剩余价值。货币只有在不断地运动中，才能不断带来剩余价值。因此，第一次流通的终点，又都是新的流通的起点。

---

① 《马克思恩格斯文集》第 5 卷，人民出版社 2009 年版，第 176 页。

（二）资本运动总公式的矛盾

G—W—G′，是资本运动的总公式。从形式上看，这一总公式似乎与价值规律相矛盾，因为按照价值规律的要求，商品交换等价进行，增殖了的价值（ΔG）是从哪里来的呢？显然，不能在流通中产生。因为在流通过程中，不论是等价交换或不等价交换，都不能产生剩余价值。在等价交换的情况下，资本家从流通中取回的货币，只能同他垫支的货币相等。在不等价交换的情况下，无论是贱买或贵卖，也都不能产生剩余价值。因为资本家既是卖者，又是买者。他总是要不停地扮演这两个角色。有贱买的时候，也有贱卖的时候。即便假设，有这样一种精明的资本家，他只贱买或贵卖，而不贵买或贱卖，但是，从整个资本家阶级角度看问题，有贱买的资本家，必定同时有贱卖的资本家，有占便宜的资本家，必定同时有吃亏的资本家。上述交换的结果，只是改变商品价值在不同资本家之间的分配，而不能增加流通中的价值总量，不能增加资产阶级财富。

剩余价值不能在流通中产生，但是又不能离开流通过程。因为，在私有制条件下，商品所有者只有在流通领域才相互发生联系。在流通领域之外，他们就只同自己的商品发生关系，这种关系只表明商品的价值是由他们劳动创造的。所以，在流通领域以外，不与其他商品所有者接触，价值就不可能增殖，货币就不可能转化为资本。

那么，剩余价值究竟怎样产生、货币究竟怎样转化为资本、资本运动总公式的矛盾究竟如何解决呢？马克思说："货币转化为资本，必须根据商品交换的内在规律来加以说明，因此等价物的交换应该是起点。我们那位还只是资本家幼虫的货币占有者，必须按商品的价值购买商品，按商品的价值出卖商品，但他在过程终了时取出的价值必须大于他投入的价值。他变为蝴蝶，必须在流通领域中，又必须不在流通领域中。这就是问题的条件。"①

---

① 《马克思恩格斯文集》第 5 卷，人民出版社 2009 年版，第 193—194 页。

　　按照这个条件，我们看到，剩余价值不能发生在作为资本的货币本身。因为在流通过程中，货币作为流通手段和支付手段，只是代表一定的价值量。剩余价值也不能发生在流通的第二阶段 W—G 上，因为这个阶段只能引起价值形式的变化，即从商品形式转化为货币形式，不会引起价值增殖。剩余价值只能发生在流通的第一阶段所购买的商品上。可是它又不能发生在资本家购买的这种商品的价值上，因为交换是等价的，所以，只能发生在买到的这种商品的使用价值上。这就是说，要获得剩余价值，货币所有者必须在市场上找到一种特殊商品，这种商品的使用价值具有创造价值的能力；并且它所创造的价值，能够大于自身的价值。这种特殊商品就是劳动力。劳动力成为商品，是货币转化为资本的前提。

（三）劳动力成为商品是货币转化为资本的前提

　　劳动力就是劳动者的劳动能力，是劳动者体力和智力的总和。劳动力存在于人的身体之内，本无所谓是商品一说。但在资本主义条件下，劳动力成为商品。

　　劳动力成为商品，必须具备两个条件：第一，劳动者必须有人身自由，可以自由地支配自己的劳动力，可以把它当作商品出卖。第二，劳动者"自由"得一无所有，既没有生产资料，又没有生活资料，为了生存只能出卖劳动力。

　　劳动力成为商品的这两个条件，是在一个长时期的历史过程中形成的。封建社会末期，小商品生产者日益分化；在资本原始积累过程中，大批小生产者被剥夺了生产资料，为资本主义的产生和发展，提供了大量的自由劳动力。因此，劳动力成为商品，是资本主义特有的现象。

　　劳动力既然是商品，也同样具有价值和使用价值。劳动力的价值，同其他商品价值一样，是由生产和再生产这种商品所必要的劳动时间决定的。或者说，劳动力的价值，就是维持和延续劳动力所必要的生活资料价值和有关费用。具体地说，它包括三个部分：第一，维持劳动者本人生存和劳动力再生产所必需的生活资料的价值。第二，维持劳动者家属的生活所必需的生活资料价值，这是保持劳动力接续的要求。第三，一定的教育和训练费用，这是劳动者适应生产力发展特别是机器大工业的要求。

劳动力的价值，就不同国家不同地区而言，它们的内容和范围是不同的；就一个国家不同的历史发展时期而言也是不同的。

劳动力的使用就是劳动。劳动力商品的使用价值就是劳动。这种劳动的具体性就是生产各种商品的使用价值；这种劳动的抽象性则是创造价值，而且创造出比他自身价值还要大的价值。后者是劳动力这个商品的特殊使用价值。资本家之所以在市场上垫付资本购买劳动力，看中的正是劳动力这种特殊使用价值。劳动力的使用价值是剩余价值的源泉。

二、剩余价值的生产过程

（一）劳动过程和价值增殖过程

资本家购买了劳动力商品及必要的生产资料后，开始了资本主义的生产过程。资本主义生产过程是劳动过程和价值增殖过程的统一。

由于生产资料和劳动力商品属于资本家所有，因此，整个资本主义生产是在资本家的监督和支配下进行的。

有一定生产技能的劳动者使用特定的生产工具作用于劳动对象，生产出特定商品，这是劳动过程。资本主义劳动过程是资本家消费劳动力的过程。劳动者在资本家的支配下劳动，劳动产品全部归资本家所有。

与此同时，劳动者在劳动过程中支付了体力和脑力，这些抽象劳动形成商品的价值，这个价值是比劳动力价值还要大的增殖了的价值。由于劳动产品归资本家所有，因而，包含在商品中的剩余价值被资本家占有。

上述资本主义生产过程可以通过下列公式表示：

$$
\begin{array}{c}
（买）\\
G（货币）——W（商品）
\end{array}
\begin{array}{l}
A（劳动力）\\
\qquad\qquad\qquad\qquad …P（生产过程）\\
Pm（生产资料）
\end{array}
$$

$$
\begin{array}{c}
（卖）\\
…W'（新生产的商品）——G'（增大了的价值）
\end{array}
$$

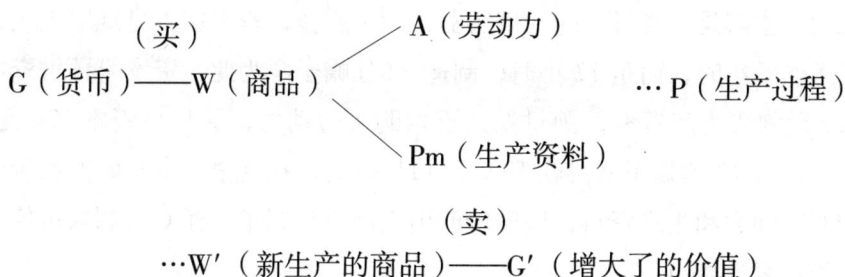

在上述公式中，资本家买进的商品和卖出的商品是使用价值不同的商品。以经营帽子制造的资本家为例，他买进的是工人的劳动力和布料、硬衬、线、制帽机等生产资料。他卖出的是成品帽子。由于劳动者在制造帽子的过程中创造了比劳动力价值还要大的价值，因而资本家出卖帽子所得到的钱要比购买劳动力和生产资料时所花的钱更多，实现了价值的增殖。

我们可以通过具体数字作进一步的说明。

假定，制造一顶帽子耗费布料 5 元，线、硬衬、机器损耗 5 元，所需生产资料共值 10 元。这些生产资料经过工人的具体劳动，制成了帽子，创造了一个新的使用价值。生产过程中消耗掉的布料、线、硬衬等生产资料价值，已经转移到新产品中去，成为帽子价值的一个构成部分。

制帽工人的劳动不仅是具体劳动，同时又是抽象劳动，抽象劳动形成商品的价值。现在假定，制帽工人 1 小时的劳动创造 1 元价值，他每小时制帽一顶，也就是说，每一顶帽子凝结着 1 元新创造的价值。这样，新创造的价值加上转移过来的生产资料价值，每顶帽子的价值是 11 元。

假定这个制帽工人劳动力的日价值是 6 元，而且资本家是按照价值来购买他的劳动力的。假如，制帽工人每天只劳动 6 小时，生产 6 顶帽子，那么，资本家需要垫支 60 元（10×6）购买生产资料，垫付 6 元购买劳动力，共预付资本 66 元。他按每顶帽子 11 元价值出售，6 顶帽子共得销售款 66 元，和原先垫付资本一样，一分钱也没有赚到，这样的买卖资本家是不愿意干的。事实上，为了赚钱，资本家不是规定工人每天工作 6 小时，而是 12 小时，制造 12 顶帽子。为此，资本家预付资本 120 元购买生产资料，预付 6 元资本购买劳动力，共垫付资本 126 元。然后出售 12 顶帽子所得款 132 元（11×12）。在这里，资本家按照价值购买劳动力和生产资料，按照价值出卖制成品帽子，而 6 元剩余价值落入资本家的腰包。

在上述例子中，制帽工人 6 小时以内的劳动只是价值形成过程。在这个限度内，工人的劳动形成了新价值，但没有超出劳动力的价值，没有给资本家带来剩余价值。而他在 6 小时以外的劳动，仍继续形成新价值，这时形成的新价值，已超出劳动力价值，实现了价值增殖。所以，价值增殖过程是超过一定点而延长了的价值形成过程。价值增殖过程是资本主义生产过程的特点。

从上述例子和分析可以看出，雇佣工人的工作日可以分为两个部分：一部分叫必要劳动时间，必要劳动时间用于再生产劳动力价值。必要劳动时间内的劳动叫必要劳动。因为对于劳动者来说，这一部分劳动是维持他自己和家庭生活所必要的。另一部分叫剩余劳动时间，即超过必要劳动时间以外的那一部分工作时间。这部分劳动时间内的劳动是为资本家而不是劳动者自己的劳动，是剩余劳动。剩余劳动的凝结便是剩余价值。剩余价值就是由雇佣工人创造的被资本家无偿占有的超过劳动力价值的那部分价值。它是资本主义生产过程中产生的，但必须以流通过程为媒介，因为劳动力的买卖和生产资料的购买都是在流通中进行的。所以，剩余价值不在流通中产生，但又不能离开流通而产生。

（二）资本的本质。不变资本和可变资本

资本和货币有本质的区别。货币是一般等价物，货币在执行它的货币职能时不会产生新价值，也不会减少价值。而资本是带来剩余价值的价值，资本的职能是使垫付货币增殖。在资本主义社会，资本虽然也表现为厂房、机器、原料、制成品等物的形态，但这些物品只是资本家剥削雇佣工人的手段。可见，资本不是物，而是体现在物上的生产关

系，即资产阶级对无产阶级的剥削关系。对资本的本质可以这样表述：资本是带来剩余价值的价值。资本不是物，而是被物的形式掩盖着的资产阶级剥削工人阶级的关系。

根据资本在剩余价值生产过程中所起的不同作用，可以分为可变资本和不变资本两个部分。可变资本是转变为劳动力的那部分资本，它能为资本家带来剩余价值，使原有资本价值量发生变化。不变资本是转变为生产资料的那部分资本，它的价值通过工人的具体劳动转移到新的劳动产品中去，不会发生价值量的变化。不变资本虽然在生产过程中不会发生自身增殖，但是，它是可变资本实现价值增殖的必要条件。资本划分为可变资本和不变资本两个部分，是马克思首先提出来的，它深刻地揭示了剩余价值的真正来源。

三、生产剩余价值的两种办法

（一）剩余价值率

既然剩余价值是可变资本带来的，因此，剩余价值同可变资本的比率就成为剩余价值率。如果用 c 代表不变资本，用 v 代表可变资本，用 m 代表剩余价值，那么，资本主义生产过程中生产出来的产品价值就等于 c＋v＋m，其中 c＋v 是预付资本，v＋m 是工人在生产过程中新创造的价值。剩余价值率用公式表示就是：

$$剩余价值率 = \frac{剩余价值}{可变资本} \quad 即：m' = \frac{m}{v}$$

还以制帽为例。一个制帽工人在一个工作日内创造新价值 12 元，其中 6 元抵偿劳动力价值，6 元构成剩余价值，剩余价值率就是：

$$m' = \frac{m}{v} = \frac{6}{6} = 100\%$$

由于可变资本的价值是在必要劳动时间内由必要劳动再生产出来的，剩余价值是在剩余劳动时间内由剩余劳动创造出来的，所以剩余价值率也可以用下列公式表示：

$$剩余价值率 = \frac{剩余劳动时间}{必要劳动时间} = \frac{剩余劳动}{必要劳动}$$

剩余价值率准确而深刻地揭示了资本家对工人的剥削实质和剥削程度。资本家为了加强对工人的剥削，总是不断提高剩余价值率，主要方法有两种：绝对剩余价值生产和相对剩余价值生产。

（二）绝对剩余价值生产

在必要劳动时间不变的情况下，通过延长工作日时间而生产的剩余价值叫绝对剩余价值，这种方法叫绝对剩余价值生产。例如，制帽工人原先工作日时间是 12 小时，其中 6 小时是必要劳动时间，6 小时是剩余劳动时间，剩余价值率是 $(6 \div 6) \times 100\% = 100\%$。现在，工作日长度延长为 15 小时，必要劳动时间不变，仍为 6 小时，剩余劳动时间从 6 小时增加到 9 小时，剩余价值率相应提高到 $(9 \div 6) \times 100\% = 150\%$。

绝对剩余价值生产是资本主义早期发展阶段资本家普遍采用的方法。但是，工作日的长度最高界限要受到工人生理界限和社会道德界限的制约，不能任意延长。再者，工作日的延长，必然会遭到无产阶级的激烈反抗。1886 年 5 月 1 日，美国芝加哥 20 万工人举行大罢工，抗议资本家无理延长工作日，要求实行 8 小时工作制，著名的五一国际劳动节即由此而来。在工人阶级斗争压力下，资本主义国家工作日长度开始逐渐缩短。例如，第一次世界大战后，一般资本主义国家先后都实行了 8 小时工作制。现在一些发达资本主义国家，普遍实行每周 5 日工作制。

（三）相对剩余价值生产

在工作日长度不变的条件下，通过缩短必要劳动时间，相对延长剩余劳动时间而生产的剩余价值叫相对剩余价值。这种方法叫相对剩余价值生产。例如，制帽业工人原先工作日长度为 12 小时，其中 6 小时为必要劳动时间，6 小时为剩余劳动时间，剩余价值率为 100%。现在，工作日长度不变，仍为 12 小时，但必要劳动时间缩短为 3 小时，剩余劳动时间相对延长为 9 小时，剩余价值率为（9÷3）×100%＝300%。

那么，如何才能缩短必要劳动时间呢？我们知道，必要劳动时间是用来再生产劳动力价值的，而劳动力的价值是由工人所需要的生活资料价值决定的。要缩短工作日中的必要劳动时间，就要降低劳动力的价值；要降低劳动力的价值，就要降低生活资料的价值；而要降低生活资料的价值，就必须提高生产生活资料的劳动生产率。例如，假定工人及其家庭一天平均需要的各项生活资料是 6 小时社会劳动所创造的，因此工人的必要劳动时间是 6 小时。假如生产这些生活资料的部门（纺织业、建筑业、饮食品业等）的劳动生产率提高了 1 倍，那么，上述同样多的生活资料只需要 3 小时社会劳动就生产出来了，因此工人工作日中的必要劳动时间就缩短为 3 小时，剩余劳动时间在工作日长度不变的情况下相应延长为 9 小时。可见，相对剩余价值生产是整个社会劳动生产率提高的结果。相对剩余价值生产是资本主义发展到特定阶段后的主要剥削方法。

就个别企业而言，改进技术条件，提高劳动生产率，可以降低产品的个别价值。由于商品的个别价值低于社会价值而多得的那部分剩余价值是超额剩余价值，资本家为了获得超额剩余价值，竞相改进技术，强化企业管理和核算，提高劳动生产率。竞争的结果，促使整个社会劳动生产率的提高，社会商品（包括生活资料、生产资料）价值的降低，从而降低了劳动力价值，产生相对剩余价值。可见，相对剩余价值是各个资本家追逐超额剩余价值的结果。

随着现代劳动力的发展和生产自动化程度的提高，特别是信息化、智能化和互联网时代的到来，劳动生产率有了空前提高，尽管工人工作日长度有所缩短（某些发达国家实行 5 日工作周，每日工作 7 小时制度），但相对剩余价值生产并没有因此消失，因为在劳动生产率提高的情况下，再生产劳动力价值的必要劳动时间也相应缩短了。

（四）剩余价值规律是资本主义基本经济规律

追逐剩余价值生产，不断地赚钱发财，是资本家一切活动的动机和目的，反映了资本主义生产过程的本质。为了追逐更多的剩余价值，资本家不惜采取各种手段和方法提高剩余价值率，对剩余价值的追逐，决定着资本主义生产发展的一切主要方面和主要过程。随着资本家对剩余价值的疯狂追逐，资本主义社会的各种经济、社会矛盾也日趋尖锐和激化，并最终导致在封建生产方式废墟上繁荣起来的资本主义生产方式的灭亡。由此可见，追逐剩余价值是资本主义生产的基本经济规律，它反映了资本主义生产目的，并决定着为实现这一目的的资本主义生产手段。

四、资本主义工资

（一）工资的本质

在资本主义社会，工人给资本家干活一天资本家付给工人一天工资，干活一个月，资本家付一个月工资。从表面现象看，工人得到的工资是劳动的报酬或劳动的价格。这是资本主义社会经济生活中的假象。

资本主义工资的本质是劳动力的价值或价格，而工资本身是劳动力价值或价格的转化形式。

工资不是劳动的报酬或价格，这是因为劳动不是商品，也不可能是商品。它既没有价值也不存在价格。假如劳动是商品的话，它在出卖以前就能独立存在，但事实上，劳动只是在工人的劳动力同资本交换以后在生产过程中存在，并且已经属于资本家而不是工人，这是其一；假如劳动是商品的话，它也应该像其他商品一样具有价值，并由社会必要劳动时间决定，但劳动的价值由劳动来决定，这是同义语的反复，没有任何科学意义，这是其二；假如劳动是商品的话，那么，按照等价交换的原则，资本家购买劳动商品应当付给劳动者全部报酬，这样一来，资本家会分文得不到，资本家也就不成其为资本家。

显然，工人出卖的是劳动力商品，而不是劳动，资本家支付给工人的报酬是劳动力商品价值的等价物，而不是全部劳动的报酬。这就是资本主义工资的本质。

（二）工资的形式

工资的形式主要有两种，计时工资和计件工资。计时工资是按照劳动时间长短来支付的工资。在计时工资条件下，必须联系工作日长度和劳动强度加以考察，才能反映出工人受剥削的真实程度。计件工资是按照工人所生产的合格产品的数量或所提供的工作量来支付的工资。计件工资是以计时工资为基础的。资本家根据计时工资情况下工人日工资额和日产量来确定每件产品的单价。例如，在计时工资条件下，工人的日工资为 4 元，一天能生产 8 件产品，每件产品含工资 0.5 元。可见，计件工资是计时工资的转化形式。

计件工资更有利于资本家对工人的剥削。计件工资的出现，使得资本家对劳动的直接监督成为多余，它可以通过计件工资形式就可以控制工人的劳动质量和劳动强度，并且可以使家庭、妇女或儿童在工厂以外的任何地方卷入资本主义生产过程中。由于计件工资的单价是由资本家确定的，为了压低工资单价，从而获得更多的剩余价值，资本家往往根据熟练工人和身体强壮者所完成的产品数量来确定工资单价。"泰罗制"[①] 就是这种方法的典型事例。它的基本内容是：从企业中挑选身体最强壮、生产最熟练的工人，强迫他们极度紧张地劳动，用秒或几分之一秒的时间记录下他们完成每一个操作过程所用的时间。然后把他所操作的方法加以"科学"分析和研究，把其中一切多余的动作都除去，制定出最经济、生产效率最高的劳动方法。再按照这种方法给全体工人规定操作规程和产量定额，并且根据这种定额规定计件工资。工人想要得到较高工资必须全神贯注地、极其紧张地长时间劳动。列宁曾把这种工资

---

① 　20 世纪初美国人泰罗发明的以提高劳动生产率为目的的一种管理方法。

制度称为榨取血汗的"科学"制度。

（三）工资量及其变动趋势

马克思不仅从质的方面分析了工资的本质和工资形式，还从量的方面研究工资，从工资水平和变动趋势中进一步揭露资产阶级和无产阶级之间的对立。

1. 相对工资的含义及其变动趋势

相对工资是指和资本家的利润额（剩余价值额）相比较的工资，也叫比较工资。在资本主义社会，由于剩余价值规律的作用，相对工资有不断下降趋势。随着资本主义劳动生产率的发展，尽管工人阶级的工资水平不变甚至有绝对增长，但相对于资本家阶级利润额的快速增长还是下降的。相对工资的下降表明工人阶级受剥削程度不断加深。

2. 名义工资和实际工资含义及其变动趋势

名义工资是指工人出卖劳动力而得到的货币额，也叫货币工资。实际工资是指工人用货币工资购买实际生活资料数量和服务所表现出来的工资。名义工资和实际工资有密切的联系。在其他条件不变的情况下，名义工资提高了，实际工资也随之提高；反之，也随之下降；而当其他条件发生变化时，名义工资的水平与实际工资的水平就发生背离。因此，我们在考察工资的实际水平时，不仅要看到名义工资，更要看到实际工资水平。在资本主义发展总过程中，名义工资有不断提高的趋势，实际工资也呈现上升趋势，但前者增速通常快于后者。

3. 工资的国民差异

工资的国民差异，是指不同资本主义国家之间工资水平的差异。存在工资国民差异的原因不仅在于劳动力价值的生理因素，还在于有一个历史的、社会的因素。不同的国家或同一个国家的不同历史发展时期，由于自然条件、经济技术文化发展不平衡、民族风俗习惯等，构成劳动力价值的物质要素和精神要素的范围和数量不同。同时，由于不同国家的劳动生产率的发展高度不一样，因而商品的国内价值同国际价值之间的差异情况也不一样。所有这一切，决定了不同国家的工资水平是不同的，一个国家的不同历史发展阶段，工资水平也是不同的。一般来讲，发达资本主义国家的工资水平要明显高于不发达资本主义国家。但也恰恰在发达资本主义国家，劳动者的实际工资水平增长速度不仅落后于名义工资也落后于劳动力价值提高的速度，工人阶级所得工资份额增长速度低于资产阶级利润额增长速度。

五、资本主义再生产和资本积累

（一）生产和再生产

生产是指物质资料的生产，它是人类社会生存和发展的基础。任何社会都不能停止消费，因而也不能停止生产。生产总是在不断重复、不断更新中进行。这种不断重复、不断更新着的生产就叫再生产。

社会再生产首先是物质资料的再生产，同时又是生产关系的再生产，因为每次生产都是在一定的生产关系下进行的；而每一次生产过程，又都会重新生产出原来的生产关系。社会再生产是物质资料再生产和生产关系再生产的统一。

社会再生产就其规模而言，可以分为简单再生产和扩大再生产两种类型。简单再生产是指在原有规模基础上重复的生产，扩大再生产是超过原有规模的生产。

（二）资本主义简单再生产

资本主义再生产的特点是扩大再生产。但是，简单再生产是扩大再生产的基础和出发点，是扩大再生产的组成部分，因此，分析资本主义扩大再生产，必须从分析简单再生产开始。

我们知道，简单再生产是指在原有规模基础上的重复生产。从价值形式上来看，就是资本家把工人在这次生产过程中创造的剩余价值全部用于个人消费，然后投入和上次数量完全相同的资本开始下一次生产过程。

　　如果我们对资本主义简单再生产过程作出进一步分析，可以发现从单独一次生产过程中所看不到的某些重要特点，从而进一步揭示了资本主义剥削的实质。

　　第一，通过对简单再生产的分析可以看到，可变资本是劳动者用自己的劳动创造的，而不是资本家用自己的货币预付的。因为工人在生产过程中，一方面通过具体劳动把生产资料价值转移到新产品中去，另一方面通过抽象劳动形成产品的新价值。产品出售后，资本家把工人剩余劳动时间创造的新价值即剩余价值全部用于个人消费，而把工人在必要劳动时间创造的劳动力价值又重新当作可变资本去购买劳动力。可见，从再生产角度看问题，资本家是用工人自己创造的价值去购买工人劳动力。因而，不是资本家养活工人，而是工人养活自己。

　　第二，通过对简单再生产的分析可以看到，不只是可变资本，而且资本家的全部资本，都是劳动者的劳动创造的。因为在简单再生产条件下，工人创造剩余价值全部用于资本家的个人消费。假如资本家不消费剩余价值，那么，势必要消费他原有的资本价值。因此，不管资本家最初的资本是怎么来的，经过一定年限后，就会被资本家全部消费掉。而资本家手中仍握有资本，并继续进行再生产，这些资本哪里来的呢？显然已不是他原有的，而是工人不断创造的剩余价值转化为资本而来的。可见，工人不仅创造了自己的劳动基金，而且还创造了资本家的全部资本。工人不仅养活了自己，而且还养活了资本家。

　　第三，通过资本主义再生产过程的分析，可以看到，劳动者的个人消费，是资本主义再生产的必要条件，从属于资本家追逐剩余价值的需要。因为，只有劳动者通过个人消费，才能恢复体力和脑力，才能再生产出劳动力，而劳动力是资本主义生产过程得以持续进行的条件，是资本家剥削的对象。可见，工人不仅在生产过程中遭受资本家剥削，而且在生产过程之外，也是为整个资产阶级存在的。工人可以不把劳动力卖给某个资本家，但为了谋生，迫使他们必须不断地把劳动力卖给资产阶级。这就是说，当工人把劳动力卖给某个资本家以前，他们的劳动力早已隶属于整个资产阶级了。正如马克思所说："罗马的奴隶是由锁链，雇佣工人则由看不见的线系在自己的所有者手里。他的独立性这种假象是由雇主的经常更换以及契约的法律拟制来保持的。"[①]

（三）资本主义扩大再生产和资本积累

资本主义扩大再生产，就是资本家把工人所创造的剩余价值不全部用于个人消费，而把其中的一部分追加到原有的资本中去，生产过程在扩大的规模上重复进行。

扩大再生产是资本主义再生产的特征。这是因为，资本家为了追逐更多的剩余价值，为了在社会竞争中处于有利位置，他们不可能把剩余价值全部用于个人消费，而必须把剩余价值的一部分转化为新的资本，用来购买追加的生产资料和劳动力，从而使生产规模不断扩大。

假定某个资本家第一年预付资本 10000 元，其中不变资本 c8000 元，可变资本 v2000 元，剩余价值率 100%，第一年的生产结果是：

$$8000c + 2000v + 2000m = 12000 \text{ 元}$$

现在，资本家为了扩大再生产，把剩余价值 2000 元分为两个部分，把其中 1000 元用于个人消费，其余的 1000 元转化为资本，用来购买追加的生产资料和追加的劳动力。假定不变资本和可变资本的比率不变，剩余价值率不变，那么，第二年的生产结果是：

$$(8000 + 800)c + (2000 + 200)v + 2200m = 13200 \text{ 元}$$

这就是说，由于资本家把一部分剩余价值转化为资本，因而他的资本总量增大了，在其他条件不变的情况下，他获得的剩余价值量也增加了。照此进行，每年都有一部分剩余价值转化为资本，生产的规模就会不断扩大，剩余价值也会不断增多，这就是资本主义的扩大再生产。

资本主义扩大再生产表明，剩余价值是资本积累的唯一源泉。如果说，对于原始资本，资本家还可以用各种理由辩解为非剥削所得，那

[①] 《马克思恩格斯文集》第 5 卷，人民出版社 2009 年版，第 662 页。

么，对于资本积累，则是找不到任何理由作这种辩解，他是雇佣工人明明白白创造的剩余价值转化而成。

资本主义扩大再生产表明，资本积累是扩大再生产的唯一源泉。为了扩大再生产，必须把年剩余价值中的一部分用作追加生产资料和追加消费资料。扩大再生产规模的大小，取决于资本积累规模的大小。

资本主义扩大再生产表明，资本积累不仅是资本家对工人剥削的结果，而且是资本家扩大对工人剥削的手段。不仅原有资本在执行剥削工人的职能，而且剩余价值转化而成的追加资本也在执行剥削工人的职能，资本家对工人的剥削规模扩大了。

资本积累和资本主义扩大再生产是资本主义发展的必然趋势。一方面资本家对剩余价值无止境的追逐贪欲，成为资本积累的内在动力；另一方面，通过积累不断改进技术条件，扩大生产规模，增强竞争能力，避免在竞争中被对手打倒，是资本积累的外部压力。所谓资本积累是资本家"勤俭"、"节欲"的美德，利润是对这种美德的报酬的说法是荒谬的。伴随着资本积累，是资本家利润的滚滚而来和生活方式的奢侈。

六、资本主义积累的一般规律

（一）资本有机构成

资本中生产资料和劳动力数量之间的比例关系，叫作资本构成。

资本构成可以从技术构成和价值构成两方面进行考察。

一般来说，资本中生产资料和劳动力之间的比例受当时生产技术水平的制约。生产技术水平越高，单位劳动力所推动的生产资料数量就越多；反之，生产技术水平越低，单位劳动力所推动的生产资料就越少。这种由生产技术水平所决定的生产资料和劳动力之间的比例，叫作资本的技术构成。

从价值方面看，生产资料和劳动力的比例，就是不变资本和可变资本的比例。这种用价值来表现的生产资料和劳动力之间的比例，叫作资本的价值构成。

资本的技术构成和资本的价值构成之间，存在着密切的联系。一般来说，资本的技术构成发生变化，资本的价值构成也会相应发生变化。这种由资本的技术构成决定又反映着技术构成变化的价值构成，叫作资本的有机构成。

不同生产部门、不同企业，由于技术装备不同，劳动力使用人数不同，因而有机构成是不同的。例如，技术密集型行业资本有机构成高些，而劳动密集型行业资本有机构成低些。

如果资本有机构成不变，那么，随着资本积累的进行，对生产资料的需要以及对劳动力的需要将随着全部资本积累的增加而同比例增加。如果资本有机构成发生了变化，那么，随着总资本规模的扩大，对生产资料和劳动力需求的比例相应会发生变化，从而对劳动者的经济地位发生重大影响。

（二）个别资本的增大：资本积聚和资本集中

企业技术装备水平的提高，由此而引起的资本有机构成的提高，一般是以个别资本的增大为前提的。个别资本的数量越大，越有可能提高技术装备水平，从而不变资本在总资本中的比重也就越大。

个别资本的增大，是通过资本积聚和资本集中两种形式实现的。

所谓资本积聚就是指个别资本通过剩余价值的资本化，增大自己的资本总量。

所谓资本集中，就是指通过许多分散的小资本的相互吞并或"联合"变成少数大资本。竞争和信用，是资本集中的两个最有利的杠杆。由于竞争，处于优势地位的资本把许多小资本吞并掉，迅速膨胀为大资本；由于信用制度的发展，社会上许多闲置资本被吸收到少数大资本手中，使资本规模进一步扩大。

通过资本积聚来扩大资本规模速度缓慢，而资本集中方式则可以迅速扩大资本规模。通过资本积聚和资本集中而增大起来的个别资本，为提高企业的技术装备水平，从而提高资本的有机构成创造了必要的条件。

（三）资本有机构成的提高和相对过剩人口

在资本积累过程中，资本有机构成不断提高，可变资本在资本总量中相对减少。这样，资本对劳动力的需求势必相对减少，甚至绝对减少。

资本有机构成提高对劳动力需求的相对或绝对减少，包括两种具体情况：一种是原有资本有机构成提高，不再需要原来那么多劳动力，一部分工人会被解雇，这就是所谓机器排挤工人，是对劳动力需求的绝对减少。另一种情况是：追加资本的有机构成比原来的资本有机构成高，追加资本同原来资本相比，可变资本部分相对减少，这就使劳动者就业机会减少。也就是说，随着资本的积累和资本总额的增加，虽然可变资本的绝对量，从而对劳动力需求的绝对量有可能增加，但是，由于资本有机构成的提高，同资本总额的增加比较起来，可变资本部分的相对量减少了，从而，资本对劳动力的需求也相对减少了。

与此同时，在资本主义发展过程中，由于童工、女工的广泛使用，由于小生产者的大批破产，由于不少中小资本家沦落到工人队伍中，还由于人口的自然增长，因而劳动力的供给日益增多。

一方面是资本对劳动力需求的相对、有时是绝对地减少，另一方面是劳动力人口的供给增加，造成一部分工人找不到工作而失业的现象，形成了资本主义所特有的相对人口过剩。之所以说是相对人口过剩，而不是绝对过剩，是因为并不是社会财富和生产能力已经不能容纳这些人口，而是相对于资本的需要，相对于资本家获取剩余价值的需要，这些人口是过剩的。所以，相对人口过剩是资本主义制度特有的产物，是资本主义特有的人口规律。

相对过剩人口不仅是资本主义制度的必然产物，而且也是资本主义生产方式存在和发展的必要条件。因为资本主义生产是在不断发生经济危机的周期中进行的。当危机到来时，资本家需要把大批工人抛向失业者队伍；而当经济繁荣时，生产规模的突然扩大又要求资本家能够立刻从劳动力市场上得到劳动力供给。正是在这种意义上，马克思把相对过剩人口称作产业后备军。

相对过剩人口的存在，对劳动力市场形成巨大压力。资本家可以利用失业人口之间的相互竞争，而压低劳动力价值，或迫使劳动者为就业而接受更为苛刻的条件。既然失业人口的存在对于资本家有如此重要的意义，因而资本主义社会消灭失业现象是不可能的。

资本主义社会相对过剩人口有三种基本形态：

第一种形态：流动的过剩人口。这是指在一定时期内失去工作的劳动者。

第二种形态：潜在的过剩人口。这是指因资本主义的迅速发展而破产或濒临破产的农村人口。他们虽然还多少有一小块土地或在农村靠打短工为生，但生活艰辛，难以为继，他们密切注意城市工业发展动向，随时准备加入产业工人队伍。

第三种形态：停滞的过剩人口。这是指没有固定工作，依靠打杂干零活为生的人。他们的劳动条件比一般工人更坏，而生活水平则比一般工人更低。

处在相对过剩人口最底层的是那些需要依靠社会救济才能生存的丧失劳动能力的人、孤儿，或很难有希望找到工作的人。他们中的一些人最终沦为流浪汉、罪犯或妓女。

（四）资本主义积累的一般规律

随着资本的积累，随着资本的积聚和集中，资本的有机构成越来越高，而无产阶级的劳动生产率越高，产业后备军的规模也就越大。与此同时，财富越来越集中在资产阶级手中，贫困越来越加重到无产阶级身上。这就是资本主义积累的一般规律。马克思曾对此有深刻的表述，他说："社会的财富即执行职能的资本越大，它的增长的规模和能力越大，从而无产阶级的绝对数量和他们的劳动生产力越大，产业后备军也就越大。可供支配的劳动力同资本的膨胀力一样，是由同一些原因发展起来的。因此，产业后备军的相对量和财富的力量一同增长。但同现役劳动军相比，这种后备军越大，常备的过剩人口也就越多，他们的贫困同他们所受的劳动折磨成反比。最后，工人阶级中贫苦阶层和产业后备军越大，官方认为需要救济的贫民也就越多。这就是资本主义积累的绝对的、一般的规律。"①

资本主义积累一般规律的存在，是资本主义剩余价值规律作用的必然结果。资本家进行积累的目的，无非是为了获得更多的剩余价值。在资本主义社会，增进社会生产力的方法，都是以牺牲劳动者的利益为前提；发展生产的一切手段，都转为统治和剥削生产者的手段。因此，伴随着资本主义的积累和生产规模的不断扩大，是无产阶级贫困化的过程。

（五）无产阶级相对贫困化和有时绝对贫困化

无产阶级贫困化，包括相对贫困化和有时的绝对贫困化。

无产阶级相对贫困化，是指无产阶级在资本主义国民收入中所占份额比重的下降。也就是说，尽管无产阶级的绝对收入在一个长期中有所增长，从而物质生活水平有所改善，但是，相对于资产阶级利润收入在国民收入中的比重越来越大而言，无产阶级的收入还是下降了，生活状况相对贫困化了。

无产阶级绝对贫困化，就是指无产阶级的物质生活条件和劳动条件绝对恶化而言，主要表现在：工资收入水平绝对下降，失业增加，劳动条件恶化，工伤事故增长，环境污染严重，吃住等基本生活条件越来越差。绝对贫困化是资本主义积累规律和剩余价值规律作用的重要表现。但是，不能认为绝对贫困化是资本主义社会普遍的、持续性的、一般的表现。绝对贫困化主要出现在资本主义发展初期、经济危机爆发时期、资本主义扩充军备和战争时期。资本主义社会无产阶级贫困化主要表现在相对贫困化方面。

---

① 《马克思恩格斯文集》第5卷，人民出版社2009年版，第742页。

七、资本主义积累的历史趋势

（一）资本的原始积累

资本主义生产方式要获得迅速发展，必须具备大量的货币资金和大批有人身自由的劳动力。否则，依靠在价值规律的作用下，小生产者两极分化来发展资本主义是个非常缓慢的过程。那么，资本主义最初迅速发展所需要的条件是怎么建立起来的呢？也就是说，资本原始积累是怎么进行的？历史告诉我们，在欧洲和美洲，资本的原始积累是借助暴力和强权迅速进行的。

在英国，15 世纪末和 16 世纪初，为适应毛纺业发展，强行进行"圈地运动"，把农民从土地上赶走，把耕地变为牧场，把破产农民赶入城市，并借助于血腥的立法迫使他们进厂做工。这就是资本主义发展史上有名的"羊吃人"现象。从 1680 年到 1775 年的 95 年中，英国人就运送了 300 万非洲黑人到美洲并把他们当作奴隶出卖。

西班牙、葡萄牙、荷兰和英国殖民者还从殖民地掠夺大量财富。英、俄、德、法、日、美等资本主义发展较早的国家，还通过侵略战争，用勒索战争赔款的办法来积累货币资本。

可见，资本的原始积累过程，就是农民和手工业者破产的过程，就是殖民地人民被杀戮、被掠夺、被贩卖为奴隶的过程。在这个过程中，大量资本积累起来，大批雇佣劳动者被创造出来。马克思说："资本来到世间，从头到脚，每个毛孔都滴着血和肮脏的东西"。[①]

（二）资本主义积累的历史趋势

资本主义积累的历史趋势，是剥夺者被剥夺，资本主义私有制被社会主义公有制代替。

[①] 《马克思恩格斯文集》第 5 卷，人民出版社 2009 年版，第 871 页。

在资本主义条件下，随着资本积累和资本的积聚、集中，资本主义生产越来越具有社会性质，表现在：第一，生产资料使用具有社会性质。随着生产规模的日益扩大，许多劳动者在一起劳动，共同使用生产资料。第二，生产过程具有社会性质。由于分工和生产专业化的广泛发展，各个企业各个部门互相联系互相依赖的程度日益加强。第三，产品具有社会性质。由于统一的国内市场和国际市场的扩大，产品的销售和原材料、设备等物质资料的购买在全国乃至全世界各市场进行。

在资本主义生产越来越具有社会性质的同时，资本积累却加强了和扩大了资本家私有制，使社会生产的支配权日益集中到少数大资本家手中。生产社会化和生产资料资本家私人占有制之间的矛盾，成为资本主义的基本矛盾。随着资本积累的增长和资本主义的发展，这个矛盾不断发展，日益尖锐。资本主义生产资料私有制已经成为生产力发展的严重桎梏。因此，消灭资本主义私有制，建立与社会化大生产相适应的社会所有制及其实现形式社会主义公有制，是历史发展的必然趋势。

马克思在《资本论》中对此曾给予经典性概括："生产资料的集中和劳动的社会化，达到了同它们的资本主义外壳不能相容的地步。这个外壳就要炸毁了。资本主义私有制的丧钟就要响了。剥夺者就要被剥夺了。"[1]

八、剩余价值和资本积累学说的理论与现实意义

如果说劳动二重性学说及劳动价值论是马克思剩余价值和资本积累理论的基础，那么，后者则为马克思政治经济学理论大厦的建立奠定了基石。正是基于剩余价值理论和积累学说，马克思从理论上升到具体的高度对资本的流通过程进行了考察。资本在流通过程中分别经过三个阶段，即购买阶段、生产阶段和销售阶段；分别采取三种形式，即货币形式、生产形式和商品形式。无论资本在运动过程中表现形式如何变

---

[1] 《马克思恩格斯文集》第5卷，人民出版社 2009 年版，第874页。

化，改变不了资本是带来剩余价值的价值这一本质特点。购买阶段是资本生产剩余价值的准备阶段或前提条件；销售阶段则是生产阶段雇佣工人生产出来的剩余价值的实现阶段。从而揭示了资本形式无论怎么变化，无论在什么阶段运动，改变不了剩余价值是生产阶段雇佣工人创造出来并最终被资本家占有的资本主义生产关系的本质。正是由于马克思的剩余价值和资本积累理论，马克思考察了社会总资本的流通过程，揭示出资本主义生产方式扩大再生产过程得以顺利进行，不仅要求各生产部门之间的物质能够得到更替，而且要求价值能够得到补偿，也就是说，社会总资本的再生产要求各生产部门的总劳动（物化劳动和活劳动）保持一定的由社会生产力决定的比例关系。正是由于马克思剩余价值和资本积累理论，马克思进一步考察了剩余价值的分配，揭示了利润、平均利润、生产价格、利息、地租等一系列反映资本主义特殊社会关系的经济范畴。在马克思看来，利润（包括工业利润、商业利润）、利息、地租等形式不过是剩余价值的转化形式，是在不同产业资本家和借贷资本家、土地所有者之间分配的结果。从而批判了土地带来地租，资本带来利息，资本家的才干带来利润，工人的劳动得到工资等形形色色的庸俗经济学理论，也解决了古典经济学家所陷入的剩余价值及其表现形式究竟来源何处的矛盾困扰。

马克思在运用价值规律和剩余价值理论基础上，还回答了资本主义社会利润平均化趋势，并在这一基础上建立了生产价格理论。而这样一些理论，是站在资产阶级立场上并依赖形而上学和唯心主义哲学手段的庸俗经济学家断然不能完成的。也因为如此，他们会幼稚且庸俗地用马克思生产价格利润否定马克思的劳动价值论和剩余价值理论。

马克思剩余价值理论以及资本积累学说也是通过各种纷繁复杂的经济表象，考察和分析当代资本主义生产关系运动规律及其制度本质的强大思想和理论武器。无论技术进步的生产力发展到何种高度，只要资本主义的基本经济制度没有发生根本改变，那么，资本主义基本经济规律，即以剩余价值及其转化形式为目的的规律就会起作用。现代资本主义社会中各种复杂现象和运动中的各种矛盾和弊端（例如，1997 年前后的东南亚金融风暴，2008年国际金融危机，全球化过程中一些国家和地区的贫困、动乱，局部地区的地缘政治冲突甚至战争，一些发达资本主义国家中财富两极分化等等），都可以从马克思剩余价值和资本积累理论中寻找到答案。当然，由于人类社会科技进步和人类文明的进步，以及资本主义社会内生机制的调整和外生力量的作用，资本主义经济关系运动中的各种问题和弊端会得到暂时缓和与改善，并带来生产力的快速发展和人类社会文明的进步。但正如吃止痛片只能止痛，并不能去病根一样，依靠资本主义制度本身，并不能把全人类真正带进高度文明、和谐、富足、进步的理想境界。

毫无疑问，马克思剩余价值和资本积累理论，对于深入了解和认识社会主义初级阶段中国特色社会主义市场经济运动规律的历史阶段性，在充分发挥市场经济资源配置效率的同时，又依靠社会主义制度的制度优势克服和消除市场经济不可避免地带来的一些弊端和局限性，最终推动社会主义初级阶段向高级阶段发展，实现共产党人的伟大理想共产主义亦有重要理论指导意义和实践价值。

第七章　阶级与国家

　　马克思、恩格斯对他们共同创立的学说，先叫共产主义，而不叫社会主义。因为在 1847 年，社会主义是资产阶级的运动，共产主义是工人阶级的运动。资产阶级政客为取得无产阶级的同情，冒充"社会主义者"。19 世纪 70 年代起，马克思、恩格斯又将自己的学说称为科学社会主义，以与空想社会主义相对立（不是"相对应"）。马克思主义一词是 1883 年马克思去世后才广泛流传开来的。列宁将马克思主义分为哲学、政治经济学和社会主义三个组成部分后，人们又把科学社会主义分为广义的和狭义的：前者指整个马克思主义，后者指三个组成部分之一的社会主义。

　　1847 年 6 月，共产主义者同盟成立；马克思写于 1847 年上半年的《哲学的贫困》，第一次阐述了科学社会主义；1848 年 2 月，马克思、恩格斯为同盟起草的纲领性文件《共产党宣言》发表，标志科学社会主义即马克思主义问世，国际共产主义运动启程。《共产党宣言》又叫《共产主义宣言》，马克思、恩格斯将自己创立的科学理论、从事的革命运动和为之奋斗的社会制度统称为共产主义，自称共产主义者。恩格斯说，由于马克思的两个发现，社会主义变成了科学。他把这个理论的核心问题概括为"完成这一解放世界的事业，是现代无产阶级的历史使命"，使这个阶级"认识到自己的行动的条件和性质，这就是无产阶级运动的理论表现即科学社会主义的任务"。① 这里揭示了广义科学社会主义三大组成部分的相互关系，凸显了狭义科学社会主义在其中的核心地位，是无产阶级解放世界的理论。恩格斯把构成《共产党宣言》核心的基本思想归纳为：第一，每个时代的生产方式是决定其政治和精神的基础；第二，人类的全部历史（从土地公有的原始氏族社会解体以来）都是阶级斗争的历史；第三，这个斗争现在已经达到这样一个阶段，无产阶级如果不同时使整个社会永远摆脱一切剥削、压迫以及阶级差别和阶级斗争，就不能使自己从资产阶级的奴役下解放出来。② 这是恩格斯对广义科学社会主义核心基本思想的高度概括，其中第二、三两条也是狭义科学社会主义的核心内容。

阶级与国家的问题，这是一个由来已久常说常新的问题。《共产党宣言》讲共产党和共产主义从有文字记载的历史都是阶级斗争的历史入手，论证资产阶级和无产阶级两大阶级的对立和斗争必将导致共产主义革命，建立无产阶级统治，最后阶级消灭，国家消亡，进入自由人联合体。1852 年，马克思说，阶级的存在与阶级斗争问题，资产阶级的历史学家和经济学家已做过分析。"我所加上的新内容就是证明了下列几点：（1）阶级的存在仅仅同生产发展的一定历史阶段相联系；（2）阶级斗争必然导致无产阶级专政；（3）这个专政不过是达到消灭一切阶级和进入无阶级社会的过渡……"③

本章将对这三个问题作些阐释。

---

① 《马克思恩格斯文集》第 9 卷，人民出版社 2009 年版，第 300 页。

② 参见《马克思恩格斯文集》第 2 卷，人民出版社 2009 年版，第 9 页。

③ 《马克思恩格斯文集》第 10 卷，人民出版社 2009 年版，第 106 页。

一、无产阶级与资产阶级的斗争

（一）一个重大历史规律

科学社会主义对阶级与阶级斗争的理解，不同于资产阶级和以往的学者，也有别于空想社会主义者。亚里士多德《政治学》中"阶级"，义似等级。斯密和李嘉图的"分配论"，以人们获得财富的方式和多少区分不同的阶级。基佐和杜林则以"暴力论"解释阶级的产生。马克思、恩格斯的唯物史观如实揭示阶级的起源与实质，将阶级定义为历史上一定社会生产体系中所处地位不同的社会集团，又在《共产党宣言》中使用"阶层"，以区分同一阶级中的不同层次。用"阶级社会"概括以生产资料私有制为基础的阶级对立社会，用"阶级斗争"概述对抗阶级之间的对立和斗争，认为它是一种历史现象，根源于阶级利益的对立。生产力是社会发展的根本动力，阶级斗争是阶级社会发展的直接动力。资产阶级学者颂扬资产者反封建主的阶级斗争，却否定无产阶级反对资产阶级的斗争。三大空想社会主义者对资本主义进行了深刻的揭露和批判，但他们不从实际出发，把自己的学说建立在理性、正义、平等、和谐一类"永恒真理"的基础上；找不到革命的力量和道路，只寄希望于少数天才人物；提倡阶级合作与和平改良，反对阶级斗争与暴力革命。《共产党宣言》之所以成为无产阶级反对资产阶级的理论纲领和社会主义从空想变为科学的问世之作，就是因为它科学地解决了上述几大问题，使阶级斗争从此成为马克思主义最根本的问题之一。

1885年，恩格斯在为《雾月十八日》第三版写的序言中总结式地指出："正是马克思最先发现了重大的历史运动规律。根据这个规律，一切历史上的斗争，无论是在政治、宗教、哲学的领域中进行的，还是在其他意识形态领域中进行的，实际上只是或多或少明显地表现了各社会阶级的斗争，……。这个规律对于历史，同能量转化定律对于自然科学具有同样的意义。"① 列宁 1905 年说，"许多世纪以来，甚至几千年以来，人类就有过'立即'消灭所有一切剥削的愿望，……。只是当马克思的科学社会主义把改变现状的渴望同一定阶级的斗争联系起来的时候，社会主义的愿望才变成了千百万人争取社会主义的斗争。离开阶级斗争，社会主义就是空话或者幼稚的幻想。"② 列宁在民主革命中强调马克思使用"人民"一语时，并没有用它来抹杀各个阶级之间的差别，而是用它来把那些能够将革命进行到底的确定的成分联为一体。他揭露资产阶级"希望"限制阶级斗争，歪曲并缩小它的概念，磨钝它的锋芒。否认或掩盖阶级斗争，这是政治上最恶劣的伪善行为，成了自由主义知识分子欺骗人民使人民处于奴隶状态的如意算盘。

（二）斗争发展的两大阶段

《共产党宣言》指出，无产阶级经历了各个不同的发展阶段。它反对资产阶级的斗争是和它的存在同时开始的。按照思想、政治和组织成熟程度的不同，这一斗争又可分为自发斗争和自觉斗争两个阶段。与此相适应，无产阶级自身的发展也分为自在阶级和自为阶级两个阶段。恩格斯在《英国工人阶级状况》中指出："工人阶级第一次反抗资产阶级是在工业运动初期，即工人用暴力来反对使用机器的时候。"③ 后在《美国工人运动》中，又提出斗争的"两个阶段"论。马克思则在《哲学的贫困》中阐述了斗争如何使工人团结起来，形成一个自为的阶级。列宁的《怎么办?》进一步分析了自发性与自觉性的关系，批判了崇拜自发性的谬说。毛泽东的《实践论》从感性认识与理性认识角度，阐释了"自在的阶级"如何变成"自为的阶级"。

自发与自觉是相对应的，前者指盲目状态，后者指有觉悟的状态。两者的区别在于是否认识和掌握客观事物的本质和规律。自在与自为，

---

① 《马克思恩格斯文集》第 2 卷，人民出版社 2009 年版，第 469 页。
② 《列宁选集》第 1 卷，人民出版社 2012 年版，第 658 页。
③ 《马克思恩格斯文集》第 1 卷，人民出版社 2009 年版，第 450 页。

本系黑格尔的哲学术语，意为"潜在、蕴含"与"展开、显现"。黑格尔用此表述绝对理念发展的不同程度，有从表面现象到深刻实质、由低级阶段向高级阶段发展等含义。马克思、恩格斯在自发与自觉的意义上使用自在与自为，把工人最初盲目分散的反抗称为自发斗争，把尚无阶级意识、政治目标的工人阶级称为自在阶级；而把此后对资产阶级开展政治斗争，并以消灭阶级、解放全人类为最高目标的工人革命称为自觉斗争，把这种目光远大、胸怀世界、自有作为的工人阶级称作自为阶级。

无产者怎样才能从自发斗争变成自觉斗争，从自在阶级变成自为阶级呢？《共产党宣言》一语概括："无产者组织成为阶级，从而组织成为政党"。① 但这件事却不断受到破坏，只能在斗争中重生。原因是资本主义社会，群众都属于一定的阶级，各阶级都有自己的政党。一无所有的无产者，除了组织成为阶级，并组织成为政党，别无武器，更无出路。但也因为这样，他们从组织工会到成立政党，都障碍重重，甚至被视为违禁非法。还要看到，组织成为阶级和政党，受到自身条件的限制，用现在常说的就是一要灌输先进理论，二要同工人运动结合。前者叫灌输论，后者叫结合论。

先说灌输论。灌输是个中性词，在德文和俄文里，都有由外入内的意思。恩格斯 1839 年 7 月致信威廉·格雷培时，提到了宗教思想的"灌输"问题。马克思 1844 年初在《〈黑格尔法哲学批判〉导言》中，将革命理论比作思想闪电，一旦"彻底击中"，就会导致人民的解放。恩格斯 1845 年 1 月 20 日致马克思的信中，提到反对"把庸人习气带到共产主义运动中去"。列宁在《怎么办？》第二章中引证考茨基的话他谈道："社会主义意识是一种从外面灌输到无产阶级的阶级斗争中去的东西，而不是一种从这个斗争中自发地产生出来的东西。"② 这都是讲理论是从外部进入而非自发产生的。但为什么不是考茨基，也不是列宁，而是马克思、恩格斯首创灌输论呢？一是马克思、恩格斯最先论证了从外面

---

① 《马克思恩格斯文集》第 2 卷，人民出版社 2009 年版，第 40 页。
② 《列宁专题文集　论无产阶级政党》，人民出版社 2009 年版，第 85 页。

灌输社会主义理论，才能使工人运动从自发状态变成自觉斗争。二是马克思、恩格斯最先论证了社会主义不是自发工人运动的产物，而是理论家的创造。三是马克思、恩格斯最先论证了要在两种世界观的斗争中灌输社会主义。总之，他们既强调由外而内的"灌输"，又强调工人自觉"接受"，社会主义思想接受越多，革命中的流血将越少；坚持革命理论源于实践，又坚持科学社会主义来自科学，要求人们把它当作科学对待，去研究它、传播它。可见把"灌输"说成"注入"、"硬灌"、"我打你通"，是不符合原意的；把"灌输"论说成"洗脑"、"换脑"论，更是诬蔑不实之词。须知社会存在决定社会意识，人总是要受影响和被改造的，不是选择性地接受和自觉改造，就是潜移默化和被动改造。没有革命的理论，就不会有革命的运动。只有用先进理论武装自己的头脑，才能成为自觉的先进战士。因此必须摒弃"出身决定"论或"父母生成"论，坚持"由外灌输"论和学习改造论。

再说结合论。社会主义与工人运动原先各不相干，知识分子与劳动群众彼此分离。1843年，恩格斯在《伦敦来信》中谈到社会主义同无产者日趋结合；同年，首次提出建党的主张。1843—1844年，马克思在《〈黑格尔法哲学批判〉导言》中提出："哲学把无产阶级当做自己的物质武器，同样，无产阶级也把哲学当做自己的精神武器。"①这里的互为武器，就是社会主义同工人运动结合的最初表述。恩格斯称之为哲学家和工人的"联盟"。随后，恩格斯在《英国工人阶级状况》中说：英国工人运动分裂为宪章派和社会主义者。只有"社会主义和宪章运动的融合"并发展为"新生的政党"，工人阶级才会真正成为"英国的统治者"。1886—1887年恩格斯论美国工人运动时，强调两者要"融合"、"结合"，成为"彻底美国化的党"。我国近几十年对"结合"、"融合"、"合流"、"融为一体"等译法，前后变化较多。但党是社会主义与工人运动结合的产物则没有变，也是不能变的。

这种同资产阶级政党相对立的新型的无产阶级政党用什么名称呢?

---

① 《马克思恩格斯文集》第1卷，人民出版社2009年版，第17页。

马克思、恩格斯在谈到德国、英国、法国的实际状况时，都把它称为"共产党"。其指导思想和奋斗目标为共产主义。党的组织原则是什么呢？这有一个发展过程。正义者同盟是"半宣传、半密谋"团体，实行集中制，又有一定的民主。马克思、恩格斯对其改组时，扩大民主制，使它摆脱半密谋性，但未改变秘密性和集中制。在共产主义者同盟时期，既强调发扬民主，反对迷信权威和个人独裁等密谋影响，又坚持集中统一，反对分散主义和分裂中央等言行。有论者将同盟的组织原则仅归结为民主制，则是同事实不尽相符的。后来，马克思、恩格斯为建立公开的群众性的工人政党而斗争：一方面坚持民主制，反对个人独裁；一方面坚持集中制，反对分散主义；在清除密谋时代的旧影响，批判拉萨尔主义和巴枯宁无政府主义等斗争中，使民主制和集中制日益结合起来。但未使用"民主集中制"概念。列宁坚持和发展了马克思、恩格斯的建党原则，明确提出民主集中制这一科学概念，并说马克思、恩格斯从无产阶级和无产阶级革命的观点出发，坚持民主集中制。有论者断言列宁的民主集中制就是集中制，这显然不能服人。列宁将民主集中制明确表述为"党内民主"和"党的集中"或"民主制"和"集中制"的结合。1921 年共产国际一个文件中写道："共产党组织中的民主集中制应当是一种真正的有机结合，是集中领导和无产阶级民主的结合"。[1]1927年 6 月《中国共产党第三次修改章程决议案》中，第一次写明"党部的指导原则为民主集中制"。1957 年，毛泽东从哲学高度概括："在人民内部，不可以没有自由，也不可以没有纪律；不可以没有民主，也不可以没有集中。这种民主和集中的统一，自由和纪律的统一，就是我们的民主集中制"。[2] 可见，民主制与集中制不是"水火不容"，也不是"简单相加"，而是"相互结合"的。联系我们常说的基本原则与具体情况结合、社会主义与工人运动结合等，这里的"结合"究竟是什么意思

---

① 珍妮·德格拉斯选编：《共产国际文件》第 1 卷，北京编译社译，世界知识出版社 1963年版，第 329—330 页。

② 《毛泽东文集》第七卷，人民出版社 1999 年版，第 209 页。

呢？列宁认为，所谓结合，就是把对立面统一起来。有"和谐地结合"，也有"不和谐地结合"，这取决于多方面的因素。而"和谐"就是平衡，就是辩证统一。辩证统一是两点论，又是重点论。两点论搞不好，就成为折中主义，抹稀泥。重点论搞不好，就变为一头沉，单打一。许多经验教训都出在这里，可见要在"和谐结合"上下功夫。

以上表明，只有联系马克思、恩格斯的"灌输"和"结合"两论，才能理解《共产党宣言》关于两个"组织"的深刻含义及其对无产者从自发斗争走向自觉斗争，从自在阶级变成自为阶级的决定性作用。如果没有科学社会主义和共产党，无产者就可能在黑暗中继续徘徊，或者在工联主义、经济主义和民主社会主义的泥潭中难以自拔，哪能觉悟并组织起来，走上自觉斗争和社会革命的解放大道呢？

（三）斗争的三种基本形式

恩格斯1874年7月说，"自从有工人运动以来，斗争是第一次在其所有三个方面——理论方面、政治方面和实践经济方面（反抗资本家）互相配合，互相联系，有计划地推进。"① 历史发展的确这样，科学社会主义的产生、灌输和结合，贯穿着理论方面的斗争。《哲学的贫困》论述无产阶级的经济斗争和经济组织，指出无产者形成自为阶级后，所维护的利益变成阶级的利益，而阶级同阶级的斗争就是政治斗争。《共产党宣言》历数无产者同资产者各种形式的斗争后论定：一切阶级斗争都是政治斗争。随后的实践表明，英、法、德的工人运动，都是通过实质上是政治的斗争成长和巩固起来的。

但是，1848年欧洲革命失败后，英国部分工人厌倦政治斗争，追求经济利益，工会组织取代宪章运动。工人联合会（简称工联）领导人奥哲尔等迎合并利用了上述落后意识，推行妥协、改良主义，只搞经济斗争，不搞政治斗争，是为工联主义。马克思、恩格斯指出：工人"应当摒弃'做一天公平的工作，得一天公平的工资！'这种保守的格言，

---

① 《马克思恩格斯文集》第2卷，人民出版社2009年版，第218页。

要在自己的旗帜上写上革命的口号：'消灭雇佣劳动制度'"！① 法国蒲鲁东不仅反对工人参加政治斗争，而且反对组成工会搞经济斗争。俄国巴枯宁将无政府主义推向极端，反对工人组成政党和过问政治，主张立即消灭"一切国家"，并指使其信徒成立"无政府主义国际"。德国拉萨尔则认为根本不用推翻旧国家政权，只要争取普选权和"不折不扣的劳动所得"，依靠国家资助的合作社，就可实现社会主义，是为普鲁士王朝社会主义，又称拉萨尔主义。

革命低潮时期作为沉渣泛起的"左"的或右的机会主义思潮和流派的言行，集中表明，不正确处理经济斗争与政治斗争的关系，国际工人运动就不能按科学社会主义指引的方向健康前行。马克思、恩格斯在同这些机会主义流派的斗争中，着重批判了政治冷淡主义和经济冷淡主义，指出向工人鼓吹放弃政治，就等于把他们推入资产阶级政治的怀抱，倒退到忽视政治的空想主义、工联主义或无政府主义、拉萨尔主义。他们 1871 年在起草的《国际工人协会共同章程》中提出："由于经济斗争而已经达到的工人力量的联合，同样应该成为这个阶级在反对它的剥削者的政权的斗争中所掌握的杠杆"。② 这里既使用了经济斗争的概念，肯定了它的作用，又提出要发展到政治斗争的任务。因为工人阶级单靠为改善劳动条件和生活条件而进行的经济斗争是不够的，必须提高到推翻旧国家政权，建立无产阶级专政的政治斗争，并有理论斗争与之配合，才能获得解放并最后消灭阶级，实现共产主义。

列宁的《怎么办?》引证了恩格斯 1874 年那段话，针对俄国情况，指出党的伟大斗争并不是"像我国通常认为的那样"，只有政治的和经济的两种形式，"而是有三种形式，同这两种形式并列的还有理论的斗争"。③ 后又在《给谢·伊·古谢夫》中说，恩格斯在这段话里区别了无产阶级斗争的三种基本形式：经济的斗争、政治的斗争、理论的斗

---

① 《马克思恩格斯文集》第 3 卷，人民出版社 2009 年版，第 77—78 页。

② 《马克思恩格斯文集》第 3 卷，人民出版社 2009 年版，第 228 页。

③ 《列宁专题文集 论无产阶级政党》，人民出版社 2009 年版，第 71 页。

争，也就是工会的斗争、政治的斗争、理论的（科学的、思想的、哲学的）斗争。列宁强调不能把经济斗争即工会斗争同政治斗争相提并论，就像十分之几和百分之几不通分母不能相加一样，并提出武装起义是政治斗争的最高方式。① 俄国的经济派用自由主义曲解《共产党宣言》的"一切阶级斗争都是政治斗争"，把阶级之间的任何冲突都说成政治斗争，不愿看到更高级的为政权而进行的阶级斗争，背弃了马克思主义的革命的阶级斗争概念。列宁说："只有当阶级斗争不仅发展到政治领域，而且还涉及政治中最本质的东西即国家政权的机构时，那才是充分发达的、'全民族的'阶级斗争。"② 经济派背熟了政治以经济为基础的原理，把它曲解为必须将政治斗争降低到经济斗争，宣扬每个卢布工资增加 1 戈比，要比任何社会主义和任何政治都更实惠和可能。又说各个阶级的经济利益在历史上起决定作用，无产阶级为自己的经济利益而斗争应当有首要的意义。列宁指出，根据经济利益起决定性作用这一点，决不应当作出经济斗争具有首要意义的结论，因为总的说来，各阶级最重大的、"决定性的"利益只有通过根本的政治改造来满足，具体说来，无产阶级的基本经济利益只能通过无产阶级专政代替资产阶级专政的政治革命来满足。

此后，马克思主义者就坚持马列关于斗争三种基本形式的论述，在三者的相互结合、彼此促进、统一行动，并不断创新方式和方法上下功夫。一般是从宣传科学理论，制造革命舆论开始，引导工人群众通过经济（工会）斗争增强团结，而以政治斗争为主，旗帜鲜明地讲政治，为用无产阶级专政代替资产阶级专政、社会主义制度代替资本主义制度而奋斗。这些基本经验，对当今世界仍有教益，不会因时空条件不同而俱往矣！但有一大难题尚待解决，即无产阶级夺取政权后，特别是从资本主义到社会主义（共产主义）过渡时期，阶级斗争与党内斗争从内容到形式有何变化，有无规律？如何对待历史上的冤假错案？社会阶级斗

---

① 参见《列宁全集》第 45 卷，人民出版社 1990 年版，第 111—112 页。

② 《列宁全集》第 23 卷，人民出版社 1990 年版，第 249 页。

争，党内路线斗争，各种派别斗争，不同意见争论怎样识别？两类不同性质的矛盾和斗争中的左、中、右如何区分？类似这些问题，看来只有在新的实践和历史长河中，用马克思主义作冷静、客观、全面的分析才能正确解决。

二、国家与革命

（一）国家是阶级统治的机器

马克思在《雾月十八日》中讲法国有庞大的官僚机构和军事机构时，使用了"有复杂而巧妙的国家机器"这一形象化说法。恩格斯在《家庭、私有制和国家的起源》中说："国家是社会在一定发展阶段上的产物；国家是承认：这个社会陷入了不可解决的自我矛盾，分裂为不可调和的对立面而又无力摆脱这些对立面。而为了使这些对立面，这些经济利益互相冲突的阶级，不致在无谓的斗争中把自己和社会消灭，就需要有一种表面上凌驾于社会之上的力量，这种力量应当缓和冲突，把冲突保持在'秩序'的范围以内；这种从社会中产生但又自居于社会之上并且日益同社会相异化的力量，就是国家。"① 这段话启示我们，国家不是从来就有或外部强加于社会的；不是上帝意志的表现或黑格尔说的"伦理观念的现实"、"理性的形象和现实"；不是中国古代诸侯统治的疆域称国、卿大夫统治的疆域称家的组合；不是亚里士多德说的家庭和村落的联合或后来流行的"三要素"（人口、领土、主权）、"四要素"（人口、领土、主权、政府）的总合体；而是社会阶级矛盾不可调和的产物和表现。根源于社会的生产关系的国家只要存在，就是阶级和阶级矛盾存在的实证。在阶级社会中，没有超阶级的国家（如全民国家、世界政府），没有超阶级、超国家的个人（如世界公民、全球人、普世价值代表），也不存在没有阶级矛盾和斗争的世界和平和谐、人人共享经济、

---

① 《马克思恩格斯文集》第 4 卷，人民出版社 2009 年版，第 189 页。

共享时代。

马克思、恩格斯基于对世界历史特别是国家的深刻研究，第一次揭示了国家的起源和本质，创立了科学的国家观，正确阐明了以下两种关系：

1. 国家与社会的关系

国家本是社会中经济上、政治上占统治地位的阶级的组织，是统治阶级维护其根本利益并实行全面统治的工具。它却自称代表全体社会成员的利益和意志，以公共权力、社会机关和社会主人的姿态，凌驾于整个社会而高高在上，并通过宪法、法律和宗教等形式，使之具有"合法"性，"秩序"性和"神圣"性，甚至出现国家"迷信"和权力"崇拜"。国家本是统治阶级通过军事集团和官吏集团并以社会的名义掠夺国民、镇压反叛、防御外敌、侵略别国而系统地采用暴力和强迫人们服从暴力的特殊机构。但它并不唯暴力是用，而是如马克思揭露的有刽子手和牧师两种职能，软硬兼施，交替使用镇压与欺骗两手。一当阶级冲突之际，它就要采取种种措施缓和冲突，维持秩序，以求长治久安。恩格斯1892年说，"资本主义越发展，它就越不能采用作为它早期阶段的特征的那些小的哄骗和欺诈手段"，最大的工厂主们首先起来呼吁和平与和谐。但"这些对正义和仁爱的让步，事实上只是一种手段"①。牧师们则站在不偏不倚的高高在上的立场，向工人鼓吹一种凌驾于一切阶级对立和阶级斗争的社会主义，沦为"披着羊皮的豺狼"。

列宁的《国家与革命》一开头就引用恩格斯的《家庭、私有制和国家的起源》中的这段名言，揭露和批判资产阶级和小资产阶级思想家要"改正"马克思，说"国家是阶级调和的机关"，而"在马克思看来，国家是阶级统治的机关，是一个阶级压迫另一个阶级的机关，是建立一种'秩序'，来使这种压迫合法化、固定化，使阶级冲突得到缓和。在小资产阶级政治家看来，秩序正是阶级调和，而不是一个阶级压迫另一个阶级；缓和冲突就是调和，而不是剥夺被压迫阶级用来推翻压迫者的

---

① 《马克思恩格斯文集》第1卷，人民出版社2009年版，第366、368页。

一定的斗争手段和斗争方式"。又指出俄国两个小资产阶级政党浸透了这种"调和"论，强调"国家是一定阶级的统治机关，这个阶级决不能与同它对立的一方（同它对抗的阶级）调和，这是小资产阶级民主派始终不能了解的"。① 在上段引文中，列宁科学区分了国家的阶级实质与国家的秩序、斗争手段、方式，讲明了阶级调和决不可能，建立秩序是要使统治固定化，缓和冲突是剥夺被统治者反抗的一种手段和方式，就像恩格斯说资产阶级的"让步"，是消解工人斗争的一种"手段"一样。这就明白无误地指出："缓和冲突"是根本不同于资产阶级所谓的"阶级调和"、"阶级缓和"的。②

2. 统治与管理的关系

《共产党宣言》揭露，现代的国家政权不过是管理整个资产阶级的共同事务的委员会罢了，提出无产阶级上升为统治阶级后如何改造社

---

① 《列宁选集》第 3 卷，人民出版社 1972 年版，第 176 页。

② 有学者认为"缓和冲突"中的"缓和"，除可译为"缓和"外，还可译为"抑制"、"控制"。如果对被压迫阶级施行小恩小惠，可以说是缓和冲突；如果用国家这种暴力来镇压被压迫阶级的反抗，则说抑制冲突、控制冲突更恰当些。还有学者说，调和是不承认矛盾，取消矛盾；抑制是一种斗争手段，表明矛盾仍存在，到一定时候仍要激化……这样，《列宁选集》第 3 卷 1995 年版便将所引恩格斯的那段话中的"缓和冲突"改为"抑制冲突"，将列宁那段长文中的"使阶级冲突得到缓和"，改为"抑制阶级冲突"，将"缓和冲突就是调和"，改为"抑制冲突就是调和"。《列宁专题文集 论马克思主义》2009 年版中的《国家与革命》相应部分恩格斯引文中的"缓和冲突"，仍被改译为"抑制冲突"，却加一个"编者注"："见《马克思恩格斯选集》第 4 卷，人民出版社 1972 年版，第 166 页"。可是读者一查对就会知道，《马克思恩格斯选集》第 4 卷 1972 年版、1995 年版和《马克思恩格斯文集》第 4 卷 2009 年版中，恩格斯说的"缓和冲突"仍一如既往，无一改动。上述编者注应写为：见《列宁选集》第 3 卷，人民出版社 1995 年版，第 113 页。因为只有《列宁选集》第 3 卷 1995 年版将同书的 1972 年版的"缓和冲突"，改为"抑制冲突"。这样，读者就会提出三个问题：一为既有改译，便应如实注明，而不可像上述"编者注"那样使读者看后仍不明底细，甚至更糊涂了。二为如果真需改译，就应《马克思恩格斯选集》与《列宁选集》统一安排，不能使读者莫知所从，造成思想混乱。三为上述改译是否非改不可，改得是否恰当？1995 年正值苏东剧变后国际思想交锋激烈，人们比较敏感之际，如此改译恩格斯和列宁的著名提法，似乎"缓和冲突"都成禁忌，岂不使各种对立（如马恩对立、恩列对立）论者更有文章可作？这也许是我们某些用心良苦的译者、编者同志始料未及的。

会、管理国家的步骤和措施，讲的都是国家问题中的统治与管理的关系。后来马克思谈亚洲古时就有财政、军事、公共工程三个政府部门，一切政府不能不执行一种经济职能，即举办公共工程的职能，人工灌溉是东方农业的基础。① 恩格斯概括指出：政治统治到处都是以执行某种社会职能为基础，而且政治统治只有在它执行了它的这种社会职能时才能持续下去。② 这里的社会职能，就是管理社会、管理生产和处理社会公共事务的职能。说现代国家干预经济，无论转化为股份公司、托拉斯或国家财产，都未消除生产力的资本属性。也不管国家形式如何变化，它都是资本家的国家，理想的总资本家。马克思的《资本论》指出，经济形式决定统治和从属的关系，又对生产发生决定性的反作用。③ 恩格斯 1890 年致康·施米特信中进一步阐述国家权力对经济发展的反作用，可能有三种：沿着经济发展的方向起推动作用，沿着相反方向或改变正方向而走其他方向，后两种情况下政治权力都给经济发展造成巨大损害。④ 这里讲的方向问题，也是管理问题。列宁在《论国家》中说，国家是从人类社会中分化出来的管理机构。"只要国家存在，每个社会就总有一个集团进行管理，发号施令，实行统治"。⑤ 毛泽东读苏联《政治经济学教科书》时说："所有制问题基本解决以后，最重要的问题是管理问题。"⑥ 这样，统治与管理的内在联系就一清二楚了。中国共产党十四大报告提出了"治理"。习近平同志说，"国家治理体系是在党领导下管理国家的制度体系"。⑦ 按照马克思主义国家观，这里的治理，就是党领导下的治国理政，是"政治统治"与"国家管理"的简称。有论者称，"治理"是表述社会转型的新词。对于这种照搬西方治理理论，另有所图的伎俩，必须揭穿。

① 参见《马克思恩格斯文集》第 2 卷，人民出版社 2009 年版，第 679 页。
② 参见《马克思恩格斯文集》第 9 卷，人民出版社 2009 年版，第 187 页。
③ 参见《马克思恩格斯文集》第 7 卷，人民出版社 2009 年版，第 894 页。
④ 参见《马克思恩格斯文集》第 10 卷，人民出版社 2009 年版，第 597 页。
⑤ 《列宁专题文集 论辩证唯物主义和历史唯物主义》，人民出版社 2009 年版，第 288 页。
⑥ 《毛泽东文集》第八卷，人民出版社 1999 年版，第 134 页。
⑦ 《习近平谈治国理政》，外文出版社 2014 年版，第 91 页。

马克思、列宁除了从阶级统治工具和镇压机器方面讲国家实质，还从社会分工角度讲国家职能。早在《德意志意识形态》中，马克思、恩格斯就从分工如何使物质生产与精神生产分开，少数人脱离生产劳动而占有别人的劳动量，讲到产生剥削、压迫、私有制、阶级、国家等等。直至 1890 年 10 月，恩格斯致康·施米特信中还说："从分工的观点来看问题最容易理解。社会产生它不能缺少的某些共同职能。被指定执行这种职能的人，形成社会内部分工的一个新部门。这样，他们也获得了同授权给他们的人相对立的特殊利益，他们同这些人相对立而独立起来，于是就出现了国家。"① 历史的确是这样的，随着社会分工的发展和公共职能部门的增加，国家的统治与管理越来越集中在具有特定知识和才能的人手中。由统治阶级中的少数人和依附于它的少数知识分子组成的国家大员，便把本应为社会共同利益服务的公权，变为以公谋私、损公肥私的私器，形成脱离劳动、鱼肉百姓的特殊利益集团和特权阶级，"相对独立"成了独立王国，"社会公仆"成了社会公敌。在我国古代，"劳心人治人，劳力者治于人"、"三年清知府，十万雪花银"早已成为铁则和常态。古今中外一切剥削阶级的国家为什么贪污成风，腐败成性，"剪不断、理还乱"，反而不止，肃而不清，甚至越反越腐，因腐而亡？其制度根源和阶级实质正在于此。这个历史老大难问题，只有体力劳动与脑力劳动的对立消失，阶级消灭和国家消亡，才能彻底解决。

（二）革命是历史的火车头

什么是革命，怎样看革命，怎么搞革命，不同时代不同阶级的人们，有不同的认识和做法。我们这里所说的革命指社会革命，主要是无产阶级革命。其根本问题是国家政权问题，而暴力是每一个孕育着新社会的旧社会的助产婆。马克思不从概念而从实践出发，在《法兰西阶级斗争》中提出："革命是历史的火车头。"② 革命时期法国社会从前以半

---

① 《马克思恩格斯文集》第 10 卷，人民出版社 2009 年版，第 596 页。
② 《马克思恩格斯文集》第 2 卷，人民出版社 2009 年版，第 161 页。

世纪为单位来计算发展，现在必须以星期为单位来计算了。用此批驳把 1848 年说成"暴徒"破坏、"疯狂"的一年，彰显革命对历史的推动和加速作用。在《雾月十八日》中他说，"在 1848—1851 年期间，法国社会总算获得了教训和经验，而且是以革命的，因而是速成的方式获得的。"① 与此同时，恩格斯在《德国的革命和反革命》中提出，德国的阶级对抗"使革命成为社会进步和政治进步的强大推动力；……使一个民族在这种剧烈的动荡时期 5 年就走完普通环境下 100 年还走不完的途程"。② 1863 年 4 月，马克思致恩格斯信中谈到，在世界历史伟大的发展中，"二十年比一天长，殊不知以后可能又会有一天等于二十年的时期。"③ 列宁在《卡尔·马克思》中从无产阶级斗争策略角度解释说，对革命运动，不能以进化论而要用辩证法，既看它的过去，又看它的将来；既看到二十年等于一天的政治消沉时代或"和平"龟行发展时代的缓慢地变化，又看到并准备迎接"一天等于二十年"的伟大日子。④ 此后，马克思说的"革命是历史的火车头"和"一天等于二十年"，便成为广大马克思主义者熟知并常用的名言。他们以革命导师为榜样，在风起云涌，一天等于二十年的岁月，用血肉创造改天换地的奇迹；在万马齐喑，二十年等于一天的日子，他们默念："革命死了，革命万岁！"同一切背叛革命、修正革命、告别革命和打倒革命、围剿革命、镇压革命的行为做战斗，为新的伟大时代的到来准备条件。

怎样看待历史重复现象？黑格尔在《历史哲学讲演录》中说，拿破仑两次被捕，波旁王朝两次被驱逐。由于重复，开初只是偶然和可能的东西便成了现实的和得到确认的东西了。1851 年 12 月 3 日，恩格斯致马克思的信中说，黑格尔"真心诚意地使一切事件都出现两次，第一次是作为伟大的悲剧出现，第二次是作为卑劣的笑剧出现"。⑤ 稍后，马克

---

① 《马克思恩格斯文集》第 2 卷，人民出版社 2009 年版，第 474 页。

② 《马克思恩格斯文集》第 2 卷，人民出版社 2009 年版，第 383 页。

③ 《马克思恩格斯文集》第 10 卷，人民出版社 2009 年版，第 203 页。

④ 参见《列宁专题文集 论马克思主义》，人民出版社 2009 年版，第 33—34 页。

⑤ 《马克思恩格斯文集》第 10 卷，人民出版社 2009 年版，第 99 页。

思于 12 月中旬开始写《雾月十八日》，第一句话就是黑格尔说"一切伟大的世界历史事变和人物，可以说都出现两次。他忘记补充一点：第一次是作为悲剧出现，第二次是作为笑剧出现"①。这里马克思既接过恩格斯关于悲剧、笑剧的精辟提法，委婉指出黑格尔这位唯心辩证法大师的粗心，强调要全面辩证地理解历史重复现象的同与异。历史现象既有异中之同，也有同中之异。批评当时流行的肤浅的历史对比的研究方法，如把 1848 年革命看作 1789 年革命的重演，把波拿巴政变看作拿破仑政变的重演。雨果著的《小拿破仑》把政变写成只是某一个人的暴力行为。蒲鲁东著的《政变》则根本不说个人品质，想把政变描述成以往历史发展的结果。这些都陷入了所谓客观历史编纂学家所犯的错误。马克思的《雾月十八日》与此完全不同，它要证明法国阶级斗争怎样造成了一种局势和条件，使得一个平庸而可笑的人物有可能扮演了英雄的角色，从而解开了侄子模仿伯父的谜团，说明历史纵有相似，也非简单重复。而深知法国历史又发现唯物史观的马克思，也就使自己超越了他的老师和同辈，使自己的这一著作被称为"天才的著作"，至今仍享誉世界。

（三）无产阶级革命同资产阶级革命的根本区别

《雾月十八日》从两大方面作了阐述。两个革命的区别之一，资产阶级只能在既定的从过去承继下来的条件下创造自己的历史。他们召唤亡灵，借用它们的名字、战斗口号、衣服和语言为自己效劳，演出世界历史的新的一幕。但使死人复生是为了赞美新的斗争，而不是模仿旧的斗争；是为了在想象中夸大某一任务，而不是回避这个任务；是为了找到革命的精神，而不是让革命的幽灵游荡。这就是说，他们搞的是古为今用，让死人为活人服务。正如马克思在另一文章中所言，资产阶级革命在开端时所借用的名字，从来不会在革命胜利之日被写在革命的旗帜上。他们借用现行制度接受的旗帜，是要从执政的阶级的手里获得进到官方舞台的入场券。而入场登台，是为演自己的戏。

---

① 《马克思恩格斯文集》第 2 卷，人民出版社 2009 年版，第 470 页。

与此不同，"19 世纪的社会革命不能从过去，而只能从未来汲取自己的诗情。它在破除一切对过去的迷信以前，是不能够开始实现自己的任务的。从前的革命需要回忆过去的世界历史事件，为的是向自己隐瞒自己的内容。19 世纪的革命一定要让死人去埋葬他们的死人，为的是自己能弄清自己的内容。从前是辞藻胜于内容，现在是内容胜于辞藻。"① 这一段话从三个角度揭示了无产阶级革命不同于资产阶级革命。

一是破除对过去的一切迷信。资产阶级指望过去，借古人抬高自己。以破坏旧世界、创造新世界为己任的无产阶级，首先要破除对过去的一切迷信，相信社会发展、历史进步，未来无论如何是属于自己的。破除迷信并非否定遗产，而是对历史作总的思考，对以往的一切都以批判的态度重新探究、审视、检验，取其精华，去其糟粕，古为今用，洋为我用，服务于破旧立新的总任务。它唯物辩证地对待昨天、今天和明天，不忘历史而又超越历史，立足现实而又改造现实，走向未来而又创新未来。它决不左顾右盼往后看，总是满怀信心向前走，永远高喊：前进！前进！前进进！

二是先弄清自己的革命内容。资产阶级用仿古、复古蒙骗公众，隐瞒自己的褊狭内容和自私目的。无产阶级大公无私，光明磊落，敢于公开说明自己的意图、观点和目的，首先要使阶级和群众认清自己的革命内容，包括为什么革命，怎样革命，当前任务和最高纲领等。马克思有感于 1848 年法兰西又出现（新）山岳党和（小）拿破仑，而公众不知何为的窘态，此前已指出："革命只有在它取得了自己专有的、独特的名称时，才显出了自己本来的面目，而这一点只有在现代的革命阶级即工业无产阶级作为主角出现在革命前台时，才成为可能。"②1847 年世界上第一个取名共产党并宣称实现共产主义的无产阶级先锋队的出现，已使这种可能性变成了进行时。但仅靠先锋队不够，马克思现在又

---

① 《马克思恩格斯文集》第 2 卷，人民出版社 2009 年版，第 473 页。

② 《马克思恩格斯文集》第 2 卷，人民出版社 2009 年版，第 118 页。

提出"让死人去埋葬他们的死人"①，这是什么意思呢？此语出自《新约全书·马太福音》第八章。可是世人不能死后三天复活，再去埋葬死人。怎么办？此后马克思在《资本论》第一版"序言"中谈道："古老的、陈旧的生产方式以及伴随着它们的过时的社会关系和政治关系还在苟延残喘。不仅活人使我们受苦，而且死人也使我们受苦。死人抓住活人！"②可见要终结"死人抓住活人"，唯有活人埋葬死人。也就是说，只有广大群众同旧的关系和旧的观念实行最彻底的决裂，才能深刻理解为什么要埋葬资本主义，建设共产主义，真正"弄清"无产阶级革命的真实内容。

三是形式必须适合革命内容。资产阶级用华丽辞藻装饰其贫乏内涵，以浮夸虚构炫耀其革命政绩。被称为开辟世界新时代的英国革命，具有深厚的妥协性和保守性。共和国成立不久，就王朝复辟。1688年改立原国王的女婿为王，不过是一场政变，却被誉为"光荣革命"。时至今日，"日不落国"不再，英王"光荣"仍在。废除奴隶制度，是美国从华盛顿到林肯的闪光点。杰克逊根据自然权利论，在《独立宣言》初稿中表述了对奴隶贸易的"痛诋"。但因参会者中奴隶主众多，定稿时终被删除。近百年后，林肯发表《解放黑奴宣言》，废奴思想方能实施。而这竟是以一场南北战争和林肯被奴隶主指使的暴徒刺杀身亡为代价的。直至现今，种族歧视的顽疾犹存，美利坚合众国被讥为"分众"国。法国的资产阶级革命被称为"大革命"。巴黎人民三次起义后建立的雅各宾专政，竟被一次热月政变推翻，罗伯斯比尔被捕处死。拿破仑娶奥国皇帝女儿为妻，和旧的反革命王朝结成联盟。更不用说1848年，资产阶级面对无产阶级的反抗，就把共和国的"自由、平等、博爱"这句格言，变成"步兵、骑兵、炮兵"！1871年巴黎公社约三万社员被杀后，由"法兰克"演变而来的"法兰西"国名，离"勇敢的、自由的"原意更远了。以上这些，都是资产阶级革命"辞藻胜于内容"的实例。

① 《马克思恩格斯文集》第2卷，人民出版社2009年版，第473页。
② 《马克思恩格斯文集》第5卷，人民出版社2009年版，第9页。

其所以如此，是由于资产阶级只以一种新的统治形式代替旧的统治形式，剥削和压迫的内容并未根本改变。于是它便在形式上做文章，在辞藻上下功夫。它只能这样，它必须这样，这正是"辞藻胜于内容"的根本原因。那些靠生花的文笔、唇枪舌剑的辩论、雷鸣般的演讲而崛起的政治家，则被指为语言上的巨人，行动上的矮子。

无产阶级革命要消灭一切剥削和压迫，从内容到形式都是前所未有的。根据内容决定形式，形式服从并服务于内容的原理，两者如有冲突，就要变革形式，以适合内容。这正是马克思说的政治革命、思想革命，恩格斯说的术语革命以及列宁说的文化革命的木本水源，也是"内容胜于辞藻"的理论依据。但它并不轻视形式的作用，更不拒绝一切旧的形式，而是要改造和利用传统形式包括辞藻、语言文字等，并创造各种新形式，以满足新内容的需要。它鄙夷"辞藻胜于内容"，不是不讲究辞藻，不注重文风，而是厌恶资产阶级言不由衷，以辞害义，文过饰非，用花言巧语蒙骗群众那一套做派与习气。它坚持形式与内容、文采与实质、言论与行动的辩证统一。如果一时做不到，则宁肯少些，但要好些。甚至宁缺毋滥，只做不说。坚信革命是干出来的不是喊出来的，事实胜于雄辩，躬行比言说更能感动人。为何如此？质朴无华，实事求是，乃无产阶级的本色。追求真善美，反对假恶丑，是社会革命的初衷。

两个革命的区别之二，资产阶级革命，例如18世纪的革命，总是突飞猛进，不断取得胜利；革命的戏剧效果一个胜似一个，充满极乐狂欢；然而革命为时短暂，很快就达到顶点，甚至来得容易去得快。这里说的就是资产阶级革命具有的不断性、戏剧性、短暂性。其根本原因是经济基础的变更先于政治革命，只要改变政权，新统治者一上台，就功成业就，山呼万岁了。如法国大革命推翻波旁王朝后，代表大资产阶级的立宪派，代表工商业资产阶级的克伦特派，资产阶级民主派相继登台，一个比一个激进，革命沿着上升路线行进。1848年革命则相反，六月起义失败后，二月革命的最后街垒尚未拆除，革命就开起倒车，每个党派挤着往后退，革命沿着下降的路线行进。直至最后，波拿巴政变，黄袍加身，演出了拙劣模仿帝制复辟的闹剧。

"相反，无产阶级革命，例如 19 世纪的革命，则经常自我批判，往往在前进中停下脚步，返回到仿佛已经完成的事情上去，以便重新开始把这些事情再做一遍；它十分无情地嘲笑自己的初次行动的不彻底性、弱点和拙劣；它把敌人打倒在地，好像只是为了要让敌人从土地里汲取新的力量并且更加强壮地在它面前挺立起来；它在自己无限宏伟的目标面前，再三往后退却，直到形成无路可退的局势为止，那时生活本身会大声喊道：

这里是罗陀斯，就在这里跳跃吧！

这里有玫瑰花，就在这里跳舞吧！"①

这段话里有四层意思：一是失败了重头干起。1848—1849 年的革命编年史，应如《法兰西阶级斗争》开头说的，题名为革命的失败。但失败中陷入灭亡的不是革命，而是革命前的传统的残余。恩格斯在《德国的革命和反革命》中说，1848 年的革命，唤醒一切被压迫民族起来要求独立和自己管理自己事务的权利。6 月巴黎的失败和 10 月维也纳的失败，在使这两个城市人民的头脑革命化方面所起的作用，无疑是 2 月和 3 月的胜利所不可比拟的。又说英国和法国的资产阶级，不都是经过 48 年和 40 年的斗争才取得自己的统治吗？所以，如果我们被打败了，那么除了重头干起之外，再无别的办法。这样的败而不倒，不以一时胜负论英雄、评是非，全面看待革命成败的意义和作用；这样的挫而不馁，不怨天不尤人，反求诸己，自我批判，再接再厉，重头做起，显示了无产阶级革命的坚定性、彻底性和自强、自信精神。

二是正视失败的原因。1789 年起巴黎每次革命，无产阶级总要提出自己的要求。但这些要求又或多或少含义不明，甚至混乱不清。1848 年最先是搞选举革命。政府和反对派之间一发生危机，工人就开始巷战，代之而起的是一个共和国。胜利的工人们竟宣布它为"社会共和国"，而它究竟是什么意思，应该选择哪一条道路，却谁也不知道。这

---

① 《马克思恩格斯文集》第 2 卷，人民出版社 2009 年版，第 474 页。

些反映工人发展程度不同和经验不足的问题，是需要无情嘲笑、自我检讨、引以为戒的。恩格斯强调要认真研究和搞清革命发生和失败的原因。1848年初，德国已处于革命的前夜，没有法国二月革命，德国三月革命也一定要爆发的。不能把革命的突然发生归结为少数几个人活动的结果；把革命的失败，说成某甲或某乙"出卖了"人民。"人民"怎么会让别人出卖自己呢？所有这些，应当从社会经济政治发展状况和阶级关系变化等方面作出科学的说明，而不应当从几个领袖的偶然动机、优点、缺点、错误或变节中去寻找。也就是说，要破唯心史观，立唯物史观，以体现无产阶级革命的科学性和求实精神。

三是冷对反革命复辟。1848年革命失败后，大风暴以前的"过去的当权者"，又成为"现在的当权者"了。而那些短期掌权者都被抛到异国，赶到海外。得逞的反革命把到处搞得一片消沉，无产者又回到原点。这当然不是革命把敌人打倒在地，又让它再挺立起来。因为它不是希腊神话中的英雄安泰，遇到困难往母亲——大地身上一靠，就取得新的力量。相反，它是脱离群众，与人民对立的敌人，一时的复辟，只是革命与反革命力量对比，前者还不敌后者的结果。怎么办？马克思说：革命的进展是"在产生一个敌对势力的过程中为自己开拓道路的，只是通过和这个敌对势力的斗争，主张变革的党才走向成熟，成为一个真正革命的党"。① 这就是说，无产阶级革命正是以强大的反革命作为磨炼和发展自己的反面教员的。恩格斯认为："在战胜共同的敌人之后，战胜者之间就要分成不同的营垒，彼此兵戎相见。"② 这个分裂规律，也是革命势力应当充分利用的。马克思、恩格斯先后讲过："刽子手们已经被历史永远钉在耻辱柱上"，"历史将来给予报应的时候"；③ "恶有恶报"，"这是1848年和1849年的暴发户的共同的命运"等④。毛泽东说："捣乱，失败，再捣乱，再失败，直至灭亡——这就是帝国主义和世界上一切反

---

① 《马克思恩格斯文集》第2卷，人民出版社2009年版，第79页。
② 《马克思恩格斯文集》第2卷，人民出版社2009年版，第383页。
③ 《马克思恩格斯文集》第3卷，人民出版社2009年版，第181、124页。
④ 《马克思恩格斯文集》第2卷，人民出版社2009年版，第399页。

动派对待人民事业的逻辑","这是一条马克思主义的定律"。① 以上这些，正是革命者冷对反革命复辟的精神支柱，凸显了无产阶级革命的曲折性和最后必胜的总趋势。

四是不说大话靠实力。"这里是罗陀斯，就在这里跳跃吧！这里有玫瑰花，就在这里跳舞吧！"这两句分别出自伊索寓言和黑格尔《法哲学原理》序言，意思是讲空话大话无用，要用事实证明。在历史和现实中，弱者总是靠相信奇迹，以求解放；或者靠吹牛抬高自己，哄骗别人；或者单枪匹马，搞个人恐怖；或者后退无路，拼死一搏。无产阶级一无所有，只能革命向前。它不靠天，不靠地，不骗人，不自欺，全凭自力更生，团结奋斗，在历史大决战中以实力制服敌人，证明自己，解放自己，实现宏伟目标。这就是无产阶级革命的独立自主性和战天斗地的实干精神！

以上是《雾月十八日》从两大方面阐述了无产阶级革命与资产阶级革命的根本区别。若问能不能选一句话，揭示其本质区别？《共产党宣言》说："过去的一切运动都是少数人的，或者为少数人谋利益的运动。无产阶级的运动是绝大多数人的，为绝大多数人谋利益的独立的运动。"② 如果要选一句话，也许这就是了。1895年恩格斯在《法兰西阶级斗争》导言中，仍从少数人还是多数人这个本质问题上总结近半个世纪的运动和历史上的革命，强调以往的一切革命，都是一个统治的少数被另一个少数取代，它们都是为了少数人的利益的少数人的革命。多数人即使参加了，也只是为少数人效劳。无产阶级革命不是为了少数人的利益，而是为了多数人的真正利益进行的革命。但由于阶级斗争条件的变化，实行突然袭击的时代，由自觉的少数人带领着不自觉的群众实行革命的时代已经过去。凡是要把社会组织完全加以改造的地方，群众自己就一定要参加进去，弄明白这为的是什么，为争取什么而去流血牺牲。须知革命权是唯一的真正"历史权利"。在这里，恩格斯强调无产阶级

---

① 《毛泽东选集》第四卷，人民出版社1991年版，第1486页。
② 《马克思恩格斯文集》第2卷，人民出版社2009年版，第42页。

革命不仅是为了绝大多数人的真正利益的革命，而且应是由自觉的绝大多数人参加的真正群众的革命。看来，这才是无产阶级革命区别于资产阶级革命的本质所在！

三、无产阶级专政与国家消亡

（一）无产阶级专政是试金石

马克思不讲自己的功劳。1852年致魏德迈信中说，无产阶级专政理论是我加上的新内容。列宁认为，只有承认阶级斗争，同时也承认无产阶级专政的人，才是马克思主义者。必须用这块试金石来测验是否真正了解和承认马克思主义。国际上有学者将无产阶级专政理论同历史唯物论和剩余价值论并称为马克思主义的三大基石。然而，考茨基说无产阶级专政只是马克思在一封信中偶尔提到的一个"词儿"。社会党国际承认阶级斗争，却不承认无产阶级专政。美国某学者声称查阅马克思、恩格斯所有著作中，只有11篇18处使用了"无产阶级专政"或"无产阶级的革命专政"的术语。我国意识形态领域也依然形势严峻。可见列宁的试金石说，至今并未过时。

那么，无产阶级专政理论究竟是怎么来的呢？如果说《德意志意识形态》中的"无产阶级统治"是它的思想萌芽，《共产党宣言》中的"无产阶级上升为统治阶级，争得民主"，是专政与民主并列的无产阶级专政思想，那么，1848年6月巴黎工人起义中的"推翻资产阶级！工人阶级专政！"则是理论掌握群众后的革命战斗口号。马克思1850年的《法兰西阶级斗争》总结这一实践经验，第一次写道：无产阶级日益团结在革命的社会主义者周围。"这种社会主义就是宣布不断革命，就是无产阶级的阶级专政，这种专政是达到消灭一切阶级差别，达到消灭这些差别所由产生的一切生产关系，达到消灭和这些生产关系相适应的一切社会关系，达到改变由这些社会关系产生出来的一切观念的必然的过渡阶段。"①

这里的"革命的社会主义者",本指 F. 拉斯拜尔代表的革命社会主义者将不断革命作为纲领性口号提出,得到马克思的肯定。马克思逝世后,恩格斯 1883 年 8 月又使用"革命的社会主义"提法,说明它堪与"科学社会主义"同义。这里的"不断革命",源于法国大革命和马克思对法国大革命史的研究。马克思《论犹太人问题》中的"革命是不间断的",马克思、恩格斯《神圣家族》中的"不断革命",说的都是法国大革命的基本特征。后又指出:"资本破坏这一切并使之不断革命化,摧毁一切阻碍发展生产力、扩大需要、使生产多样化、利用和交换自然力量和精神力量的限制。"② 可见资产阶级革命和资本主义发展,都经历了不断革命的过程。马克思、恩格斯将资产阶级的"不断革命"引入无产阶级革命中来。《共产党宣言》说的"德国资产阶级革命只能是无产阶级革命的直接序幕",系马克思、恩格斯对不断革命在德国的首次使用。1850 年 3 月《中央委员会告共产主义者同盟书》提出无产阶级独立政党的战斗口号应该是:"不断革命"!《法兰西阶级斗争》将不断革命与无产阶级的阶级专政并列并紧密相联,强调只有将资产阶级民主革命不断转变为无产阶级革命,建立无产阶级的阶级专政,并在无产阶级的阶级专政条件下不断革命,实现四个"达到",才算结束从资本主义到共产主义的过渡阶段,进入崭新的未来社会。人们如能全面、准确地理解"不断革命"、无产阶级专政、四个"达到"、过渡阶段之间的辩证关系,理论界多年来一些争论问题就不难解决了。这里的"无产阶级的阶级专政",是相对于 W. 魏特林的说法而言的。此人承认在过渡时期专政是必要的,但它是少数人的革命,专政也是少数领导人的专政。马克思使用"阶级专政"是要与之对立并划清界限。马克思、恩格斯还提过"无产阶级的革命专政"和"无产阶级的政治专政",则是要同实行反动统治和无视政治对经济的反作用的资产阶级专政根本对立。我们后来普遍

---

① 《马克思恩格斯文集》第 2 卷,人民出版社 2009 年版,第 166 页。
② 《马克思恩格斯文集》第 8 卷,人民出版社 2009 年版,第 91 页。

使用的"无产阶级专政",不少人以为最先出自1852年马克思致魏德迈的信。其实,1850年4月,马克思、恩格斯代表共产主义者同盟签字的一个协议中,已有"推翻一切特权阶级,使这些阶级受无产阶级专政的统治"。① 这是国际共运文件中第一次使用"无产阶级专政"的术语。

《法兰西阶级斗争》第一次提出"无产阶级的阶级专政",这是无产阶级革命的政治纲领。又第一次提出"占有生产资料,使生产资料受联合起来的工人阶级支配"②,这是无产阶级革命的经济纲领,它使《共产党宣言》的"消灭私有制"和此后流行的"财产公有"这一模糊口号具体化。恩格斯晚年说:"使本书具有特别重大意义的是,在这里第一次提出了世界各国工人政党都一致用以扼要表述自己的经济改造要求的公式,即:生产资料归社会所有。"③ 有学者认为它是无产阶级专政条件下不断革命的经济目标,消灭雇佣劳动的根本保证。

马克思、恩格斯总结1848年欧洲革命特别是法国、德国经验时,还谈到同无产阶级专政有关的以下几个问题:

一是建立工农联盟。强调既要把革命带到全国各地并使它"农民化",又要使农民这个最守旧的阶级"革命化"。这是无产阶级在农民众多的法国实现领导权,从民主革命转变为无产阶级革命,并通过无产阶级专政下的不断革命进入新社会的政治基础。有了同农民的联盟,无产阶级革命就会形成一种合唱,若没有这种合唱,它在一切农民国度中的独唱,是不免要变成孤鸿哀鸣的。1856年4月,马克思又说:"德国的全部问题将取决于是否有可能由某种再版的农民战争来支持无产阶级革命。如果那样就太好了……"④ 马克思关于革命农民化、农民革命化和再版农民战争思想,在中国共产党和毛泽东领导下的中国革命中得到了真正落实并创造性发展。它从城市走出,在农村建立革命根据地,再包围城市,解放全国。

---

① 《马克思恩格斯全集》第10卷,人民出版社1998年版,第718页。
② 《马克思恩格斯文集》第2卷,人民出版社2009年版,第113页。
③ 《马克思恩格斯文集》第4卷,人民出版社2009年版,第536页。
④ 《马克思恩格斯文集》第10卷,人民出版社2009年版,第131页。

　　二是打碎旧国家机器。《雾月十八日》最后一章第一次提出，法国的国家机器有议会权力和行政权力两部分，都应推翻和打碎，从而与以往仅变换统治者而不触动统治机器是全然不同的。但波拿巴政府已解散议会，使行政权臻于完备，成了俨如密网一般缠住法国社会全身而阻塞其一切毛孔的可怕的寄生机体。马克思认为，议会制共和国的倾覆，包含无产阶级革命胜利的萌芽。但革命是彻底的，还应集中力量反对行政权。而当革命完成这后一半时，欧洲就会从座位上跳起来欢呼："掘得好，老田鼠！"在这里，马克思借用莎士比亚剧作《哈姆雷特》的话，把无产阶级革命喻为挖掘资本主义社会地基的老田鼠，如同把无产阶级比作资本主义的掘墓人一样。[1] 马克思 1871 年致库格曼的信，针对法国这下一半任务尚未完成，官僚军事机器反而加强的状况，特意强调法国下一次革命应当把官僚军事机器打碎，但绝非后来人们曲解的无须打碎资产阶级议会机构。[2] 相反，马克思在《法兰西内战》初稿中说，议会权力和行政权力这两种形式是互为补充的，议会权力只是行政权力用以骗人的附属物而已。在《法兰西内战》二稿中又说，现代资产阶级国家体现在议会和政府这两大机构上。公社不应当是议会式的，而应当是同时兼管行政和立法的工作机关。[3] 通过总结公社经验，马克思认为无产阶级专政的形式是按民主集中制组成的公社式政府。由此可知，打碎包括议会和行政的全部旧国家机器的结论，是马克思在《雾月十八日》中首次提出的。巴黎公社经验只是"证明"而不是"得出"这一结论。第二国际机会主义者的"只打碎官僚军事机器"论，是要保留资产阶级议会，为其走议会道路，反对革命制造舆论。

　　三是批判"议会迷"。有论者称："议会迷"出现于 19 世纪 70 年代末资本主义"和平"发展时期。其实，马克思于 1848 年 6 月至 1849 年 5 月在《新莱茵报》上，就发表了多篇文章批判法兰克福议会和柏林

---

① 参见《马克思恩格斯文集》第 2 卷，人民出版社 2009 年版，第 563—564 页。

② 参见《马克思恩格斯文集》第 10 卷，人民出版社 2009 年版，第 352—353 页。

③ 参见《马克思恩格斯文集》第 3 卷，人民出版社 2009 年版，第 191—194、218—223 页。

议会，首先使用了"议会迷"这个词。马克思的《法兰西阶级斗争》和
《雾月十八日》，恩格斯的《德国的革命和反革命》中，都有这方面的论
述。他们揭露德国的民主英雄们说的、写的、做的各不一样，而对头脑
正常的人来说，判断一个人当然不是看他的声明，而是看他的行为，不
是看他自称如何如何，而是看他做些什么和实际是怎样一个人。指出
法国国民议会风暴，"不过是一杯水中的风暴，斗争不过是阴谋，冲突
不过是吵架"。说"1848 年以来，在全欧洲大陆上流行着一种特殊的病
症，即议会迷，染有这种病症的人就变成幻想世界的俘虏，失去一切理
智，失去一切记忆，失去对外界世俗事物的一切理解"等等。① 又分析
感染了这种不治之症的人，以为整个世界都要由代议机关的多数票来决
定，议院外的一切——战争、革命等都微不足道。在揭露法兰克福国民
议会的反动性和欺骗性的同时，指出通过议会实现革命变革完全是一
种幻想。强调资产阶级出卖革命，更无力领导民主革命。无产阶级应
将民主革命进行到底，为社会主义革命创造条件。"资产阶级准备推翻
政府，无产阶级则准备随后再推翻资产阶级"。坚持革命与反革命的斗
争"只有靠武力来解决"，阐述了无产阶级革命斗争的策略原则。② 指
出起义也如战争一样是一种艺术，要遵守一定的规则。不要玩弄起义，
应做好充分准备，集中优势力量对付敌人，出其不意地袭击他们，保持
精神上的优势，争取动摇分子，按照"勇敢，勇敢，再勇敢!"这句话
去行动等。

列宁在帝国主义时代，将马克思、恩格斯的文明国家"同时发生"
革命论，创造性地发展为社会主义在比较落后的一国或几国首先胜利
论。1917 年十月革命成功，无产阶级专政在俄国和其他国家相继建立
后，列宁提出了"无产阶级专政体系"这一概念。在这个体系中，共产
党是领导核心，好比发动机。苏维埃是政权机构，它同工会、青年团和
妇女组织一样都是党联系广大群众的纽带。党一启动，整个机器就运转

---

① 《马克思恩格斯文集》第 2 卷，人民出版社 2009 年版，第 530、536 页。
② 《马克思恩格斯文集》第 2 卷，人民出版社 2009 年版，第 369、421 页。

起来。但最初经验不够，出现"以党代政"现象。后提出党政分工，党应通过苏维埃机关并在苏维埃宪法范围内贯彻自己的决定，正确处理党、政、法三者的关系，无产阶级专政体系才能顺利行使自己的职能。接着，又出现这样的争论：是党专政、还是阶级专政？是领袖专政，还是群众专政？列宁明确指出："群众是划分为阶级的"；"阶级是由政党来领导的；政党通常是由最有威信、最有影响、最有经验、被选出担任最重要职务而称为领袖的人们所组成的比较稳定的集团来主持的"。① 要全面正确地处理领袖、政党、阶级、群众之间的相互关系，决不可将它们割裂和对立起来。国际共运后来出现的否定党的领导，脱离人民群众，破坏集体领导，夸大个人作用，直到派系争斗，抢班夺权等现象的发生，无不与违背列宁的上述"体系"和"关系"理论有关。东欧剧变，苏联解体，其制度根源在于这个"体系"和"关系"长期受损失修，更未改革，最后毁于一旦。

我国的新民主主义革命转变为社会主义革命后，党和国家的领导体制和现今的国家治理体系，都源于马列主义的无产阶级专政理论和体系。我国国体是人民民主专政，其实质为无产阶级专政，政体为人民代表大会制度。国家结构不照搬苏联的联邦制，而在单一制下设民族区域自治制度、基层群众自治制度。政党体系不搞苏联历史上形成的"一个国家一个政党"，而是中国共产党领导的多党合作和政治协商制度。党领导群众的组织形式多种多样，"总揽全局，协调各方"的核心作用更有特点。毛泽东总结我国和国际上的无产阶级专政历史经验，提出要严格区别两类不同性质的矛盾，正确处理人民内部矛盾。造成一个又有集中又有民主，又有纪律又有自由，又有统一意志又有个人心情舒畅、生动活泼的政治局面。这些都是对无产阶级专政理论的创造性运用和发展。我国的人民民主专政正在为中国特色社会主义保驾护航，破浪前进！

---

① 《列宁专题文集 论无产阶级专政》，人民出版社 2009 年版，第 249 页。

（二）国家消亡是一个长期的历史过程

历史上产生的一切事物，必将在历史上消失。国家也不例外。马克思、恩格斯的国家消失（亡）理论的发展，同对无政府主义的批判紧密相联。无政府主义一词，在希腊文中意为没有首长，没有统治，旧译安那其主义，形成于19世纪上半叶的西欧，是一种小资产阶级政治思潮。它由葛德文最先提出废除国家的主张，蒲鲁东最先使用无政府主义这一概念，把国家、权力视为万恶之源，主张革命从废除国家开始，建立绝对自由的"无政府状态"社会。1845年春，马克思、恩格斯在《德意志意识形态》中大致完成唯物史观时，就表述了无产者应当消灭他们面临的生存条件，同借以表现为一个整体的国家处于直接的对立中，他们应当推翻国家，使自己的个性得以实现。有人认为这是马克思、恩格斯第一次提出国家消亡或打碎旧国家机器的思想。恩格斯说，1847年的《哲学的贫困》和随后的《共产党宣言》"都已经直接指出，随着社会主义社会制度的建立，国家就会自行解体和消失"。① 可见，马克思主义同无政府主义的根本分歧不是国家最后的消失问题，而是与此有关的其他问题：

第一，革命首先要解决的是什么问题？无政府主义者认为社会革命的第一个行动是废除国家。《共产党宣言》则提出工人革命的第一步就是使无产阶级上升为统治阶级，争得民主。因为现代国家既不是什么万恶之源，也不是社会总和利益的代表，而是总的资本家，是资本家用来反对被剥削阶级的有组织的总和权力。无产阶级不运用革命暴力打碎这种反革命暴力机器，不利用国家这种现成的形式建立自己新的国家机器（首先是军队），就不能解放自己，镇压敌人的反抗和改造全社会。这样做，绝不是什么"以恶制恶"，而是以其人之道还治其人之身。历史上每一次社会革命，起初总不免要接过现有的东西，并且凭借现有的手段来消灭最难容忍的祸害。革命无疑是天下最权威的东西。要是巴黎公社不依靠对付资产阶级的武装人民这个权威，它能支持一天以上吗？

---

① 《马克思恩格斯文集》第3卷，人民出版社2009年版，第414页。

反过来说，难道我们没有理由责备公社把这个权威用得太少了吗？无政府主义者把废除国家置于革命的第一步，看似颠倒了革命的首尾秩序，实为根本不懂国家与阶级的关系，妄想不消灭产生国家的阶级而先废除国家，显然是倒果为因了。这些自称"社会科学"实为"社会胡说"的博士们丧失了对现实的清醒判断，成了"永恒公平"、"绝对自由"这类因人而异的唯心主义幻想的俘虏。行动中的巴枯宁主义者所谓的"无政府状态"、独立、自治等，只是无限制地分散革命力量，让它被敌人各个击破；不是消灭国家，而是试图建立许多新的小国家。这真是天大的讽刺！是小生产者个人私利恶性发展的必然！

第二，无产阶级国家是不是新的阶级统治？马克思为了驳斥蒲鲁东，在《哲学的贫困》结尾提出："这是不是说，旧社会崩溃以后就会出现一个表现为新政权的新的阶级统治呢？不是！"因为"劳动阶级解放的条件就是要消灭一切阶级"，无产阶级将推翻资本主义这最后一种阶级剥削和统治的形式，"创造一个消除阶级和阶级对立的联合体"，"从此再不会有原来意义的政权了"。[1] 巴黎公社出现后，恩格斯说公社就是无产阶级专政。但已不是原来意义上的国家了。列宁把它称为半国家。马克思、恩格斯、列宁这些提法，都是从无产阶级国家根本不同于历史上的剥削阶级国家，它是绝大多数人的民主和对极少数剥削者的专政，最终要消灭一切阶级，仅存于过渡阶段，并日渐走向消亡等意义上说的，从而有力地驳斥了所谓新阶级统治的谬论。巴枯宁诋毁"无产阶级上升为统治阶级"，说不可能由整个无产阶级而只能由其中少数人成为统治者和管理者。这样，新国家便成为"少数管理者的专制"，"少数特权者管理绝大多数人民群众"。马克思批驳道："蠢驴！这是民主的胡说，政治的瞎扯！"[2] 无产阶级国家虽仍有选举这一民主的形式，但经济基础变了，选举将失去目前的政治性质；虽仍按社会分工有管理职能，但它具有事务性质，不会产生任何统治。巴枯宁和其他无政府主义

---

[1] 《马克思恩格斯文集》第 1 卷，人民出版社 2009 年版，第 655 页。

[2] 《马克思恩格斯文集》第 3 卷，人民出版社 2009 年版，第 406 页。

者还把马克思、恩格斯的科学社会主义曲解为"博学社会主义"、"学术的"社会主义。马克思说:"博学社会主义"这个名词从来没有人使用过。"科学社会主义"只是为了与空想社会主义相对立才使用。[①] 蒲鲁东、巴枯宁同空想社会主义者一样追求一种所谓"科学",构想一个"解决社会问题"的公式,蒲鲁东想当科学泰斗,巴枯宁的《国家制度和无政府状态》由其信徒奉为"圣经"。这两人都是小资产阶级社会主义者。至于如何防止无产阶级国家出现专制、特权等问题,马克思、恩格斯总结巴黎公社经验后,已提出公社的基本原则,特别是民主制、选举制和薪金制,正是为了防范公务员的腐败和特权,使人民公仆不发生蜕变。历史上社会主义国家出现的特权、腐败甚至复辟,恰是对公社原则的背叛。究其社会根源,应从旧社会旧阶级旧思想不甘退出历史舞台的反作用中去寻找,是旧事物的沉渣泛起、死灰复燃、卷土重来,反映了新社会代替旧社会的曲折、艰巨和长期性。

第三,国家是被废除的还是自行消亡?无政府主义者宣称一天之内废除国家。对于这种儿戏般的短暂性,马克思、恩格斯一开头就给予深刻的批判。19世纪70年代中期,恩格斯批判公社的布朗基流亡者确信日内"干起来",后天"就会实行共产主义"的天真幼稚时,还联系批判巴枯宁主义者在这种大言不惭方面达到了登峰造极的地步。但对于国家最终是被废除还是自行消亡,以及消亡的条件和过程等,马克思、恩格斯也经历了一个复杂的探索过程。

马克思、恩格斯早期借用黑格尔的"政治国家"和"市民社会"两个哲学术语,泛指国家制度或政治关系与经济制度或社会关系的分离和对立状态。从《德意志意识形态》到《共产党宣言》,他们运用唯物史观的阶级观点和经济决定国家政治的原理分析国家与社会的关系。讲国家问题,使用"政治统治"、"阶级统治"和"政治革命"等提法;讲国家消失问题,使用"消除一切统治"、"消除政治机构"等提法。他们笔下的国家、政治、政府、统治等都是与阶级相联、具有阶级性的。到

---

① 参见《马克思恩格斯文集》第3卷,人民出版社2009年版,第407页。

了 19 世纪 70 年代马克思、恩格斯同无政府主义论战后，恩格斯在《论住宅问题》中说："无产阶级必须采取政治行动，必须把实行无产阶级专政作为达到废除阶级并和阶级一起废除国家的过渡。"① 对此，列宁的《马克思主义论国家》写道：恩格斯"谈到了""废除国家"！"如果抓住这一点不放，那就是可笑的吹毛求疵：重要的在于和阶级一起这几个字!!"② 列宁这里强调恩格斯将国家与阶级紧密联系，是同不消灭阶级而先废除国家的无政府主义者全然不一样的。接着恩格斯在《论权威》中说："政治国家以及政治权威将由于未来的社会革命而消失，这就是说，公共职能将失去其政治性质，而变为维护真正社会利益的简单的管理职能。"③ 在这里，恩格斯不仅用政治国家"消失"代替"废除"国家，而且明确区分了无产阶级国家的阶级职能即政治职能与社会的简单管理职能。马克思在巴枯宁《国家制度和无政府状态》一书摘要中说："阶级统治一旦消失，目前政治意义上的国家也就不存在了。"④ 马克思、恩格斯两位革命导师 19 世纪 70 年代中期相继重提政治国家，用以特指无产阶级国家仍有政治职能，即阶级统治的职能。但它最后究竟是"消失"还是"消亡"呢?《反杜林论》提出：无产阶级将取得国家政权，并且首先把生产资料变为国家财产。当国家以社会的名义占有生产资料，不需要国家这种特殊的镇压力量，对社会关系的干预也成为多余的事而自行停止。那时，对人的统治将由对物的管理和对生产过程的领导所代替。国家不是"被废除"的，它是自行消亡的。应当以此来衡量"自由的人民国家"是没有科学依据的。也应当以此衡量无政府主义者提出的一天之内废除国家的要求。⑤ 经过前后三十多年的反复比较研究，恩格斯终以国家"自行消亡"论批判了国家"被废除"论。后来的马克思主义者习惯于用"消亡"代替"消失"。

---

① 《马克思恩格斯文集》第 3 卷，人民出版社 2009 年版，第 310 页。

② 《列宁全集》第 31 卷，人民出版社 1985 年版，第 174 页。

③ 《马克思恩格斯文集》第 3 卷，人民出版社 2009 年版，第 338 页。

④ 《马克思恩格斯文集》第 3 卷，人民出版社 2009 年版，第 406 页。

⑤ 参见《马克思恩格斯文集》第 9 卷，人民出版社 2009 年版，第 297—298 页。

恩格斯为什么要以"自行消亡"论衡量"自由的人民国家"？原来德国的威廉·李卜克内西和拉萨尔用"人民国家"和"自由的人民国家"代替无产阶级专政，并写入《哥达纲领》。无政府主义者故意将它同马克思、恩格斯联系在一起大加挖苦和诽谤，并以此证明"废除国家"的必要。实际上，"人民"这个概念自古希腊色诺尼芬最早使用以来，不同时期有不同含义。马克思1847年在一篇文章中说它是一个"过于一般的含混的概念"，而只使用了"无产阶级"的概念。马克思、恩格斯一再强调国家都是特定阶级的，任何国家都不是自由的，真可能谈自由时就没有国家了。拉萨尔右倾机会主义幻想通过国家议会斗争，和平进入社会主义以获得自由。无政府主义者则要求立即废除国家，获得绝对自由。两者一右一"左"，殊途同归，都否认无产阶级革命、无产阶级专政和国家自行消亡论。

列宁认为，国家消亡将经历三个阶段：一是政治国家，即从资本主义到社会主义过渡时期的无产阶级专政；二是非政治国家，即社会主义社会的国家，其社会职能逐渐失去政治性质，但仍需保留强制性权力；三是国家完全消亡，进入《共产党宣言》说的自由人联合体的共产主义社会。列宁的三阶段论广为流传，但因人们对阶段划分看法不一，至今争论仍多。斯大林在一国进入共产主义和国家消亡问题上论述不少，人们褒贬不一。毛泽东强调不要太急了，帝国主义仍然存在，一个社会主义国家的最后胜利，有待于世界革命的胜利和整个地球上消灭人剥削人的制度。对于工人阶级、劳动人民和共产党，则不是什么被推翻的问题，而是努力工作，创设条件，使阶级、国家权力和政党很自然地归于消亡，使人类进到大同境域。

在国家消亡问题上，我们反对无政府主义者立即废除国家和不应组织政党、过问政治的政治冷淡主义，反对"国家是一切政治的最高理想"、"国家至上"、"国家永存"的国家主义，也反对"人权高于国权"、"只爱人不爱国"的现代国家虚无主义。必须坚持马克思主义阶级论和国家观，在现阶段，为中华民族的伟大复兴，社会主义的强国富民，世界人民的和平进步事业不懈奋斗！

第八章　无产阶级与人类解放

一、无产阶级解放全人类同时解放自己

人类解放也是一个古已有之、常说常新的话题。千百年来，许多先进人士不断思考人、人类如何摆脱自然、社会和思想的束缚而获得自由，并留下了各式各样的解说。文明和社会的每一次进步，都是迈向人类解放和获得自由的不可或缺的一步。社会主义从空想转变为科学后，它就纳入无产阶级解放的学说，具有鲜明的阶级性和党性。

（一）无产阶级的历史使命

中外古人中，早有"立即"消灭所有一切剥削的幻想。启蒙学者和三大空想主义者，想立即解放全人类。1789 年的法国资产者，将资产阶级的解放说成是全人类的解放。费尔巴哈讲抽象的人的解放。马克思、恩格斯从工业革命创造了一个大工业资本家阶级和工业无产阶级的实际出发，不空谈和抽象议论人或人类的解放，而专心致志地探求和研究无产阶级的解放并

带动其他。1844 年的《英国工人阶级状况》的结尾，曾强调共产主义的最终目的在于把连同资本家在内的整个社会从现存关系的狭小范围中解放出来。恩格斯 1892 年在德文第二版"序言"中说："这在抽象的意义上是正确的，然而在实践中在大多数情况下是无益的，甚至是有害的。只要有产阶级不但自己不感到有任何解放的需要，而且还全力反对工人阶级的自我解放，工人阶级就应当单独地准备和实现社会变革。"①

正是阶级斗争的残酷现实和英法等国的历史经验，使马克思在《〈黑格尔法哲学批判〉导言》中首次指出，无产阶级是唯一能够消灭任何奴役、实现人的解放的阶级。"哲学把无产阶级当做自己的物质武器，同样，无产阶级把哲学当做自己的精神武器"。② 长期争论不休的解放的依靠力量问题，有望得到正确解决。"从来就没有什么救世主，也不靠神仙皇帝。要创造人类的幸福，全靠我们自己"。《国际歌》中的这几句，就是它的形象说法。马克思、恩格斯合写的《神圣家族》论证了"工人才创造一切"，"历史活动是群众的事业"，无产阶级能够而且必须自己解放自己，并解放全人类。《共产党宣言》全面阐述无产阶级代表先进的生产力，是真正革命的阶级，除两手外一无所有，处于社会最底层。现代阶级斗争已发展到现今社会的最下层，如果不摧毁构成官方社会的整个上层，让所有领域和所有的人摆脱束缚，就不能够抬起头来，挺起胸来。无产阶级只有解放整个社会和所有的人，才能最后解放自己。它不走"连同资本家在内"一起解放的老路，也摒弃"必须先解放自己，才能解放别人"的谬说，横空出世，一马当先，通过共产主义革命实行两个最彻底的决裂，消灭阶级对立和阶级差别，使人类和自己都得到解放。《资本论》从政治经济学方面，论证了无产阶级的历史使命就是推翻资本主义生产方式和最后消灭阶级。科学社会主义所讲的无产阶级和人类解放，其核心内容正在于此。

---

① 《马克思恩格斯文集》第 1 卷，人民出版社 2009 年版，第 370 页。
② 《马克思恩格斯文集》第 1 卷，人民出版社 2009 年版，第 17 页。

人们常问：个人的发展与解放，同阶级解放与人类解放是什么关系？《德意志意识形态》指出，在阶级社会中，个人是不能离开社会、阶级而单个存在的。在冒充的共同体的国家中，由于它是一个阶级反对另一个阶级的联合，对于被统治的阶级和个人来说，它不仅完全是虚幻的，而且是新的桎梏。只有在革命无产者的共同体这类集体中，个人才可能获得发展其才能的手段，并可能有个人自由。①《共产党宣言》等著作指出，未来社会"每个人的自由发展是一切人的自由发展的条件"②；"在保证社会劳动生产力极高度发展的同时又保证每个生产者个人最全面的发展"③。只有消灭阶级，并高度发达的社会，才能使千百年来关于"个人解放、阶级解放、人类解放谁先谁后，孰轻孰重，是何关系"这个说不清、理还乱的争论问题，第一次得到圆满的解决。于是人类结束了"一切人反对一切人的战争"，告别了"史前时期"，在一定意义上最终脱离了动物界，进入真正人的生存条件并开始真正人的历史。这就是无产阶级解放斗争的性质。

（二）无产阶级解放的前提和条件

科学社会主义认为，"解放"不是思想活动，而是一种历史活动；不是无条件的，而是有条件的。人的"解放"只有在现实的世界中并使用现实的手段，才能实现真正的解放。当人们还不能使自己的吃喝住穿在质和量方面得到充分保证的时候，人们就根本不能获得解放。"解放"是由历史的关系，是由工业状况、商业状况、农业状况、交往状况促成的，必须清除实体、主体、自我意识和纯批判等无稽之谈。《德意志意识形态》全面分析了现代大工业的发展，使资本主义世界化、全球化，使历史成为世界史、全球史。无产阶级要解放人类并解放自己，就必须通过世界性的共产主义革命，"全部问题都在于使现存世界革命化，实

---

① 参见《马克思恩格斯文集》第 1 卷，人民出版社 2009 年版，第 571 页。
② 《马克思恩格斯文集》第 2 卷，人民出版社 2009 年版，第 53 页。
③ 《马克思恩格斯文集》第 3 卷，人民出版社 2009 年版，第 466 页。

际地反对并改变现存的事物。"① 为此，必须具备以下前提和条件：

一是以生产力的巨大增长和高度发展为前提。只有这种发展，才能把人类的大多数变成同有钱有教养的世界相对立的完全"没有财产"的人，使每一民族都依赖于其他民族的变革，使全世界的无产者和绝大多数人命运与共，斗争相联。还要看到，社会分裂为阶级，是以生产的不足为基础的，社会阶级的消灭，是以生产高度发展的阶段为前提的。如果没有生产力的这种巨大增长，"那就只会有贫穷、极端贫困的普遍化；而在极端贫困的情况下，必须重新开始争取必需品的斗争，全部陈腐污浊的东西又要死灰复燃。"② 这是对主张苦修苦练，实行平均主义、禁欲主义的空想共产主义和厌恶工业革命、企图返回手工业劳动的蒲鲁东主义的辛辣批判，也是对尔后一再冒头的"贫穷"、"平均"社会主义的警钟长鸣。

二是以生产力的普遍发展和与此相联系的世界交往、世界市场的存在为前提。现代化的交通和信息，变天涯为比邻，驱使资产阶级奔走各地，建立世界联系，开辟世界市场，使一切国家的生产、消费甚至文化都成为世界性的。它用看不见的手把幸福和灾难分配给人们，把一些王国创造出来，又把它们毁掉，使一些民族产生，又使它们衰亡。适应历史向世界历史的这一重大转变，无产阶级只有在世界历史意义上才能存在，共产主义事业只有作为"世界历史性的存在"才有可能实现。如果不顺势而为，与时俱进，世界交往的任何扩大都会消灭地域性的共产主义，而这种地域性的共产主义，已由空想主义者设想并实验过了。正是基于对时代潮流和历史教训的总结分析，马克思、恩格斯提出，"共产主义只有作为占统治地位的各民族'一下子'同时发生的行动，在经验上才是可能的"。③ 这是各文明国家革命同时发生论的首次提出，后来的正反面经验表明，无产阶级革命如果没有这种相互呼应的国际联

---

① 《马克思恩格斯文集》第 1 卷，人民出版社 2009 年版，第 527 页。
② 《马克思恩格斯文集》第 1 卷，人民出版社 2009 年版，第 538 页。
③ 《马克思恩格斯文集》第 1 卷，人民出版社 2009 年版，第 538—539 页。

合，就会在资本主义包围中被各个击破，自称的一国共产主义蜕变为资本主义。

三是每一个单个人的解放的程度，是与历史转变为世界历史的程度一致并以此为条件的。单个人随着自己的活动扩大为世界历史性的活动，就越来越受到世界市场的支配。只有旧的社会制度被共产主义革命所推翻，单个人才能彻底摆脱种种民族局限和地域局限，同整个世界的物质生产和精神生产实际紧密联系，真正获得利用全球人们创造的这种全面生产的能力。同时，共产主义在全世界的实现，又要求人们普遍地发生变化，并同旧制度旧观念彻底决裂。共产主义革命之所以必需，不仅是为了推翻统治阶级，还因为推翻统治阶级的那个阶级，只有在革命中才能抛弃自己身上的一切陈旧的、肮脏的东西，才能胜任重建社会的工作。以上重要论断，应视为"环境是由人来改变的，而教育者本人一定是受教育的"[1]；"人类活动的一个方面——人改造自然。另一方面，是人改造人……"[2] 等论述的继续和发展。毛泽东后来提出："在建设社会主义社会的过程中，人人需要改造，剥削者要改造，劳动者也要改造，谁说工人阶级不要改造？当然，剥削者的改造和劳动者的改造是两种不同性质的改造，不能混为一谈。"[3] 习近平 2016 年在中央政治局召开的民主生活会上强调：中央政治局要在开展批评和自我批评方面为全党作出表率，做勇于自我革命的战士。综观无产阶级在解放人类的同时解放自己，在改造世界的同时改造自己，这两个"同时"，应成为共产党人的座右铭，以不违初衷，奋斗终身。

共产主义革命的两个前提和一个条件，包括客观与主观两方面的因素，显示了共产主义事业的世界性、长期性和艰巨性，能否全面理解和正确把握这些因素，关系世界共产主义运动的成败得失，至今仍具有重大的理论和实践意义。

---

① 《马克思恩格斯文集》第 1 卷，人民出版社 2009 年版，第 500 页。

② 《马克思恩格斯文集》第 1 卷，人民出版社 2009 年版，第 540 页。

③ 《毛泽东文集》第七卷，人民出版社 1999 年版，第 223 页。

（三）怎样理解人类的解放与自由？

源于拉丁文的自由，本意为从束缚中解放出来。千百年来人们从政治意义和哲学意义上赋予各种解说，马克思、恩格斯对自由也有一个认识和转变过程。科学社会主义认为无产阶级的解放是历史的、有条件的，自由也是历史发展的产物，并有其相对性。唯意志论者否定必然而宣扬意志的绝对自由，宿命论者做必然的奴隶而不承认任何意志自由。斯宾诺莎、黑格尔相继把自由和必然联系起来，但黑格尔说的必然不是客观规律，而是绝对观念的一种属性。马克思在"自由是对必然的认识"这个旧哲学家的命题之后，加上了根据对必然的认识而改造世界，即"哲学家们只是用不同的方式解释世界，问题在于改变世界"①。恩格斯说，"自由不在于幻想中摆脱自然规律而独立，而在于认识这些规律，从而能够有计划地使自然规律为一定的目的服务"。② 意志自由只是借助于对事物的认识来作出决定的能力，而犹豫不决是以不知为基础的，恰好证明它的不自由。因此自由就在于根据对自然界的必然性的认识来支配我们自己和外部自然。毛泽东结合我国成功和失败的实践，进一步指出："自由是必然的认识和世界的改造。"③ 必然王国变为自由王国，必须经过认识与改造两个过程。只有在认识必然的基础上，人们才有自由的活动，这是自由和必然的辩证规律。科学社会主义将必然定位于客观规律，将自由定位于人的活动，两者是第一性与第二性的关系，既相互制约，又辩证统一，从而摒弃了一切主客观唯心主义和形而上学的说法。

《社会主义从空想到科学的发展》讲无产阶级革命，矛盾的解决时指出："人终于成为自己的社会结合的主人，从而也就成为自然界的主人，成为自身的主人——自由的人。"④ 这一段话是讲，无产阶级和人类只有在客观物质世界、人类社会和人类自身三大领域，从盲目自然力、

---

① 《马克思恩格斯文集》第 1 卷，人民出版社 2009 年版，第 502 页。

② 《马克思恩格斯文集》第 9 卷，人民出版社 2009 年版，第 120 页。

③ 《毛泽东文集》第八卷，人民出版社 1999 年版，第 198 页。

④ 《马克思恩格斯文集》第 3 卷，人民出版社 2009 年版，第 566 页。

社会关系、思想观念的束缚中解放出来，才能成为自由的人。这是全面的解放和全面的自由，是以往的奴隶解放后的人身自由，资产阶级革命后的个性自由、政治自由、贸易自由所根本不能比拟的。三大领域的解放和自由相互影响，彼此促进，为什么恩格斯将人成为自己的社会结合的主人置于首位呢？原来在阶级社会中，社会制度起决定作用；生产斗争、阶级斗争和科学实验这三大实践中，阶级斗争是社会发展的直接动力。社会领域成为无产阶级争取解放的首要领域。无产阶级制造舆论，夺取政权是手段，目的在于经济解放，即人民群众剥夺少数剥夺者，使已经社会化了的生产力摆脱私有制的束缚，实行全社会所有制和有计划的调节。只有这样，才能使起着盲目的、强制的和破坏作用的强大生产力的本性，在联合起来的生产者手中从魔鬼似的统治者变成顺从的奴仆。正是在这一意义上，马克思说，"生产者阶级的解放是不分性别和种族的全人类的解放；生产者只有在占有生产资料之后才能获得自由"。① 也正是在这一意义上恩格斯说，人终于成为自己的社会结合的主人，从而也成为自然界的主人，成为自身的主人。两位导师都强调，唯有消灭阶级后自由人自己结合的社会，人们才能更好地利用自然规律开发自然界，第一次成为自然界的自觉的和真正的主人；也才能保证一切社会成员有充裕的物质生活并保证他们的体力和智力获得充分的自由的发展和运用，完全自觉地自己创造自己的历史。

恩格斯说的三个"主人"中的"主人"，应如何理解？这里的主人，自然不是阶级对抗社会中统治、支配、掌握对方的主宰，而是事物的矛盾对立统一规律中事物的主要矛盾和矛盾主要方面。马克思说过，在社会领域，经济的社会形态的发展是一种自然史的过程。一个社会即使探索到了本身运动的自然规律，它还是既不能跳过也不能用法令取消自然的发展阶段，但能缩短和减轻分娩的痛苦。在自然界，联合起来的生产者不让它作为一种盲目的力量来统治自己，但这个领域始终是一个必然王国。在这个必然王国的彼岸，作为目的本身的人类能力的发

---

① 《马克思恩格斯文集》第 3 卷，人民出版社 2009 年版，第 568 页。

挥，真正的自由王国就开始了。但是，这个自由王国只有建立在必然王国的基础上，才能繁荣起来。恩格斯指出，"我们不要过分陶醉于我们人类对自然界的胜利。对于每一次这样的胜利，自然界都对我们进行报复。……我们决不像征服者统治异族人那样支配自然界，决不像站在自然界之外的人似的去支配自然界"。① 我们对自然界的支配作用就在于能够认识和正确运用自然规律。至于人类，则如毛泽东所说，"认识的盲目性和自由，总会是不断地交替和扩大其领域，永远是错误和正确并存。……错误往往是正确的先导，盲目的必然性往往是自由的祖宗。人类同时是自然界和社会的奴隶，又是它们的主人。这是因为人类对客观物质世界、人类社会、人类本身都是永远认识不完全的。"②

恩格斯的三个"主人"论和毛泽东的同时是"奴隶"和"主人"论，告诉我们必须把尊重规律的客观性与发挥人的主动性辩证地统一起来，既要放开手脚做事，又要夹着尾巴做人。以往人们在革命和建设问题上干了一些错误蠢事，恰是由于不区分政治意义上的"主人"和哲学意义上的"主人"，把掌权或执政后的"主人"当成唯我独尊、作福作威的"主宰"，把建立在必然王国基础上的自由王国变成了自我中心、为所欲为的独立王国。近年来，国内外有学者承认马克思在寻找人类获得解放进入自由王国的道路，但质疑是否一定能够走向人的自由王国。看来，人们如果只根据马克思早期著作某些论断，不从马克思主义关于必然与自由、必然王国与自由王国的唯物辩证关系，而从抽象自由、绝对自由王国的意义上去解读能否走向人的自由王国，那就只能陷入公说公有理、婆说婆有理的困境。即使"让马克思说汉语"却不按马克思主义的真实面目去理解马克思主义，那也是解决不了问题的。科学社会主义认为，无产阶级的奋斗目标是最后消灭阶级，解放全人类。人们第一次成为三个"主人"，自己创造自己历史之日，就是人类从必然王国进入自由王国的飞跃之时。人类的历史，就是一个不断地从必然王国向自

---

① 《马克思恩格斯文集》第 9 卷，人民出版社 2009 年版，第 559—560 页。
② 《毛泽东文集》第八卷，人民出版社 1999 年版，第 326 页。

由王国发展的历史。

（四）未来理想社会的基本特征和发展阶段

马克思和恩格斯认为空想社会主义者将新的更完善的社会制度制定得越详尽、周密，就越陷入纯粹的幻想。他们批评布·鲍威尔将未来社会描写成人与自然、人与人一切和谐的"永世高奏天国的和谐曲"，批评克利盖把共产主义变成爱的呓语。1877年马克思说，几十年来我们做了许多工作、花了许多精力才把空想社会主义，即对未来社会结构的一整套幻想清除出去。现在由于党的领导人的妥协，导致一帮大学生和博士想使社会主义有一个"更高的、理想的"转变，要用"关于正义、自由、平等和博爱的女神的现代神话来代替它的唯物主义的基础"。马克思当时将这种理论上的背叛与倒退，斥为"党内流行着一种腐败的风气"，至今仍值得我们深长思之。①

随后，恩格斯为揭露杜林的冒牌社会主义，写了《反杜林论》。杜林自吹自擂，声称要对哲学、政治经济学和社会主义理论实行"全面的变革"，影响极坏，而有人竟称之为"新共产主义者"。他从原则而不是从事实出发，用自己的臆想制造体系，"模式＝死板公式"。恩格斯批判他将"现代科学社会主义浅薄化，并把它降低为杜林先生的普鲁士特有的社会主义"。指出俾斯麦的国有化，不是社会主义，强调科学社会主义即共产主义的产生，必须有德国的辩证法，同时必须有英国和法国的发达的经济关系和政治关系。因此它不完全是德国的产物，而是国际的产物。共产主义无论思想理论、实践运动、社会制度，都是世界历史性存在。马克思、恩格斯晚年对未来社会的称谓，常在同义上使用"共产主义"和"社会主义"，但正式场合多用"共产主义"。从《德意志意识形态》论证共产主义的世界性，否定空想主义者的"地域性共产主义"，到《反杜林论》强调科学社会主义的国际性，批判杜林的"普鲁士特有的社会主义"，两位导师告诉我们：共产主义是源于资本主义、后于资

---

① 参见《马克思恩格斯文集》第10卷，人民出版社2009年版，第420—421页。

本主义、高于资本主义的新社会，是批判继承资本主义旧世界基础上创建的新世界，是全世界无产者联合持久奋斗方能开辟的新时代。我们只有坚持对共产主义的这种长远而又宏大的时空观，才能真正理解马克思、恩格斯同空想主义者的根本区别，精准把握他们关于未来社会的基本特征和发展阶段的论述，而从一时一国的狭隘眼界和难解难分的多年争论中解脱出来。

首先，关于未来社会的基本特征问题。

1886年，英国费边社要出版《什么是社会主义?》的小册子，请恩格斯写一篇文章，简要叙述社会主义者提出的经济、社会和政治的基本要求。恩格斯说："我所在的党并没有任何一劳永逸的现成方案。我们对未来非资本主义社会区别于现代社会特征的看法，是从历史事实和发展过程中得出的确切结论；不结合这些事实和过程去加以阐明，就没有任何理论价值和实际价值。"[①] 从《共产党宣言》提出"共产主义的特征"，到《反杜林论》阐述"社会主义基本特征"，马克思、恩格斯在许多重要著作中，无不从共产主义代替资本主义的历史必然性和新旧社会的本质区别方面，直接或间接地谈论过未来理想社会的基本特征问题。经过倍倍尔的《妇女与社会主义》和考茨基的《爱尔福特纲领解说》等著作的宣传与阐释，人们将共产主义（即社会主义）社会的基本特征概括为"四无"：无私有制，无阶级差别，无商品货币，无政治国家。现在看来，用这"四无"特征概括未来非资本主义社会同现代资本主义社会的基本区别，与科学社会主义创始人的原意是八九不离十的。因为它简要体现了与阶级社会截然不同的新的世界历史性存在。

然而时至今日，有人抓住基本特征大做文章，说科学社会主义并不科学，空想社会主义绝非空想，甚至扬言"四无"是历史虚无主义，"四有"才是人间常规和正道。究其原因，一是忘记了马克思、恩格斯说的"四无"，是从资本主义发达国家的历史事实和世界共产主义的发展过程中得出的科学预见。只因一国不能进入这样的共产主义，当前

---

① 《马克思恩格斯文集》第10卷，人民出版社2009年版，第548页。

对"四无"不能证实，也不能证伪，有待客观实践的继续发展。二是不懂得列宁对社会主义一词的使用不同于马克思、恩格斯，斯大林说的苏联社会主义特征与马克思、恩格斯说的"四无"也有差别。苏联解体不是社会主义不灵，而是社会主义被扭曲、背叛。有人对这些不做历史的具体的分析，而一股脑儿地归咎于马克思、恩格斯的基本特征，甚至将赫鲁晓夫的"全民党全民国家"和苏联解散苏维埃联盟国家，也同马克思、恩格斯的国家消亡理论挂上钩。如此牵强附会，不是陷入马克思批评过的"肤浅的历史对比"，就是照搬资本主义制度尽善尽美，无可复加，永恒不变的历史"终结"论。

1890 年 8 月，奥·伯尼克准备关于社会主义的讲演，写信问恩格斯，在目前情况下，社会主义改造是否适宜和可能。恩格斯回复说："我认为，所谓'社会主义社会'不是一种一成不变的东西，而应当和任何其他社会制度一样，把它看成是经常变化和改革的社会。它同现存制度的具有决定意义的差别当然在于，在实行全部生产资料公有制（先是国家的）基础上组织生产。即便明天就实行这种变革（指逐步地实行），我根本不认为有任何困难。"① 在这里，恩格斯明确指出未来社会的改革问题，并将改革作为社会主义应有之义和常态。与此相联系，未来社会的特征也应不是一成不变，而是有所变化的。但区别于资本主义社会的本质特征如"四无"，特别是其中"具有决定意义的差别"的公有制，即无私有制，则绝对不能改变。这是对未来社会无矛盾、不发展的僵化模式论的否定，更是对后来借口改革，连公有制也要革掉的资本主义复辟论的预警！还要看到，恩格斯在这里讲"社会主义社会"的改革时，对比谈到过渡时期对资本主义制度实行"先是国家的"公有制变革问题。后来有人将未来社会同过渡时期混为一谈，并以过渡时期存在的"四有"现实，同在全世界实现的共产主义社会的"四无"特征对立起来，并斥之为"乌托邦"。这种时空颠倒，同多年来的"市场经济社会主义"与"计划经济共产主义"争论一样，都是不承认马克思、恩格

---

① 《马克思恩格斯文集》第 10 卷，人民出版社 2009 年版，第 588 页。

斯对共产主义的时空定位，取其所需，开演了"高超的胡说"同"甜蜜的谎言"的对决。

其次，关于走向未来社会的发展阶段问题。

马克思、恩格斯之前的空想主义者中，已有人提出从资本主义社会到他们的理想社会不会"一步登天"，必须经历一个过渡时期或过渡性社会。有的还设想过渡时期多少年等。恩格斯1847年在《共产主义信条草案》中表述了过渡时期思想。《共产党宣言》中的两个"决裂"和"三大步"，《法兰西阶级斗争》中的四个"达到"，讲的都是过渡措施。马克思1852年3月5日致魏德迈的信综合为一句话："这个专政不过是达到消灭一切阶级和进入无阶级社会的过渡。"① 它清楚表明：科学社会主义的过渡时期，起于工人革命胜利后建立的无产阶级专政，止于进入无阶级的共产主义社会；过渡时期就是要从各个方面消灭一切阶级；过渡时期与未来社会的根本区别就是有无阶级。

巴黎公社被血腥镇压后，马克思目睹过渡的艰巨性，在《法兰西内战》中写道："必须经过长期的斗争，必须经过一系列将把环境和人都加以改造的历史过程"，强调目前"资本和地产的自然规律的自发作用"，只有经过"新条件的漫长发展过程"才能被"自由的联合的劳动的社会经济规律的自发作用"所代替。② 这里不只讲"长期"斗争，而且讲"漫长"发展；这里的"新条件"既指过渡时期，也包括自由联合的未来社会。正是基于此种新认识，马克思1875年在《哥达纲领批判》中作出了新的调整：一是将过渡时期表述为"革命转变时期"和"政治上的过渡时期"这两个并列的时期，以强调"革命转变"和"革命专政"，凸显过渡时期必须不断革命，继续革命，以防止公社惨剧的重演。二是将1850年讲《共产党宣言》时说的共产主义应当经过若干阶段，改为从过渡后的共产主义社会中，划出一个"第一阶段"和一个"高级阶段"，各赋予不同内涵。多年来，不少人将此解读为共产主义社会两

---

① 《马克思恩格斯文集》第10卷，人民出版社2009年版，第106页。
② 《马克思恩格斯文集》第3卷，人民出版社2009年版，第159、199页。

阶段，其实马克思原意未必这样。因为从词义上看，这里的"第一"，德文是序数词；"高级"，德文为形容词，"较高的"或"更高级的"。马克思不用"第一"、"第二"或"低级"、"高级"，是有意避免像傅立叶那样将人类社会机械分为多少阶段的空想错误，要给后来者留下因时因地制宜的机会。再从内容上看，马克思说的"第一阶段"，是"刚刚"从资本主义社会中产生出来的，在各方面还带有旧社会的"痕迹"和"弊病"。剥削阶级不复存在，等量劳动领取等量产品，但阶级差别并未消灭。原设想无阶级社会的旧的分工消失，劳动成为第一需要，个人全面发展，生产力增长，集体财富充分涌流，写在旗帜上的"各尽所能、按需分配"，通通移到"高级阶段"了。① 这样，过渡时期看似短了，理想目标看似远了。但只有经历过渡时期和带有旧"弊端"的"第一阶段"这种"新条件的漫长发展过程"，把环境和人都加以改造，此后的共产主义高级阶段，才是马克思、恩格斯设想的既源于又高于资本主义的理想境界；而调整后的第一阶段，实际上是共产主义的入关大门和建设时期，承担大力发展生产、消除旧"痕迹"的任务。这种降低门槛，又坚持标准的变通，丰富和发展了科学社会主义的过渡时期和未来社会理论，有力批判了拉萨尔的错误观点，也有利于消除公社被镇压后群众的失落情绪和未来社会遥不可及、高不可攀的消极思想。

俄国十月革命前后，列宁强调经济文化越落后的国家，过渡时期越长，甚至有许多更小的过渡。他及时改变了超越发展阶段的直接过渡的战时共产主义政策，制定了利用资本主义建设社会主义的新经济政策，指出整个过渡时期存在走社会主义道路还是走资本主义道路的斗争。他在《国家与革命》中将马克思说的共产主义第一阶段、高级阶段称为社会主义和共产主义两个阶段。在《共产主义运动中的"左派"幼稚病》中，又谈到共产主义的高级阶段、中级阶段、低级阶段，俄国刚处在从资本主义向社会主义即向共产主义低级阶段过渡的最初阶段。毛泽东总结苏东经验和我国实践后，曾设想"小"过渡、"中"过渡、"大"

---

① 参见《马克思恩格斯文集》第 3 卷，人民出版社 2009 年版，第 435、436 页。

过渡。又将社会主义分为"不发达的社会主义"和"比较发达的社会主义"两个阶段。读《苏联政治经济学教科书》时认为:"就是到了共产主义阶段,也还是要发展的。它可能要经过几万个阶段。"① 足见过渡时期和未来社会发展阶段问题,必须按照不断发展和发展阶段相结合的原则,根据时代特点与具体国情分别解决。国际共运史上各社会主义国家有关发展阶段、特征和称谓等问题的不尽一致,则如《资本论》所说,"相同的经济基础",可以由于自然条件、种族关系、各种从外部发生作用的历史影响等等,而在现象上显示出"无穷无尽的变异和色彩差异"。② 只要坚持无产阶级专政和社会主义公有制大方向,坚持消灭阶级和实现共产主义大目标,不超越、不停滞、不倒退,也不搞单一模式论和同时进入论,那就要相互理解、求同存异,而不应以老大自居,搞自我中心。

(五)未来理想社会能否简要表述,怎样表述?

人们以往常说它是"各尽所能,各取所需"社会。但有人认为这几个字不是马克思、恩格斯首创,又只是分配原则。于是近年来称之为"自由人联合体"的越来越多。《共产党宣言》说:"代替那存在着阶级和阶级对立的资产阶级旧社会的,将是这样一个联合体,在那里,每个人的自由发展是一切人的自由发展的条件。"③《资本论》设想有一个"自由人联合体","一个更高级的、以每一个个人的全面而自由的发展为基本原则的社会形式"。④1894 年,有人请求恩格斯找一段题词,用简短字句表达未来的社会主义纪元的基本思想。恩格斯将《共产党宣言》的这句话寄给他,说除了这句话,我再也找不出合适的了。可见人们现在将这句话理解为未来社会基本思想的简短表述,将"自由人联合体"理解为未来社会的简称,将每个人"全面而自由的发展"理解为未

---

① 《毛泽东文集》第八卷,人民出版社 1999 年版,第 108 页。

② 《马克思恩格斯文集》第 7 卷,人民出版社 2009 年版,第 894 页。

③ 《马克思恩格斯文集》第 2 卷,人民出版社 2009 年版,第 53 页。

④ 《马克思恩格斯文集》第 5 卷,人民出版社 2009 年版,第 96、683 页。

来社会的基本原则，还是符合马克思、恩格斯原意的。但是应注意以下三点：

第一，不要把联合体混同于共同体。共同体是一个古德文词，相当于法文的"公社"，最早指渊源于共同祖先的人们的共同体。进入阶级社会后，它包括政治、经济、社会、思想各方面，常被当作抽象的"集体"或"整体"使用，《德意志意识形态》因而将它区分为"虚幻的"共同体和"真正的"共同体。《哲学的贫困》提出，"劳动阶级在发展进程中将创造一个消除阶级和阶级对抗的联合体来代替旧的市民社会。"①《共产党宣言》中的联合体，就是这种消除阶级和阶级对抗，全社会根本利益相同，每个人都自由发展的崭新联合体，它同阶级对立社会中不同阶级的不同人们为了某种共同利益而联合起来的共同体是全然对立的。最近有论者提出，要站在人类历史的高度，不是强调某一个党的命运，也不是仅仅强调某一个国家的命运，而是强调人类"地球村"的整体命运，只有人类整体命运得到保证，才会有具体国家、政党和个人的美好前景。这种说法看似美好，却无视时下的"地球村"的实际情况，它还根本不是自由人联合体，也同科学社会主义关于无产者只有先组成阶级，建立政党与国家，最后消灭阶级，解放人类和解放自己的论述大相径庭，因而是非唯物史观的。

第二，不要把未来社会每个人"全面而自由的发展"，改成"自由而全面的发展"。马克思、恩格斯将自由理解为对必然的认识与改造后，就坚持把个人能力的发展作为争取个人自由的手段，把每一个人的全面发展和人类社会从必然王国向自由王国的飞跃作为无产阶级的奋斗目标；强调只有彻底消灭阶级和旧的分工，才可能有每个人的全面发展和自由发展、人类的解放和社会的自由，从而将上述手段与目的，辩证统一于资本主义的灭亡与共产主义的胜利。但未来人的能力和自由仍会不断发展，未来社会从必然王国向自由王国的转化过程将是无限的。马克思讲未来社会的基本原则时，坚持将每个人的全面发展置于每个人的

---

① 《马克思恩格斯文集》第1卷，人民出版社2009年版，第655页。

自由发展之前，正是基于这种认识。《资本论》手稿将未来社会表述为"建立在个人全面发展和他们共同的、社会的生产能力成为从属于他们的社会财富这一基础上的自由个性"①，《资本论》的"全面而自由的发展"则是这一表述的继续和精练。人们如果将它写作"自由而全面的发展"，就颠倒了先后，抽去了基础，同原意相去甚远。我们究竟应忠于原著，还是追风赶潮呢？事实表明，将自由抽象化、绝对化，抬到先于一切、重于一切的高度，乃是现代资产阶级的惯技。暴发户们宣扬自由竞争等于生产力发展的终极形式，因而也是人类的终极形式，这无非在自吹资产阶级的统治是世界历史的终结。其实，在自由竞争中，自由的并不是个人而是资本。资本决不废除一切限制，而只废除对它的限制。将马克思、恩格斯笔下的自由释为"普世价值"并说它是科学社会主义的核心内容，则是新自由主义者的自欺欺人。

第三，不要把"最终目标"简单等同于"共产主义"。1893年5月，恩格斯同法国费加罗报记者谈话将结束时，记者问："你们德国社会党人自己提出什么样的最终目标呢？"恩格斯说："我们没有最终目标。"②

近年来，有论者抓住恩格斯说的"我们没有最终目标"，断言恩格斯晚年放弃了共产主义理想，变成了社会民主主义者。实际情况怎样呢？1894年1月，恩格斯在一篇"序言"中，阐释了共产主义与社会民主主义的区别以及他和马克思不把自己称作社会民主主义者而称作共产主义者的原因。当时的社会民主主义者根本不把全部生产资料转归社会所有的口号写在自己旗帜上。现在"对于经济纲领不单纯是一般社会主义的而直接是共产主义的党来说，对于政治上的最终目的是消除整个国家因而也消除民主的党来说，这个词还是不确切的"。1895年3月，恩格斯在《法兰西阶级斗争》导言（被当作恩格斯的"最后遗言"）中，把马克思的理论称为"明确地表述了斗争的最终目标的理论"。③ 仅此两

---

① 《马克思恩格斯文集》第8卷，人民出版社2009年版，第52页。
② 《马克思恩格斯文集》第4卷，人民出版社2009年版，第561页。
③ 《马克思恩格斯文集》第4卷，人民出版社2009年版，第449、541页。

例，就说明恩格斯始终在政治上、理论上坚持最终目的（标），是一个伟大的共产主义者。

那么怎样理解恩格斯说的"我们没有最终目标"呢？首先，从前后文看，记者问的是德国社会党在即将举行的帝国国会选举斗争中提出什么样的最终目标，恩格斯如实回答说没有，因为任何政党都难以精准预计选举的最后结果。但恩格斯借机巧妙地宣传了党的理论和纲领，说"我们是不断发展论者"，不把什么最终规律强加于人类，更没有未来社会的预定看法；又正面提出，生产资料转变到整个社会手里，我们就心满意足了。对于这次谈话记录，恩格斯说："整个叙述有缺陷，但总的意思是叙述得正确的"。① 再看 1894 年 1 月恩格斯在《未来的意大利革命和社会党》中重申《共产党宣言》的策略原则，在积极参加无产阶级和资产阶级斗争经历的每个发展阶段时，一刻也不要忘记这些阶段只不过是达到伟大目标的阶梯。强调这种永远不忽视伟大目标的策略，能够防止共产党人产生失望情绪，而这种情绪是其他缺少远大目光的政党无法避免的，因为他们把前进中一个普通阶段看作是最终目的。联系同费加罗报记者的谈话，人们不难看出，恩格斯晚年一再提出最终目的（标），既是反对离开不断发展论，把最终目标当作最终规律强加于人，又是反对离开发展阶段论，把阶段成果视为最终目的而止步不前。其中心思想是要革命党人将两者结合起来，不忘《共产党宣言》初衷，坚定信仰，继续前进。

科学社会主义问世之前，"共产主义"、"最终目的"已有人使用过。马克思、恩格斯笔下的"共产主义"、"最终目的"在不同时期不同场合，其含义也不尽相同。对此只有作历史的、全面的、具体的分析，才能避免错读和误解。恩格斯 1885 年说："共产主义现在已经不再意味着凭空设想一种尽可能完善的社会理想，而是意味着深入理解无产阶级所进行的斗争的性质、条件以及由此产生的一般目的。"② 这里的共产主义

---

① 《马克思恩格斯文集》第 4 卷，人民出版社 2009 年版，第 660 页。
② 《马克思恩格斯文集》第 4 卷，人民出版社 2009 年版，第 233 页。

就是科学社会主义，苏联称科学共产主义。这里的"一般目的"，就包括马克思、恩格斯笔下的最近目的、终极目的以及政治方面的、经济方面的目的等等。这里说的无产阶级斗争的性质、条件和目的，早已被公认为科学社会主义的定义。《中国共产党章程》总纲第一段："中国共产党是中国工人阶级的先锋队……党的最高理想和最终目标是实现共产主义。"①党的十八大以来，以习近平同志为核心的党中央一再强调加强党员教育，坚定理想信念。这些表明，我们党是真正的科学社会主义政党。

二、资产阶级的灭亡和无产阶级的胜利同样不可避免

无产阶级在解放人类的同时解放自己，这是徒托空言，还是科学预见？《共产党宣言》第一章集中阐释了这个问题，得出了"资产阶级的灭亡和无产阶级的胜利是同样不可避免的"论断，简称两个"不可避免"。

（一）两个"不可避免"的理论要点

首先，《共产党宣言》以大量历史和当时的事实，揭示资本主义社会生产力的发展同资本主义所有制关系之间存在不可克服的矛盾，引起两大后果：生产过剩，出现周期性商业危机；大众贫困，社会日益两极分化。它表明生产力已强大到所有制不能适应的地步，资产阶级当年用来推翻封建制度的武器，现在已对准资产阶级自己了。《反杜林论》将上述矛盾表述为社会化生产和资本主义占有之间的矛盾。这是资本主义各种社会矛盾中的基本矛盾，表现为：无产阶级和资产阶级的对立；个别工厂中生产的组织性和整个社会中生产的无政府状态之间的对立。《资本论》集中揭示了资本主义生产方式发生、发展和灭亡的规律，被称为无产阶级的"圣经"。

直到今天，西方发达国家经济和政治上的种种乱局和怪相，无不

---

① 《中国共产党章程》，人民出版社 2017 年版，第 1 页。

同上述基本矛盾有关。有论者撇开阶级矛盾特别是基本矛盾，仅将生产过剩称为事实上的不合理性，将两极分化称为价值上的不公正性。这种只从合不合理、公不公正一类价值观上揭露资本主义的论调，怎能视为马克思主义的批判呢？

其次，正如《共产党宣言》说的：正像资产阶级"使农村从属于城市一样，它使未开化和半开化的国家从属于文明的国家，使农民的民族从属于资产阶级的民族，使东方从属于西方"。[①] 马克思、恩格斯坚持全球整体史观，历数 1500 年前后美洲的发现，绕过非洲的航行，给新兴资产阶级开辟了世界市场，使西欧的葡萄牙、西班牙、荷兰、英国、法国、德国相继成为殖民主义国家，世界的农民民族和落后国家相继成为其殖民地和附属国，并"采用资产阶级的生产方式"。这四个"从属于"，集中揭露了西方社会基本矛盾的发展，如何导致国内和国际关系的严重扭曲，成了一个畸形世界；也是对由来已久的西欧"中心"论的辛辣讽刺。

列宁在资本主义发展的新时期，进一步将资产阶级世界的种种矛盾归结为帝国主义的三大矛盾，批判考茨基抹杀帝国主义矛盾，掩盖帝国主义腐朽反动实质的言行。十月革命胜利，特别是第二次世界大战结束后，国际帝国主义一心要使社会主义国家、民族主义国家、一切落后国家和人民从属于美国霸权的一统天下，表明对内剥削，对外掠夺，直到发动战争，始终是资本的生存原则和侵略本性。

再次，《共产党宣言》第二章明确指出："在旧社会内部已经形成了新社会的因素。"[②] 外因是变化的条件，内因是变化的根据。资本主义旧社会孕育了哪些"新社会的因素"呢？马克思、恩格斯在此破了题，但未展开论述。后来他们多次谈到这个问题，列宁、斯大林、毛泽东也有相应论述。《共产党宣言》第三章评空想社会主义、共产主义时说，"这些体系的发明家看到了阶级的对立，以及占统治地位的社会本身中的瓦

---

① 《马克思恩格斯文集》第 2 卷，人民出版社 2009 年版，第 36 页。
② 《马克思恩格斯文集》第 2 卷，人民出版社 2009 年版，第 51 页。

解因素的作用"。① 但有三个"看不到"：看不到无产阶级的任何历史主动性；看不到它所特有的任何政治运动；也不可能看到无产阶级解放的物质条件。这里说的旧社会的瓦解因素包括：无产阶级的主观能动因素、政治运动因素、解放的物质经济因素。这些思想、政治和经济因素，正是形成新社会的因素。由于这些因素的作用，一无所有的无产者组织成为阶级，建立政党，日益变成绝大多数人的、为绝大多数人谋利益的独立的运动，使曾经在历史上起过非常的革命作用，创造过比以往一切世代更多更大的生产力的资产阶级，日益走向保守、落后和反动。于是，资产阶级不仅锻造了置自身于死地的武器，还产生了运用这种武器的人。无产阶级既是旧社会的掘墓人，又是新社会的创建者。

《共产党宣言》就这样从以上三个方面论证了"资产阶级的灭亡和无产阶级的胜利是同样不可避免的"。《资本论》系统揭露资本主义私有制是以劳动者的被剥夺为前提的，经济危机的发生表明"资本主义生产的真正限制是资本自身"。② 它的丧钟就要响了，剥夺者就要被剥夺了。《帝国主义论》全面、深刻而又辩证地揭示了帝国主义的垄断性、腐朽性、垂死性，是腐朽而又发展，垂死而又未死的过渡性的资本主义，是无产阶级社会革命的前夜。这里的"不可避免"、"要被剥夺"、"革命前夜"，都是将来时，三者一脉相承，又有发展；都不是梦想，而是理想；不是主观愿望或盲目自信，而是建立在客观矛盾发展必然性基础上的科学信念。它在实践中已部分实现，并终将完全实现。

（二）两个"不可避免"与两个"决不会"

马克思 1859 年在《〈政治经济学批判〉序言》中说："无论哪一个社会形态，在它所能容纳的全部生产力发挥出来以前，是决不会灭亡的；而新的更高的生产关系，在它的物质存在条件在旧社会的胎胞里成

①　《马克思恩格斯文集》第 2 卷，人民出版社 2009 年版，第 62 页。
②　《马克思恩格斯文集》第 7 卷，人民出版社 2009 年版，第 278 页。

熟以前，是决不会出现的。"① 这两个"决不会"，本为唯物史观的著名原理，近几十年成了科学社会主义教学研究中常被引用并议论纷纭的话题。原来"文化大革命"结束后，有论者将我国社会主义改造中的某些过头做法，归因于不懂两个"决不会"，误读了两个"不可避免"。东欧剧变，苏联解体后，有论者援引两个"决不会"，断言经济落后是剧变的原罪。更有人"发现"两个"决不会"是对两个"不可避免"的补充和纠正。

　　究竟应当如何理解两个"决不会"以及它同两个"不可避免"的关系呢？白纸黑字，一看便知两个"决不会"是强调任何社会形态的更替，归根到底取决于全部生产力的发挥和新生产关系所需物质条件的成熟。在科学社会主义中，它属于社会革命的客观经济前提问题。《共产党宣言》对此已做过全面论述，更早的《德意志意识形态》明确指出："如果还没有具备这些实行全面变革的物质因素，就是说，一方面还没有一定的生产力，另一方面还没有形成不仅反抗旧社会的个别条件，而且反抗旧的'生活生产'本身、反抗旧社会所依据的'总和活动'的革命群众，那么，正如共产主义的历史所证明的，尽管这种变革的观念已经表述过千百次，但这对于实际发展没有任何意义。"② 对比两个"决不会"，这里讲的也是社会变革的物质经济条件，并没有原则性的补充，更无纠正可言。还要看到，《德意志意识形态》坚持"我们的观点，一切历史冲突都根源于生产力和交往之间形成的矛盾"；又辩证地提出："不一定非要等到这种矛盾在某一国家发展到极端尖锐的地步，才导致这个国家内发生冲突。由广泛的国际交往所引起的同工业比较发达的国家的竞争，就足以使工业比较不发达的国家内产生类似的矛盾（例如，英国工业的竞争使德国潜在的无产阶级显露出来了）"。③ 也正因为如此，《共产党宣言》讲的两个"不可避免"，不仅指工业发达国家，也

① 《马克思恩格斯文集》第 2 卷，人民出版社 2009 年版，第 592 页。
② 《马克思恩格斯文集》第 1 卷，人民出版社 2009 年版，第 545 页。
③ 《马克思恩格斯文集》第 1 卷，人民出版社 2009 年版，第 567—568 页。

涵盖比较不发达的国家，直至预测德国正处在资产阶级革命的前夜。谁能想到，这个马克思、恩格斯认为不成问题的问题，竟因苏东和中国等比较落后国家率先改变社会制度，走上社会主义道路，被人借两个"决不会"说事，斥为"极左"和原罪。

自然，从两个"不可避免"到两个"决不会"，不是同义正反两说，而是有变化发展的。如都讲资本主义基本矛盾，后者一律用更为精确的"生产关系"代替以往常用的"交往关系"、"交往形式"、"交换、消费形式"和"所有制关系"等；又把生产力与生产关系的矛盾作为社会革命的终极原因，强调它的客观必然性，反对人为制造和外来输入革命等。特别要注意的是：它使用"决不会"，比"不可避免"其语气要肯定得多、强硬得多，针对性、批判性跃然纸上。那么，我们该怎样理解这种变化呢？

科学理论来于实践，指导实践。从《共产党宣言》中的两个"不可避免"到《〈政治经济学批判〉序言》中的两个"决不会"，其间经历了一个席卷欧洲、影响世界的革命，即 1848—1850 的欧洲革命。理论上的变化发展，正是这一革命正反面经验总结的反映。1848 年 2 月23 日，《共产党宣言》用德文发表。2 月 27 日，恩格斯发表《巴黎的革命》一文，赞扬刚爆发不久的法国"二月革命"使法国的无产阶级又成为欧洲运动的领袖。德国"三月革命"爆发后，马克思、恩格斯起草了《共产党在德国的要求》，并秘密返回德国参加革命。6 月 1 日出版《新莱茵报》，宣传《共产党宣言》和《共产党在德国的要求》的基本精神。该报后来被迫停刊，其停刊号称：无论何时何地，我们的"最后一句话始终将是：工人阶级的解放！"1848 年革命的爆发，证实了《共产党宣言》关于危机引起革命的论断。随着 1848 年巴黎六月起义的失败和 1849 年德国五月起义的失败，这次欧洲革命结束了，因为准备了这次革命的 1847 年的工业危机已经消除，一个新的工业繁荣时期已经开始。在这种形势下，两位革命导师在《时评。1850 年 5—10 月》一文中指出："在这种普遍繁荣的情况下……也就谈不到什么真正的革命。只有在现代生产力和资产阶级生产方式这两个要素互相矛盾的时候，这种革命才有可能。""一切想阻止资产阶级发展的反动企图都会像民主派的一切道义上的愤懑和热情的宣言一样，必然会被这个基础碰得粉碎。"① 马克思抛弃了1850年春预期会有革命力量新高潮到来的心理，在《法兰西阶级斗争》中加了这个"唯一重大修改"，强调"新的革命，只有在新的危机之后才可能发生。但新的革命正如新的危机一样肯定会来临"。② 马克思、恩格斯都认为，社会革命不是感情道义而是生产力与生产关系矛盾冲突的产物，危机则是政治变革的最强有力的杠杆之一。准确判断经济危机与发生革命的关系，是科学认识客观形势的关键所在。

与此相反，共产主义者同盟内部的维利希——沙佩尔集团，全然不顾形势的变化，不赞同马克思、恩格斯1850年秋对欧洲革命形势处于低潮，新的工业繁荣时期已经开始，应当丢掉幻想，改变策略的分析，在1850年9月15日的中央委员会上，提出马上武装起义，夺取政权。马克思批评他们用唯心主义代替唯物主义，用主观意志代替客观条件，用革命的空话代替革命的实际发展，实际上是代表小资产阶级而不是无产者。同盟从此分裂为马克思的多数派和维利希的少数派。随后这个"左派"冒险主义集团另组自己的中央，被开除出共产主义者同盟。其革命空谈和盲动蠢举给普鲁士反动当局制造科伦共产党人审判案提供了口实。1859年马克思写两个"决不会"时，几年前的这段记忆犹新，其笔锋充满感愤，自在情理之中。矛头所向，不是后人，而是那位匆匆过客。又过四十多年，恩格斯在《法兰西阶级斗争》"导言"中再提此事时说："历史表明，我们以及所有和我们有同样想法的人，都是不对的。历史清楚地表明，当时欧洲大陆经济发展的状况还远没有成熟到可以铲除资本主义生产的程度。"③ 历史用经济革命证明了资本主义这个基础在1848年还具有很大的扩展能力，还不能以一次重大的打击取

---

① 《马克思恩格斯全集》第10卷，人民出版社1998年版，第596页。
② 《马克思恩格斯文集》第2卷，人民出版社2009年版，第176页。
③ 《马克思恩格斯文集》第4卷，人民出版社2009年版，第540页。

得胜利，而不得不慢慢向前推进，在严酷顽强的斗争中夺取一个一个的阵地。饱经沧桑的恩格斯，站在历史高端评说 1848 年革命失败的根由，释然将民主派和反对过自己的人包括在"我们"之中，坦然承认资本主义的扩展能力，革命应当及时改变策略，表现了"一笑泯恩仇"，团结大多数的"将军"情怀和战略上坚定、战术上灵活的斗争艺术；又通过前后对比，历数当年两大阶级的斗争只在英国和几个大工业中心发生，现在已遍及全欧洲；当年充满各种宗派福音，现在马克思的理论得到大家公认；当年各国群众只靠受苦的感情联结起来，现在则是一支社会主义者的国际大军。这样，恩格斯在新的历史条件下，就巧妙地将《共产党宣言》的两个"不可避免"同"序言"的两个"决不会"有机地结合起来了。一百多年后的苏东剧变，不是无产阶级通过革命夺取政权，而是执政几十年后的和平演变，全然不能同 1848 年欧洲革命及其经验教训做简单类比。但马克思、恩格斯关于经济与政治、危机与革命的论述以及退潮中坚定不移，曲折中奋力前行的光辉榜样，至今仍在鼓舞着世界无产阶级和广大人民。

（三）两个"不可避免"是历史趋势而非打卦算命

经典名篇名句，不同时期常有不同的解读，两个"不可避免"也不例外。作为《共产党宣言》第一章的最后一句话，它本无"必然"或"规律"一类说法。我国解放初期，高校设马列主义基础课，使用教材《联共（布）党史简明教程》，其第一章介绍《共产党宣言》时说，社会主义不是幻想家（空想主义者）的臆造，而是现代资本主义社会发展的"必然"结果；资本主义制度"定将"崩溃；资本主义社会的发展以及这个社会里的阶级斗争"必然"导致资本主义的崩溃等。这里的"必然"、"定将"便成为当时教师包括笔者讲课与写作的依据，并把两个"不可避免"表述为两个"必然"。现在看来，两个"必然"的说法值得商榷：一是它同原著原意不尽符合，而且将无产阶级同资产阶级这一对矛盾的同一斗争与转化过程机械割裂开来，说成资产阶级必然灭亡，无产阶级必然胜利；或资本主义必然灭亡，社会主义必然胜利，这是欠科学的。必然，就是规律。两个必然，岂不成了两个规律？理论界后来出现的无产阶级必然战胜资产阶级或社会主义必然代替资本主义一类新说法，正是为了堵塞这个漏洞。二是两个"必然"中的"必然"，容易误读误解为必然论。社会形态变更的历史必然性，同自然界的必然性毕竟有所不同。首先，它不否定而且充分考虑偶然性的作用，认为偶然性是必然性的补充和表现形式，并总是在诸必然联系的交叉点上出现。因此，历史既有客观规律可循，总是不断向前，又非线性发展，而是曲折行进的。再则，历史必然性的实现，离不开人的主观能动性。历史是人创造的，但并非每个人自行其是，都能如愿以偿。历史的最终结果，总是从许多单个的意志的相互冲突中产生出来的。它融合为一个"总的平均数"，既在个人意料之外，又将每个意志包括其中。正是在这两点上，历史必然性根本不同于否定偶然性、否定人的主观作用的"必然"论。而这种"必然"论发展到极端，就走向宿命论、神定论、天定论。一旦陷入这种泥潭，就会把两个"不可避免"视为无条件的、绝对的，不承认它的实现会遇到外来因素和人的意志的各种干扰，是一个漫长曲折的过程，并在不同国度不同条件下以不同形式出现；就会把两个"不可避免"主观设想为某年某月注定在某国某地实现，不如此，就说它根本不灵，是梦幻，是瞎想云云。

两个"不可避免"不等于"必然"，但也不只是"可能"，像西方有人说的无产阶级可能战胜资产阶级，社会主义可能代替资本主义那样。《共产党宣言》这里的"不可避免"，在马克思其他的著作中又译为"肯定会"。可见它指的是一种必定实现、确定不移的历史大趋势、总进程。《资本论》说生产资料的集中和劳动的社会化，达到了同它们的资本主义外壳不能相容的地步，这个外壳就要炸毁了。资本主义私有制的丧钟就要敲响了。剥夺者就要被剥夺了。这里的三个"就要"，同《共产党宣言》的两个"不可避免"一样，都是从世界历史发展宏观上揭示资本主义发展的总趋势及其最后必将灭亡的命运，而不作实证性的描述和具体的预测，更不是资本主义的生死簿或算命辞。

三、全世界无产者，联合起来！

"全世界无产者，联合起来！"这个以红色大字印在我国马克思主义经典著作扉页上，平时经常使用的著名口号，若问它来自哪里，不少人会答：《共产党宣言》！如果谁说不对，那就难免争论。其实，这里面大有学问。

（一）一个战斗口号

这个口号，《共产党宣言》里有，但不始于《共产党宣言》。1847年6月，共产主义者同盟第一次代表大会接受马克思和恩格斯的意见，作了两项大改变：一是将正义者同盟改组为共产主义者同盟，抛弃了侈谈"正义"的价值取向，指出许多人要正义，但并不是共产主义者。我们的特点不在于一般地要正义，而在于向现存的社会制度和私有制进攻，要财产公有，是共产主义者。二是将"人人皆兄弟"的旧口号，改为"全世界无产者，联合起来！"——抛弃了抹杀阶级差别的"兄弟"提法，代之以"无产者"，并将"全世界无产者，联合起来！"首次写入《共产主义者同盟章程》里。这两大改变，标志科学社会主义与国际工人运动相结合，建立起世界上第一个国际性的无产阶级政党。随后，马克思、恩格斯受同盟委托，起草党的理论纲领，"全世界无产者，联合起来！"成了《共产党宣言》的结束语。

多年来，我们说"全世界无产者，联合起来！"这是一个战斗口号。其实，它又是战略口号。

原来马克思、恩格斯对战略和策略不作区分，统称策略。1920年列宁在《"左派"幼稚病》中，首次将战略和策略并提，斯大林分别给战略和策略下了定义。此后，有区别又有联系的战略和策略便广为人知了。恩格斯1884说《共产党宣言》是原则性的和策略的纲领，并引第二章和第四章有关部分，说任何一个工人政党，违背了这个策略纲领，就受到惩罚。这里的策略纲领，是包括战略和策略的总称。恩格斯说的战斗口号，其实包括战略口号和策略口号。现今我们强调"全世界无产者，联合起来！"这是战略口号，其主要考虑如下：

一是这个口号显示了战略的全局性。《共产党宣言》第一段讲共产主义的幽灵在欧洲游荡，为了围剿这个幽灵，旧欧洲一切反动势力都联合起来了。《共产党宣言》结语是"全世界无产者，联合起来！"这种高屋建瓴的写法，凸显了资本主义全社会两大对立阶级围剿与反围剿的殊死斗争，无产阶级必须针锋相对，用自己的联合对付敌人的联合。这是一个全局。欧洲资产阶级占有世界市场，资本是全世界的。无产者在共产主义革命中实现全世界的联合，才能获得整个世界。这是又一个全局。这两个全局性的战略问题，关系到谁是敌人，谁是朋友这个革命的首要问题。马克思、恩格斯不仅将"全世界无产者，联合起来！"写在同盟的章程和《共产党宣言》里，也在1847年11月关于波兰的国际大会上相继提出："各国的资产者虽然在世界市场上互相冲突和竞争，但总是联合起来并且建立兄弟联盟以反对各国的无产者。"① 我们应当得出什么结论呢？既然各国工人的生活水平是相同的，既然他们的利益是相同的，他们的敌人也是相同的，那么他们就应当共同战斗，就应当以各国工人的兄弟联盟来对抗各国资产者的兄弟联盟。这里说的各国工人联盟对抗资产者联盟，也就是《共产党宣言》说的世界无产者联合对抗资产者联合。从列宁起，又增加了对立的两个"阵营"、"体系"或"制度"等提法，说的都是对世界全局战略态势的阶级分析，至今仍是我们观察国际形势，了解世情时不能不深长思之的。

二是这个口号显示了战略的长期性。它流传至今已170多年，不仅相对稳定，而且不断发展。1920年9月，共产国际执委会根据列宁的思想，在东方各民族巴库代表大会上提出："全世界无产者和被压迫民族，联合起来！"刊登在《东方民族》杂志上。同年12月，列宁在一个报告中说，这是在不同于《共产党宣言》的新的历史条件下提出的"正确的"口号。列宁这样说，是鉴于马克思、恩格斯当年已把民族问题同

---

① 《马克思恩格斯文集》第1卷，人民出版社2009年版，第694页。

阶级问题联系在一起，认为民族斗争是阶级斗争的表现。《共产党宣言》提出，民族内部的阶级对立一消失，民族之间的敌对关系就会随之消失。他们赞扬克拉科夫革命把民族问题和民主问题以及被压迫阶级的解放看作一回事，这就给整个欧洲作出了光辉的榜样。列宁在帝国主义时代，强调民族要求应服从阶级斗争的利益。这是因为在帝国主义时代，全世界划分为压迫民族和被压迫民族，帝国主义成了全世界无产阶级和被压迫民族的共同敌人，联合民族解放运动是无产阶级解放的必要条件，一定要把无产阶级运动和民族解放运动汇合成为反垄断资本的世界革命洪流。列宁又根据十月革命后世界形势的变化，提出必须使一切民族解放运动和一切殖民地解放运动同苏维埃俄国结成最密切的联盟。苏维埃俄国应团结各国先进工人的苏维埃运动，团结殖民地和被压迫民族的民族解放运动。斯大林坚持列宁思想，指出十月革命在社会主义的西方和被奴役的东方之间架起了一座桥梁，建成了一条从西方无产者经过俄国革命到东方被压迫民族的新的反对世界帝国主义的革命战线。

20 世纪 60 年代，第三世界崛起。国家要独立，民族要解放，人民要革命，汇成不可阻挡的历史潮流。毛泽东坚信，各国的人民，占人口总数的百分之九十以上的人民大众，总是要革命的，总是会拥护马克思列宁主义的。1963 年，中国共产党在《关于国际共产主义运动总路线的建议》中提出："全世界无产者联合起来，全世界无产者同被压迫人民、被压迫民族联合起来"。[①] 这是对"全世界无产者和被压迫民族联合起来"的补充和发展。前后三个关于联合的口号，其联合范围越扩越大，统战对象越增越多。唯有团结一切可能团结的革命力量，调动一切可能调动的积极因素，才可能成为《共产党宣言》说的有绝大多数人参加的运动，达到为绝大多数人谋利益的目的。由此可见，"全世界无产者，联合起来！"这个核心口号，是一个谋全局而非部分，谋长远而非短期，放眼世界，面向未来的战略口号。

三是这个口号显示了战略的决定性。《共产党宣言》论证了无产阶

---

① 《建国以来重要文献选编》第 16 册，中央文献出版社 1997 年版，第 467 页。

级是最革命的阶级。但这不是无条件而是有条件的。首先要"无产者组织成为阶级，从而组织成为政党"。这就必须用革命联合代替由于竞争而造成的分散状态，把自己组织起来。除了劳动力别无所有的无产者，唯一能依靠的是自己的组织如工会，唯一能率领自己求得解放的是阶级的政党即共产党。也正因为这样，资产阶级围剿无产阶级，首先要破坏、直至镇压无产阶级的各种组织及其政党。在1848年欧洲革命中，无产阶级这类组织和政党被安上"恐怖"或"红色恐怖"罪名而遭到残酷迫害。1871年巴黎公社失败后，这类革命组织及其成员被淹没在血泊之中。这样，无产者是否组织成为阶级和政党，便成为衡量各国无产者的联合程度和工人运动的发展水平的标志，并具有决定性的意义。

再说共产主义革命的世界性，要求全世界无产者的大联合。这种大联合不会自发产生，只能通过国际性的无产阶级政党的艰辛工作逐渐实现。1847年改组后的共产主义者同盟，站在1848年欧洲革命的最前列，其关于运动的观点特别是《共产党宣言》的基本原理完全被证实。后因领导层对革命形势的估计和对资产阶级的政策不同而发生分裂，1852年11月自动解散。1864年成立的国际工人协会，简称"国际"，史称"第一国际"，是联合欧美各国工人的国际性组织，有106个支部，马克思是真正领袖。马克思写的成立宣言和共同章程中，巧妙运用《共产党宣言》的基本原则，"实质上坚决，形式上温和"，以使各国各派的人都能接受。如提出无产阶级夺取政权的重要条件，是"通过组织而联合起来并获得知识的指导"，说的是无产阶级在反对有产阶级联合力量的斗争中，只有建立与之相对立的政党，并以科学社会主义为指导，才能取得革命的胜利。1871年的巴黎公社是国际精神的产儿，是无产阶级夺取政权的伟大尝试。接受公社失败的教训，1872年国际海牙代表大会强调，无产阶级必须建立同资产阶级对立的独立的政党。总委员会迁往纽约后，由于马克思主义者同拉萨尔派的分歧尖锐化，1876年，国际宣布解散。马克思说，"我不会退出国际"，将继续为"所有工人的团结"而努力，争取会"导致无产阶级在世界统治的那种社会思想的胜利"。①1889 年成立的"第二国际",是各国社会民主党和社会主义工人团体的国际联合组织。成立时有 16 个党。广泛传播了马克思主义,推动国际工人运动深入发展。1895 年恩格斯去世后,机会主义者把持了领导权,分裂为左、中、右三派。1914 年第一次世界大战爆发后,大多数领袖公开背叛,"第二国际"彻底破产。1919 年成立的共产国际,又称"第三国际",是各国共产党的联合组织,统一的世界性共产党。一国只能一党加入,为其支部。成立时有 21 个国家的 35 个政党和组织的代表出席。1943 年 6 月,为有效地组织一切国家的反法西斯斗争,经 31 个支部赞同,正式宣告"第三国际"解散。共产国际在国际共运史上作出了不可磨灭的贡献,积累了宝贵经验,也存在严重的失策和失误,留下了深刻教训。

综观从同盟到三个国际的百年历史,由于世界两大阶级的对立和围剿与反围剿的态势,世界无产者的联合,走了一条曲折的漫漫长路。随着无产者联合范围的不断扩大和组织程度的不断提高,国际资产者变换手法,或直接动武,如镇压 1848 年革命和巴黎公社革命,十月革命后对苏联的武装干涉和后来的法西斯进攻;或通过其代理人——工贼、内奸、叛徒等对工人团体和政党进行腐蚀、破坏,第二国际就是活活腐烂,最终崩溃的;或作为上述两种斗争的反映,无产阶级及其政党内部常常发生意见分歧和路线争斗,甚至走向分裂和组织对抗,如德国党内马克思主义者同拉萨尔派和伯恩斯坦派的对立,俄国党内布尔什维克和孟什维克的对立,共产国际和社会主义工人国际、托洛茨基的第四国际的对立等等。如此这般,就使各国无产者总是斗斗联联、分分合合,迟迟未能看到全世界无产者大联合的磅礴日出和两个"不可避免"的完满实现。它让人们清醒地认识到:破坏世界无产者的联合及其政党的团结,一直是世界资产者顽固不变的战略目标并在策略上无所不用其极。而"全世界无产者,联合起来"至今仍是各国无产者任重道远的奋斗方向,是一个全局性、长远性、决定性的战略口号,需要再用一百年几百

---

① 《马克思恩格斯全集》第 18 卷,人民出版社 1964 年版,第 180 页。

年为之不懈努力。

（二）两种对立思想

世界资产者与无产者两种对立的联合，根植于两大阶级对立的利益和思想，即世界主义——民族主义和国际主义。恩格斯说思想是生活本身产生的，它把人们联合起来，组织起来，并且在产生它的社会生活上打下自己的烙印。

世界主义由来久远，中国古代有天下"大同"说，古希腊有世界"一体"说，康德有建立世界主义联盟的设想。现代资产阶级接过"世界主义"，为其建立世界市场和掠夺世界服务，使它成为流行于欧美的一种反动资产阶级思想。恩格斯 1845 年《在伦敦举行的各族人民庆祝大会》中谈到，无产阶级政党要用各民族的兄弟友爱，对抗"自私自利的世界主义"。[①]1847 年 12 月，他在一次谈话中又借用"世界主义"，表达要树立人类观念，摆脱民族偏见的思想。可见对"世界主义"应具体分析，区别对待。马克思、恩格斯合著的《德意志意识形态》，阐述了共产主义革命的世界性和共产主义只能在世界范围最后实现的思想。《共产党宣言》进一步提出，如果不就内容而就形式来说，无产阶级反对资产阶级的斗争，首先是一国范围内的斗争，应当打倒本国的资产阶级，上升为民族的领导阶级。为了打破国际资本的围剿，联合的行动，至少是各文明国家的联合行动，是无产阶级获得解放的首要条件之一。共产党人不仅要支持一切革命的运动，还要到处争取全世界民主政党之间的团结和协调。这样，马克思、恩格斯就从民族国家还将长期存在的实际出发，强调各国各民族的无产者应联合起来，团结一切可能团结的力量，用无产阶级国际主义，对抗资产阶级自私自利的世界主义。恩格斯说，"国际联合存在于国家之间，因而这些国家的存在、它们在内部事务上的自主和独立也就包括在国际主义这一概念本身之中"。[②] 这说

---

① 《马克思恩格斯全集》第 2 卷，人民出版社 1957 年版，第 662 页。
② 《马克思恩格斯全集》第 39 卷，人民出版社 1974 年版，第 84 页。

明国际主义与爱国主义是相互结合的，都应从世界人民和本国人民的根本利益出发考虑问题。《共产党宣言》中的"工人没有祖国"，是说无产者一无所有，一切都被剥夺了，绝非不要祖国、不爱祖国；一旦夺得政权，就会独立自主地保卫祖国、建设祖国。但爱国主义在不同历史条件下有不同内容。现代完全意义上的爱国主义思想，源于资产阶级革命和资产阶级民族国家的形成。对于日本侵略者和希特勒的"爱国主义"，则如毛泽东所说，共产党员是必须坚决反对的。因为中国是被侵略的国家，我们只有首先打败侵略者，使民族得到解放，才有使无产阶级和劳动人民得到解放的可能。中国共产党人必须将爱国主义和国际主义结合起来。爱国主义就是国际主义在民族解放战争中的实施。

列宁在资本主义发展到帝国主义的新阶段，指出资本主义世界有两种历史趋势，一种是发展初期占主导地位的民族觉醒和民族国家的建立；一种是成熟后的帝国主义时期，各民族国家交流频繁，国际统一日趋形成，正向社会主义转化。各国无产者更应维护国际主义，反对侵略压迫别的民族和国家的资产阶级民族主义。1913 年 10 月，他在《关于民族问题的批评意见》中旗帜鲜明地提出："资产阶级的民族主义和无产阶级的国际主义——这是两个不可调和的敌对口号，这两个同整个资本主义世界的两大阶级营垒相适应的口号，代表着民族问题上的两种政策（也是两种世界观）。"① 列宁这里说的资产阶级民族主义，就是恩格斯说的资产阶级世界主义在新的历史条件下的不同表现形式，前者重点在占领世界市场和争夺世界，后者重点在瓜分殖民地和压迫弱小民族。资产阶级自私自利的本性则一脉相承，绝不会改变的。自然，对这种民族主义也应作历史的阶级的具体分析，采取不同政策。1914 年，列宁揭露资产阶级提出的"欧洲联邦"口号，在资本主义制度下不是无法实现的，就是反动的；把世界联邦当作一个独立的口号，也未必正确。这是由于经济和政治发展不平衡，社会主义不能在所有国家同时胜利，而将首先在少数甚至一国胜利。只有经过长期的斗争和发展，才能最后消

---

① 《列宁选集》第 2 卷，人民出版社 2012 年版，第 339 页。

灭阶级，实现各民族在社会主义下的自由联合。俄国十月革命胜利后的1920年，列宁继恩格斯1884年首提"国际共产主义"概念之后，第一次使用了"国际共产主义运动"的概念。这样，列宁就将马克思、恩格斯的世界无产者通过国际主义、国际共产主义的联合，先文明国家再其他国家实现共产主义的思路，发展为世界无产者和被压迫民族通过国际主义、国际共产主义运动的联合，先比较落后国家再其他国家实现社会主义、共产主义的思路。

列宁去世后，资本主义已从垄断资本主义发展到国家垄断资本主义、国际垄断资本主义，世界大变。但资产阶级和无产阶级两大阶级、两个阵营、两种制度、两大思想体系的格局并未改变，也不可能改变。第二次世界大战后，西方的欧洲联盟、世界体系、全球主义（化）、一超独霸的"美国梦"，层出不穷，变本加厉。东欧剧变，苏联解体后，世界无产者联合起来的战略口号和无产阶级国际主义的基本原则，有些人竟噤若寒蝉。"国际共产主义"、"国际共产主义运动"被"世界社会主义"、"世界社会主义运动"悄然代替，而形形色色的社会主义却鱼目混珠，真伪难辨。所有这些，难道不触目惊心，发人深省吗？

（三）几种时代提法

时代，作为按时间流向划分历史发展阶段的概念，古今中外因使用的标准不同而含义各异。马克思主义有自己的时代观。三个关于无产者大联合的战略口号，都同相应的历史时代息息相关。共产主义者同盟的"全世界无产者联合起来"对应的是《共产党宣言》所说"我们的时代，资产阶级时代"。1920年共产国际的"全世界无产者和被压迫民族联合起来"，对应的是列宁关于时代的提法。1963年，中国共产党《关于国际共产主义运动总路线的建议》中的"全世界无产者被压迫人民、被压迫民族联合起来"，对应的是毛泽东1962年关于时代的论述。对于这几种关于时代的不同提法，站在21世纪的今天，我们应当怎样解读呢？

《共产党宣言》从美洲的发现，开始讲资产阶级的发展；《资本论》把16世纪作为资本主义的起点。前后讲的都是同一个社会形态，同一个资产阶级时代。1859年，马克思把包括现代资产阶级在内的几种生产方式，看作是"经济的社会形态演进的几个时代"。后来《资本论》提出"各种经济时代的区别"，在于用什么劳动资料生产。"劳动资料不仅是人类劳动力发展的测量器，而且是劳动借以进行的社会关系的指示器。"[①] 1888年，恩格斯说《共产党宣言》核心的基本思想是："每一历史时代主要的生产方式和交换方式以及必然由此产生的社会结构，是该时代政治的和精神的历史所赖以确立的基础。"[②] 由此可知，马克思、恩格斯都把一个社会形态看作一个历史时代，都不是以生产力或思想而是以生产方式特别是经济制度和统治阶级，作为对不同的阶级社会划分不同的历史时代的基础。

列宁继承和发展了马克思、恩格斯关于时代的提法，主要是：第一，关于大的历史时代和"小"的时代问题。1915年，他在《打着别人的旗帜》中批评孟什维克首领《在两个时代的交界点》文章的错误观点时，将马克思、恩格斯按社会形态划分的时代称为"大的历史时代"，说"哪一个阶级是这个或那个时代的中心"，决定着时代的主要内容、主要方向、主要特点等，即时代的基本特征。接着，又按照当时"通常把历史时代划分"为几个"时代"或"时期"的做法，将《共产党宣言》说的"资产阶级时代"，以特别突出的历史事件为里程碑，又细分为三个时代，其中从1914年帝国主义大战开始的第三个时代即帝国主义时代，是帝国主义发生动荡和由帝国主义引起动荡的时代。[③] 于是，马克思主义经典文献中出现了既有"大的历史时代"又有"时代"这两种提法同时并存的现象。我们似可将这里的时代称为"小"的时代或时期。第二，过渡时期和过渡时代问题。列宁在《帝国主义论》中谈帝国主义是资本主义的特殊阶段时，有"从资本主义到更高级的社会经济结构的过渡时代"的提法。[④] 对比马克思把从资本主义社会变为共产主义

---

① 《马克思恩格斯文集》第5卷，人民出版社2009年版，第210页。
② 《马克思恩格斯文集》第2卷，人民出版社2009年版，第13页。
③ 参见《列宁专题文集 论资本主义》，人民出版社2009年版，第91—92页。
④ 参见《列宁专题文集 论资本主义》，人民出版社2009年版，第175页。

社会的革命转变时期称为政治上的过渡时期，列宁这里则将"过渡时期"表述为"过渡时代"；十月革命后，他又把资本主义和共产主义之间的过渡时期，称为"无产阶级专政时代"或具有"过渡时期特点的整个历史时代"。这更有别于马克思的提法，而这里的时代，应为小的时代。第三，帝国主义时代是"革命的时代"还是"革命的前夜"问题。1917 年 4 月列宁为《帝国主义论》写的序言中说，"帝国主义是社会主义革命的前夜。"① 同年 4—5 月间，他在《修改党纲的材料》中又说，"无产阶级社会主义革命的时代"已经开始。② 同一时期为什么出现如此矛盾的提法？原来列宁几处关于"革命的时代"，都出自俄国二月革命后到 1919 年党的八大期间有关修改党纲的文件中，意在从理论上揭示帝国主义的发展，必然导致社会主义革命的到来。但必然不等于已然，俄国不等于世界。经过俄国十月革命、外国武装干涉和国内战争的检验以及德国、匈牙利革命的失败，1920 年 7 月列宁为《帝国主义论》写法文版和德文版序言时，便改变提法，明确指出"帝国主义是无产阶级社会主义革命的前夜"。从 1917 年起，这已经在全世界范围内得到了证实。此后列宁就不再使用社会主义"革命的时代"和已经"开始"的提法，而寄希望于帝国主义的西方同革命的和民族主义的东方的矛盾冲突，以及西方无产者与民族解放运动的联合斗争。而这正是 1920 年共产国际提出的"全世界无产者和被压迫民族联合起来"的真谛。由此不难看到，列宁说的"革命的时代"，是指世界发展的前景；"革命的前夜"，是指世界当时的现实。斯大林 1924 年在《论列宁主义基础》中说"帝国主义和无产阶级革命的时代"，并认为十月革命后"世界革命的时代已经开始"；1930 年在联共（布）十六大报告中说我们"处于战争与革命的时代"，这些提法都同列宁的提法不尽相符并导致争论。第四，十月革命与我们时代的关系。列宁说十月革命开辟了"两个具有世界历史意义的时代，即资产阶级时代与

① 《列宁专题文集　论资本主义》，人民出版社 2009 年版，第 98 页。
② 参见《列宁全集》第 29 卷，人民出版社 1985 年版，第 474 页。

社会主义时代"①，又说"现在地球上有两个世界"②。1921 年列宁在《十月革命四周年》中进一步论述十月革命"开创全世界历史的新时代，由一个新阶级实行统治的时代"。但这不是"最终的胜利"，只是"开始了这一事业"。③ 列宁说的这个全世界开始进入的新阶级统治的社会形态、新的大历史时代，就是现今常说的"我们的时代"。列宁接着谈俄国时说，"为了作好向共产主义过渡的准备"，需要经过国家资本主义和社会主义这些"过渡阶段"。④ 后来马列主义者分析国际与国内形势，也常先从我们的时代即十月革命后的国际形势开始，再讲本国如何革命和胜利后如何向社会主义过渡等。这不是什么教条、模式，而是科学社会主义的时代观和无产阶级革命逻辑的要求。

1957 年世界共产党和工人党代表大会宣言中关于"世界从资本主义向社会主义过渡时代"的论断，应视为对马克思、恩格斯的过渡时期理论和列宁有关十月革命与我们时代论述的简明概括。1962 年毛泽东说："从现在起，五十年内外到一百年内外，是世界上社会制度彻底变化的伟大时代，是一个翻天覆地的时代，是过去任何一个历史时代都不能比拟的。处在这样一个时代，我们必须准备进行同过去时代的斗争形式有着许多不同特点的伟大的斗争。"⑤ 毛泽东说的伟大时代，正是列宁说的全世界历史的新时代。同这种时代观相适应，1963 年中国共产党《关于国际共产主义运动总路线的建议》第 2 条指出，1957 年莫斯科会议通过的宣言和 1960 年莫斯科会议通过的声明确立的革命原则，概括起来就是："全世界无产者联合起来，全世界无产者同被压迫人民、被压迫民族联合起来，……"⑥ 1964 年中国共产党《关于赫鲁晓夫的假共产主义及其在世界历史上的教训》第十四条，讲对外政策方面，必须

---

① 《列宁全集》第 36 卷，人民出版社 1985 年版，第 208 页。
② 《列宁全集》第 42 卷，人民出版社 1987 年版，第 327 页。
③ 《列宁选集》第 4 卷，人民出版社 2012 年版，第 566—567、568 页。
④ 《列宁选集》第 4 卷，人民出版社 2012 年版，第 570 页。
⑤ 《毛泽东文集》第八卷，人民出版社 1999 年版，第 302 页。
⑥ 《建国以来重要文献选编》第 16 册，中央文献出版社 1997 年版，第 419 页。

坚持无产阶级国际主义，"实行全世界无产者联合起来和全世界无产者同被压迫民族联合起来的战斗口号。"① 这两个都经过中共中央和毛泽东字斟句酌修改审定的文件，为什么一个用"全世界无产者同被压迫人民、被压迫民族联合起来"，一个用"全世界无产者同被压迫民族联合起来"？看来，前者是讲国际共产主义运动总路线，后者是讲无产阶级专政国家防止和平演变问题，所指对象与范围不同，因而前者用第三个大联合口号，后者用第二个大联合口号。但两者都在十月革命之后，属于从资本主义向社会主义过渡时代，并无战略上的不同。后来国内外许多学者将我们的时代表述为："以十月革命为开端的人类从资本主义向社会主义（共产主义）过渡的时代"，通称为大过渡；将首先胜利的一国或几国向社会主义的过渡，称为小过渡。

坚持大过渡与小过渡这两个过渡并存的时代观，有利于马克思主义者无论何时何地都以解放全人类、在全世界实现共产主义为最高奋斗目标，正确处理一国革命与世界革命的关系，将国际主义与爱国主义结合起来；正确处理资本主义、社会主义与共产主义的关系，将不断革命论与发展阶段论结合起来。有利于马克思主义者将本国的小过渡置于人类的大过渡之中，充分估计到过渡时代的长期性、艰巨性、反复性，不为局部胜利冲昏头脑，不因一时失败垂头丧气。苏东剧变后，社会主义"大失败"、资本主义"终结"论甚嚣尘上。只要资本主义的基本矛盾、帝国主义的三大矛盾和"一球两制"的历史格局存在，大过渡时代就不会终结，最后的胜利依然是确定无疑的。2008 年世界金融危机爆发至今，西方乱象丛生，美国梦碎，中国"威胁论"卷土重来。只要冷眼向洋，知己知彼，就能清醒看到资本主义仍居于时代的中心，两个阶级、两条道路、两种制度的斗争仍将长期存在。历史早已证明，只有社会主义能够救中国、救世界。中华民族的复兴，社会主义的复兴，国际共产主义、民族解放、人民民主运动的复兴，从来是相互依存，命运与共的。全世界无产者、被压迫人民、被压迫民族联合起来，就力量倍增，

---

① 吴冷西：《十年论战》下册，中央文献出版社 2000 年版，第 580、788 页。

应有尽有。团结破坏，就一损俱损，甚至同归失败。马克思、恩格斯破
"西方中心"论，立"世界历史"观，认为世界经济中心会从西向东转
移，并预见到太平洋经济中心时代的来临。列宁 1913 年说的"落后的
欧洲和先进的亚洲"，已从"辛辣的真理"日益成为不争的事实。毛泽
东曾言西方不亮东方亮，黑了北方有南方，1956 年提出"中国应当对
于人类有较大的贡献"。在新时代里，在习近平总书记的领导下，中国
人民正在为实现这一宏图伟业持续奋斗。

第九章　马克思主义中国化的历史与理论

中国共产党把马克思主义基本原理与中国具体实际相结合，在民主革命时期和社会主义建设时期实现了马克思主义中国化的两次历史性飞跃，先后产生了两大理论成果：毛泽东思想和中国特色社会主义理论。在马克思主义中国化理论的指导下，我国的面貌发生了翻天覆地的巨大变化，由一个遭受帝国主义侵略奴役的半殖民地半封建国家，变成了独立自主的强大的社会主义国家，中国人民正在中国特色社会主义道路上实现中华民族伟大复兴的梦想。

一、马克思主义中国化的历史

（一）由马克思主义在中国的传播到中国共产党指导思想的确立

1840 年鸦片战争以后，由于西方列强的侵略和封建统治的腐朽，中国逐步沦为半殖民地半封建社会，国家积贫积弱，人民生灵涂炭。为了实现中华民族的伟大复兴，人们开始寻求救国救民的真理和振兴中华的道路。起初人们不约而同地把目光投向用坚船利炮打败了中国的西方资本主义国家，试图通过向这些国家学习先进的科学技术使中国富强起来，提出了科学救国、教育救国、实业救国之类的主张，其中影响最大的是张之洞、李鸿章为代表的洋务运动。他们主张学习西方技术兴办军事工业，并围绕军事工业兴办其他实业。洋务运动虽然对发展中国近代工业起过一定的作用，但由于它不触动腐朽的封建专制制度，是根本不可能使中国走向独立富强的。1894年甲午战争的失败，使人们清楚地认识到洋务运动不可能救中国，要解决中国问题必须学习西方国家先进的社会制度，于是以康有为、梁启超为代表的维新派应运而生。他们受日本明治天皇维新强国的鼓舞，支持光绪皇帝自上而下实行变法。戊戌变法受到以慈禧太后为代表的保守派的强烈反对很快遭到失败，维新取得的成果基本上都被扼杀。戊戌变法的失败证明，自上而下的社会改良在中国是根本行不通的，要改变中国落后的社会制度，只能通过暴力革命推翻清王朝统治。于是人们由期待社会改良转向开展革命斗争，在孙中山先生领导下的辛亥革命，终于推翻了清王朝的封建统治，开创了完全意义上的近代民族民主革命。在推翻了清王朝的专制统治后，人们本以为中国会像当年的西方国家一样，建立起资本主义社会制度，从此发展强大起来。而事实与人们所期待的完全不同，代替清王朝的是北洋军阀的封建割据，人民又陷于军阀连年混战的新的苦难之中。

在中国不断遭受帝国主义列强侵略，面临亡国灭种的严重危机的形势下，中国的仁人志士奔走呼号，四处求索救国救民的真理，翻译和介绍国外的各种理论和书籍，闭关锁国的中国人开始接触到西方各种社会思潮，尤其是比较激进的社会思潮，马克思主义也就是在这种形势下开始传入中国。1899年2月，上海广学会出版的《万国公报》第121期刊载的《大同学》第一章"今世景象"一文，对马克思及其言论作了介绍。这是迄今所知中文报刊最早提到马克思的名字及其言论的。此后介绍马克思及其学说的书刊日益增多，涉及的内容也更加广泛。

马克思主义传入中国主要是通过三条渠道：第一条渠道是从日本传入；第二条渠道是从西方资本主义国家传入；第三条渠道是十月革命后

从俄国传入。其中日本是马克思主义传入中国的主要渠道，最起码在前期和中期是这样的。日本是中国的近邻，明治维新以后又掀起了一股社会主义的传播热潮。中国的许多仁人志士和留学生都是在日本接触到马克思的学说，开始把它介绍和传播到了中国，同时还翻译和介绍了幸德秋水等日本学者写的一些社会主义著作。这里特别需要指出，中国的马克思主义先驱李大钊，也是在1913年东渡日本，就读于东京早稻田大学，在那里开始接触社会主义思想和马克思主义学说的。1916年回国后，他在传播马克思主义方面发挥了十分重要的作用。由陈望道翻译的《共产党宣言》第一个中文全译本，其底本也是戴季陶提供的由堺利彦和幸得秋水合译的日文版，同时对照了李大钊从北大图书馆提供的英文本。李达曾回忆说："当时马克思、恩格斯的著作很少翻过来，我们只是从日文上看到一些。中国接受马克思主义得自日本的帮助很大"。

马克思主义传入中国曾经历过三次浪潮，第一次是在19世纪末20世纪初。这个时期社会主义开始传入中国，出现了一些介绍马克思和社会主义的著作。但这股传播热在1908年以后就冷落下来了。

第二个浪潮是在1911年辛亥革命以后。这主要来自三个方面的推动。一是中国社会党和中华工党在1911年11月和1912年1月相继成立，当时的人数均达到20万以上，对推动马克思主义在中国的传播发挥了一定的作用。毛泽东在接受埃德加·斯诺采访时曾提到：他在湖南第一师范学校上学时，就读过中国社会党江亢虎撰写和翻译的《社会主义ABC》、《马克思主义简说》等书，从中明白了社会主义的基本原理。二是孙中山先生在辛亥革命后表示，他的三民主义中民族、民权两个主义俱已达到，唯民生主义尚未着手，而社会主义就是他所提出的民生主义。他多次演讲强调，要以和平方式达致"社会主义"。孙中山的态度也引起人们对社会主义的重视。三是无政府主义者刘师复等人在广州先后成立了"无政府共产主义同志社"和"世界语讲习所"，宣传社会主义和无政府主义，使无政府主义在民国初年一度影响很大。

第三次浪潮是在1917年十月革命胜利以后，尤其是1919年五四运动以后。这次浪潮的最大特点，是中国的先进知识分子从俄国革命的胜利，看到了中国希望的曙光，他们不仅积极学习和传播马克思列宁主义，并且重视俄国革命的经验和意义，开始思考用马克思列宁主义解决中国的问题。其中最有影响的是李大钊和陈独秀。李大钊1918年7月在《生活季刊》第三册上发表了有关十月革命的第一篇文章《法俄革命之比较观》。此后又以《新青年》和《每周评论》等为阵地，陆续发表了《庶民的胜利》、《布尔什维主义的胜利》、《新纪元》、《战后之世界潮流》等大量宣传十月革命和马克思列宁主义的文章和演讲。他在《新青年》上发表的《我的马克思主义观》比较全面地介绍了马克思主义的唯物史观、经济学说和社会主义理论，在当时的思想界产生了很大的影响。与此同时，他在北京大学、北京女子高等师范学校、北京师范大学、朝阳大学、中国大学等学校，开设了宣传马克思主义和社会主义的相关的课程，向青年学生传播马克思主义。1920年3月，李大钊在北京大学成立了中国第一个马克思学说研究会。1920年12月，李大钊等人又发起成立了北京大学社会主义研究会，团结和培养了一批对马克思主义感兴趣的青年知识分子。陈独秀传播马克思主义比李大钊晚，但他在1915年9月创办并主编的《青年》杂志（1916年9月1日改名《新青年》），以及1918年12月他与李大钊等共同创办的《每周评论》，是当时传播马克思主义的主要阵地。陈独秀是1919年五四运动后期开始接受马克思主义的。1920年5月，他在《答知耻》中开始介绍马克思的剩余价值学说，在《上海厚生纱厂女工问题》中开始使用剩余价值学说揭露资本家剥削的秘密。同时，在上海发起组织马克思主义研究会。1920年9月，陈独秀发表《谈政治》一文，明确宣布承认用革命手段建设劳动阶级（即生产阶级）的国家，表明他已由激进的民主主义者转变为马克思主义者。在这个时期，毛泽东、邓中夏、蔡和森、恽代英、瞿秋白、陈潭秋、周恩来、李汉俊、李达、高君宇、何孟雄、陈望道等人也先后成为信仰马克思主义的革命者，并积极介绍和宣传马克思主义。

以李大钊、陈独秀为代表的共产主义知识分子不仅宣传马克思主义，而且把它作为思考国家前途命运的工具。他们深入工农群众和实际生活，把马克思主义理论与工人运动相结合，与实际的斗争相结合，建立了中国共产党。中国共产党从成立的那一天起就把马克思主义作为自己的指导思想和解决中国问题的理论武器。马克思主义是马克思和恩格斯创立的关于无产阶级和全人类解放的学说，它揭示了自然、社会和人的思维发展的一般规律，论证了社会主义代替资本主义的历史必然性，指明了无产阶级解放的道路和条件，阐述了未来社会的本质特征和基本原则。马克思主义的基本原理是放之四海而皆准的科学真理，为我们认识世界和改造世界提供了科学的世界观和方法论，为被压迫人民和被压迫民族争取解放提供了强大的理论武器。中国共产党把马克思主义作为自己的指导思想和解决中国问题的理论武器，使中国工人阶级从一个受苦受难的自在的阶级变为一个在科学理论指导下行动的自为的阶级，在中国的政治舞台上自觉地发挥革命领导作用；中国共产党领导工人阶级自觉地运用马克思主义来解决中国的问题，也使中国革命在新的指导思想下进行，从而面貌为之一新，由原来的旧民主主义阶段跨入到新民主主义阶段。历史已经充分证明，中国共产党把马克思主义作为解决中国问题的理论武器，对于推动中国社会发展、实现中华民族伟大复兴具有划时代的意义，它开创了中国革命历史的新时期。

（二）从胜利与失败的比较中认识到马克思主义与中国实践相结合极端重要

中国共产党成立后把马克思主义作为自己的指导思想，明确了必须用马克思主义才能解决中国问题。但是对于怎样用马克思主义解决中国问题，当时由于缺乏实际斗争经验，党内在认识上是很不一致的，后来由于实践中付出了高昂的血的代价，经过北伐战争和土地革命两次胜利与失败的比较，才在全党形成了统一的认识：这就是必须把马克思主义与中国实际相结合。

把马克思主义与中国实际相结合，是由一部分先进知识分子在学习、研究和传播马克思主义的过程中，出于对马克思主义精神实质的理解和对用马克思主义解决中国问题的需要最先提出来的。当时最早提出马克思主义要和中国实际相结合思想的是李大钊。1918 年 8 月，李大钊在同胡适讨论问题与主义时指出：社会主义者"必须要研究怎么可以把他的理想尽量应用于环绕着它的实境"。①1920 年他又说：社会主义理想"因各地、各时之情形不同，务求其适合者行之，遂发生共性与特性结合的一种新制度（共性是普遍者，特性是随时随地不同者），故中国将来发生之时，必与英、德、俄……有异"。②1921 年，张太雷提出：要"把国际无产阶级政党的纲领和方法正确地运用于各国具体特点的基础之上"。③1922 年，周恩来在写给谌小岑、李毅韬的信中说："我们当信共产主义的原理和阶级革命与无产阶级专政两大原则，而实行的手段则当因时制宜！"④1924 年，恽代英也指出："解决中国的问题，自然要根据中国的情形，以决定中国的办法。"⑤

由于早期党的领导人在开始传播马克思主义的时候，就提出要把马克思主义普遍真理与中国的具体实践相结合，再加上我们党从一成立就明确要以马克思主义作为解决中国问题的指导思想，所以应当承认马克思主义与中国实际相结合，是从这个时候就已经开始了，正如 1945 年党的六届七中（扩大）全会通过的《关于若干历史问题的决议》所说的，"中国共产党自一九二一年产生以来，就以马克思列宁主义的普遍真理和中国革命的具体实践相结合为自己一切工作的指针"。⑥然而真正从理论和实践的结合上搞清楚为什么必须马克思主义的普遍真理和中国革命的具体实践相结合，怎样把马克思主义的普遍真理和中国革命的具体实践相结合这个基本问题，并在实践中探索出一条符合中国实际的成功的革命道路，是经过了一个长期的曲折复杂的过程，其间充满着激烈的争论和斗争，而且付出了沉重的血的代价。

---

① 《李大钊文集》第三卷，人民出版社 1999 年版，第 3 页。
② 《李大钊文集》第四卷，人民出版社 1999 年版，第 5 页。
③ 《张太雷文集》（续），江苏人民出版社 1992 年版，第 32 页。
④ 《周恩来年谱（1898—1949）》，中央文献出版社 1998 年版，第 55 页。
⑤ 《恽代英文集》，人民出版社 1984 年版，第 480—481 页。
⑥ 《毛泽东选集》第三卷，人民出版社 1991 年版，第 952 页。

中国共产党成立之后，就投身于新民主主义革命的伟大斗争，经历了北伐战争和土地革命的严峻考验。当时，党内在如何对待马克思主义和俄国革命经验问题上出现了两种不同的态度，一种是机械照搬的教条主义态度，一种是从中国实际出发的科学态度。这两种不同的态度带来了中国革命的两次胜利、两次失败。

在第一次国内革命战争中，国共两党第一次合作，建立了反帝反封建的统一战线，北伐战争取得了重大的胜利，但就在革命不断高涨的关键时刻，以蒋介石为代表的国民党右派制造了"中山舰事件"和"整理党务案"，排斥和清除共产党人。以陈独秀为代表的党的某些领导人，完全听从共产国际和苏联领导人的意见，在革命的统一战线中对资产阶级右派妥协退让，不敢放手发动和武装广大工农群众，使得国民党右派的气焰越来越嚣张，终于发生了上海的"四一二"事变和武汉的"七一五"事变，大批共产党人和工农群众被屠杀，轰轰烈烈的大革命遭到失败。与共产国际代表及陈独秀等人不同，毛泽东十分重视对中国实际情况的调查研究，坚持从中国实际出发指导革命斗争。早在"中山舰事件"和"整理党务案"发生以前就写了《中国社会各阶级的分析》，明确指出谁是我们的敌人、谁是我们的朋友，是中国革命的首要问题。他对中国资产阶级进行了精辟的分析，指出它是一个动摇的阶级，在革命高潮时要发生分化，其右翼将要跑到帝国主义方面去，成为革命的敌人。在"中山舰事件"和"整理党务案"发生以后，革命处于严重危险的关头，他到湖南考察了 22 天，写了《湖南农民运动考察报告》，指出很短时间内，从中国中部、南部和北部各省，将有几万万农民起来，其势如暴风骤雨，迅猛异常，无论什么大的力量都压抑不住，他们将冲决一切束缚他们的罗网，朝着解放的路上迅跑。但是共产国际代表和陈独秀等都不愿意接受毛泽东同志的意见。为了迁就国民党，他们不敢支持已经起来和正在起来的伟大农民运动，致使工人阶级在资产阶级右派的反革命进攻面前孤立无援。

大革命失败后，中国共产党确定了土地革命和武装斗争的方针，先后发动了南昌起义、秋收起义和广州起义等。毛泽东在秋收起义后，率领红军在湘赣边界创立了井冈山革命根据地。在领导根据地的土地革命和武装斗争中，毛泽东同志十分注意研究中国国情，经常深入基层进行调查研究，撰写了大量的农村调查报告，发表了《中国红色政权为什么能够存在?》、《井冈山的斗争》、《星星之火，可以燎原》、《反对本本主义》等著作，成功地开辟了一条实行农村武装割据、以农村包围城市的中国革命道路。然而也就在这个时期，党内先后发生了以李立三为代表和以王明为代表的"左倾"错误，他们以教条主义态度对待马克思列宁主义，机械照搬苏联经验来指导中国革命，提出通过举行中心城市的武装起义，夺取一省或者数省革命的首先胜利。由于这种主张严重脱离当时的中国实际，而且在中央占据了统治地位，给革命事业带来了巨大的损失，党所领导的根据地和红军损失了百分之九十，白区工作损失了将近百分之百，中国革命几乎陷于绝境。

正是有了北伐战争时期和土地革命时期的这些深刻的经验和教训，中国共产党人才从胜利与失败的鲜明对比中，切身感受到马克思主义与中国实际相结合的极端重要性。毛泽东曾对此进行了深刻的总结，他说："从党的建立到抗日时期，中间有北伐战争和十年土地革命战争。我们经过了两次胜利，两次失败。北伐战争胜利了，但是到一九二七年，革命遭到了失败。土地革命战争曾经取得了很大的胜利，红军发展到三十万人，后来又遭到挫折，经过长征，这三十万人缩小到两万多人……。在民主革命时期，经过胜利、失败，再胜利、再失败，两次比较，我们才认识了中国这个客观世界。在抗日战争前夜和抗日战争时期，我写了一些论文，例如《中国革命战争的战略问题》、《论持久战》、《新民主主义论》、《〈共产党人〉发刊词》，替中央起草过一些关于政策、策略的文件，都是革命经验的总结。那些论文和文件，只有在那个时候才能产生，在以前不可能，因为没有经过大风大浪，没有两次胜利和两次失败的比较，还没有充分的经验，还不能充分认识中国革命的规律。"①

---

① 《毛泽东文集》第八卷，人民出版社1999年版，第299页。

（三）马克思主义与中国实际相结合的第一次历史性飞跃

在 1935 年遵义会议以后，毛泽东明确地提出要把马克思主义中国化，自觉地推进马克思主义与中国革命实际相结合，在实践中形成了马克思主义中国化的第一个理论成果——毛泽东思想，并在它的指导下制定了符合中国实际的正确的路线和政策，先后指导中国的新民主主义革命与新中国成立后的社会主义改造和建设取得了伟大的胜利，实现了中国共产党历史上马克思主义与中国实际相结合的第一次历史性飞跃。

马克思主义与中国实际相结合的第一次飞跃，为什么会从 1935 年开始呢？这和当年发生的两个重大事件密切相关。第一件事是遵义会议。1935 年 1 月 15—17 日，中国共产党在贵州遵义召开中央政治局扩大会议，结束了王明为代表的"左倾"冒险主义在党中央的统治，确立了以毛泽东为代表的正确路线在党中央和红军中的领导地位，在党生死攸关的危急时刻挽救了党，挽救了红军，挽救了中国革命。这次会议是中国共产党独立自主地解决中国革命问题的一次极其重要的会议，它表明我们党经过两次国内革命战争的锻炼，已经由幼年走向成熟，能够独立自主地从中国实际出发解决自己的问题，这就为全面推进马克思主义中国化提供了必要的主观条件。

第二件事是共产国际第七次代表大会。20 世纪 30 年代中期，法西斯主义活动日益猖獗，严重威胁人类的和平与安全。面对这种严峻的世界局势，共产国际进行了重大政策调整，在 1935 年 7 月 25 日至 8 月 21 日在莫斯科召开了共产国际第七次代表大会，强调为了战胜法西斯必须在资本主义国家建立工人阶级反法西斯统一战线，在殖民地半殖民地国家建立反对帝国主义的民族统一战线，并批评了这个问题上的"左倾"关门主义。大会通过的相关决议要求把实际工作的领导权集中于各国党。它们在局势发生变化的关键时刻可以依据共产国际决议的精神，结合本国情况独立自主地提出政治任务和制定必要的斗争策略。大会宣布，共产国际以后一般不再直接干预各国党内部的组织事宜。根据这一决议，七大停止召开执委会全会，撤销了地区书记处和地区局，把派遣国际代表的制度改为由执委会同各国党最高领导人直接联系。共产国际领导体制和领导方式的这种变化，为中国共产党在遵义会议之后，根据中国情况独立自主地解决问题，大力推进马克思主义中国化，提供了较为宽松的外部条件。

但事情的发展也不是一帆风顺的。1937年7月7日全面抗战爆发之后，共产国际领导人担心中共领导能否适应国共合作的新环境和新任务，认为"必须派一些新生力量，一些熟悉国际形势的人去帮助中国共产党中央委员会"。① 同年11月，一向受共产国际器重的王明被派回国，并在12月举行的中央政治局会议上对洛川会议以来中央在统一战线问题上坚持独立自主政策提出批评。会后，王明等去武汉中共代表团和长江局工作，又在实际工作中贯彻他的右倾错误主张。1938年3月，中共中央政治局会议决定派任弼时去莫斯科，向共产国际说明中国抗战和国共两党情况，以及中共所采取的方针。任弼时向共产国际提交了书面报告大纲，又作了口头说明和补充。这对于共产国际正确认识中国实际情况和中共主张起了十分重要的作用。6月11日，共产国际执委会主席团作出决定，充分肯定"中国共产党的政治路线是正确的"，明确表示，"共产国际执委会主席团声明完全同意中国共产党的政治路线"。②7月初，共产国际总书记季米特洛夫在接见即将离任回国的中共驻共产国际代表王稼祥时，明确表示在中共中央内部应支持毛泽东的领导地位，王明缺乏实际工作经验，不应争当领袖。王稼祥回到延安后，在中央政治局会议上传达了共产国际的指示和季米特洛夫的意见。9月29日至11月6日，扩大的中共六届六中全会在延安召开，全会基本上克服了以王明为代表的右倾错误，进一步确定了毛泽东在党内的领导地位，这就为马克思主义中国化的全面推进准备了必要的条件。也就是在这次中

① 《共产国际有关中国的文献资料》第3辑，中国社会科学出版社1990年版，第19页。
② 《建党以来重要文献选编（1921—1949）》第十五册，中央文献出版社2011年版，第338、550页。

央扩大会议上，毛泽东在代表中央所作的政治报告《论新阶段》中，首次明确提出了马克思主义中国化的概念，他说："共产党员是国际主义的马克思主义者，但马克思主义必须通过民族形式才能实现。没有抽象的马克思主义，只有具体的马克思主义。所谓具体的马克思主义，就是通过民族形式的马克思主义，就是把马克思主义应用到中国具体环境的具体斗争中去，而不是抽象地应用它。成为伟大中华民族之一部分而与这个民族血肉相联的共产党员，离开中国特点来谈马克思主义，只是抽象的空洞的马克思主义。因此，马克思主义的中国化，使之在其每一表现中带着中国的特性，即是说，按照中国的特点去应用它，成为全党亟待了解并亟须解决的问题。洋八股必须废止，空洞抽象的调头必须少唱，教条主义必须休息，而代替之以新鲜活泼的，为中国老百姓所喜闻乐见的中国作风与中国气派。"[①]

这里需要说明，以上引文源自解放社 1942 年出版的《论新阶段》单行本，新中国成立后由中共中央决定出版的《毛泽东选集》第二卷（1952 年 4 月出版发行），这段文字改为："共产党员是国际主义的马克思主义者，但是马克思主义必须和我国的具体特点相结合并通过一定的民族形式才能实现。马克思列宁主义的伟大力量，就在于它是和各个国家具体的革命实践相联系的。对于中国共产党说来，就是要学会把马克思列宁主义的理论应用于中国的具体的环境。成为伟大的中华民族的一部分而和这个民族血肉相联的共产党员，离开中国特点来谈马克思主义，只是抽象的空洞的马克思主义。因此，使马克思主义在中国具体化，使之在其每一表现中带着必须有的中国的特殊性，即是说，按照中国的特点去应用它，成为全党亟待了解并亟须解决的问题。洋八股必须废止，空洞抽象的调头必须少唱，教条主义必须休息，而代替之以新鲜活泼的，为中国老百姓所喜闻乐见的中国作风与中国气派。"[②] 从总体来看，这两段文字的精神是一致的，都是强调马克思主义与中国具体实际

---

① 毛泽东：《论新阶段》，解放社 1942 年单行本。

② 《毛泽东选集》第二卷，人民出版社 1991 年版，第 534 页。

相结合，其中的区别主要是把"马克思主义的中国化"改为"使马克思主义在中国具体化"。根据学者们的分析，这种改动是 20 世纪 50 年代初的外部原因造成的。它丝毫不影响我们把毛泽东代表我们党正式提出马克思主义中国化概念的时间确定为 1938 年的六届六中全会。这次会议在马克思主义中国化问题上的意义，不仅在于由毛泽东正式提出了马克思主义中国化的概念，而且在于对其重要性和必要性的认识也基本上达成了共识。

在六届六中全会前后，毛泽东运用马克思主义的立场观点方法撰写了一系列研究中国问题的重要著作，创造性地回答了当时中国革命所面临的各种重大问题，为马克思主义中国化作出了巨大贡献。这些著作主要有《抗日游击战争的战略问题》、《论持久战》、《中国革命和中国共产党》、《新民主主义论》、《〈共产党人〉发刊词》、《改造我们的学习》、《整顿党的作风》、《反对党八股》、《在延安文艺座谈会上的讲话》等，这些著作和后来在七大上所作的《论联合政府》，是这个时期毛泽东把马克思主义与中国革命实践相结合的具有代表性的成果。除了毛泽东以外，当时党的领导人张闻天、朱德、周恩来、刘少奇、任弼时，以及学术界的艾思奇等，都为推进马克思主义中国化作出了重要贡献。由于毛泽东对马克思主义中国化作出的贡献最大，是马克思主义中国化的主要代表，所以这个时期马克思主义中国化的成果便自然地与毛泽东同志的名字联系在一起，中间曾经有过毛泽东同志的思想、毛泽东的理论和策略的体系、毛泽东同志的思想体系、毛泽东主义、毛泽东同志的学说等多种提法。经过选择，最后统一起来，将其称之为毛泽东思想。根据学界考证，王稼祥是在中国共产党内第一个提出"毛泽东思想"科学概念的人。1943 年 7 月，延安《解放日报》发表了王稼祥为纪念中共诞生 22 周年和抗战 6 周年而撰写的文章《中国共产党和中国民族解放的道路》，在这篇文章中首次提出"毛泽东思想"这个科学概念。胡耀邦同志在《深切地纪念王稼祥同志》一文中也指出：在这篇文章中，他初步论述了"毛泽东思想"，他是我们党正式提出"毛泽东思想"这一科学概念的第一个人。

　　在六届六中全会以后，推进马克思主义中国化基本成为全党的共识，但是党内长期存在的主观主义（教条主义、经验主义）、宗派主义和党八股，严重地影响着马克思主义中国化的实行。为了从根本上解决这个问题，党中央决定从 1942 年 2 月开始（实际上从 1941 年底已经开始），分三个阶段在全党开展整风运动。在这次整风中，全党出现了建党以来最大规模的学习马克思主义的高潮，并把马克思主义与中国革命的具体实践结合起来，重新认识中国革命的历史问题与现实问题，形成了具有历史意义的《关于若干历史问题的决议》。这次整风运动，使广大党员和干部逐渐从教条主义的思想禁锢中解放出来，从根本上端正了对待马克思主义的态度，克服了长期盛行的把马克思主义教条化、把共产国际指示神圣化和绝对化的错误倾向，从而扫清了马克思主义中国化的障碍，同时又通过对历史的回顾和总结，以及对中国革命实际的分析，充分认识和高度评价了毛泽东的理论贡献，这就为党的七大把毛泽东思想确立为党的指导思想奠定了坚实的思想基础。

　　抗日战争即将取得胜利的前夜，中国共产党第七次代表大会于 1945 年 4 月 23 日至 6 月 11 日在延安召开。这次大会的主要内容之一，是把马克思主义中国化的理论成果毛泽东思想确定为党的指导思想并写入党章。在这次大会上，刘少奇代表党中央所作的关于修改党章的报告，把毛泽东和中国共产党在实现马克思主义中国化过程中创立的理论体系，统一称为毛泽东思想，并对什么是毛泽东思想给予了科学的界定，对毛泽东思想的基本内容做了系统的概括，对马克思主义中国化事业的艰巨性以及毛泽东为什么能够成功地进行这项事业的原因做了深刻的分析。刘少奇向代表大会所作的这个报告，初次完成了马克思主义中国化的历史性总结。这次大会把毛泽东思想确立为党的指导思想，标志着毛泽东思想不但已经成熟而且被全党公认为中国化的马克思主义，是马克思主义与中国实际相结合第一次历史性飞跃所产生的理论成果。这次伟大的历史性飞跃对于从政治上、思想上和组织上团结全党，共同夺取革命和建设的胜利，发挥了决定性的作用，正因为如此，这次大会被称为团结的大会、胜利的大会。

在毛泽东思想的指引下，党的事业在七大以后蓬勃发展，很快就取得了抗日战争的胜利，接着又用了三年多时间，取得了解放战争的胜利，建立了中华人民共和国。新中国成立后，毛泽东思想不仅是中国共产党的指导思想，而且成为整个国家的指导思想，指引我们取得了社会主义改造、社会主义建设的伟大胜利。在这个过程中，马克思主义中国化继续向前推进，毛泽东思想在实践中不断向前发展，像著名的《在中国共产党第七届中央委员会第二次全体会议上的报告》和《论人民民主专政》等著作，都是在这个时候发表的。新中国成立后我们实行的人民代表大会制度、共产党领导的政治协商和多党合作制度，以及民族区域自治制度等，都是对马克思列宁主义的创造性发展；我国社会主义改造实行的稳步向前推进和对民族资产阶级的和平赎买政策等，都是马克思主义与中国实际相结合的新的伟大成果。但同时也要看到，当时由于缺乏建设经验，我们在经济建设和其他一些工作中曾经出现过照搬苏联经验的教条主义倾向。

（四）以苏为鉴，对中国怎样建设社会主义道路的艰辛探索

1956 年，毛泽东提出要实行马克思主义与中国实际的第二次结合，找出在中国怎样建设社会主义的道路，从而开始了马克思主义中国化的新时期。为什么毛泽东在这个时候会提出这个问题呢？这主要出自两个方面的原因。

第一，1956 年 2 月 14—25 日，苏联共产党举行第二十次代表大会，在 24 日夜至 25 日晨，赫鲁晓夫作了一个长达 4 个半小时的秘密报告，题为《关于个人崇拜及其后果》，系统揭露和批判了斯大林的错误。此事震惊了整个世界，引起了中共领导的极大重视。同年的三四月，中央政治局和书记处多次召开会议专门讨论这个问题。毛泽东在研究和思考如何对待斯大林和苏联经验的时候，阐发了一系列重要思想，强调我们在坚持马克思列宁主义基本原则的同时，必须注意本国的具体情况，要用不同的方法解决各自的问题。4 月 4 日在最后一次讨论《关于无产阶级专政的历史经验》的修改稿的会议上，毛泽东说了一番意义深远的

话。他说："发表这篇文章，我们对苏共二十大表示了明确的但也是初步的态度。议论以后还会有，问题在于我们自己从中得到什么教益。最重要的是要独立思考，把马列主义的基本原理同中国革命和建设的具体实际相结合。民主革命时期，我们吃了大亏之后才成功地实现了这种结合，取得了新民主主义革命的胜利。现在是社会主义革命和建设时期，我们要进行第二次结合，找出在中国怎样建设社会主义的道路。"[①]从这段话可以看出，毛泽东是在讨论苏联和斯大林问题的时候，以苏为鉴，提出把马列主义与我国实际第二次结合，探索中国社会主义建设道路的。

第二，1956年，我国已经基本上完成了生产资料的社会主义改造，开始进入社会主义社会，怎样建设社会主义成了必须回答的主要问题。根据民主革命时期的经验和新中国成立后社会主义建设的初步实践，机械照搬苏联和其他国家的经验和做法，是难以取得成功的。只有把马克思主义与中国实际相结合，从中国的具体情况出发，才能找到自己的建设社会主义的道路。正是出于这种考虑，毛泽东和党中央由调查研究入手，开始探索解决中国如何建设社会主义的问题。从1956年2月14日开始，到4月24日结束，毛泽东共听取了国务院34个部门的工作汇报，还有国家计委关于第二个五年计划的汇报，边调查边研究思考，提出了中国社会主义建设必须正确处理的一系列问题。毛泽东的这次调查同苏共二十大正巧是同一天开始的，苏共二十大揭露和批判斯大林的错误，对毛泽东思考中国问题产生了重要影响。他说："最近苏联方面暴露了他们在建设社会主义过程中的一些缺点和错误，他们走过的弯路，你还想走？过去我们就是鉴于他们的经验教训，少走了一些弯路，现在当然更要引以为戒。"[②]1958年5月，在中共八大二次会议各代表团团长会议上，毛泽东又指出：十大关系的基本观点，就是同苏联作比较。除了苏联办法之外，是否可以找到别的办法，比苏联东欧各国搞得更快。

---

① 《毛泽东年谱（1949—1976）》第2卷，中央文献出版社2002年版，第557页。
② 《毛泽东文集》第七卷，人民出版社1999年版，第23页。

1956 年 4 月 25 日，毛泽东在中央政治局扩大会议上作《论十大关系》报告，围绕以苏为鉴、根据中国自己情况走自己的路这个基本思想，讲了在调查研究基础上形成的十大关系问题。这个报告是毛泽东探索中国社会主义建设道路的开山之作，它标志着毛泽东对中国社会主义建设道路的探索开始形成一个初步的然而又是一个比较系统的思路。他在成都会议上指出："一九五六年四月的《论十大关系》，开始提出我们自己的建设路线，原则和苏联相同，但方法有所不同，有我们自己的一套内容。"①

从发表《论十大关系》开始，以毛泽东同志为主要代表的中国共产党人对于在中国如何建设社会主义，进行了长期的艰辛探索，其中最有开创性的探索活动主要有：

1956 年 9 月，党的第八次全国代表大会对我国进入社会主义社会后的形势与任务作出了新的判断，明确提出，在生产资料的社会主义改造基本完成以后，国内的阶级关系和主要矛盾发生了根本变化，社会的主要矛盾是人民对建立先进的工业国的要求同落后的农业国的现实之间的矛盾，是人民对经济文化迅速发展的需要同当前经济文化不能满足人民的需要的状况之间的矛盾。解决这个矛盾的办法是发展社会生产力，尽快地把我国由落后的农业国变为先进的工业国。为此必须把党和国家的工作重点转到经济建设上来。会议还强调了发扬社会主义民主、反对个人崇拜的重要性，并决定把毛泽东提出的"百花齐放、百家争鸣"确定为发展我国文化教育和科学事业的指导方针。

1957 年 2 月，毛泽东在最高国务会议第十一次（扩大）会议上，作了《关于正确处理人民内部矛盾》的报告，对我国社会主义社会的矛盾进行了分析，明确指出，社会主义同其他社会一样存在着各种矛盾，所不同的是社会主义社会大量存在的是人民内部的非对抗性的矛盾，要十分重视正确处理人民内部矛盾的问题；社会主义社会的基本矛盾依然是生产关系与生产力、上层建筑与经济基础的矛盾，但矛盾的性质和情

---

① 《毛泽东文集》第七卷，人民出版社 1999 年版，第 369—370 页。

况与过去根本不同，生产关系与生产力、上层建筑与经济基础之间是一种既相适应又相矛盾的关系，这些矛盾可以通过社会主义制度的自我完善加以解决。毛泽东同志特别指出，我国现在刚刚进入社会主义社会，生产关系和上层建筑的某些环节与生产力还很不适应，要自觉地通过调整加以解决。

1958 年 11 月，毛泽东在郑州会议上提出了发展社会主义商品生产的重要观点，他明确指出，废除商品生产是违背经济规律的，中国是商品生产很不发达的国家，商品生产不是消亡的问题，而是要大大发展。商品生产要看它是同什么经济制度相联系，同资本主义制度相联系就是资本主义的商品生产，同社会主义制度相联系就是社会主义的商品生产。他还指出，价值法则是一个大学校，只有自觉利用它，才能教育干部和群众，才有可能建设社会主义和共产主义。

1959 年 12 月 10 日到 1960 年 2 月 9 日，毛泽东组织了一个读书小组，在读苏联《政治经济学教科书》的过程中，边读边议，对社会主义发展阶段、社会主义建设规律和社会主义建设问题发表了许多重要看法。他批评苏联这本教科书不说社会主义社会内部的矛盾，不说社会矛盾是社会发展的动力，却说精神上政治上的一致，是社会主义国家强大的社会发展动力。他明确地把社会主义社会区分为不发达的社会主义和比较发达的社会主义两个阶段，把进入共产主义的条件概括为物质产品、精神财富都极为丰富和人们的共产主义觉悟极大提高。他还第一次完整地表述了关于"四个现代化"的思想，规划了建设强大的工业化国家的目标。

1964 年，周恩来在三届全国人大一次会议上所作的《政府工作报告》中，提出了实现四个现代化目标的两步走的战略构想：第一步，大约用三个五年计划时间，即在 1980 年之前，建成一个独立的、比较完整的工业体系和国民经济体系；第二步，力争在 20 世纪末全面实现现代化。

中国共产党在国家建设的探索中也出现了失误。这种失误主要是两个方面：一是大跃进和人民公社化的错误。大跃进运动从 1957 年底开始发动，1958 年全面展开，它严重违背客观经济规律，过分夸大主观意志作用，片面强调经济发展速度，给我国经济带来巨大的损失，是出现三年困难时期的重要原因。在 1958 年大跃进入高潮的同时，生产关系上追求"一大二公"的思想发展起来，出现了人民公社化运动并刮起了"共产风"，使我国的生产关系严重地脱离了生产力的发展水平。后来通过 20 世纪 60 年代初贯彻调整、巩固、充实、提高的方针，这些错误有一定程度的纠正，但并未能从根本上解决生产关系脱离生产力水平的问题。二是阶级和阶级斗争问题上的失误。在我国基本完成生产资料的社会主义改造以后，又提出还要进行政治战线和思想战线的社会主义革命；在消灭了剥削阶级和剥削制度以后，又提出我国还存在两个剥削阶级、两个劳动阶级；在宣布主要矛盾、主要任务已经改变以后，又提出无产阶级和资产阶级的矛盾是我国的主要矛盾，进而还提出要以阶级斗争为纲和以阶级斗争为主要内容的基本路线。而且还把阶级斗争与所谓"反修防修"联系起来，提出党内有个资产阶级和揪走资本主义道路当权派，进行无产阶级专政下继续革命，直接导致了长达十年的"文化大革命"。

（五）马克思主义与中国实际相结合的第二次历史性飞跃

1976 年，我们党一举粉碎了"四人帮"，把国家从"文化大革命"造成的严重危机下解救出来。此后我们党和国家经历了两年徘徊时期，面临着走什么路的重大选择：是坚持"文化大革命"的错误，继续走过去的老路；还是对社会主义失去信心，走向资本主义的邪路；还是把马克思主义与当代中国实际结合，开创出一条建设社会主义的新路。在这个重大的历史转折关头，我们党作出了开创社会主义新路的正确决策，在 1978 年党的十一届三中全会前后，开始了马克思主义与当代中国实际相结合的新的伟大探索，成功地开创出了一条中国特色社会主义道路，创立了马克思主义中国化的新的理论成果——中国特色社会主义理论。

马克思主义与当代中国实际相结合的新探索，是从端正党的思想路线开始的。1977—1878年，"四人帮"虽然被粉碎了，但人们的思想还受到严重束缚，如果不进行新的思想解放，要彻底扫除"文化大革命"余毒，开创社会主义新路是不可能的。新旧思想的尖锐冲突，导致了真理标准问题大讨论的爆发。经过这场大讨论，坚决纠正了"两个凡是"的错误，树立了实践是检验真理的唯一标准的科学态度，恢复和发展了党的实事求是的思想路线，为进行理论上实践上的拨乱反正、推进马克思主义与当代中国实际相结合，提供了正确的指导思想和方法论。

在解放思想、实事求是的思想路线的指引下，我们党在1978年12月举行了具有伟大历史意义的十一届三中全会，决定停止使用"以阶级斗争为纲"的错误口号，把党和国家的工作重点转移到以经济建设为中心的现代化建设上来，并作出了实行改革开放的战略决策，从而迈出了开创社会主义新路的决定性的步骤。

十一届三中全会以后，我们党一方面全面进行拨乱反正，另一方面推动改革开放起步。1981年6月，党的十一届六中全会通过了邓小平主持起草的《关于建国以来党的若干历史问题的决议》，对新中国成立以来的历史和毛泽东同志的功过进行了科学评价，确立了毛泽东同志的历史地位，明确了要坚持和发展毛泽东思想。这个决议完成了党在指导思想上的拨乱反正，为统一全党认识，团结一致向前看，共同开创建设社会主义的新路，奠定了坚实的思想和政治基础。

1982年9月，党的第十二次全国代表大会在北京举行。邓小平在大会开幕词中，郑重地提出："把马克思主义的普遍真理同我国的具体实际结合起来，走自己的路，建设有中国特色的社会主义，这就是我们总结长期历史经验得出的基本结论。"[①] 从此，建设具有中国特色的社会主义就成为中国改革开放和现代化建设的主题，新的建设社会主义道路就被称为具有中国特色的社会主义道路。

党的十二大以后，改革开放全面展开，马克思主义中国化不断向

---

① 《邓小平文选》第三卷，人民出版社1993年版，第3页。

前推进，中国特色社会主义理论先后形成了以下重要成果：

以邓小平同志为主要代表的中国共产党人在领导改革开放和现代化建设的实践中，围绕什么是社会主义、怎样建设社会主义这个基本问题进行了系统探索，提出我国现在处于并将长期处于社会主义初级阶段的理论；提出以经济建设为中心，坚持四项基本原则、坚持改革开放的基本路线；提出我国社会主义现代化建设三步走的战略目标；提出社会主义的本质是解放生产力，发展生产力，消灭剥削，消除两极分化，最终达到共同富裕；提出计划和市场都是经济手段，社会主义也可以搞市场经济；提出没有民主就没有社会主义，要发展社会主义民主，健全社会主义法制；提出要团结一切可以团结的力量，巩固和扩大爱国统一战线；提出物质文明和精神文明建设要"两手抓，两手都要硬"；提出要建设强大的现代化、正规化的军队；提出用"一国两制"构想解决香港、澳门、台湾问题；提出和平与发展是当代世界两大问题，要坚持独立自主的和平外交政策；提出中国的问题关键在党，要加强和改善党的领导；等等。这些新的理论观点，从发展道路、发展阶段、根本任务、发展动力、外部条件、政治保证、战略步骤、领导和依靠力量、祖国统一等方面初步回答了中国这样经济文化比较落后国家怎样建设社会主义的问题，形成了中国特色社会主义理论的基本框架。

20世纪80年代末90年代初，苏联、东欧发生剧变，我国也发生严重政治风波，以江泽民同志为主要代表的中国共产党人面临严峻的内外形势，把中国特色社会主义事业继续推向前进，在马克思主义中国化的道路上不断开拓创新，进一步回答了什么是社会主义、怎样建设社会主义的问题，创造性地回答了建设什么样的党、怎样建设党的问题。主要内容有：提出我国经济体制改革目标是社会主义市场经济，并建立起了社会主义市场经济的基本框架；提出在现代化过程中要正确处理改革发展稳定等重大关系；提出实行科教兴国战略、人才强国战略、可持续发展战略和西部大开发战略，并启动建设国家创新体系；提出建设社会主义政治文明，实行依法治国，建设社会主义法治国家；提出加强精神文明建设，大力发展社会主义先进文化；提出科技强军战略，加快军队机械化、信息化建设；按期对香港、澳门恢复行使主权，提出了促进两岸和平统一的八项主张。党中央十分重视党的建设，实施了党的建设新的伟大工程，创立了"三个代表"重要思想，丰富和发展了中国特色社会主义理论。

在新世纪、新阶段，以胡锦涛同志为主要代表的中国共产党人，抓住难得的战略机遇期，推进全面建设小康社会，提出以人为本，全面、协调、可持续的科学发展观，作为我国发展的指导思想和方法论；提出加强社会建设，维护社会公平正义，构建社会主义和谐社会；提出建设社会主义新农村，把解决"三农"问题作为党和政府工作的重中之重；在继续推进西部大开发战略的同时，提出振兴东北等老工业基地战略，中部地区崛起战略，东部地区率先发展战略；提出加快转变经济增长方式，努力建设创新型国家；提出建设社会主义核心价值观，推动文化大发展大繁荣；提出进行生态文明建设，建设资源节约型、环境友好型社会；提出中国要坚定不移地走和平发展道路，努力推动建设持久和平、共同繁荣的和谐世界；提出加强党的执政能力建设和先进性建设，提高党的建设科学化水平。科学发展观等重大战略思想的提出，进一步回答了什么是社会主义、怎样建设社会主义的问题和建设什么样的党、怎样建设党的问题，创造性地回答了要什么样的发展和怎样发展的问题，在新形势下推动了中国特色社会主义理论的发展。

党的十八大以来，我国的社会发展进入了新时代。以习近平同志为核心的党中央围绕新时代坚持和发展什么样的中国特色社会主义、怎样坚持和发展中国特色社会主义这个重大时代课题，继续推进马克思主义与当代中国实际相结合，创立了习近平新时代中国特色社会主义思想。其内容主要有：提出坚持和发展中国特色社会主义，总任务是实现社会主义现代化和中华民族伟大复兴，在全面建成小康社会的基础上，分两步走在本世纪中叶建成富强民主文明和谐美丽的社会主义现代化强国；提出新时代我国社会主要矛盾是人民日益增长的美好生活需要和不平衡不充分的发展之间的矛盾，必须坚持以人民为中心的发展思想，不断促进人的全面发展、全体人民共同富裕；提出中国特色社会主义事业总体布局是"五位一体"、战略布局是"四个全面"，强调坚定道路自信、理论自信、制度自信、文化自信；提出全面深化改革总目标是完善和发展中国特色社会主义制度、推进国家治理体系和治理能力现代化；提出全面推进依法治国总目标是建设中国特色社会主义法治体系、建设社会主义法治国家；提出党在新时代的强军目标是建设一支听党指挥、能打胜仗、作风优良的人民军队，把人民军队建设成为世界一流军队；提出中国特色大国外交要推动构建新型国际关系，推动构建人类命运共同体；提出中国特色社会主义最本质的特征是中国共产党领导，中国特色社会主义制度的最大优势是中国共产党领导，党是最高政治领导力量，提出新时代党的建设总要求，突出政治建设在党的建设中的重要地位。习近平新时代中国特色社会主义思想是马克思主义中国化的最新成果，是党和人民实践经验和集体智慧的结晶，是中国特色社会主义理论体系的重要组成部分，是全党全国人民为实现中华民族伟大复兴而奋斗的行动指南，必须长期坚持并不断发展。

二、马克思主义中国化的理论

（一）马克思主义基本原理与中国实际相结合，是中国革命和建设的成功之路

关于马克思主义中国化的内涵，毛泽东在 1938 年六届六中全会及以后的多次讲话中，已经做过系统的阐述，其基本含义是把马克思主义基本原理运用于中国社会历史条件，形成符合中国实际的理论路线方针政策，用以解决中国社会发展所面临的问题。这里所说的马克思主义基本原理，是指马克思主义经典作家认识客观世界所取得的具有普遍意义的真理性的认识，而这些原理的实际运用，则是根据这些真理性的认识，去解决各个国家社会发展所面临的问题。前一个过程是一个认识世界、取得真理性认识的过程，后一个过程是运用马克思主义改造客观世界的过程。

在马克思主义经典作家看来，运用科学理论去改造客观世界是一个比认识客观真理、形成科学理论更为重要的问题。马克思在《关于费尔巴哈的提纲》中，曾经有过这样一句名言："哲学家们只是用不同的方式解释世界，问题在于改变世界。"① 这句话集中表达了马克思对待自己学说的根本态度。恩格斯曾经尖锐地指出：我们的理论"不是必须背得烂熟并机械地加以重复的教条"②，"马克思的整个世界观不是教义，而是方法"。③ 列宁也反复强调马克思主义不是教条而是行动的指南，要根据每个国家的实际运用马克思主义。他说："我们决不把马克思的理论看做某种一成不变的和神圣不可侵犯的东西"。④

关于如何实际运用马克思主义基本原理，马克思、恩格斯在《共产党宣言》1872 年德文版序言中曾有过极为精辟的论述，他们说："不管最近 25 年来的情况发生了多大的变化，这个《宣言》中所阐述的一般原理整个说来直到现在还是完全正确的。……这些原理的实际运用，正如《宣言》中所说的，随时随地都要以当时的历史条件为转移"。⑤ 又过了 16 年之后，恩格斯在 1888 年英文版序言中重申了这一段重要的话。这就是说，无论什么时候、什么地点，我们运用马克思主义基本原理，必须一切从当时当地的社会历史条件出发，既不能采取简单照搬的教条主义态度，也不能从理论出发去剪裁现实生活。这就使能不能对当时当地社会历史条件作出准确判断和一切从当时当地社会历史条件出发，成为能不能成功运用马克思主义基本原理解决实际问题的关键。也正因此，我们对"左"的或者右的错误和问题进行判断的唯一标准，就是看它是不是符合当时当地的历史条件，或者说是不是适合当时当地的社会实际情况。由此可以得出结论：能不能对本国当时所处的社会历史条件作出正确的判断，并且根据这种判断制定党的

① 《马克思恩格斯选集》第 1 卷，人民出版社 2012 年版，第 136 页。
② 《马克思恩格斯选集》第 4 卷，人民出版社 2012 年版，第 588 页。
③ 《马克思恩格斯选集》第 4 卷，人民出版社 2012 年版，第 664 页。
④ 《列宁选集》第 1 卷，人民出版社 2012 年版，第 274 页。
⑤ 《马克思恩格斯选集》第 1 卷，人民出版社 2012 年版，第 376 页。

路线方针政策，是运用马克思主义解决各个国家问题的关键所在，是把马克思主义与本国实际相结合的关键问题，因而也是马克思主义中国化的关键性的问题。

中国历史的经验证明，能不能把马克思主义基本原理与中国实际相结合，直接关系到中国革命事业的兴衰成败，也直接关系到中国社会主义事业的兴衰成败。众所周知，在民主革命过程中，以毛泽东同志为主要代表的中国共产党人由于成功地实行了这样的结合，从中国实际出发制定了新民主主义革命的理论路线方针政策，才指导我国新民主主义革命取得了胜利。而且在新中国成立以后，成功实现了社会主义改造，在我国建立起了社会主义制度。我们原来也以为，只要有了社会主义，中国就可以发展起来，实现民富国强，所以我们长期的口号是，只有社会主义才能发展中国。然而新中国成立六十多年来的经验证明，机械照搬马克思主义的社会主义理论和外国建设社会主义经验，是不能从根本上解决中国的发展问题的，只有把马克思主义与当代中国的实际相结合走自己的路，建设中国特色社会主义才能真正使中国发展起来。所以党的十七大对这条根本的历史经验进行了新的概括，提出"只有改革开放才能发展中国、发展社会主义、发展马克思主义"。也就是说，只有在改革开放以后所形成的中国特色社会主义才能发展中国。总结我国革命和建设的经验，归结到一点，就是要把马克思主义与中国革命和建设实践相结合，走自己的革命和建设道路。正是从这个意义上，我们说把马克思主义与中国实际相结合，是我们在中国坚持和发展马克思主义的根本问题，也是中国革命、建设、改革取得成功的根本经验和方法。它是中国革命胜利之本，也是中国发展富强之本。

（二）科学地对待马克思主义基本原理，是马克思主义中国化的首要前提

要把马克思主义成功应用于中国，首先必须对马克思主义有一个正确的认识和科学的态度，其中最重要的是要完整准确地把握马克思主义的基本原理和精神实质。

构成马克思主义基本原理的三个标准。马克思主义是一个博大精深的理论体系，内容极其丰富，其中哪些属于基本原理，哪些属于具体结论？这里需要一个判断的标准。我们认为应当有三个基本要求：第一，真理性的标准。马克思主义作家的著作，其中也包括经典作家的著作，并不可能句句都是真理。他们的著作有的内容是为论证科学真理服务的，有的后来是有发展变化的，有的是回答和解决某些具体问题的。由于历史和认识的局限，他们的某些论断难免存在不足和缺陷，甚至出现个别错误。所以对马克思主义的理解不能仅仅停留在个别字句上，需要全面地系统地认识和思考，从理论体系上、相互联系上、发展变化上、精神实质上加以把握。正因为如此，不能把马克思主义基本原理简单地等于马克思主义经典作家著作的全部内容，也不能简单地把马克思主义经典作家著作中的每一句话都当作基本原理。它必须是马克思主义的科学真理。

第二，普遍性的标准。马克思主义作为一个科学真理的体系，和其他科学真理一样，是反映客观事物的内在关系和发展规律的，其所揭示的科学真理都是与一定的条件相联系的。而所揭示的真理的层次范围和历史时段的不同，使这些真理所具有的普遍意义和指导作用也不相同。有些科学真理反映了整个自然、社会和人的思维的发展规律，具有一般世界观和方法论的性质；有些科学真理揭示了整个人类社会发展规律或者某一个具体社会形态的发展规律，对认识和指导人类社会发展具有普遍性的指导意义；有些科学真理所研究的是整个无产阶级和全人类解放事业发展的规律，对于指导世界社会主义事业的发展具有普遍适用性和指导性。然而在马克思主义的科学真理中，也有一部分是同特殊的社会历史条件相联系的，只对这些具体事件或具体问题具有真理性和指导性，这一部分科学真理就不属于普遍真理的范围。这里需要指出，有些科学真理尽管是从具体的事件中抽象出来的，却反映了更大范围的普遍性的规律，我们决不能因为它是从具体事物中抽象出来的，而否定其普遍性的价值，而应当按照每个科学真理所反映的客观规律的实际适用范围来决定其是否是普遍真理。这里还需要指出，普遍与特殊是一个相对的概念，一个科学真理相对于比它适用范围更宏观的领域而言，是属于具体的科学真理，但相对于比它更微观领域的科学真理，则属于普遍性的科学真理。这就看我们以哪个领域或范围为坐标来提出这个问题。我们党提出把马克思主义的普遍原理与中国的具体实践相结合，显然是以当时的中国为时空坐标的，凡是当时具有世界意义的或者说凡是包括了这个时空领域的马克思主义的科学真理，对于指导解决这个时期我国的问题都具有指导意义，都是我们应当遵循的。

第三，重要性的标准。对什么是马克思主义基本原理的判断，最初是从一般性的意义上提出的。马克思和恩格斯在1872年为《共产党宣言》所写的德文版序言中，用的就是一般原理的提法，他们说："不管最近25年来的情况发生了多大的变化，这个《宣言》中所阐述的一般原理整个来说直到现在还是完全正确的。"①经典作家在这里所说的一般原理与普遍原理的意思是比较接近的。所以，我们党原来也更多地是从普遍性的意义上来理解它，例如党的七大用的就是"马克思列宁主义一般原理"的提法，党的八大用的是"马克思列宁主义普遍真理"的提法，邓小平在十二大开幕词中也用的是"马克思列宁主义普遍真理"的提法。而从党的十三大以后，党的代表大会的文件用的都是"基本原理"的提法，这无疑是在坚持普遍性的基础上强调了重要性的问题。按照"基本"这个词的含义，基本原理应当是指马克思主义中主要的、根本的和具有全局意义的那一部分内容。

马克思主义基本原理的层次和内容。马克思主义基本原理的内容可分为三个基本层次：第一个层次是辩证唯物主义的基本原理，包括唯物主义和辩证法的基本原理，例如世界的物质统一性的原理、物质世界是普遍联系和永恒运动的原理、世界是可知的原理、认识是辩证过程的原理、实践的观点、矛盾的观点、发展的观点、对立统一规律、量变与质变的规律、肯定与否定的规律等。

---

① 《马克思恩格斯选集》第1卷，人民出版社2012年版，第376页。

第二个层次是唯物史观和剩余价值学说。马克思和恩格斯把辩证唯物主义应用于研究人类社会，创立了唯物史观，揭示了人类社会发展的基本规律，形成了一系列的基本原理，包括社会存在决定社会意识、阶级斗争是阶级社会发展的直接动力、人民群众是历史的创造者、生产关系与生产力的矛盾和上层建筑与经济基础的矛盾是人类社会的基本矛盾、生产关系要适应生产力发展的要求以及上层建筑要适应经济基础发展的要求是人类社会发展的基本规律等基本原理。马克思和恩格斯在对人类社会的研究中，着重研究了资本主义社会，尤其是资本主义社会的经济关系和由它所决定的阶级关系，揭示了资本主义剥削的秘密，创立了剩余价值学说，并以剩余价值学说为核心，形成了自己的经济理论，其中包括一系列基本原理，如劳动价值学说等。由于唯物史观和剩余价值学说的发现，他们科学地论证了社会主义代替资本主义的历史必然性，找到了实现这个历史使命的社会力量和现实道路，从而使社会主义从空想变为科学，创立了科学社会主义。

第三个层次是科学社会主义的基本原理。科学社会主义是马克思和恩格斯运用辩证唯物主义研究人类社会和资本主义经济得出的结论，从这个意义上，马克思主义经典作家有时把自己的理论称为科学社会主义。科学社会主义包括一系列的基本原理。如社会主义代替资本主义是历史的必然；无产阶级是资本主义的掘墓人和社会主义的建设者；无产阶级只有解放全人类才能最后解放自己；无产者联合和共产党领导是实现其历史使命的根本保证；无产阶级要通过革命取得政权使自己上升为统治阶级；从资本主义到社会主义有一个从前者到后者的革命转变时期，这个时期的国家政权是无产阶级专政；无产阶级取得政权后要尽快地发展生产力，并对生产资料进行社会主义改造；无产阶级专政必然导致阶级和国家的消亡；共产主义有一个很长的发展过程，分为第一阶段和高级阶段；共产主义第一阶段在经济上、道德上、精神上还存在旧社会的痕迹，必须实行按劳分配；共产主义高级阶段的基本特征是社会财富的一切源泉充分涌流、人们的精神境界极大提高，实现人的自由全面发展；等等。

（三）正确认识基本国情是马克思主义中国化成功的关键所在

第一，立足中国基本国情，马克思主义中国化才能做到有的放矢。马克思主义中国化的目的是为了解决中国的问题。毛泽东形象地用"有的放矢"的比喻来说明这个道理，他说："要使马克思列宁主义的理论和中国革命的实际运动结合起来，是为着解决中国革命的理论问题和策略问题而去从它找立场，找观点，找方法的。这种态度，就是有的放矢的态度。'的'就是中国革命，'矢'就是马克思列宁主义。我们中国共产党人所以要找这根'矢'，就是为了要射中国革命和东方革命这个'的'的。"[①] 而要解决中国问题，就必须以中国的基本国情为对象，用马克思主义的立场观点方法，去对它进行分析研究。所以，在研究中国基本国情的基础上，解决中国的革命或建设问题，是马克思主义中国化的出发点和落脚点，离开了对中国基本国情的研究，马克思主义中国化就无从谈起，或者变成一句空话。正因为如此，毛泽东特别强调要对中国的历史和现状、国内国际的环境、革命的敌我友各方的动态等进行系统而周密的调查研究。

毛泽东的这段话是针对当时的第一次马克思主义中国化讲的，对于今天同样具有根本的指导意义。我们在进入社会主义社会以后，要进行马克思主义与中国实际的第二次结合，其目的也是为了解决在中国如何建设社会主义的问题，去到马克思主义那里找立场观点方法，是用马克思主义之"矢"去射发展中国特色社会主义之"的"的。为了解决这个问题，我们必须正确认识当今中国所处的时代的特点，认真研究中国的社会性质和发展水平，准确判断中国社会的主要矛盾和主要任务，深入分析中国的社会结构和社会关系，以便从总体上对中国的基本国情有一个正确的认识和把握，这样才能为解决当代中国问题提供基本的依据，使我们的理论政策扎根实际，使我们建设社会主义脚踏实地。许多人在社会主义初级阶段理论提出以后都有一种感觉，就是我们的社会主

[①] 《毛泽东选集》第三卷，人民出版社1991年版，第801页。

义从原来飘浮在天上落实到了地上，具有了扎实的现实基础。其原因就是我们用马克思主义解决中国社会主义建设问题，完全是从当今中国的现实出发，真正做到了有的放矢。

第二，一切从中国基本国情出发，是马克思主义中国化的根本要求。

在进行马克思主义中国化的时候，是从中国实际出发，让理论为分析、研究中国问题服务；还是从理论出发，用理论来剪裁中国的现实生活？这是实行马克思主义中国化遇到的首要问题，其实质是在马克思主义中国化问题上，坚持唯物主义还是唯心主义的问题。

马克思主义中国化要处理的基本关系，是马克思主义理论与中国具体实际之间的关系。这二者的关系，归根到底，是理论与实践的关系。辩证唯物主义认为，实践与理论相比是第一性的，实践是本原，是根基，理论源于实践、随着实践而发展，并接受实践的检验。正因为如此，我们在马克思主义与中国实际相结合中，就必须坚持唯物主义的基本观点，以研究解决中国实际问题为中心，一切围绕中国实际问题，处处立足中国基本国情，完全从中国的实际出发，而不能从理论出发、从原则出发，颠倒了理论与实践之间的基本关系。然而理论也有其重要的作用，它是为解决实践的任务服务的。我们坚持以马克思主义为指导，是为了更好地认识实际、把握国情，真正做到从实际出发。马克思主义提供给我们的是研究问题的世界观和方法论，是已有的对自然、社会和人类思维发展规律的认识，是过去人类解决各种重大问题的历史经验，也就是说，它为我们提供的是解决问题的理论武器和历史借鉴，而决不是解决中国问题的具体的答案和结论，这些答案和结论要靠我们运用马克思主义，从分析研究中国的实际情况，也就是具体的国情中产生出来。正因为如此，我们把马克思主义中国化定义为运用马克思主义基本原理解决中国问题的过程。而马克思主义基本原理的运用，正如马克思主义经典作家自己所说的，"随时随地都要以当时的历史条件为转移"。它决不是机械地重复和照搬马克思主义的词句所能解决的，也不是把马克思主义的理论和原理简单地套用到现实生活中所能够见效的，而必须下大功夫研究中国的具体实际，从实际生活中引出必要的结论。毛泽东的新民主主义革命理论，邓小平的中国特色社会主义理论，都不是从马克思主义那里简单照搬过来的，而是从中国实际出发创造出来的。由此可见，马克思主义中国化是一个自觉地运用马克思主义解决中国问题的过程，同时也是在解决中国问题中创造性地发展马克思主义的过程。在马克思和恩格斯创立了自己的学说以后，马克思主义主要就是在解决时代所面临的重大课题和各国革命与建设的实际问题中向前发展的，而能不能一切从当时当地的实际出发，能不能从对实际情况的具体分析中得出正确的结论，则对其是否能够取得成功，起着至关重要的作用。

第三，形成符合中国国情的理论和政策，是马克思主义中国化成功的标志。

马克思主义中国化取得成功的标志，是制定出符合中国实际的理论路线方针政策。第一次马克思主义中国化取得成功的标志，是新民主主义革命道路的开创和毛泽东思想的形成；第二次马克思主义中国化取得成功的标志，是中国特色社会主义道路的开创和中国特色社会主义理论的形成。在马克思主义中国化的过程中，我们党为什么能制定出正确的理论路线和方针政策呢，其根本的原因就在于，它们都是根据我国的具体国情提出来的，离开了对中国基本国情的正确认识和判断，这些理论路线方针政策就失去了自己的基本依据，是根本不可能制定出来的。例如，在新民主主义革命中，王明等人照搬书本和苏联经验，严重脱离当时中国的实际，给革命事业带来严重的损失。它说明，党的路线和政策如果不是根据中国的实际国情制定出来的，都是不会取得成功的，都不能解决中国的问题。而毛泽东能够成功制定出新民主主义革命的路线和政策，最根本的原因就在于，这些路线和政策是根据中国是一个半殖民地半封建性质的社会提出来的。正如他自己在《中国革命与中国共产党》一书中所说的："只有认清中国社会的性质，才能认清中国革命的对象、中国革命的任务、中国革命的动力、中国革命的性质、中国革命的前途和转变。所以，认清中国社会的性质，就是说，认清中国的国情，乃是认清一切革命问题的基本的根据。"①

　　中国特色社会主义的理论路线方针政策，完全是建立在对当代中国社会性质和发展水平的科学判断的基础上，认清当代中国的基本国情，同样是解决中国社会主义建设一切问题的根本依据。进入社会主义社会以后，我们党对社会主义建设规律的探索一开始是比较成功的，取得了重要的认识成果，后来为什么突然走偏了探索方向，发生了严重曲折？根本的原因就在于1957年整风反右以后，对中国的基本国情的判断出现了严重失误。党的十一届三中全会以后，我们党端正了思想路线，重新认识当代中国社会，提出了人口多、底子薄、八亿人口在农村，是我国的基本国情，后来又在此基础上提出了系统的社会主义初级阶段理论。我国"一个中心两个基本点"的基本路线、建设社会主义现代化强国的奋斗目标、三步走的发展战略等，都是根据社会主义初级阶段的基本国情提出来的，目的都是为了解决社会主义初级阶段的主要矛盾，实现社会主义现代化建设任务。从这个意义上完全可以说，如果没有对社会主义初级阶段基本国情的准确把握，我们党的理论路线方针政策就会脱离当代中国实际，从而失去自己赖以形成的条件和基础，在这种情况下，要实现马克思主义中国化的第二次历史性飞跃是不可能的。

　　要使党的路线和政策始终保持与实际相一致，还必须把握我国基本国情变与不变的辩证关系。在基本实现社会主义现代化以前，我国的基本国情始终是社会主义初级阶段，这是我们党制定路线和政策的根本依据。根据这个基本国情制定的党的路线和政策，包括党的基本路线和基本纲领，都是必须毫不动摇地加以坚持的。同时又要看到，我们的社会是在不断发展变化的，必然在社会主义初级阶段这个大的历史阶段中呈现出若干具体的发展阶段。我们在坚持从社会主义初级阶段基本国情

---

① 《毛泽东选集》第二卷，人民出版社1991年版，第633页。

出发的时候，不但要根据整个社会主义初级阶段的基本国情，还必须重视我国社会发展的阶段性特征，并据此不断地发展和完善我们的路线和政策，这样才能始终保持党的路线和政策的与时俱进，使其始终与我国的社会发展状况相适应。"三个代表"重要思想、科学发展观以及习近平新时代中国特色社会主义思想的先后形成，就反映了我们党的理论路线方针政策是随着时代和国情的发展而发展的。

（四）按照实事求是精神进行理论创新，是推进马克思主义中国化的根本方法

怎样才能把马克思主义基本原理与中国具体实际相结合，其根本的方法是实事求是。邓小平曾经说过，实事求是是马克思主义最根本最重要的东西，是毛泽东思想的精髓和活的灵魂，我们过去搞革命靠的是实事求是，现在搞现代化建设仍然要靠实事求是。而实事求是的含义，按照毛泽东的解释："'实事'就是客观存在着的一切事物，'是'就是客观事物的内部联系，即规律性，'求'就是我们去研究。我们要从国内外、省内外、县内外、区内外的实际情况出发，从其中引出其固有的而不是臆造的规律性，即找出周围事变的内部联系，作为我们行动的向导。"① 无论是民主革命时期的第一次马克思主义中国化，还是社会主义时期的第二次马克思主义中国化，我们党都是运用马克思主义这个理论武器，研究中国国情的具体过程，揭示事物之间内部联系的过程，认识事物的本质和发展规律的过程。总之，是要通过实事求是的方法，达到对中国国情的正确认识，为我们的行动提供科学的根据。通过实事求是的方法，正确认识中国的基本国情，并从中引出必要的结论，是马克思主义中国化的最基本和最重要的任务。

新中国成立六十多年来，我们党按照实事求是的要求，创造了许多立足实际生活的理论创新的经验。这些经验归结起来主要有两种：第一种是毛泽东所倡导的调查研究创新方法。这种理论创新有两种形式，

---

① 《毛泽东选集》第三卷，人民出版社1991年版，第801页。

一是通过对来自实际生活的大量的文献资料的研究进行理论创新。毛泽东认为马克思和列宁的许多著作就是通过这种方式进行理论创新的，而且把这种理论创新方式也称为调查研究的创新方法。他说："马克思、恩格斯提出的那些原理原则是经过调查得出的结论。如果没有伦敦图书馆，马克思写不出《资本论》。列宁的《帝国主义论》，现在印出来的是一本薄薄的本子，他研究的原始材料，比这本书不知厚多少倍。"① 二是通过直接到实际生活中做调查研究进行理论创新。我们党继承和发扬了毛泽东在民主革命时期就一直倡导的这种调查研究的理论创新方法，从周密的系统的调查研究中得出理论上的结论。例如，被称为探索适合中国情况的建设社会主义道路的开山之作《论十大关系》，就是在系统的调查研究的基础上形成的。后来毛泽东回忆说："那十大关系怎么出来的呢？我在北京经过一个半月，每天谈一个部，找了三十四个部的同志谈话，逐步形成了那个十条。如果没有那些人谈话，那个十大关系怎么会形成呢？不可能形成。"② 后来在探索解决我国三年困难的政策和办法时，毛泽东同样用的是调查研究的方法。他曾建议把 1961 年作为调查研究年，号召全党大兴调查研究之风。从上述情况可以看出，毛泽东是把调查研究视为马克思主义理论创新的根本方法。

第二种是邓小平所倡导的在试验基础上的创新方法。科学试验长期被认为是自然科学领域理论创新的一种主要方法，邓小平把它成功地应用于我国的改革开放实践，用于解决如何建设中国特色社会主义的问题。他指出，"改革开放是很大的试验"，"我们最大的试验是经济体制的改革"。③ 我国在改革开放中的理论和体制创新，尤其是改革开放初期的创新，基本上是用试验的方法取得的。邓小平在民主革命时期把这种方法称为"摸着石头过河"，在改革开放中对它进一步加以发展，称之为试验的方法。这是一种通过试验性的实践来进行理论创新的方法。中

---

① 《毛泽东文集》第八卷，人民出版社 1999 年版，第 262—263 页。

② 转引自《毛泽东传（1949—1976）》（上），中央文献出版社 2003 年版，第 471 页。

③ 《邓小平文选》第三卷，人民出版社 1993 年版，第 130 页。

国的改革开放是前无古人的伟大事业，没有任何现成的经验可供借鉴，只能边实践边探索，或者说是通过试验在实践中摸索前进。摸着石头过河的前提，是邓小平提出的"猫论"，即不管白猫黑猫，只要能抓住耗子就是好猫。具体来说，我们的探索目的是十分明确的，究竟哪一种理论和方法能够更好地实现我们的目的，完全靠实践来解决。摸着石头过河的要求是，"胆子要大、步子要稳"。所谓胆子要大，是指思想要解放，敢于去冒险、敢于去闯，敢于提出别人不敢提的想法，敢于做别人没有做过的事情，敢为天下先，这样才能打破旧传统、旧习惯的束缚，进行理论创新和体制创新。所谓步子要稳，就是"每走一步，都兢兢业业，大胆细心，及时总结经验，发现问题就做些调整，使之符合实际情况"①。也就是说，在探索中要注意总结经验，稳步向前推进，经常回过头看一看，发现错误就及时改正，这样就可以避免出现长期性的和全局性的错误。他特别强调，对于一时看不准的事情，一定要先进行试验，如果成功，就加以推广，行不通的就及时改正。对于看准了的事情，要坚决地干，但要允许看，即允许思想不通的人观望，等他们想通了自然就会跟上来。在探索中邓小平提出不争论，强调在实践的基础上统一认识。应当说摸着石头过河的方法，或者说通过试验摸索前进的方法，是邓小平在开创中国特色社会主义事业中所使用的主要创新方法，具有重要的中国特色和历史特点。正是运用这样的方法，我们开拓出了一条建设中国特色社会主义的成功道路，创立了中国特色社会主义理论。

这两种理论创新方法的共同之处在于，都是根据实践经验进行理论创新，是对实践经验的总结和升华，完全符合于辩证唯物主义的认识论。但这两种方法运用唯物主义认识论的侧重点有所不同。调查研究的方法侧重于认识论的第一阶段，即通过系统而周密的调查，掌握客观实际和反映客观实际的材料，进行去粗取精、去伪存真、由此及彼、由表及里的研究思考，认识事物的内在联系和发展规律，进行理论上的创新，提出解决问题的思路和办法。而在试验中探索的方法侧重于认识论

----

① 《邓小平文选》第三卷，人民出版社1993年版，第263页。

的第二个阶段，通过对提出的理论和方法的实际试验，用实践来检验它是否正确，是否符合客观实际，能不能达到我们的目的，能不能解决我们的问题，从而更直接地依靠实践来创新理论和完善理论。

（五）马克思主义中国化必须与马克思主义时代化、大众化相结合

第一，马克思主义中国化与马克思主义时代化的关系。

马克思主义中国化与马克思主义时代化是两个既相联系又相区别的问题。所谓联系，是指它们都是马克思主义基本原理在中国具体运用中需要解决的问题。所谓区别，是指时代化所要解决的是时间发展所提出的问题，中国化所要解决的是空间变化所提出的问题。从理论上我们可以把这两个方面区别开来，而在实际上这两个方面又是不可分割的。因为"马克思主义与中国实际相结合"这个命题中的中国，只能是一定具体历史条件下的中国，而不可能是没有时间纬度的中国。从中国实际出发就意味着从当时当地的中国实际出发，从国内国际的实际情况出发。从这个意义上讲，马克思主义中国化的命题也包括了时代化的问题。我们党把时代化单独提出来，是为了强调要从时间和空间坐标的经纬交叉点上准确把握中国的实际，解决中国的问题。

马克思主义时代化，是指我们运用马克思主义的立场观点方法去研究我们所处的历史时代，认识当今时代的性质、主题、特征、趋势等重大问题及其对我国的影响，并据此制定出符合时代发展要求的理论路线方针政策。正像马克思主义中国化是把马克思主义基本原理应用于中国实际以解决中国面临的问题一样，马克思主义时代化是把马克思主义基本原理应用于当今中国所处的历史时代，以解决当今时代发展向中国所提出的问题。

马克思主义时代化包括三个方面的任务：第一，是运用马克思主义的立场观点方法去分析研究我们所处的时代，探寻当今世界发展的规律和历史趋势，从中得出科学的结论。例如邓小平在 20 世纪 80 年代初，通过分析世界的发展变化，敏锐地洞察到时代主题的变化，得出了和平与发展是当今世界的两大主题的结论；后来我们党在世纪之交，根

据世界形势的新发展进一步提出，当今世界呈现出政治多极化、经济全球化、科技加速发展的历史趋势。这些都是我们党用马克思主义研究当今世界得出的重要结论。第二，研究时代的发展变化对中国的影响，或者说给我们提出了哪些新问题和新任务。例如，从世界大战在相当长的时期内不可能爆发的判断中，得出了中国今后的发展可以有一个和平的国际环境的结论，从"当今世界是开放的世界"的判断中，得出"中国的发展离不开世界"的结论；从对21世纪初世界形势的总体判断，得出我国将有一个重要的发展机遇期的结论。第三，是要根据对时代及其发展趋势的认识，制定我国的内外政策。例如，我国的以经济建设为中心的历史性转折、独立自主和平外交政策的形成，是与和平与发展是当今时代的主题的判断分不开的；我国实行并不断扩大对外开放，是与"当今的世界是开放的世界"和对经济全球化趋势的判断分不开的。

在马克思主义时代化问题上需要防止两种错误的倾向：第一种是以时代的发展变化为理由，否定马克思主义基本原理。例如在19世纪末20世纪初，当世界由自由资本主义时代进入到了帝国主义时代时，以伯恩斯坦为代表的第二国际领袖们，认为由于时代变了，马克思主义已经过时了，主张对马克思主义进行全面和根本的修正。这种修正主义的主要错误在于，它否认马克思主义的普遍真理的性质。我们决不能因为时代的发展变化而否定它的普遍真理的性质和对实践的指导意义。当然我们也承认，马克思主义作为科学真理也和其他科学真理一样具有相对真理的性质，它也要在实践中不断发展并接受实践的检验。但这同借口时代的发展变化来根本否定马克思主义的真理性质和指导作用是完全不同的。

第二种错误倾向是不顾时代的发展变化，简单照搬过去的结论来回答现实的问题。他们不是把马克思主义当作世界观和方法论，而是机械照搬马克思主义的书本，企图从中找出解决当今问题的现成答案。邓小平尖锐地批评了这种做法，说："绝不能要求马克思为解决他去世之后上百年、几百年所产生的问题提供现成答案。列宁同样也不能承担为他去世以后五十年、一百年所产生的问题提供现成答案的任务。真正的马克思列宁主义者必须根据现在的情况，认识、继承和发展马克思列宁主义。"①

第二，马克思主义中国化与马克思主义大众化的关系。

马克思主义中国化是解决马克思主义与中国实际的结合问题，然而这个过程中所形成的中国化的马克思主义要在实践中发挥作用，还必须进一步实行马克思主义的大众化。马克思说："批判的武器当然不能代替武器的批判，物质力量只能用物质力量来摧毁；但是理论一经掌握群众，也会变为物质力量。"② 马克思主义理论是改造世界的精神武器，它只有为广大群众所掌握，成为群众的行动指南，才可能从精神力量转化为物质力量，发挥改造世界的伟大作用。如果不为群众所认识所掌握，再完美的理论也不可能对实践产生作用。所以，马克思主义大众化是这个科学理论由少数人掌握到广大群众所掌握的过程，它是马克思主义由精神力量转化为改造世界的物质力量的前提条件。马克思主义经典作家十分重视理论的普及和大众化问题，列宁说："最高限度的马克思主义＝最高限度的通俗和简单明了。"③ 在他的倡导下，当时的苏维埃俄国曾经编写了大批通俗易懂、简单明了的理论读物。

马克思主义大众化不仅是马克思主义中国化的必然要求，从某种意义上讲，也是马克思主义中国化的重要内容。众所周知，马克思主义产生于19世纪的欧洲，是从国外传入中国的。马克思主义创始人的著作，从内容、风格到语言表达都是外国的，在这些著作被翻译到中国以后，我们要通过马克思主义中国化，把它与中国实际包括中国文化传统和语言习惯结合起来，创造出反映中国内容、具有中国风格和中国气魄的中国化的马克思主义理论。只有这样的马克思主义理论才能直接解决中国人民的问题，才更容易为中国的群众所熟悉和掌握。正因为如此，

---

① 《邓小平文选》第三卷，人民出版社1993年版，第291页。

② 《马克思恩格斯选集》第1卷，人民出版社2012年版，第9页。

③ 《列宁全集》第36卷，人民出版社1959年版，第467页。

马克思主义大众化与马克思主义中国化是密不可分的，把马克思主义中国化就是在做着促进马克思主义在中国大众化的工作。

马克思主义中国化与大众化密切相关，但又不完全相同。因为毕竟前者是通过马克思主义与中国实际相结合，创造中国化的马克思主义理论，后者是让群众掌握这种理论，并用以指导他们的实践。马克思主义大众化的关键是通俗化。因为只有把马克思主义通俗化，才能使博大精深的马克思主义理论变得通俗易懂、简单明了，容易为广大群众所掌握。毛泽东在这方面是我们的楷模，在他的著作中不仅大量引用了中国人民所熟悉的格言、警句、寓言、成语、典故、谚语等，而且运用生动的历史和神话故事，如愚公移山、三打祝家庄等，去说明深刻的道理。他经常用人们身边发生的典型事例，以群众所熟悉的语言来阐发马克思主义的基本观点，脍炙人口的《为人民服务》、《纪念白求恩》就是这方面的代表作。邓小平也善于以通俗生动的语言表述深刻的道理，如人们所熟悉的"黄猫、黑猫，只要抓住老鼠就是好猫"、"摸着石头过河"等，就曾在群众中产生了广泛的影响。他更善于以简单明了的语言概括重要的理论观点和路线方针政策，其中最有代表性的是：发展是硬道理，一个中心两个基本点、两手抓两手都要硬，等等。

改革开放四十年来，我们在马克思主义中国化方面取得了伟大的成绩，创立了中国特色社会主义理论体系，与此同时，我们在马克思主义大众化方面也要作出相应的努力，坚持用中国特色社会主义理论体系武装全党、教育群众，使理论转化为改造客观世界的巨大物质力量，不断推进中国特色社会主义伟大事业向前发展。

主要参考文献（著作类）

1.《马克思恩格斯全集》，人民出版社第 2 版。

2.《马克思恩格斯选集》1—4 卷，人民出版社 2012 年版。

3.《马克思恩格斯文集》1—10 卷，人民出版社 2009 年版。

4.《列宁全集》1—60 卷，人民出版社第 2 版。

5.《列宁选集》1—4 卷，人民出版社 2012 年版。

6.《列宁专题文集》，人民出版社 2009 年版。

7.《毛泽东选集》1—4 卷，人民出版社 1991 年版。

8.《毛泽东文集》1—8 卷，人民出版社 1993、1996、1999 年版。

9.《周恩来选集》上、下卷，人民出版社 1997 年版。

10.《刘少奇选集》上卷，人民出版社 1981 年版。

11.《刘少奇选集》下卷，人民出版社 1985 年版。

12.《邓小平文选》1—3 卷，人民出版社 1993、1994 年版。

13.《邓小平思想年谱》，中央文献出版社 1998 年版。

14.《邓小平年谱（1975—1997)》（上、下），中央文献出版社 2004 年版。

15.《陈云文选》1—3 卷，人民出版社 1984、1986 年版。

16.《瞿秋白文集：政治理论编》第 2、4 卷，人民出版社 1988 年版。

17.《张闻天文集》第 2 卷，中央党史出版社 1993 年版。

18.《江泽民文选》1—3卷，人民出版社2006年版。

19. 江泽民：《论党的建设》，中央文献出版社2001年版。

20.《江泽民论有中国特色社会主义（专题摘编)》，中共中央文献出版社2002年版。

21.《胡锦涛文选》1—3卷，人民出版社2016年版。

22.《习近平谈治国理政》，外文出版社2014年版。

23.《习近平谈治国理政》第2卷，外文出版社2017年版。

24. 习近平：《在纪念毛泽东同志诞辰120周年座谈会上的讲话》，人民出版社2013年版。

25. 习近平：《决胜全面建成小康社会　夺取新时代中国特色社会主义伟大胜利》，人民出版社2017年版。

26.《习近平关于全面深化改革论述摘编》，中央文献出版社2014年版。

27.《习近平关于全面依法治国论事摘编》，中央文献出版社2016年版。

28.《习近平关于社会主义政治建设论述摘编》，中央文献出版社2017年版。

29.《习近平关于社会主义经济建设论述摘编》，中央文献出版社2017年版。

30. 中共中央文献研究室编：《建党以来重要文献选编》第1—26册，中共中央文献出版社2011年版。

31. 中共中央文献研究室编：《十二大以来重要文献选编》（上、中、下）人民出版社1986、1988年版。

32. 中共中央文献研究室编：《十三大以来重要文献选编》（上、中、下）人民出版社1991、1993年版。

33. 中共中央文献研究室编：《十四大以来重要文献选编》（上、中、下）人民出版社1996、1997、1999年版。

34. 中共中央文献研究室编：《十五大以来重要文献选编》（上、中、下）人民出版社2000、2001、2003年版。

35. 中共中央文献研究室编：《十六大以来重要文献选编》（上、中、下）人民出版社、中共中央文献出版社2005、2006、2008年版。

36. 中共中央文献研究室编：《十七大以来重要文献选编》（上、中、下）中共中央文献出版社2009、2011、2013年版。

37. 中共中央文献研究室编：《十八大以来重要文献选编》（上、中）中共中央文献出版社，2014、2016 年版。

38. 中共党史研究室：《中国共产党历史》第一卷（1921—1949），中央党史出版社
2011 年版。

39. 中共党史研究室：《中国共产党历史》第二卷（1949—1978），中共党史出版社
2011 年版。

40. 中共党史研究室：《中国共产党的九十年》，中共党史出版社、党建读物出版社
2016 年版。

41.《马克思　恩格斯　列宁　斯大林　毛泽东　论历史唯物主义》（上、中、下），
北京师范大学出版社 1990 年版。

42. 薄一波：《若干重大决策与事件的回顾》（上卷），中共中央党校出版社 1991
年版。

43. 薄一波：《若干重大决策与事件的回顾》（下卷），中共党史出版社 2008 年版。

44. 胡乔木：《胡乔木回忆毛泽东》，人民出版社 2003 年版。

45. 陈岱孙：《从古典经济学派到马克思》，上海人民出版社 1981 年版。

46. 黄楠森、庄福龄、林利主编：《马克思主义哲学史》，北京出版社 1991 年版。

47. 马克思主义哲学编写组：《马克思主义哲学》，高等教育出版社、人民出版社
2009 年版。

48.《世界社会主义五百年》，学习出版社、党建读物出版社 2014 年版。

49. 肖前主编：《马克思主义哲学原理》上下册，中国人民大学出版社 1994 年版。

50. 萧前、李秀林、汪永祥主编：《辩证唯物主义原理》（第三版），北京师范大学
出版社 2012 年版。

51. 萧前、杨耕等：《唯物主义的现代形态》，中国人民大学出版社 1994 年版。

52. 中共中央宣传部理论局：《马克思主义哲学十讲》，党建读物出版社、学习出版
社 2013 年版。

53. 金冲及主编：《毛泽东传（1893—1949)》，中央文献出版社 1996 年版。

54. 逄先知、金冲及：《毛泽东传（1949—1976)》，中央文献出版社 2003 年版。

55. 金冲及主编：《周恩来传》（1—4 卷），中央文献出版社 2008 年版。

56. 金冲及主编：《刘少奇传》（上下），中央文献出版社 1998 年版。

57. 刘伟主编：《经济学教程》，北京大学出版社 2005 年版。

58.《〈资本论〉导读》编写组:《〈资本论〉导读》,高等教育出版社、人民出版社2012 年版。

59.《马克思主义基本原理概论》,高等教育出版社 2015 年版。

60. 汪信砚主编:《马克思主义哲学概论》,人民出版社 2011 年版。

61. 李德顺:《价值论》,中国人民大学出版社 2007 年版。

62. 柏拉图:《理想国》,商务印书馆 2011 年版。

63. 亚里士多德:《形而上学》,商务印书馆 2011 年版。

64. 奥古斯丁:《忏悔录》,商务印书馆 2011 年版。

65. 马基雅维利:《君主论》,商务印书馆 2011 年版。

66. 卢梭:《忏悔录》,商务印书馆 2011 年版。

67. 卢梭:《论人与人之间不平等的起因和基础》,商务印书馆 2011 年版。

68. 卢梭:《社会契约论》,商务印书馆 2011 年版。

69. 孟德斯鸠:《论法的精神》,商务印书馆 2011 年版。

70. 休谟:《人性论》,商务印书馆 1980 年版。

71. 亚当·斯密:《国民财富的性质和原因的研究》,商务印书馆 2011 年版。

72. 彼罗·斯拉法:《李嘉图著作和通信集》,商务印书馆 2011 年版。

73. 托马斯·莫尔:《乌托邦》,商务印书馆 2011 年版。

74.《傅立叶选集》,商务印书馆 2011 年版。

75.《拿破仑法典》,商务印书馆 2011 年版。

76. 康德:《纯粹理论批判》,商务印书馆 2011 年版。

77. 康德:《实践理论批判》,商务印书馆 2011 年版。

78. 黑格尔:《小逻辑》,商务印书馆 2011 年版。

79. 卢卡奇:《历史与阶级意识》,商务印书馆 2011 年版。

80. 黑格尔:《精神现象学》,商务印书馆 2011 年版。

81. 黑格尔:《历史哲学》,世纪出版集团、上海书店出版社 2001 年版。

82.《费尔巴哈哲学著作选集》上、下卷,生活·读书·新知三联书店出版社 1962 年版。

83. 列奥·施特劳斯:《自然权利与历史》,生活·读书·新知三联书店 2003 年版。

84. 麦克斯·施蒂纳:《唯一者及其所有物》,商务印书馆 2011 年版。

85. 巴札尔、安凡丹、罗德里格：《圣西门学说释义》，商务印书馆 2011 年版。

86. 弗·梅林：《马克思传》，人民出版社 1972 年版。

87. 奥古斯特·科尔纽：《马克思恩格斯传》，生活·读书·新知三联书店 1963 年版。

88. 戴维·麦克莱伦：《马克思传》，中国人民大学出版社 2006 年版。

后　记

　　此书是北京大学为纪念马克思诞辰 200 周年，坚定中国特色社会主义道路自信、理论自信、制度自信、文化自信而组织编写的《马克思主义简明读本》、《中国传统文化简明读本》、《西方文明简明读本》丛书之一。

　　本书的导论部分由杨河撰写，第一章和第四章由丰子义撰写，第二章和第三章由赵家祥撰写，第五章和第六章由睢国余撰写，第七章和第八章由钟哲明撰写，第九章由闫志民撰写。主编最后做了统稿。

　　本书的编辑出版得到了人民出版社李之美老师的大力帮助和指导，特此致谢。

　　本书的编写，参阅和吸取了国内有关研究成果，在此基础上希望有些新意。由于能力和水平所限，不足之处在所难免，敬请读者不吝赐教。

杨　河

2017 年 12 月 17 日

责任编辑：李之美

图书在版编目（CIP）数据

马克思主义简明读本／杨河 主编 . —北京：人民出版社，2018.5
（2025.6重印）
ISBN 978－7－01－018969－7

I.①马… II.①杨… III.①马克思主义－通俗读物 IV.① A81-49

中国版本图书馆 CIP 数据核字（2018）第 033024 号

马克思主义简明读本
MAKESI ZHUYI JIANMING DUBEN

杨 河 主编

人民出版社 出版发行
（100706 北京市东城区隆福寺街 99 号）

北京汇林印务有限公司印刷 新华书店经销

2018 年 5 月第 1 版 2025 年 6 月北京第 3 次印刷
开本：710 毫米 ×1000 毫米 1/16 印张：26.75
字数：380 千字

ISBN 978－7－01－018969－7 定价：67.00 元

邮购地址 100706 北京市东城区隆福寺街 99 号
人民东方图书销售中心 电话（010）65250042 65289539